五燈會元

（宋）釋普濟 編撰　曾琦云 校注

校注

（一）

华龄出版社
HUALING PRESS

图书在版编目（CIP）数据

《五灯会元》校注/（宋）释普济编撰；曾琦云校注．-- 北京：华龄出版社，2023.12

ISBN 978-7-5169-2610-9

Ⅰ．①五… Ⅱ．①释…②曾… Ⅲ．①禅宗-中国-北宋 Ⅳ．①B946.5

中国国家版本馆 CIP 数据核字（2023）第 185093 号

策划编辑	于建平	责任印制	李未圻
责任编辑	郑 雍	装帧设计	基正传媒

书　名	《五灯会元》校注	编　撰	（宋）释普济
出　版 发　行	华龄出版社 HUALING PRESS	校　注	曾琦云
地　址	北京市东城区安定门外大街甲 57 号	邮　编	100011
发　行	(010)58122255	传　真	(010)84049572
承　印	三河市南阳印刷有限公司		
版　次	2023 年 12 月第 1 版	印　次	2023 年 12 月第 1 次印刷
规　格	787mm × 1092mm	开　本	1/16
印　张	258	字　数	2414 千字
书　号	ISBN 978-7-5169-2610-9		
定　价	480.00 元（全 6 册）		

编纂前言

　　《五灯会元》是佛教中国化的一块里程碑，可以说是中国禅学的最高峰，也是中国古典文学的代表作。中华书局慧眼识珠，早在1982年就请苏渊雷老教授点校出版，并成为学术界最常使用的本子。我们这次出版，重新点校，并增加注释与解读，也要感谢中华书局与苏先生的开创之功。

　　国家古籍整理出版规划领导小组成员、四川大学"杰出教授"项楚先生针对苏校版发表了四百多条"点校献疑"，并说："对于像《五灯会元》这样具有很高学术价值、各方面学者需要参考的重要著作，我认为有必要再出版一种新的整理本。"项老希望这个新编本除了扫清现有点校本的许多错误以外，至少还应该做好三件事情：一是对原文重新分段，以清眉目。他指出苏校版基本上不分段，而不该分段的地方却分了段。二是应该与五种灯录对勘。他指出《五灯会元》本是根据《景德传灯录》《天圣广灯录》《建中靖国续灯录》《联灯会要》《嘉泰普灯录》五种灯录删繁就简，改编而成，因此将这五种灯录与《会元》对校，必有收获。三是编制《五灯会元》人名索引。他指出《五灯会元》人物众多，称谓复杂，有这样一份索引，将会给使用者提供极大的便利。

　　对于项老的期望，我们一直在努力。今天付梓的新编本，不仅纠正了项老所指出的诸多错误，而且还纠正了新发现的更多问题。它不仅根据内容重新分段，而且还增加了注释、概要，对于读者了解文义，提供了帮助。不仅与原始五部灯录进行校勘，而且还与从浩瀚的《大正藏》《续藏》《龙藏》里面相关的资料校勘有关文字。这得益于我们已经进入数字时代，不像苏先生在1982年只有一个宝祐本，没有电脑帮助，只能一个字一个字地写，一页一页地翻。现在CBETA电子佛典集成已经将《大藏经》数字化，将光盘寄给了我们的作者。互联网拉近了世界的距离，不像苏先生得到一套宝祐本原件就如获至宝，我们写作此书时得到了日本内阁文库藏本、美国哈佛大学藏本等原件影印本。因此，当初苏先生受条件限制，加上早过古稀之年，出现差错也在所难免。今天，我们借助先进的微机技术，继续以宝祐本为底本，并与大量原始资料以及《大藏经》等有关文字校勘对比，大有收获。特别是《景德传灯录》很多地方很详细，本身就有校勘，对理解《五灯会元》大有帮助。我们在"概要"后均列出这些参考文献，供读者深入研究时查阅。

至于人名索引本来也可以做好，但我们考虑到书前重新编写的新目录就是一个不重复的人名索引，如果再附索引，势必占更多的版面，因为此书本来就很厚了。我们增加了一个《本书常用词语表》，附在书后供读者查询，再加上书中词语，使本书成为一本注释详尽的禅宗辞典类工具书。

《五灯会元》记载了中国禅宗诸位祖师的行迹与语录，展现了达磨东渡以后禅宗逐渐与中华文化融合，从而演变成为中国佛教的过程。习近平总书记说："坚持我国宗教的中国化方向。"就宗教本身来说，它实行本土化才能生存，这种认识实际上从唐朝的禅宗就开始了。如来拈花微笑，《五灯会元》上溯七佛，中溯西天祖师，然后随从达磨来到中国，才真正得以流传，到中国六祖慧能才真正得以发扬光大，成为中国佛教影响最大的宗派——禅宗。"一花开五叶，结果自然成。"祖师的心愿得以实现。

在传播过程中，禅宗中国化表现在它始终不离开人民群众，不离开中国本土的语言（大量使用口语、方言、俗语、谚语、成语），不离开中国本土的文化（讲好中国故事，大量引用中国典故、名言、诗文），不离开中国的习俗（如适应中国的节日而弘法）。甚至连佛陀乞食的制度也得以变革，为适应中国的国情，建立了丛林制度，实行"一日不作，一日不食"的清规戒律。从《五灯会元》研究佛教丛林制度，可以促进今天佛教界的道风建设。

佛教与禅宗中国化，使佛教成为中华传统文化的一部分。佛教流传到中国后不仅自身完成了中国化的进程，而且与中国其他文化互相融合，成为中国传统文化三大支柱（儒释道）之一。佛教从东汉明帝永平四年传入中国，在唐朝达到鼎盛时期，在这个时期佛教中国化得以完成，提出顿悟成佛的禅宗的出现，是佛教中国化的主要标志。到了宋代，主要流传的是禅宗，这一时期，中国佛教各宗派已走向融通，佛、儒、道之间日益相互调和，形成了宋明理学，儒学是主流，吸收了佛教的心性学说、理事理论。后来的陆王心学，吸收了禅宗心性学说，心外无物。

佛教与禅宗用中国话传法，同时因为它自身丰富的思想体系，也给汉语创造了新的词汇，只强调汉语的优点，忽视佛教词汇对中国的影响也是不对的。中国佛教协会赵朴初会长曾经语重心长地说："现在许多人虽然否定佛教是中国文化的一部分，可是他一张嘴说话其实就包含着佛教成分。语言是一种最普遍、最直接的文化吧！我们日常流行的许多用语，如世界、如实、实际、平等、现行、刹那、清规戒律、相对、绝对等都来自佛教语汇。如果真要彻底摒弃佛教文化的话，恐怕他们连话都说不周全了。"而从禅宗发展而来的佛教词汇就更多了，《五灯会元》有大量记载。如"打成一片"现指不同的部分融合为一个整体，禅林指绝无一切情理上的

北京基正传媒文化有限责任公司

2023 年 12 月最新书目

序号	书号	书名	作者	定价（元）	出版社	开本	版次	装帧	折扣	订数
	国 学										
1	9787512042773	中华国学经典名篇诵读（全 4 册）	曾琦云 编著	190.00	线装书局	16	2021.4	平装	12	
2	9787512055339	《明德国学摘要》（全 3 册）	叶宽 主编	480.00	线装书局	16	2023.7	精装	8	
3	9787516926109	《五灯会元》校注（全 6 册）	（宋）释普济 编撰 曾琦云 校注	396.00	华龄出版社	16	2023.9	平装		
	中华国学劝善经典白话解										
1	9787204068246/ G·1579	安士全书白话解（上下）	（清）周安士 著 曾琦云 译著	60.00	内蒙古人民	32	2004.5	平装	24	
2	9787805894966	太上感应篇汇篇白话解（全四卷）	佚名 原著 曾琦云 著	196.00	西藏藏文古籍	16	2015.10	平装	12	
3	9787512029279	了凡四训	曾琦云 著	38.00	线装书局	32	2017.12	平装	60	
4	9787512040434	《了凡四训》注解	顾四国 注解	48.00	线装书局	32	2020.10	精装	80	
5	9787516913468	弟子规	同上	39.00	华龄出版社	32	2018.12	平装	60	
	佛 学										
1	9787512007505	阿含经校注（全 9 册）	恒强 等校注	480.00	线装书局	16	2014.12	平装	4	
2	9787506847568	国学经典导读·金刚经心经（真义）	水道成 译释	48.00	中国书籍	16	2015.7	平装	36	
3	9787805895680	因明学入门	罗劲松 编译	52.00	藏文古籍	16	2015.7	平装	56	
4	9787805895673	可许则许：历史经典中的人生智慧故事	后山堂 编著	36.00	藏文古籍	16	2015.7	平装	40	
	道 学										
1	9787512042933	在民大听讲座：道学与术数学研究前沿	谢路军 主编	98.00	线装书局	16	2021.1	平装	40	
	少儿国学										
1	9787571800451	了凡四训的故事（4~10 岁彩色图文版）	马齐亚 主编	30.00	河北美术	16	2019.4	平装	120	
	中医养生										
1	9787516913420	中医阴阳学导论	张维波 等	58.00	华龄出版社	16	2018.12	平装	56	
2	9787557669492	把我家厨房变养生餐厅（南北风味卷）	蔡骏 赵霞 著	36.00	天津科技	16	2019.9	平装	56	
3	9787515220673	把我家厨房变养生餐厅·黄河长江珠江卷	冯霁 李璞 孙桂丽 著	56.00	中医古籍	16	2021.1	平装	48	
4	9787510180675	性与生殖健康教育师职业教程	陶林 沈小君 主编	56.00	中国人口	16	2022.3	平装	40	
	自然医学										
1	9787515212807	心经疾病的自然疗法	张德记 著	38.00	中医古籍	16	2017.3	平装		
2	9787515212845	肺经疾病的自然疗法	张德记 著	38.00	中医古籍	16	2017.3	平装	64	

序号	书号	书名	作者	定价（元）	出版社	开本	版次	装帧	折扣	订数
3	9787515212791	肾经及膀胱经胱疾病的自然疗法	张德记 著	55.00	中医古籍	16	2017.3	平装	44	
4	9787515212838	肝经、胆经疾病的自然疗法	张德记 著	53.00	中医古籍	16	2017.3	平装	48	
5	9787515212821	脾经、胃经疾病的自然疗法	张德记 著	59.00	中医古籍	16	2017.3	平装	40	
6	9787515212814	心包经、三焦经疾病的自然疗法	张德记 著	46.00	中医古籍	16	2017.3	平装	60	
7	9787515212876	大肠经、小肠经疾病的自然疗法	张德记 著	52.00	中医古籍	16	2017.3	平装		
8	9787515212968	足底穴位内病外治	张德记 著	36.00	中医古籍	16	2017.3	平装	80	
9	9787515212982	心理与运动开关点穴	张德记 著	46.00	中医古籍	16	2017.3	平装	44	
10	9787515212975	饮食五味调养防治	张德记 著	42.00	中医古籍	16	2017.3	平装		
11	9787515112999	手掌穴位内病外治	张德记 著	57.00	中医古籍	16	2017.3	平装	48	
12	9787515212951	子午流注新注	张德记 著	30.00	中医古籍	16	2017.3	平装	100	
家谱族谱										
1	9.78751E+12	中华萧氏总谱（全 5 册）	萧正滔 主编	1,580.00	线装书局	16	2018.9	精装	4	
财富密码										
1	9787511727657	科学解读财富密码	张得计 著	42.00	中央编译	16	2017.7	平装	52	
职场国学										
1	9787512033276	卓越领导之道：《群书治要：韩诗外传》讲记	刘余莉 著	36.00	线装书局	32	2018.8	平装		
2	9787512036208	《群书治要》的领导智慧	刘余莉 著	78.00	线装书局	16	2019.6	平装		
3	9787512042544	非常之人 非常之功：先秦至初唐著名政治家制胜方略	王贞贞 著	56.00	线装书局	16	2021.1	平装	40	
易经术数										
1	9787516913291	周易（修订版）（上下）（原中华书局版《周易》修订）	郭彧 著	56.00	华龄出版社	32	2018.12	平装	32	
2	9787512032866	读懂《系辞》：察动识变 赢得始终	徐丙昕 著	68.00	线装书局	16	2018.8	平装	48	
3	9787516921951	读懂易经：六十四卦智慧启示录（全 2 册）	徐丙昕 著	98.00	华龄出版社	16	2022.5	平装	20	
4	9787512032606	认识《易经》	郝国印 著	47.00	线装书局	16	2019.1	平装	60	

公司名称：北京基正传媒文化有限责任公司

公司地址：北京市大兴区广平大街 9 号 8 幢 6113 室

联系电话：010-80227589　手机：13911031726

联 系 人：余先生

善书助印微信：401815120

计较和分别，千差万别归于平等。参见本书第十五章"随州双泉山师宽明教禅师"条："老僧四十年，方打成一片。""灰头土面"现指满头满脸沾满尘土的样子，也形容懊丧或消沉的神态。于禅林中，藉以形容修行者悟道之后，为济度众生而甘愿投身于群众之中，不顾尘世之污浊。与"和光同尘""拖泥带水"之意略同。参见本书第十一章"神鼎洪諲禅师"条："问：'如何是清净法身？'师曰：'灰头土面。'"如"本来面目"现指本来的样子，禅林指人人本具、不迷不悟之面目，即身心自然脱落而现前之人人本具之心性。参见本书第二章"袁州蒙山道明禅师"条："不思善，不思恶，正恁么时，阿那个是明上座本来面目？"其他如"单刀直入"（沩山灵祐禅师）、"回光返照"（仰山慧寂禅师）、"寸丝不挂"（池州南泉普愿禅师）、"雪上加霜"（河中府南际山僧一禅师）、"隔靴搔痒"（康山契稳禅师）、"如人饮水，冷暖自知"（袁州蒙山道明禅师）、"骑驴觅驴"（白龙道希禅师）、"腊月三十"（洪州建山澄禅师）、"逢场作戏"（江西道一禅师）等词语都由禅师创造，丰富了汉语词汇系统。

除此之外，《五灯会元》语录采用了古代白话体，虽然年代久远，但保留了今天语言学最原始的研究资料。语言学、民俗学研究者从中可以了解到方言与民俗的演变。而灯录中大量典故与公案成为了今天汉语语汇与成语典故的来源，可以说没有《五灯会元》，很多具有佛教特色的汉语词汇与成语典故，我们都难以找到它的根源。如"当头棒喝""心心相印""衣钵相传""头头是道""火烧眉毛""安身立命""和光同尘""瓮中捉鳖""以毒攻毒"等，都可以从灯录语言中找到它们的原始依据。这些词语经过禅师们的改造而有丰富的含义。

《五灯会元》也是中国古典文学的代表作，精到的人物素描，特有的语言艺术，特别是禅师偈颂特有的意境，也是中国文学的重要研究资料。《五灯会元》的禅师敢于诃佛骂祖，语言可以说很粗鲁。可这种粗鲁正是返朴归真的显露，透过"一钵千家饭，孤身万里游"的外表形式，我们可以发现行脚衲子追求真理的高贵灵魂。所以，禅师们往往也是诗人。《五灯会元》成为中国古典文学的代表作，其禅诗成为古典文学界研究的课题，就在于这些禅诗有使人顿悟的意境。

《五灯会元》来自五部禅宗灯录的汇编，这五部原著包括：北宋法眼宗道原的《景德传灯录》；北宋临济宗李遵勖的《天圣广灯录》；北宋云门宗惟白的《建中靖国续灯录》；南宋临济宗悟明的《联灯会要》；南宋云门宗正受的《嘉泰普灯录》。它们先后于北宋景德元年（1004年）至南宋嘉泰二年（1202年）两百年左右分别成书。

《五灯会元》的作者是不是普济，不是本书的重点。本书的初衷是给读者提供一个善本，并能通过注释与解读，初步理解文义。在编写本书过程中，我们发现谁是该书作者，学术界是有争议的。《四库全书》（内府藏本）说"宋释普济撰"，但宝祐本列出的原始序、跋却不是普济，普济仅仅题词而已。实际上，就《五灯会元》与其他五部灯录对比来看，《五灯会元》没有一个真正的作者，最多是五部灯录的编辑者。因此，要找作者，也是找这部书的主编是谁。这位主编合"五灯"为一书，叙录简要，删除重复。五部原始灯录，虽以记叙禅宗世系源流为宗旨，但单篇的诸方广语、拈古、颂古、赞颂偈诗、铭记箴歌和其他杂著辑录甚多。《五灯会元》括摘枢要，芟夷枝蔓，使"灯录"更符合禅宗史书的性质。在体例上，《五灯会元》从七佛叙起，次及西天宗师、东土宗师，再次则按禅宗五家七宗的派别分卷叙述，七宗源流本末，一目了然。

中华书局于 1984 年 10 月推出华东师范大学苏渊雷教授点校的《五灯会元》（简称苏校版），学术界得以研究，并指出点校错误。2011 年海南出版社推出《五灯会元》（简称海南版），该书以《续藏本》为底本点校而成，纠正苏校版部分失误。因所依赖的《续藏本》亦不完善，因此存在新的失误。1997 年西南师范大学出版社推出《〈五灯会元〉白话全译》（简称《全译》），这个研究项目由西南师范大学汉语言文献研究所完成。对于这部《全译》，很多读者与研究者同样发现诸多问题。这个《全译》是以苏校版为底本进行翻译的，既有底本错翻译跟着错的问题，更有未全面理解词语与文义而带来的诸多错误。2010 年上海书店推出了《〈景德传灯录〉译注》，它比《全译》进步，但仍旧有失误。

鉴于上面所推出的版本，无论是点校、注释，还是翻译，尚存在不少问题，我们推出《〈五灯会元〉校注》。我们将苏校版与海南版等过去的点校本称为"旧校本"，把《全译》与《〈景德传灯录〉译注》等过去的译注本称为"旧译本"。我们是在"旧校"与"旧译"的基础上，成长起来的一株新苗。虽然吸收了当前学术界的最新研究成果，纠正了读者与研究者所发现的诸多问题，而且还在编写过程中纠正了更多的新问题。但是，这套新校版仍旧不能离开旧的土壤，毕竟本书是站在他们的肩上继续前进的，在此我们向以前的诸版本作者致敬！

本书与以前版本不同的是，本书的注释比较详尽，基本上解决了阅读难题，即使不翻译，看看注释也就能够弄懂原文的意思，这是从"旧校本"产生出来的新优势。

本书除了注释比较详尽以外，在每一篇注释后还有"概要"，即对以上禅师的生平与思想进行整体解读，或者加以简单概述，或者补充史料，或者概述其中重点难点，或者阐述禅宗典故与公案的深刻含义，如此等等，使我们对每一位禅师都有深刻的了解，对于他们的行迹以及教化，都有系统的印象。"概要"后写上参考文献，让读者根据这些文献，可以继续深入研究。

与"旧校本"不同的是，本书点校重新排版。为适合现代读者，所有对话分段重排，让原文看起来层次分明。同时，全部使用简体字，对于古今通假字加注释予以说明，对于必须使用的繁体字亦加注释予以说明。对于佛教使用的生僻汉字以及佛教特有读音的汉字，都加注释予以说明。

本书从开始写作到付梓出版，时间也不算短，但第一版肯定有不完美之处，期待读者多提宝贵意见，以使再印完美无缺。

2023 年 7 月

阅读说明

1. 本书体例包括原文点校（以宝祐本为底本）、章节段落重排、注释、概要（史载不详的禅师无概要）、"拓展阅读"（与该禅师有关的其他资料）。

2. 本书注释包括生僻字词、专有名词、佛教术语、禅宗公案、唐宋口语方言谚语或成语俗语、歇后语等内容。为了避免重复注释，同样的词语一般只注释一次，其他地方读者可查找书后《本书常用词语表》。凡是书中提示"参见本书某词条"字样，说明该词语可以在附表中找到。为阅读方便，也有一些生僻词语重复注释。本书是一部注释详尽的禅宗辞典类工具书。

3. 本书注释还包括对过去点校本（简称旧校本）以及过去译注本（简称旧译本）的错误说明。

4. 四川大学项楚教授《〈五灯会元〉点校献疑三百例》与《〈五灯会元〉点校献疑续补一百例》，本书均予以参考，并在注释中予以说明。本书写作过程中发现旧校本的某些错讹，均在注释中予以说明。但不涉及理解原意的小错误，本书则直接更正，不再说明。

5. 复旦大学冯国栋博士《〈五灯会元〉校点疏失类举》增补一百二十条点校错误，除极个别的值得商榷外，本书亦全部吸收，并在注释中说明。

6. 学术界研究《五灯会元》已经取得的一些成果，本书在注释中有所说明，作为参考文献亦在书后列入。

7. 本书点校，以宋宝祐本为底本，同时以日本内阁文库汉 10018 号藏本与美国哈佛大学藏本为底本，同时与《大正新修大藏经》（简称大正藏）《卍新纂续藏经》（简称续藏经）《乾隆大藏经》（简称清藏或龙藏）等佛教古籍进行比较，更正宝祐本中的错误。

8. 本书章节编排体系来自原本，将卷改为章，章内分节，符合现行书籍章节编排体系。

9. 本书点校更正宝祐本有误之处。参照续藏经《五灯会元》版本，简称"续藏本"。参照大正藏《景德传灯录》版本更正时，书中未注明版本，书中提到"依据《景德传灯录》改"等字样时，其版本一般都是大正藏本。

10. 注释说明"旧校本"点校错误，如果原文标点复杂，除了逗号，还有句号等其他标点符号，就会使读者看不清哪里是原文，哪里是注释内容，故在原文下画线。例如：

母大清净妙。位登补处：旧校本标点有误。弄错了佛母名字，其标点为"母大清净妙位"（旧校版凡是专有名词下画线），就使人误以为佛母名叫"大清净妙位"。释尊母亲名叫"大清净妙"，并非"大清净妙位"。"位"字属于下句开始，即"位登补处"，指释尊未降生之前，属于候补佛位……

11. 在注释原文时，如果原文太长，标点复杂，除了逗号，还有句号等其他标点符号，为使读者看清哪里是原文，哪里是注释内容，均在原文下画线。例如：

路行跨水复逢羊，独自栖栖暗渡江。日下可怜双象马，二株嫩桂久昌昌："路行跨水"指达磨祖师由南印度渡海东来，"复逢羊"在广州登陆，"羊城"，即为古代的广州……

12. 本书绝大部分内容是禅师与学人的对话，一般都是不同时间与场合的对话录在一起。为了层次清楚，就把相同时间与场合的对话作为一段标点。也有极少数对话从头到尾都是相同时间与场合的两人对话，如第四章"京兆大荐福寺弘辩禅师"条从头到尾都是弘辩禅师与唐宣宗的对话，所以就一问一答分段标点。

13. 禅师说话太长就分段，每段开头为双引号，结尾无引号，一直到说话结束才有双引号。如果禅师说的是一首偈颂，一般不使用引号。如果同时说了几首偈颂，则使用引号区分。

14. 本书注释时参考了很多重要文献，在注释中均已经注明，详细出处敬请查阅书后《参考文献》。本书"概要"中提示的参考文献，敬请在《大正藏》《续藏经》《龙藏》等佛典中查询。

15. 本书以宋宝祐本为底本重新标点，并校对宝祐本以及其他版本的错误，从而得到一个比较好的善本。"注"，本书是迄今为止系统注释《五灯会元》的第一部书籍，为读者读懂本书扫清阅读障碍。"解"，"注释"中有解读，"概要"则是集中解读该禅师的生平、思想以及公案等内容，使读者对该禅师有完整的了解。

16. 为了使读者全面了解中国禅宗的发展过程及其特点，从面到点理解本书所记载历代祖师的行迹与语录，我们在书后附上本书作者曾琦云先生的专论《中国禅宗论略》。

《五灯会元》点校译注刍议

——代序

　　2018 年我就接受了重新点校出版《五灯会元》的任务，至今天才完成书稿。学术界很多已有的研究成果给了我很多启迪，本人在写作研究过程中亦发现更多问题，现与诸位商榷。

一、从掌握汉字音形义的基本功做起

　　著名历史学家陈垣提出了"对校法、本校法、他校法、理校法"为内容的"校勘四法"，这是前人经验的总结。但是，如果没有掌握汉字音形义的基本功，再多的方法也不能做好校勘工作。从掌握汉字音形义的基本功做起，扩展到字词句篇的校勘，才有扎实的基础。这是我的第一个体会。

　　1. 把握正确的字音以及变化规律

　　别以为给古籍标点很简单，读音与标点无关。《五灯会元》的禅师敢于诃佛骂祖，语言可以说很粗鲁。可这种粗鲁正是返朴归真的表现，透过"一钵千家饭，孤身万里游"的外表形式，我们可以发现行脚衲子追求真理的高贵灵魂。所以，禅师们说话的时候往往是诗人。《五灯会元》成为中国古典文学的代表作，其禅诗成为古典文学界研究的课题，就在于这些禅诗有使人顿悟的意境。知道了禅师的话就是诗句，而诗句一定是有韵脚的，知道了韵脚在哪里，我们的点校就不失误。

　　《五灯会元》"福州龙山智嵩妙虚禅师"条："恁么则人天不谬殷勤请，顿使凡心作佛心。"禅师只说了两句话，但带有诗意，并且押韵。"恁么则"三个字是"如此就"的意思，不在诗句之中，下面是七言两句诗："人天不谬殷勤请，顿使凡心作佛心。"苏校版、《〈景德传灯录〉译注》均标点错误，误将"请"字移到第二句前面："恁么则人天不谬殷勤，请顿使凡心作佛心。"如此标点，就不通顺了！

　　《五灯会元》"天童净全禅师"条："佛不是，心亦非，亲体承当绝所依。"苏校版标点有误。这段一读就知道是韵文，但苏校版标点乱了，致使韵文不是韵文，令人费解。

　　然而，汉字读音古今是有区别的。今天我们可以按照普通话来朗读，但是古籍点校就必须知道古音。否则有些诗歌，我们今天看起来不押韵，古音却是押韵的。

如《弟子规》："骑下马，乘下车（jū），过犹待，百步余（yú）。"若不知道"车"的古音读"jū"，就不知道这是韵文。如果是诗歌，为了押韵我们可以读古音，但其他地方我们都可以读普通话。若把杯水车薪的"车（chē）"读成车（jū），便是矫揉造作了。

佛经的语言有梵语中国化的一个过程，要知道它的读音也是有规律可循的。《五灯会元》出现频率很高的一个词"阇（shé）黎"，"阿阇黎"的简称，译为正行、指导师，亦泛指僧人。"阇"有两个读音"dū"与"shé"，可"阿阇黎"亦作"阿舍梨""阿遮利耶"，对比其他译音，可以推测"阇"读"shé"，而不是"dū"。"阇（dū）维"也是该书频率很高的一个词，火葬的意思，又作"荼毗""阇鼻多"。对比其他译音，可以推测"阇"读"dū"，而不是"shé"。更多规律本人另有专文《汉语语汇与佛教》。

2. 把握正确的字形以及变化规律

掌握汉字形状的变化规律，要知道它的根源。《五灯会元》"毗婆尸佛"条："神足二，一名骞荼，二名提舍。"骞（qiān）荼（tú），苏校版为"骞荼"，宝祐本亦作"骞荼"，续藏本与《景德传灯录》均作"骞荼"。查阅大正藏《释迦谱》则作"骞荼"。是不是"荼"误为"荼"了？我们可以先去研究"荼"与"荼"这两个字的根源。在字形上，二者只差一横，而音义上古代通用。先有"荼"字，后有"荼"字。南宋魏了翁（1178～1237年）《邛州先茶记》："茶之始，其字为荼。如《春秋》书齐荼，《汉志》书荼陵之类，陆、颜诸人虽已转入茶音，而未敢辄易字文也。若《尔雅》，若《本草》，犹从艸从余，而从徐鼎臣训荼犹曰：'即今之茶也。'惟自陆羽《茶经》、卢仝《茶歌》、赵赞《茶禁》以后，则遂易'荼'为'茶'。其字为艸，为入，为木。而谓'荼'为茅秀，为苦菜。终无有命茶为'荼'者矣。"清代训诂学家郝懿行在《尔雅义疏》中认为："今茶字古作荼……至唐朝陆羽著《茶经》始减一画作茶。"现在多数学者也认为"茶"字到中唐才从"荼"中分列出来。因此，至少中唐以前翻译的佛经不可能写"骞茶"。而《五灯会元》已经是宋朝的作品了，这个时候早已存在"茶"字，所以写"骞茶"也不能算错。《释迦谱》的作者僧祐（445～518年）是南朝僧人，他的作品只可能出现"骞荼"，因为他那个时代还没有"茶"这个字。所以，有学者据此推断"骞荼"误为"骞茶"是没有根据的。

形近而误，是校勘常发生的错误。《五灯会元》"风穴延沼禅师"出现"捶拷"这个词，古代刑讯时用刑杖拷打被告以获取口供谓之"捶拷"。续藏本作"捶栲"，海南版底本来自续藏本，无法理解"捶栲"，其注释"栲"为"栲树"，那么"捶栲"这个词则费解。

3. 把握正确的字义以及变化规律

古今字义是有变化规律的，有的字完全不是现在的意思。因为这些字后来久借不归，今人也就不知道古义了。这样，就必须弄清其本意才能正确校勘古籍。

《五灯会元》"文公杨亿居士"条："公曰：'恁么则禅客相逢只弹指也。'慧曰：'君子可八。'"这个"八"字，宝祐本作"八"。苏校版是拿不准的，但又直接写成"入"。查阅佛教典籍有"入"，如《嘉泰普灯录》《五灯严统》《五灯全书》等都写作"君子可入"，应是形近而误。有的学者说，"八"应为"入"，比喻有道禅僧可以就此悟入。王长林在《语言研究》发表《禅语"君子可八"释义商兑》："'八'有分辨、知晓义，是一个闽方言词。禅录'君子可八'，意为君子可辨、君子可知。"乔立智《〈五灯会元〉点校疑误举例》也谈到"八"的原意是"分"，"分"有"辨别、区别"义。诚然如此。说文："八，别也，象分别相背之形。"高鸿缙《中国字例》："八之本意为分，取假象分背之形，指事字……后世借用为数目八九之八，久而不返，乃如刀为意符作分。"苏校版未弄清"八"的意义，校勘记："原作'八'，据清藏本改。"因此，苏校版校勘反而改错了。本书"天童了朴禅师"条："卓拄杖一下，云：'敢问诸人是生是杀？'良久云：'君子可八。'"从前后语境上可以看出，"八"作"分辨"解释很适宜，但苏校版又写校勘记："八，据义应作'入'。"

从整体语境中去分析汉字的含义，是正确点校的关键。"聻"这个字是生僻汉字，常出现的本书中，苏校版一直没有弄清这个字的含义，所以只要出现这个字就标点失误。"聻"虽然有多个意义，但在本书一般是以疑问语气助词出现，照例不能单独成句，一般只能附在句子后表示语气，但苏校版却常常单独成句。当然也有个别地方单独成句，如"大阳警玄禅师"条："师曰：'先师在么？'曰：'在。'师曰：'在即不无，请渠出来，我要相见。'僧曰：'聻？'师曰：'这个犹是侍者。'"此处僧人单独说一个"聻"字，实际上他顺"师"语而帮"师"说完一个"聻"，这个"聻"实际上应是师所说："我要相见聻？"此处对话显示了禅林机锋，话中有话。僧人是从洪山来的侍者，师问他先师在吗？侍者说在。师曰既然在就请他出来，还没说完"我要相见"的"聻"，侍者就抢先替他说："聻？"此处"师"要见的并非是"先师"，而是要见侍者的本来面目（佛性）。因为先师相隔千里，怎么能够请他出来相见呢？所以"师"在考验侍者："真正的先师是你本有的佛性，可以出来见我吗？"侍者也稍微明白"师"意，于是为显自己的本领就抢话了。但是，"师"否定他这个做法，曰："这个犹是侍者。"意思是，虽然你懂了我的意思，但你抢了我的话，还是有一个"我"存在，也就不能见性了。"聻"作为疑问语气助词单独成句，就是在这种语境下产生的。本书"黄龙慧南禅师"条："'更有一种不易，是甚么人?’良久云：‘聻?’”“聻”在这里单独成句，是禅师上句话反问的延续。上文说：“更有一种不易，是甚么人?”然后禅师说话开始停顿，良久云：“聻?”这个过程，说明这个“聻”实际上与上文构成完整的句子就是“是甚么人聻?”苏校版标点有误，都作句号，没有弄清“聻”。

二、从失误中探索新方法

从《五灯会元》点校失误的经验教训出发，可以总结出古籍整理很多新方法，至少有三种方法值得我们探索：溯源法、对比法、综合分析法。这三种方法无论是古籍点校还是译注都可以运用，运用中更多的是相互融合，在溯源中或许有对比，在对比中或许有综合分析。而综合分析实际上是贯彻始终的。

古籍版本越是悠久，或者直接是第一手材料，就越珍贵。例如，宝祐本是《五灯会元》最原始的版本，这个版本留有最原始的题词，助印者的跋以及王大居士的序，都说明了这个版本是很少有人修改过的。在这个基础上再进一步的溯源就是该书最原始的素材，它所依赖的其他五部灯书，需要把该书与其他五部灯书进行对比，再得出最善的版本。

《景德传灯录》是《五灯会元》原始版本之一，所以我通过查找《景德传灯录》原始资料来对比宝祐本，更正了宝祐本不正确的地方。例如“普净常觉禅师”条提到“梁乾化二年”，宝祐本、续藏本均作“唐乾化二年”，而《景德传灯录》作“梁乾化二年”，历史上只有梁乾化年号，显然《景德传灯录》正确。

再看“洪州建山澄禅师”有“尘埋床下履”句。可宝祐本却是“尘埋床下复”，显然宝祐本刻印有误。续藏本与《景德传灯录》等版本均是“尘埋床下履”。这句话的意思是“灰尘埋没了床下的鞋子”，说明床上的人都不见了，以此说明“见性”的境界。项楚先生看到苏校版“复”费解，提出“‘复’当作‘複’，字亦作‘襆’，今写作‘袱’。”虽然我百分之九十九赞叹项先生的其他观点，但此处不敢苟同。若作“複”，则是夹衣，若作“襆”，则是用以覆盖或包裹衣物等的布单、巾帕。怎么会放到床下呢?鞋子放在床下则正常。这里就既有溯源，又有对比，更有综合分析。所以，真正运用起来往往不可分割。

除了版本上要溯源，语言上也要溯源。《五灯会元》反映的是唐宋方言俗语，当时的口语与我们今天的普通话已经有很大的不同。如果我们不能从语言上溯源，那么我们点校、译注、解读都会出笑话。

“洛浦元安禅师”有“汝家爷死”句，意思是“你家父亲死了”。爷：口语，爷老子，即父亲。《全译》凡是出现“爷”的地方，基本上都译为“爷爷”，说明不弄清唐宋口语就会出现这样的笑话。

“潭州神山僧密禅师”有“老老大大，作这个说话”句，意思是一大把年纪了，还说出这个话。老老大大，对年老者的讥刺语，隐含偌大年纪，犹不明悟之义。讥讽他一大把年纪的老修行，说话也只有这个水平，说不到点子上。《全译》"你这么老成，还说这样的话"，不符合原意。

不仅要懂唐宋方言口语，还要懂禅林习惯语。"香林澄远禅师"有"早朝不审，晚后珍重"句，苏校版标点有误。因为苏校版未弄清禅林习惯语"不审"与"珍重"是什么意思，所以只要出现这两个词语，标点就失误。"不审"与"珍重"都是问候语，这样的客套语还有"久立"。可凡是出现"久立"，苏校版常常把它移出引号之外，作叙述语言。"久立"是禅师表示的慰问语，就是让大家站久了，对不起了。海南版亦有类似失误。

禅林专用术语也要掌握。《池州杉山智坚禅师》有"师吃饭次，南泉收生饭"句，说的是智坚禅师吃饭时，南泉禅师亲自收生饭。禅门开饭前取少许食物布施旷野鬼神，叫生饭，又叫出生。《全译》与《〈景德传灯录〉译注》都把"生饭"理解为没有煮熟的饭。禅林常说"作家"，指禅林高手，《全译》译为"一个明白透彻有创造力的人"不妥。

还要掌握通假字。"蛇为甚么吞却师"（蛇为什么把那么大的狮子都吞吃了）师：同"狮"，通假字，佛经常说"狮子吼"，常写作"师子吼"。《全译》没弄清"师"是通假字，译为"蛇为什么把老师吞掉了"。

将字词句篇与文中特定的意境联系起来进行综合分析，是做好古籍整理工作的关键。"丞熙应悦禅师"条："现成公案已多端，那堪更涉他门户？觌面当机直下提，何用波吒受辛苦？"觌（dí）面，指见面、当面。"波吒"是什么意思呢？冯国栋《〈五灯会元〉校点疏失类举》将"波吒"误作"波吒釐子""波吒利补怛罗"之简称，意译作"华氏城"，为中印度摩揭陀国之都。因此，认为苏校版"波吒"应作专有名词而下画线。通观前后意义以及佛典所载，此处"波吒"显然不是"波吒利补怛罗"，故不宜作专有名词看。

只要联系文中所阐述的内容进行综合分析，就知道"波吒"与"华氏城"无关。波吒："波波吒吒"之略，亦作"波波劫劫""劫劫波波"。波波者，奔波流浪也；劫劫者，汲汲不息也。《类书纂要》九曰："波吒，劳苦也。劳碌奔波也。"《丛林盛事》下曰："我波波吒吒出岭来。"《六祖坛经》曰："离道别觅道，终身不见道，波波度一生，到头还自懊。"因此，"波吒"在这里就是"劳碌奔波，没有停息"的意思。整个禅师所说的话，可以这样理解："我宗现成的公案已经很多了，怎么还要去别人家找归宿呢？见面就要当下承当，何必劳碌奔波，行脚四方，毫无休止地去寻找自己的归宿呢？"

综合禅诗的意境分析，显然"波吒"与"华氏城"毫无联系。"瑞州黄檗道全禅师"说了一首相同意境的禅诗："一槌打透无尽藏，一切珍宝吾皆有。拈来普济贫乏人，免使波吒路边走。"此处项楚先生把"波吒"与"地狱"联系起来，提出苏校版不能作专有名词画线。诚然，"波吒"又是地狱之名，但此处的整体意思是：把那些珍宝拿来普济贫苦的人，以免使他们劳碌奔波在流浪的路上。

弘扬中华优秀传统文化，必须推出古代优秀文化典籍。毛泽东同志说："从孔夫子到孙中山，我们应当给以总结，继承这一份珍贵的遗产。"今天我们要在以习近平同志为核心的党中央领导下，坚定文化自信，为实现中华民族的伟大复兴而努力奋斗！

最后感谢北京延日法师（丈木）为本书提供插图！

曾琦云

壬寅年于双峰求阙斋

普济禅师题词

世尊拈花，如虫御木[1]；迦叶微笑，偶尔成文。累他后代儿孙——联芳续焰。大居士[2]就文挑剔，亘千古光明灿烂。

淳祐壬子冬[3]住山普济书于直指堂

【注释】

[1] 如虫御木：《宗门拈古汇集》卷十五："瑞岩愠云：'婆子如虫御木，偶尔成文；赵州见义勇为，翻成特地。诸人还会么？云收雨霁长空阔，一对鸳鸯画不成。'"因此，就知道"如虫御木"与"偶尔成文"是连成一体的比喻。普济禅师题词，将两句拆开，是采用了"互文见义"的修辞手法。即世尊拈花、迦叶微笑如虫御木，偶尔成文，这样就容易理解其中含义了。本书第九章"沩山灵祐禅师"条："次日，同百丈入山作务。丈曰：'将得火来么？'师曰：'将得来。'丈曰：'在甚处？'师乃拈一枝柴吹两吹，度与百丈。丈曰：'如虫御木。'"火种代表佛性，百丈要火种，如果沩山真的去找就错了，因为佛性不在外，而在每个人的心中，所以沩山直接拿起柴作出吹火的样子。百丈于是说"如虫御木"，这是百丈的评论（点赞）。虫子在树上咬洞，无意写成文字，或是画成一幅画，可不经意间它竟然做成了好作品。南怀瑾先生说："禅宗祖师还有一句话：'如虫御木，偶尔成文'。有一只蛀虫咬树的皮，忽然咬的形状构成了花纹，使人觉得好像是鬼神在这棵树上画了一个符咒。其实，那都是偶然撞到的，偶尔成文似锦云，有时候也蛮好看的。这就说明一切圣贤说法，以及佛的说法都是对机说法，这些都是偶尔成文，过后一切不留。"（出自南怀瑾著《金刚经说什么》）"御木"，又作"蚀木""食木""蠹木""注木""蛀木"等。在宋代以禅喻诗的语境里，这个比喻又运用到艺术作品里。就文学作品来说，妙句并非出于意匠的构思，虽文采斐然，却是无心营造的产物，就像蠹虫蚀坏树木，在上面留下些像文字一样的痕迹，而蠹虫本身并未想到自己的啃食会达到这样的艺术效果。最优秀的诗文出自作者自然无心的流露。运用到绘画境界中，也是无心的雕琢，反而能够出好作品。北宋黄庭坚《山谷集》："如虫蚀木，偶尔成文。吾观古人绘事妙处，类多如此。"

[2] 大居士：指沈净明居士。根据普济禅师书前题词，"沈大居士就文挑剔"，可以理解为"沈大居士就现有文献资料挑选而成《五灯会元》"。那么沈大居士不仅捐资刻印了《五灯会元》，而且参与了《五灯会元》的编撰。

[3] 淳祐壬子冬：淳祐十二年（1252 年）。

【概要】

普济禅师（1179～1253 年），宋代禅僧，四明奉化人，俗姓张，号大川。年十九，就香林院文宪剃度受戒。未久，赴赤城，学天台性具之理，觉其非超生死之捷径，乃志于禅。往参育王如琰，言下相契，遂依止之，嗣其法，为临济宗杨岐派传人。后如琰移居四明天童山，师亦随住，主管经藏。时丞相史忠献王，钦仰师之德风，延请住大慈报国寺，后移住临安净慈光孝寺，更住景德灵隐寺。居二年，临终，诫厚葬，命遗骨投江。南宋理宗宝祐元年正月十八日示寂，世寿七十五。弟子七十余人。有《大川普济禅师语录》一卷行世。

一般认为，普济禅师是《五灯会元》的作者。《四库全书总目提要》之《五灯会元》条："《五灯会元》二十卷（内府藏本），宋释普济撰。普济字大川，灵隐寺僧也。其书取释道原《景德传灯录》、驸马都尉李遵勖《天圣广灯录》、释维白《建中靖国续灯录》、释道明《联灯会要》、释正受《嘉泰普灯录》，撮其要旨汇为一书，故曰《五灯会元》。"但依普济题词"大居士就文挑剔"以及下文沈净明《跋》所说"谨就景德灵隐禅寺，命诸禅人，集成一书，名曰《五灯会元》"，则《五灯会元》乃多人编撰而成。此外，通庵王橚序云："今慧明首座萃五灯为一集，名曰《五灯会元》，便于观览。"光绪三十二年贵池刘世珩影宋宝祐本序、民国十九年长沙缩影宝祐本刘善泽跋皆主此说，胡适也持此论。

【参考文献】

《灵隐大川禅师行状》（续藏经第六十九册）；《续传灯录》卷三十五；《五灯严统》卷二十二。

王序

予闻孔圣曰[1]："参乎！吾道一以贯之。"曾子曰："唯。"子出，门人问："夫子之道，忠恕而已矣。"又闻释迦在灵山拈花，迦叶微笑。世尊曰："吾有正法眼藏、涅槃妙心，付嘱摩诃大迦叶。"二者用处不同，义则一也。由是观之，一贯之理，以心传心，千万载间，绵绵不绝。其道学宗派，盖自曾子一"唯"中来。佛法昭明，历几千劫，阐扬宗风，源源相继。其教外别传，盖自迦叶"微笑"中始，乌可歧而二哉？自景德中有《传灯录》行于世，继而有《广灯》《联灯》《续灯》《普灯》。灯灯相续，派别枝分，同归一揆[2]。是知灯者，破愚暗以明斯道。今慧明首座[3]萃五灯为一集，名曰《五灯会元》，便于观览。沈居士捐财鸠工，锓梓[4]于灵隐山，实大川老卢都寺赞成之。帙成，保庵携一部来，再三肯予为序。

予曰："一大藏教，如拭不净纸。由此知佛法不在文字上，不向言语中。若是大丈夫汉见得明，悟得彻，如俊鹘掊禽，提得便去。若回头侧脑，稍涉迟疑，则空过新罗[5]矣。至如寻章摘句，徒增口鼓，打缠葛藤[6]，料掉了无交涉[7]，又岂可与语此集哉？虽然，其初地二乘[8]，翻阅中或恐一言一句筑著磕著[9]，则与历代祖师、天下老和尚把手共行[10]，则斯集大播无穷矣。"

宝祐改元[11]清明日通庵王櫓谨序

【注释】

[1] 孔圣曰：这段文字出自《论语·里仁》。王大居士引用这段话说明孔子给曾子说"一贯之道"，颇与释迦牟尼当年拈花示众相似。曾子平时说话迟钝，看起来很笨，可他却是独得孔子心传的人，所以当大家正在等孔子再说明什么是"一以贯之"时，曾子就说明白了。明白了什么，大家也莫名其妙。但老师在，大家又不

— 1 —

好问，等孔子出去后，大家就忍不住都来问。可曾子也知道大家不懂老师"教外别传"之旨，既然不懂，就只好概括一下孔子之"道"就是忠恕而已，一般人能够做到忠恕就已经很有境界了。实际上，真正的"道"是不可言说的，孔子说"朝闻道，夕死可矣"就说的是这个"道"。这是"形而上"之道，无法用世间文字说明。这种境界正好就是禅宗所说："不立文字，教外别传，直指人心，见性成佛"。

[2] 一揆：指同一道理、一个模样。《书序》："雅诰奥义，其归一揆。"

[3] 首座：即座中之首位者。

[4] 锓（qǐn）梓：刻板印刷。书板多用梓木，故称。

[5] 空过新罗：俊鹘在空中一下子就飞过新罗去了。形容禅机稍纵即逝，如鹘子疾飞，转瞬之间已飞过新罗（古朝鲜）。禅林常作"鹘子过新罗"。

[6] 葛藤：指文字、语言一如葛藤之蔓延交错，本用来解释、说明事相，反遭其缠绕束缚。此外，又指公案中难以理解之语句；更引申作问答功夫。玩弄无用之语句，称为闲葛藤；执着于文字语言，而不得真义之禅，称为文字禅，或葛藤禅。

[7] 料掉了无交涉：没有关系，毫不相干。料掉：没关系。无交涉：也是没有关系的意思。了无：全无，毫无。

[8] 初地二乘：此处泛指刚刚入道的学人。初地：指菩萨乘五十二位中十地的第一地。二乘：指声闻、缘觉。佛为声闻、缘觉所说之法称小乘，佛为菩萨所说成佛之法称大乘。

[9] 筑著磕著：（突然地）撞着碰着，隐指顿时领悟禅法。《密庵语录》："府中归，上堂：'一出一入，一动一静，酒肆茶坊，红尘闹市，猪肉案头，蓦然筑著磕著，如虎戴角，凛凛风生。"

[10] 把手共行：携手同行。把手：握手。

[11] 改元：君主改用新年号纪年。年号以一为元，故称"改元"。

跋

安吉州武康县崇仁乡禺山里正信弟子沈净明，幸生中国，忝预人伦[1]。涉世多艰，幼失怙恃。本将知命[2]，遂阅《华严》大经、《传灯》诸录，深信此道不从外得。切见禅宗语要，具在"五灯[3]"。卷帙浩繁，颇难兼阅。谨就景德灵隐禅寺，命诸禅人，集成一书，名曰《五灯会元》，以便观览。爰竭己资[4]，及慕同志[5]，选工刻梓，用广流通。续如来慧命，阅列祖圆机[6]。灯灯相传，光明不断。普愿若僧若俗，或见或闻，开悟本心，咸跻觉地[7]，出生功德[8]。谨用祝延圣寿，保国安民。次冀施财助力，共获休祥[9]。普报四恩[10]，用资三有[11]。劫石[12]有尽，我愿无穷！

宝祐元年正月旦日沈净明谨题

【注释】

[1] 忝（tiǎn）预人伦：有愧于加入人类这个大家庭中来。忝：有愧于，常作谦辞。预：指参与、参加。人伦：人类。伦：辈，类。按照佛教轮回观，人道属于三善道之一，能够投胎到人道很难，在人道中能生到中原文化地区学佛就更难。因此，沈大居士才有"幸生中国，忝预人伦"这样的感叹。

[2] 知命：《论语·为政》："五十而知天命。"后因以"知命"代称五十岁。

[3] 五灯：指五部禅宗灯录：北宋法眼宗道原的《景德传灯录》、北宋临济宗李遵勖的《天圣广灯录》、北宋云门宗惟白的《建中靖国续灯录》、南宋临济宗悟明的《联灯会要》、南宋云门宗正受的《嘉泰普灯录》。先后于北宋景德元年（1004年）至南宋嘉泰二年（1202年）近二百年间分别成书。旧校本将"五灯"视为书名，下画专有名词线，有误。

[4] 爰（yuán）竭己资：于是竭尽自己的资财，指沈大居士竭尽家产捐资助印《五灯会元》。爰：于是，就。

— 1 —

［5］及慕同志：再与一批向往此书的志同道合者。

［6］圆机：圆顿之机根。《法华玄义》六："圆机圆应。"

［7］咸跻（jī）觉地：一起进入诸佛觉悟的境界。跻：达到，升登。

［8］出生功德：生出诸佛无尽功德。出生：产生，非指胎儿从母体中生出来。

［9］休祥：吉祥。《书·泰誓中》："朕梦协朕卜，袭于休祥，戎商必克。"孔传："言我梦与卜俱合于美善。"

［10］四恩：指父母恩（家庭）、众生恩（社会）、国土恩（国家）、三宝恩（宗教）。

［11］三有：指三界众生。三有指欲有、色有、无色有，义同三界，即欲界、色界、无色界。

［12］劫石：佛示时间之长，以天衣拂磐石为喻，因而谓为"磐石劫"。《智度论》五："佛以譬喻说劫义：四十里石山，有长寿人，每百岁一来，以细软衣拂拭此大石尽，而劫未尽。"《释门正统》八："其为寿也，有劫石焉，有河沙焉。"《从容录》四："芥城劫石妙穷初。"劫：梵语，指无法计算的极长时间。

总　目　录

（六）

目 录

（一）

第一章 七佛——东土祖师

— 1 —

第二章　四祖大医禅师旁出法嗣——六祖大鉴禅师旁出法嗣

第三章　六祖大鉴禅师法嗣（怀让）——南岳下二世

第一章 七佛——东土祖师

菩提本无树，明镜亦非台。本来无一物，何处惹尘埃？（六祖慧能大鉴禅师）

第一节 七 佛

古佛应世，绵历无穷，不可以周知而悉数也。近故谭[1]贤劫[2]有千如来。暨[3]于释迦，但纪[4]七佛。按《长阿含经[5]》云："七佛精进力，放光灭暗冥。各各坐树下[6]，于中成正觉。"又曼殊室利[7]为七佛祖师[8]。

金华善慧大士[9]登松山[10]顶行道，感[11]七佛引前，维摩[12]接后。

今之撰述，断自七佛而下。

【注释】

[1] 谭：同"谈"，通假字。

[2] 贤劫：时间名词。"劫"指特别长的一个时期，"贤劫"指我们所在的这个时期，这个时期共有千佛出世，释迦牟尼佛为其中之第四尊佛。贤劫之前名为庄严劫，贤劫之后名为星宿劫。

[3] 暨：到，至。

[4] 纪：通"记"。记录，记载。

[5]《长阿含经》：原始佛教基本经典。北传佛教（汉传大乘佛教的总称，区别于南传小乘佛教，即传布于东南亚的佛教）四部阿含之一。因所集各经篇幅较长，故名。

[6] 各各坐树下：查《大藏经》第一册《长阿含》皆作："各各坐诸树，于中成正觉。"《景德传灯录》亦如此，但于意义影响不大。

[7] 曼殊室利：梵语，译为妙吉祥，即文殊菩萨的名字，具不可思议微妙功德，最胜吉祥，故名妙吉祥。文殊菩萨过去久远劫早已成佛，名叫龙种上如来，释尊在世时委身为释迦牟尼佛的弟子，成为佛的协从，来度化众生。

[8] 祖师：此句可理解为"七佛祖之师"，禅宗认为佛即祖师，祖师即古佛，又民间习俗佛祖即佛陀。此指文殊菩萨为七佛的老师，后"祖师"特指创立宗派之人，如本书禅宗诸祖师。旧译本说"曼殊室利是七佛的祖师爷"有误，祖师爷这个词也泛指每一行业始祖，如鲁班为中国建筑、木匠的祖师。

[9] 善慧大士：浙江义乌人。名叫傅翕（xī），字玄风，年十六，娶刘氏，生

二子，名叫普建、普成。年二十四，遇梵僧嵩头陀而知宿因，结庵松山之双梼树间，自称当来解脱善慧大士。史称傅大士。大士即菩萨的别名。傅大士为南朝梁代禅宗著名之尊宿，义乌双林寺始祖，中国维摩禅祖师，与达磨、志公并称"梁代三大士"。因为傅大士的灵异事迹越来越多，越传越广，大家都认为他是弥勒化身，是十地菩萨（最高境界的菩萨）。

[10] 松山：地名，又叫云黄山，"松山顶"并非指松树山之顶。此山在今佛堂镇（今属义乌市）东部，周围三十里。傅大士偕同妻子刘妙光在此躬耕而居，过着农禅并举的生活。

[11] 感：感应。感是感召，应是应现，谓我对佛菩萨有什么要求，如果心意至诚，便可以感召佛菩萨来应现，以满我之所愿。"感七佛引前，维摩接后"，旧译本将"感"翻译为"感慨"有误。"感"是"感应"的意思，因为傅大士修行极其诚恳，所以入定时感现佛菩萨现身，即我们现在常说的佛菩萨显灵。所以，此处正确翻译是："金华傅大士登上松山结庵修行佛道，静坐入定之时，感现七佛在前引路，维摩诘大菩萨在后护佑。"

[12] 维摩：梵语，维摩诘的简称，译为净名，净是清净无垢之义，名是声名远扬之义，相传是金粟如来的化身，自妙喜国化生在人间，以居士的身份辅助释迦牟尼教化众生。

【概要】

"七"在佛教上指一个时间段的循环，如打七，念咒七七四十九遍。实际上，"七"就是无量的意思，写了七佛，实际也写了无量诸佛。再说，诸佛涅槃的境界是相同的，因此，若追究佛法最高境界则从一佛开始写起也可以。本书略写前面六佛，重点写释迦牟尼佛。因为释迦牟尼佛离我们最近，是我们最直接的老师。如果追究过去诸佛，释迦牟尼佛仅仅只是贤劫千佛第四尊佛，而在释迦牟尼之前还有庄严劫，庄严劫已经出现千佛，哪里能够穷尽呢？所以本书第一卷就从七佛写起。

一、毗婆尸佛

毗婆尸佛（过去庄严劫，第九百九十八尊）。偈[1]曰："身从无相中受生，犹如幻出诸形象。幻人心识本来无，罪福皆空无所住。"《长阿含经》云[2]，人寿八万岁时，此佛出世。种刹利[3]，姓拘利若。父槃头，母槃头婆提。居般头婆提城。坐波波罗[4]树下，说法三会，度[5]人三十四万八千。神足[6]二，一名骞荼[7]，二名提舍。侍者无忧，子方膺[8]。

【注释】

[1] 偈：梵语，偈陀的简称，译为颂，即一种略似于诗的有韵文辞，通常以四句为一偈。

[2]《长阿含经》云：旧校本在"《长阿含经》云"后面直接使用冒号与引号，但查阅《长阿含经》下面这段话不是直接引用，而是从《长阿含经》里面概括出来的，并非《长阿含经》里面的原话，所以不宜使用引号。此下五佛错误相同，即连错六处。

[3] 刹利：梵语，刹帝利的简称，译为田主。为世间大地之主，即王种。

[4] 波波罗：菩提树。诸佛之成道皆如同释尊，而各自有其"菩提树"，也叫道场树。

[5] 度："度"在佛教里面有"剃度"的意思，即剃掉须发出家，但佛教"度人"更有使人脱离人世苦难，解脱六道轮回，到达涅槃彼岸的意思。所以"度人"之"度"有"渡"的意思，即渡过生死轮回的激流河海到达解脱的彼岸。旧译本将"度人三十四万八千"翻译为"说服了三十四万八千人出家入佛门"，有误。正确翻译是："度脱三十四万八千人到达涅槃的彼岸。"这三十四万八千人有的可能出家，有的也不一定出家，做在家弟子。

[6] 神足：高足，对别人弟子（学生）的敬称，此处指毗婆尸佛的大弟子。另外佛教神通六通中有"神足通"，此处不是这个意思。

[7] 骞（qiān）茶（tú）：旧校本为"骞茶"，宝祐本亦作"骞茶"，续藏本与《景德传灯录》均作"骞茶"。查阅大正藏《释迦谱》则作"骞茶"。是不是"茶"误为"茶"了？我们可以先去研究茶"与"茶"这两个字的根源。在字形上，二者只差一横，而音义上古代通用。先有"茶"字，后有"茶"字。南宋魏了翁（1178～1237 年）《邛州先茶记》："茶之始，其字为茶。如《春秋》书齐茶，《汉志》书茶陵之类，陆、颜诸人虽已转入茶音，而未敢辄易字文也。若《尔雅》，若《本草》，犹从艸从余，而从徐鼎臣训茶犹曰：'即今之茶也。'惟自陆羽《茶经》、卢仝《茶歌》、赵赞《茶禁》以后，则遂易'茶'为'茶'。其字为艸，为入，为木。而谓'茶'为茅秀，为苦菜。终无有命茶为'茶'者矣。"清代训诂学家郝懿行在《尔雅义疏》中认为："今茶字古作茶……至唐朝陆羽著《茶经》始减一画作茶。"现在多数学者也认为"茶"字到中唐才从"茶"中分列出来。因此，至少中唐以前翻译的佛经不可能写"骞茶"。而《五灯会元》已经是宋朝的作品了，这个时候早已存在"茶"字，所以写"骞茶"也不能算错。《释迦谱》的作者僧祐（445～518 年）是南朝僧人，他的作品只可能出现"骞茶"，因为他那个时代还没

有"荼"这个字。所以有学者据此推断"蹇荼"误为"蹇荼"是没有根据的。

[8] 侍者无忧,子方膺:旧校本点校为"侍者无忧子方膺"。凡是专有名词,旧校本均画线标出,此处画线标出"无忧子方膺",把"无忧子方膺"直接当成了侍者的名字。查阅《长阿含经》原文,云"毗婆尸佛有执事弟子,名曰无忧",另一节则记载:"毗婆尸佛有子,名曰方膺"。于是,就知道,毗婆尸佛的侍者名叫无忧,他的儿子名叫方膺,这是两个人的名字,并非指侍者名叫"无忧子方膺"。以下五佛都有侍者与儿子,旧校本全当成侍者一人的名字,所以连错六处。

【概要】

毗婆尸佛,过去七佛的第一佛。又作毗钵尸佛、微钵尸佛、鞞婆尸佛、毗婆沙佛或惟卫佛,译为胜观、净观、胜见及种种见。其八相成道之相大致与释迦牟尼佛相同。依《长阿含经》卷一大本经所述,过去九十一劫,人寿八万四千岁时,毗婆尸佛出现于世,为刹帝利种,姓拘利若(憍陈如),于波波罗树下成道。在其三会说法中,初会度十六万八千人,二会度十万人,三会度八万人。其上首弟子称蹇荼及提舍,执事弟子名无忧。父名槃头摩多,母名槃头婆提(摩那),子名方膺。王所治之城称槃头婆提。

《七佛经》说毗婆尸佛之父名满度摩王,母名满度摩帝,国城亦名满度摩。其三会说法中,初会有六万二千比丘得阿罗汉果,二会有十万,三会有八万。其大智慧弟子名欠拏底写,侍者名阿输迦。此外,《增一阿含经》卷四十五、《毗婆尸佛经》《七佛父母姓字经》及《佛名经》卷八等经之说法也都不完全一致。

【参考文献】

《华严经疏》卷十七;《杂阿含经》卷十五;《出曜经》卷二;《生经》卷四;《大宝积经》卷四十六;《大乘大集地藏十轮经》卷七"忏悔品";《佛名经》卷八;《孔雀王咒经》卷下;《观药王药上二菩萨经》;《观佛三昧海经》卷十"念七佛品"。

二、尸弃佛

尸弃佛(庄严劫,第九百九十九尊)。偈曰:"起诸善法本是幻,造诸恶业亦是幻。身如聚沫[1]心如风,幻出无根无实性。"《长阿含经》云,人寿七万岁时,此佛出世。种刹利,姓拘利若。父明相,母光耀。居光相城。坐分陀利[2]树下,说法三会,度人二十五万。神足二,一名阿毗浮，二名婆婆。侍者忍行，子无量。

【注释】

[1] 聚沫：聚集在一起的泡沫。世间一切都是无常的，好比水面上的泡沫。

[2] 分陀利：梵语，译为白莲花。

【概要】

尸弃佛，过去七佛之第二佛。又作式佛、式诘佛、式弃佛、式弃那佛，译为顶髻、有髻、火首、最上。

依《长阿含经》卷一大本经所述，尸弃佛于过去三十一劫出世，人寿七万岁，姓拘利若，于分陀利树下成佛。初会度十万比丘，第二会度八万比丘，第三会度七万比丘。第一弟子为阿毗浮，第二弟子为婆婆，执事弟子名忍行。父为刹利王种，名明相，母名光曜，子称无量。

此外，《增一阿含经》卷四十五、《七佛父母姓字经》、《佛名经》卷十九及《四分律比丘戒本》等处也对尸弃佛有所说明，然内容稍有不同。

【参考文献】

《杂阿含经》卷十五；《增一阿含经》卷一、卷四十四、卷五十；《毗婆尸佛经》卷下；《过去庄严劫千佛名经》；《七佛八菩萨所说大陀罗尼经》卷一；《大智度论》卷九。

三、毗舍浮佛

毗舍浮佛（庄严劫，第一千尊）。偈曰："假借四大[1]以为身，心本无生因境有。前境若无心亦无，罪福如幻起亦灭。"《长阿含经》云，人寿六万岁时，此佛出世。种刹利，姓拘利若。父善灯，母称戒。居无喻城。坐婆罗[2]树下，说法二会，度人一十三万。神足二，一扶游，二郁多摩。侍者寂灭，子妙觉。

【注释】

[1] 四大：地水火风四种基本物质。此四者广大，造作生出一切色法（物质），故名四大。

[2] 婆罗：梵语，译为坚固。《西域记》云：其树类斛，而皮青白，叶甚光润，树特高。娑罗林间，纵广十二由旬，天人大众，皆悉遍满。尖头针峰，受无边众，间无空缺，不相障蔽。

【概要】

毗舍浮佛，过去七佛中的第三佛，即过去庄严劫千佛中最后出现的佛。又作毗湿婆部、毗湿波浮、毗怒沙符、毗锁婆浮、毗舍罗婆、鞞恕婆附、毗摄浮、毗摄罗、毗舍符、毗舍毗、毗舍婆、必沙部、毗叶罗、毗叶婆、比叶婆、毗锁浮、随叶、毗舍、鞞舍，译为一切自在、一切有、一切胜、一切生、种种变现、能变现、遍现、遍胜、广生、胜尊。

依巴利《大史》所载，毗舍浮佛是以然灯佛为首的二十四佛中的第二十一佛。

关于毗舍浮的语义，据《慧苑音义》卷上所述，毗舍浮正云毗湿婆部。"毗湿婆"，此云遍一切，"部"为自在。即遍一切处皆得自在之义。或译为一切有。又据《华严经探玄记》卷五所述，"毗舍浮"，此云一切胜，亦云遍现，谓于诸处皆现身之意。

关于毗舍浮佛的种姓及其弟子等事，依《长阿含》卷一大本经所载，过去三十一劫中，人寿六万岁时，此佛出现于世，种姓为刹帝利，姓拘利若（憍陈如），父名善灯，母名称戒，子名妙觉，城名无喻。于娑罗树下成道。初会说法度七万人，次会说法度六万人。其上首弟子有扶游、郁多摩二人，执事弟子为寂灭。

此外，《观佛三昧海经》卷十"念七佛品"曾述及观想此佛的情形，其文云："毗舍世尊举身放光住行者前，其佛身长三十二由旬，圆光四十二由旬，通身光六十二由旬，身紫金色，光明威相如前无异；见此佛已，复更增进诸陀罗尼三昧门，于未来世必定不疑生诸佛家。"

【参考文献】

《杂阿含经》卷十五；《增一阿含经》卷四十五；《出曜经》卷二；旧译《华严经》卷七"佛升须弥顶品"；《大般涅槃经》卷四十；《大乘大集地藏十轮经》卷七"忏悔品"；《佛名经》卷八；《佛母大孔雀明王经》卷上、卷下；《孔雀王咒经》卷下。

四、拘留孙佛

拘留孙佛（见在[1]贤劫，第一尊）。偈曰："见身无实是佛身，了心如幻是佛幻。了得身心本性空，斯人与佛何殊别?"《长阿含经》云，人寿四万岁时，此佛出世。种婆罗门[2]，姓迦叶。父礼得，母善枝。居安和城。坐尸利沙[3]树下，说法一会。度人四万。神足二，一萨尼，二毗楼。侍者善觉，子上胜。

【注释】

[1] 见在：现在。"见"同"现"。

[2] 婆罗门：梵语，译为净行。或在家，或出家，世世相承，以道学为业，自称是梵天苗裔，守道居贞，洁白其操，故谓之净行。印度四姓中，最上位之僧侣、学者阶级。为古印度一切知识之垄断者，自认为古印度社会之最胜种姓。

[3] 尸利沙：梵语。产自印度的一种香木，为吉祥之意。其树胶可作香药。《金光明最胜王经》卷七列其为三十二味香药之一，名作尸利洒。《玄应音义》卷三载有两种，一种叶、果皆大，名尸利沙；另一种叶、果皆小，名尸利驶。

【概要】

拘留孙佛，过去七佛之第四佛，现在贤劫千佛之第一佛。又作迦罗鸠孙陀佛、羯洛迦孙驮佛、迦罗迦村驮佛、拘楼秦佛、俱留孙佛、迦鸠留佛、鸠留秦佛，译为领持、灭累、所应断已断、成就美妙。汉译《长阿含经》及巴利语《长部》等，列有此佛之出生时、族姓及其父母、出生都城、妻子、菩提树、侍者、第一弟子之名。

在印度，此佛被视为历史上曾经存在的佛陀之一。依《高僧法显传》及《大唐西域记》卷六"劫比罗伐窣堵国"条下所载，在舍卫城东南方处，有该佛出生都城之遗迹及与其有关之诸塔。此中，放置其遗身舍利之塔旁，相传有阿育王所建之狮子头石柱，高三十余尺，然今日尚未发现此遗迹。

【参考文献】

《七佛经》；《七佛父母姓字经》；《出曜经》卷二；《中阿含》卷三十"降魔经"；《贤劫经》卷七；《阿育王经》卷四；《佛名经》卷八；《大集地藏十轮经》卷七；新译《华严经》卷七十三；《大智度论》卷九；《翻梵语》卷一。

五、拘那含牟尼佛

拘那含牟尼佛（贤劫，第二尊）。偈曰："佛不见身知是佛，若实有知别无佛。智者能知罪性空，坦然不怖于生死。"《长阿含经》云，人寿三万岁时，此佛出世。种婆罗门，姓迦叶。父大德，母善胜。居清净城。坐乌暂婆罗门[1]树下，说法一会，度人三万。神足二，一舒般那，二郁多楼。侍者安和，子导师。

【注释】

[1] 乌暂婆罗门：即优昙婆罗树。其树十分巨大。有叶子，其叶似梨。有果实，果大如拳。通常看不到花朵。在佛经中，通常提到优昙婆罗花大多是在形容极难遇到佛陀出世，正如极难遇到优昙婆罗花一般。

【概要】

拘那含牟尼佛，过去七佛之第五佛，现在贤劫千佛之第二佛。又作拘那含佛、迦那（诺）迦牟尼佛、羯诺迦牟尼佛。意译金色仙、金寂。关于其出生时、族姓及父母、出生都城、妻子、菩提树、侍者、第一弟子等名，汉译《长阿含经》《七佛经》《增一阿含经》卷四十五及巴利语《中部》等皆有记载，然所说略有不同。

在印度，此佛被视为在历史上曾经存在的佛陀。依《大唐西域记》卷六"室罗伐悉底国"条载，北印度舍卫城附近有迦诺迦牟尼佛出生都城，及数座与此佛有关之塔。其中，位于北方之塔系奉祀其遗身舍利，其前复造有二十余尺高狮子像柱头之石柱，相传为阿育王所建。1895 年，于蓝毗尼园西北方，发现此刻有阿育王时代文字之石柱。其刻文记述阿育王即位十四年，增筑拘那含牟尼佛塔；即位二十年后，亲来供养，并建石柱。

【参考文献】

《杂阿含经》卷十五、卷三十四；《观佛三昧海经》卷十"念七佛品"；《大智度论》卷九；《起世经》卷十；《出曜经》卷二。

六、迦叶佛

迦叶佛（贤劫，第三尊）。偈曰："一切众生性清净，从本无生无可灭。即此身心是幻生，幻化之中无罪福。"《长阿含经》云，人寿二万岁时，此佛出世。种婆罗门，姓迦叶。父梵德，母财主。居波罗奈[1]城。坐尼拘律树[2]下，说法一会，度人二万。神足二，一提舍，二婆罗婆。侍者善友，子集军。

【注释】

[1] 波罗奈：又作波罗捺、波罗奈斯、婆罗疕斯、婆罗捺写。国名。译作江绕城，因在恒河之流域故也。释迦牟尼佛成道后，曾在此地的鹿野苑初转法轮，度憍陈如等五比丘。佛灭后二百余年，阿育王于此处建石柱二座。唐玄奘旅印时，此地之佛教已告衰颓，伽蓝仅三十所，僧徒三千余人，学小乘正量部法。国人信外道者多。

[2] 尼拘律树：梵语。桑科植物。又称尼拘类树、尼拘屡树、尼拘卢陀树、尼拘陀树或诺瞿陀树，译为无节、纵广、多根。

【概要】

迦叶佛，乃释尊以前之佛，为过去七佛中之第六佛，又为现在贤劫千佛中之第三佛。又作迦叶波佛、迦摄波佛、迦摄佛。意译作饮光佛。传说为释迦牟尼前世之师，曾预言释迦将来必定成佛。依《长阿含》卷一大本经载，迦叶佛出世于贤劫中，其时人寿二万岁。姓迦叶，于尼拘律树下成佛，有弟子二万人，而以提舍及婆罗婆二人为高足。执事之弟子名善友。父名梵德，婆罗门种；母名财主。有子名集军。

【参考文献】

《增一阿含经》卷四十五；《北本大般涅槃经》卷三；《佛名经》卷八。

七、释迦牟尼佛

释迦牟尼佛（贤劫，第四尊）。姓刹利，父净饭天[1]，母大清净妙。位登补处[2]，生兜率天[3]上，名曰胜善天人，亦名护明大士。度诸天众，说补处行，于十方界中，现身说法。

《普曜经》云[4]："佛初生刹利王家，放大智光明，照十方世界。地涌金莲华，自然捧双足。东西及南北，各行于七步。分手指天地，作师子吼[5]声：'上下及四维[6]，无能尊我者。'"即周昭王二十四年甲寅岁四月八日也。

至四十二年二月八日，年十九，欲求出家而自念言："当复何遇？"即于四门游观，见四等事，心有悲喜而作思维，此老、病、死，终可厌离。于是夜子时，有一天人名曰"净居"，于窗牖[7]中叉手合掌白言："出家时至，可去矣！"太子闻已，心生欢喜，即逾[8]城而去，于檀特山中修道[9]。

始于阿蓝迦蓝[10]处三年，学不用处定，知非便舍。复至郁头蓝弗[11]处三年，学非非想定，知非亦舍。又至象头山，同诸外道日食麻麦，经于六年。故经云："以无心意、无受行，而悉摧伏诸外道。"先历试邪法，示诸方便，发诸异见，令至菩提。

故《普集经》云："菩萨于二月八日，明星出时成道，号天人师，时年三十矣。"即穆王三年癸未岁也。

既而于鹿野苑[12]中为憍陈如[13]等五人转四谛[14]法轮而证道果。说法住世四十九年。后告弟子摩诃迦叶[15]："吾以清净法眼、涅槃[16]妙心、实相无相、微妙正法，将付于汝，汝当护持。"并敕阿难副贰[17]传化，无令断绝，而说偈曰："法本法无法，无法法亦法。今付无法时，法法何曾法？"尔时世尊说此偈已，复告迦叶："吾将金缕僧伽梨衣[18]传付于汝，转授补处，至慈氏[19]佛出世，勿令朽坏。"迦叶闻偈，头面礼足曰："善哉！善哉！我当依敕，恭顺佛故。"

尔时世尊至拘尸那[20]城，告诸大众："吾今背痛，欲入涅槃。"即往熙连河侧，娑罗[21]双树下，右胁[22]累足，泊然宴寂。复从棺起，为母说法。特示双足。化婆耆[23]，并说无常偈曰："诸行无常，是生灭法。生灭灭已，寂灭为乐。"时诸弟子即以香薪竞荼毗[24]之，烬[25]后金棺如故。尔时大众即于佛前，以偈赞曰："凡俗诸猛炽，何能致火爇[26]？请尊三昧火[27]，阇维[28]金色身。"尔时金棺从座而举，高七多罗[29]树，往返空中，化火三昧。须臾灰生，得舍利[30]八斛四斗。即穆王五十二年壬申岁二月十五日也。

自世尊灭后一千一十七年，教至中夏[31]，即后汉永平十年戊辰岁也。

世尊才生下，乃一手指天，一手指地，周行七步，目顾四方曰："天上天下，唯吾独尊。"

世尊一日升座[32]，大众集定。文殊白椎[33]曰："谛观法王法，法王法如是。"世尊便下座。

世尊一日升座，默然而坐。阿难白椎曰："请世尊说法。"世尊云：

"会中有二比丘[34]犯律行，我故不说法。"阿难以他心通[35]观是比丘，遂乃遣出。世尊还复默然。阿难又曰："适来为二比丘犯律，是二比丘已遣出，世尊何不说法？"世尊曰："吾誓不为二乘[36]声闻人说法。"便下座。

世尊一日升座，大众集定。迦叶白椎曰："世尊说法竟。"世尊便下座。

世尊九十日在忉利天[37]，为母说法，及辞天界而下，时四众八部[38]，俱往空界奉迎。有莲花色比丘尼[39]作念云："我是尼身，必居大僧[40]后见佛。不如用神力变作转轮圣王[41]，千子围绕，最初见佛[42]。"果满其愿。世尊才见，乃诃云："莲花色比丘尼，汝何得越大僧见吾？汝虽见吾色身，且不见吾法身。须菩提[43]岩中宴坐，却见吾法身。"

世尊昔因文殊至诸佛集处，值诸佛各还本处，唯有一女人近彼佛坐，入于三昧。文殊乃白佛云："何此人得近佛坐，而我不得？"佛告文殊："汝但觉此女令从三昧起，汝自问之。"文殊绕女人三匝，鸣指一下，乃托至梵天，尽其神力而不能出。世尊曰："假使百千万文殊，出此女人定不得。下方经过四十二恒河沙国土[44]，有罔明菩萨出此女人定。"须臾，罔明大士从地涌出，作礼世尊。世尊敕罔明出，罔明却至女子前，鸣指一下，女子于是从定而出。

世尊因波斯匿王[45]问："胜义谛中有世俗谛否？若言无，智不应二。若言有，智不应一。一二之义，其义云何？"佛言："大王！汝于过去龙光佛法中曾问此义，我今无说，汝今无听。无说无听，是名为一义二义。"

世尊一日见文殊在门外立，乃曰："文殊！文殊！何不入门来？"文殊曰："我不见一法在门外，何以教我入门？"

世尊一日坐次[46]，见二人舁[47]猪过，乃问："这个是甚么？"曰："佛具一切智，猪子也不识？"世尊曰："也须问过。"

世尊因有异学问："诸法是常邪？"世尊不对。又问："诸法是无常邪？"亦不对。异学曰："世尊具一切智，何不对我？"世尊曰："汝之所问，皆为戏论。"

世尊一日示随色摩尼珠[48]，问五方天王："此珠而作何色？"时五方天王互说异色。世尊复藏珠入袖，却抬手曰："此珠作何色？"天王曰：

"佛手中无珠，何处有色?"世尊叹曰:"汝何迷倒之甚?吾将世珠示之，便各强说有青、黄、赤、白色;吾将真珠示之，便总不知。"时五方天王悉皆悟通。

世尊因乾闼婆王献乐，其时山河大地尽作琴声。迦叶起作舞。王问:"迦叶岂不是阿罗汉，诸漏已尽，何更有余习[49]?"佛曰:"实无余习，莫谤法也。"王又抚琴三遍，迦叶亦三度作舞。王曰:"迦叶作舞，岂不是?"佛曰:"实不曾作舞!"王曰:"世尊何得妄语?"佛曰:"不妄语。汝抚琴，山河大地木石尽作琴声，岂不是?"王曰:"是。"佛曰:"迦叶亦复如是，所以实不曾作舞。"王乃信受。

世尊因外道问:"昨日说何法?"曰:"说定法。"外道曰:"今日说何法?"曰:"不定法。"外道曰:"昨日说定法，今日何说不定法?"世尊曰:"昨日定，今日不定。"

世尊因五通仙人[50]问:"世尊有六通，我有五通。如何是那一通?"佛召五通仙人，五通应诺。佛曰:"那一通，你问我?"

世尊因普眼菩萨欲见普贤[51]，不可得见，乃至三度入定，遍观三千大千世界[52]，觅普贤不可得见，而来白佛。佛曰:"汝但于静三昧中起一念，便见普贤。"普眼于是才起一念，便见普贤，向空中乘六牙白象。

世尊因"自恣日[53]文殊三处过夏，迦叶欲白椎摈出。才拈椎，乃见百千万亿文殊。迦叶尽其神力，椎不能举"，世尊遂问迦叶:"汝拟摈那个文殊?"迦叶无对。

世尊因长爪梵志[54]索论义，预约曰:"我义若堕，我自斩首。"世尊曰:"汝义以何为宗?"志曰:"我以一切不受为宗。"世尊曰:"是见受否?"志拂袖而去。行至中路，乃省，谓弟子曰:"我当回去，斩首以谢世尊。"弟子曰:"人天众前，幸当得胜，何以斩首?"志曰:"我宁于有智人前斩首，不于无智人前得胜。"乃叹曰:"我义两处负堕。是见若受，负门[55]处粗;是见不受，负门处细。一切人天二乘，皆不知我义堕[56]处，唯有世尊诸大菩萨知我义堕。"回至世尊前曰:"我义两处负堕，故当斩首以谢。"世尊曰:"我法中无如是事，汝当回心向道。"于是同五百徒众一时投佛出家，证阿罗汉。

世尊昔欲将诸圣众，往第六天说《大集经》，敕他方此土、人间天上、一切狞恶鬼神，悉皆辑会，受佛付嘱，拥护正法。设有不赴者，四天门王飞热铁轮追之令集。既集会已，无有不顺佛敕者，各发弘誓，拥护正法。唯有一魔王谓世尊曰："瞿昙[57]！我待一切众生成佛尽，众生界空，无有众生名字，我乃发菩提心。"

世尊尝与阿难行次[58]，见一古佛塔，世尊便作礼。阿难曰："此是甚么人塔？"世尊曰："此是过去诸佛塔。"阿难曰："过去诸佛是甚么人弟子？"世尊曰："是吾弟子。"阿难曰："应当如是。"

世尊因有外道问："不问有言，不问无言。"世尊良久。外道赞叹曰："世尊大慈大悲，开我迷云，令我得入。"乃作礼而去。阿难白佛："外道得何道理，称赞而去？"世尊曰："如世良马，见鞭影而行[59]。"

世尊一日敕阿难："食时将至，汝当入城持钵。"阿难应诺。世尊曰："汝既持钵，须依过去七佛仪式。"阿难便问："如何是过去七佛仪式？"世尊召阿难，阿难应诺。世尊曰："持钵去！"

世尊因有比丘问："我于世尊法中见处即有，证处未是。世尊当何所示？"世尊曰："比丘某甲，当何所示，是汝此问？"

世尊成道后，在逝多林中一树下跏趺而坐。有二商人以五百乘车经过林畔，有二车牛不肯前进。商人乃讶，见之山神，报言："林中有圣人成道，经逾四十九日未食，汝当供养。"商人入林，果见一人端然不动，乃问曰："为是梵王邪？帝释邪？山神邪？河神邪？"世尊微笑，举袈裟角示之。商人顶礼，遂陈供养。

世尊因耆婆[60]善别音响，至一冢间，见五髑髅[61]，乃敲一髑髅问耆婆："此生何处？"曰："此生人道。"世尊又敲一曰："此生何处？"曰："此生天道。"世尊又别敲一问："此生何处？"耆婆罔知生处。

世尊因黑氏梵志[62]运神力，以左右手擎合欢、梧桐花两株，来供养佛。佛召仙人，梵志应诺。佛曰："放下著。"梵志遂放下左手一株花。佛又召仙人："放下著。"梵志又放下右手一株花。佛又召仙人："放下著。"梵志曰："世尊，我今两手皆空，更教放下个甚么？"佛曰："吾非教汝放舍其花，汝当放舍外六尘、内六根、中六识。一时舍却，无可舍处，是汝免生死处。"梵志于言下悟无生忍。

世尊因灵山会上五百比丘得四禅定，具五神通，未得法忍，以宿命智通，各各自见过去杀父害母，及诸重罪，于自心内各各怀疑，于甚深法不能证入。于是文殊承佛神力，遂手握利剑，持逼如来。世尊乃谓文殊曰："住！住！不应作逆，勿得害吾。吾必被害，为善被害。文殊师利！尔从本已来无有我人，但以内心见有我人。内心起时，我必被害，即名为害。"于是五百比丘自悟本心，如梦如幻，于梦幻中无有我人，乃至能生所生父母。于是五百比丘同赞叹曰："文殊大智士，深达法源底。自手握利剑，持逼如来身。如剑佛亦尔，一相无有二。无相无所生，是中云何杀？"

世尊因地布发掩泥，献花于然灯。然灯见布发处，遂约退众，乃指地曰："此一方地，宜建一梵刹。"时众中有一贤于长者[63]，持标于指处插曰："建梵刹竟。"时诸天散花，赞曰："庶子有大智矣！"

世尊因七贤女游尸陀林[64]，一女指尸曰："尸在这里，人向甚处去？"一女曰："作么？作么？"诸姊谛观，各各契悟，感帝释[65]散花曰："惟愿圣姊有何所须，我当终身供给。"女曰："我家四事七珍，悉皆具足，唯要三般物：一要无根树子一株，二要无阴阳地一片，三要叫不响山谷一所。"帝释曰："一切所须，我悉有之。若三般物，我实无得。"女曰："汝若无此，争解济人？"帝释罔措，遂同往白佛。佛言："憍尸迦[66]！我诸弟子大阿罗汉不解此义，唯有诸大菩萨乃解此义。"

世尊因调达[67]谤佛，生身入地狱，遂令阿难问："你在地狱中安否？"曰："我虽在地狱，如三禅天乐。"佛又令问："你还求出否？"曰："我待世尊来便出。"阿难曰："佛是三界大师，岂有入地狱分？"曰："佛既无入地狱分，我岂有出地狱分？"

世尊因文殊忽起佛见、法见，被世尊威神摄向二铁围山[68]。

城东有一老母，与佛同生而不欲见佛。每见佛来，即便回避。虽然如此，回顾东西，总皆是佛。遂以手掩面，于十指掌中亦总是佛。

殃崛摩罗[69]因持钵至一长者门，其家妇人正值产难，子母未分。长者曰："瞿昙弟子，汝为至圣，当有何法能免难？"殃崛语长者曰："我乍入道，未知此法。待我回问世尊，却来相报。"及返，具事白佛。佛告殃崛："汝速去报，言我自从贤圣法来，未曾杀生。"殃崛奉佛语疾往告之。其妇得闻，当时分免[70]。

世尊尝在尼俱律树下坐次，因二商人问："世尊还见车过否？"曰："不见。"商人曰："还闻否？"曰："不闻。"商人曰："莫禅定否？"曰："不禅定。"曰："莫睡眠否？"曰："不睡眠。"商人乃叹曰："善哉！善哉！世尊觉而不见[71]。"遂献白氎[72]两段。

世尊在灵山会上，拈花示众。是时众皆默然，唯迦叶尊者破颜微笑。世尊曰："吾有正法眼藏[73]，涅槃妙心，实相无相，微妙法门，不立文字，教外别传，付嘱摩诃迦叶。"

世尊至多子塔前，命摩诃迦叶分座令坐，以僧伽梨围之，遂告曰："吾以正法眼藏密付于汝，汝当护持，传付将来。"

世尊临入涅槃，文殊大士请佛再转法轮，世尊咄曰："文殊！吾四十九年住世，未曾说一字，汝请吾再转法轮，是吾曾转法轮邪？"

世尊于涅槃会上，以手摩胸，告众曰："汝等善观吾紫磨金色之身，瞻仰取足，勿令后悔。若谓吾灭度，非吾弟子。若谓吾不灭度，亦非吾弟子。"时百万亿众，悉皆契悟。

【注释】

[1] 净饭天：疑为净饭王之误。古印度迦毗罗卫国的国王，亦即释尊的父亲。

[2] 母大清净妙。位登补处：旧校本标点有误。弄错了佛母名字，其标点为"母大清净妙位"（苏校版凡是人名地名等专有名词均下画线），就使人误以为佛母名叫"大清净妙位"。释尊母亲名叫"大清净妙"，并非"大清净妙位"。"位"字属于下句开始，即"位登补处"，指释尊未降生之前，属于候补佛位。补处，下一位佛的候选人，有如世间太子即将继承王位。前佛既灭后，成佛而补其处是名补处。如释尊涅槃后，弥勒菩萨候补佛位，往生兜率天内院说法，即将下生人间成佛。

[3] 兜率（lǜ）天：梵语。译为知足。此天由修布施、持戒两种福业而感报得生其中，胜夜摩天。此天有内外两院，兜率内院乃即将成佛者（即补处菩萨）之居处，今则为弥勒菩萨之净土。弥勒现亦为补处菩萨，于此宣说佛法，若住此天满四千岁（约人间五十七亿六千万年），即下生人间，成佛于龙华树下。

[4]《普曜经》云：查原文为："尔时菩萨从右胁生，忽然见身住宝莲华，堕地行七步，显扬梵音，无常训教：'我当救度，天上天下，为天人尊，断生死苦，三界无上，使一切众，无为常安。'天帝释梵忽然来下，杂名香水洗浴菩萨，九龙在上而下香水，洗浴圣尊。洗浴竟已，身心清净。"本书此段引文非《普曜经》

原文。

　　[5] 师子吼：师子吼又作狮子吼。谓佛以无畏音说法，如狮子之咆吼。狮子为百兽之王，佛亦为人中之至尊，称为人中狮子，故用此譬喻。又当佛说法时，菩萨起勇猛心求菩提，因而外道、恶魔生怖畏；犹如狮子吼时，小狮子亦增威，百兽怖伏。

　　[6] 四维：指东南、西南、西北、东北四隅。为东西南北四方之隅角。一般以四维加四方，称为八方；若再加上、下二方，则合称十方。

　　[7] 窗牖（yǒu）：窗户。

　　[8] 逾（yú）：越过。

　　[9] 于檀特山中修道：此处有错，释尊出家逾城后，并非去了檀特山，他先到跋伽仙人的苦行林间道修行。因为《五灯会元》来自五本书，那五本原著也有错误，所以《五灯会元》编辑起来也会以讹传讹。据《景德传灯录》卷一尝谓悉达多太子曾逾城而入檀特山中，此种误传，当系将历史上之悉达多太子与佛陀本生故事（写释尊前世修行的故事）中须大拏太子混为一谈所致。关于"檀特山中修道"来自佛陀本生故事，佛陀前世为须大拏太子时修苦行时所住的山，即为檀特山。此山之名又作檀陀柯山、檀拏迦山、弹宅迦山、檀陀山、善特山、大泽山、弹多落迦山，译为阴山、治罚山。据载，佛在前世为须大拏太子时，修菩萨行，将身边一切物悉皆施舍，并将妻子施与婆罗门，乃达完全施舍行之境界。

　　[10] 阿蓝迦蓝：又作阿罗逻迦蓝，译为自诞、懈怠。为释尊初出王宫时，最先问道之外道仙人，系印度毗舍离城人（又说王舍城附近之人）。与郁陀罗摩子并称于世。为数论派学者，于当时六师外道中颇负盛名。仙人告以"无所有处定即为究竟解脱"，释尊不久即修得此种禅定，然旋即知其并非解脱之道。因此，乃离仙人而去。及释尊成道初转法轮时，欲度化仙人，而仙人则已逝世。

　　[11] 郁头蓝弗：即郁陀罗摩子，译为猛喜、极喜。六师外道中颇负盛名。旧译本将阿蓝迦蓝、郁头蓝弗当成地名翻译了，认为释尊在这两个地方居住了三年。正确的翻译是："他起初跟随阿蓝迦蓝三年，学习不用处禅定，后来觉得不对，就放弃了。又跟随郁头蓝弗三年，学习非非想禅定，觉得不对，又放弃了。"

　　[12] 鹿野苑：地名，在中印度的波罗奈国，是佛最初说四谛法度五比丘的地方。

　　[13] 憍（jiāo）陈如：佛陀于鹿野苑初转佛法时所度五比丘之一，乃佛陀最初之弟子。又称阿若憍陈如、阿若拘邻、憍陈那、阿若憍怜、居邻、居伦。译为初知、已知、了教、了本际、知本际。

　　[14] 四谛：又云四圣谛、四真谛。圣者所见之真理。即苦、集、灭、道四谛，

谛谓真实不虚，如来亲证。佛成道后，至鹿野苑为五贤者始说此法，是为佛转法轮之初，故称初法轮。若专修四谛以求涅槃者，一般称其为小乘声闻人。

[15] 摩诃迦叶：佛陀十大弟子之一，禅宗西天祖师第一祖。又作摩诃迦叶波、摩诃厩叶、大迦叶、大迦叶波、大迦摄。略作迦叶、迦叶波、迦摄波。译为大饮光或大龟。在佛弟子中，有"头陀第一""上行第一"等称号。以"拈花微笑"之故事，成为西天祖师第一祖。

[16] 涅槃：梵语。又作般涅槃，略称涅槃。灭、寂、寂灭、寂静、灭度，而玄奘译为圆寂。在印度的原语应用上，是指火的熄灭或风的吹散，如灯火熄灭了称为"灯焰涅槃"，但印度其他宗教很早就采用此词作为最高的理想境界。"涅槃"出现在佛教经典后，便给它以新的内容，到现在差不多变成佛教特有而庄严的名词了。一般经论中所常见到的无为、真谛、彼岸、无坏、无动、无忧、无垢、不生、解脱、无畏、安稳、无上、吉祥、无戏论、无诤，以至真如、实相、如来藏、法身等等，都是涅槃的异名。涅槃不是生命的死亡，《胜鬘经》说："得阿耨多罗三藐三菩提者，即是涅槃。"

[17] 副贰：辅佐，排在第二，如太子继承王位，此处指阿难继承摩诃迦叶从佛陀那里传承下来的心法，成为禅宗西天祖师第二祖。

[18] 僧伽梨衣：比丘三衣之一。译为众聚时衣，又称为大衣，由九条至二十五条制成，是做大法会，或是见国家元首重臣时所穿的。

[19] 慈氏：即弥勒菩萨，译为慈氏，现住在兜率天内院，是一生补处菩萨，将来当于住劫中的第十小劫，人寿减至八万岁时，下生此界，继释迦牟尼佛之后，为贤劫之第五尊佛。

[20] 拘尸那：又作俱尸那、拘夷那竭、究施、拘尸那竭、拘尸那揭罗，译为角城、茅城等。是世尊离开人世之处，即涅槃之地。

[21] 娑罗：参见本书"娑罗"注释。

[22] 右胁：旧校本作"右股"，并出校勘记："右股，清藏本、续藏本均作'右胁'。"可实际上旧校本所依赖的宝祐本本来就是"右胁"，说明旧校本此处校勘失误。右胁卧，佛教称为吉祥卧或狮子卧，即右胁向下，两足相叠，以右手为枕，左手伸直，轻放身上之卧法，为比丘之正规卧法。如果写为"右股"则令人费解，佛教没有这样姿势。

[23] 婆耆：为佛陀弟子之一。又作婆耆舍、婆耆沙、鹏耆舍。乃佛陀弟子中，最著名之诗人，常以即兴之诗偈赞叹佛陀及上座弟子。此外，又擅长言辞辩论，无有疑滞。曾作"厌离偈"以激励自己，其后于病重时吟颂"无上偈"而入涅槃。关于"复从棺起，为母说法。特示双足。化婆耆，并说无常偈曰……"这段话如何

理解？旧译本将"特示双足"与"化婆者"连成一句话翻译为"特意表示他的双足化为婆者"，其根源来自旧校本。把双足露出来与变化为诗人婆者模样说偈语有联系吗？实际上，释尊这是在向母亲说法，因为释尊将要涅槃，其母亲来了肯定要悲痛，释尊就将足露出来结跏趺坐，示现外表的安详来自内心的禅定，如果没有内心的禅定，那么这双足还有什么作用呢？其现身说法，即色身是假，法身是真。于是就变成诗人唱起了偈颂，说明人生无常的道理。到这里，我们也就真正理解了"诸行无常，是生灭法。生灭灭已，寂灭为乐"的意义。《宗统编年》卷二说："摩耶夫人从忉利天来，佛复起为说法，特示双足，化婆者。摩诃迦叶最后至，出双趺示之。"看了这段话后则更能明白其中含义。

[24] 荼（tú）毗（pí）：宝祐本等版本均作"茶毗"。丁福保《佛学大词典》："或作阇毗，亦作茶毗，译音字本无定，茶荼古本一字，尤易混也。"也就是说"荼""茶"古代本来就是一个字，但到今天无论其读音与意义均不同了。荼毗，意译作焚烧。原为印度葬法之一。即焚烧尸体，以藏遗骨之葬法。佛世前，印度颇为流行，佛陀依此葬法以后，佛教徒普遍引用，迫佛教东传，我国与日本亦甚流行此一葬法。《汉语外来语词典》："荼毗：'阇毗'的讹略。焚烧，火葬。指佛教僧徒死后进行火葬。《慧琳音义》二十五：'阇毗，或言阇维，或荼毗，此云焚烧也。'《正字通》：'梵言阇维，即荼毗，僧死而焚之也。'"。

[25] 烬（jìn）：物体燃烧后剩下的东西。

[26] 爇（ruò）：烧。如香赞："炉香乍爇，法界蒙薰，诸佛海会悉遥闻，随处结祥云。"有人将"爇"写为"热"，有误。

[27] 三昧火：三昧即心定于一处而不动，入定。此处指凡间之火不能焚化金棺，只有释尊自身三昧真火才能烧出舍利。据《传法正宗记》卷一载，释迦自知化期已近，乃付首座弟子大迦叶以清净法眼及金缕僧伽梨衣，随后即往拘尸那迦罗城娑罗双树间，敷座设床，右胁而卧，在诸比丘及众弟子围绕之下，泊然入寂，大迦叶闻讯赶至，见金棺内之三昧真火燔然而焚，舍利光焰普照天地。

[28] 阇维：梵语。指人死后火化。

[29] 多罗：树名，译为岸树、高竦树。其树形如轮榈，极高者七八十尺，果熟则赤，如大石榴，人多食之。东印度界其树最多。"尔时金棺从座而举，高七多罗树"这句话，旧译本译为"于是金棺从座子上升起，与七多罗树一样高"。这里将"七多罗"理解为树名了，实际上"多罗"才是树名。多罗树，为高大之植物，故譬物体之高大，常谓七多罗树，言其较多罗树高出七倍。因此正确翻译是"那时金棺从座位上升起来，有多罗树七倍那么高"。

[30] 舍利：佛陀火化后留下的坚固子，骨子如五色珠，光莹坚固，名曰舍利

子，因造塔以供养。历代高僧，寂后火化，每凝结有舍利，或如珠，或如花，白色为骨舍利，赤色为血肉舍利，黑色为发舍利，也有杂色的，那是综合而成，此是生前依戒定慧薰修而得，无量功德所成。若是佛舍利，世间无物能损坏，菩萨以下，其坚度便相应减少。

　　[31] 中夏：指华夏、中国。

　　[32] 升座：禅林用语。即升高座之意。系指师家登高座说法。据古制，升座与上堂同义，至后世乃有所别。

　　[33] 白椎（zhuī）：亦作"白槌"。佛教仪式。办佛事时由长老持白杖以宣示始终。《祖庭事苑》八："白槌，世尊律仪，欲办佛事，必先秉白，为穆众之法也。今宗门白槌，必命知法尊宿以当其任。"

　　[34] 比丘：出家受具足戒者的通称，男的叫比丘，女的叫比丘尼。

　　[35] 他心通：佛教神通之一，于他人心中思维种种善恶之事，悉能了知。就是别人心中起心动念都知道。阿难通过自己的禅定功夫，获得"他心通"而悉知法会中大众所有想法，所以很快就找到谁是破戒比丘了。"阿难以他心通观是比丘，遂乃遣出"这句话，旧译本译为"阿难用知彼之心通观这些和尚，找出两个人，把他们打发出去了"。这里译者没有理解佛法里面专有名词"他心通"的含义，正确翻译是"阿难以他心通观察法会中比丘，很快就知道了哪两个犯戒，于是把他们逐出了法会"。

　　[36] 二乘：指声闻乘与缘觉乘。凡属修四谛法门而悟道的人，总称为声闻乘。凡属修十二因缘而悟道的人，总称为缘觉乘。佛为声闻、缘觉所说之法称小乘，佛为菩萨所说成佛之法称大乘。乘为运载之工具车，运载众生度生死海之法。

　　[37] 忉（dāo）利天：译为三十三天，为欲界六天中之第二重天，其宫殿在须弥山顶，天主名释提桓因（简称帝释），居中央，他有三十二个天臣，分居忉利天的四方，连他自己的宫殿，共成了三十三个天宫，所以叫作三十三天。此天一昼夜，人间已经一百年。

　　[38] 四众八部：僧俗四众，即比丘、比丘尼、优婆塞、优婆夷。八部指天众、龙众、夜叉（译为勇健鬼）、乾闼婆（译为香神）、阿修罗（译为非天）、迦楼罗（译为金翅鸟）、紧那罗（译为非人）、摩睺罗迦（译为大蟒神或大腹行地龙）。由于人类的眼睛不能见到这些八部众，所以又叫作冥众八部。又因为八部众以天龙为最殊胜，所以又叫作天龙八部，或是龙神八部。

　　[39] 莲花色比丘尼：在佛弟子比丘尼中被誉为神足第一。又作青莲华尼、莲华色尼、莲华色女、莲华淫女、莲华女。因婚姻坎坷，便自暴自弃成为妓女，后遇佛化而成为阿罗汉。

[40] 大僧：沙弥仅受持十戒，称为小僧；相对者，受持具足戒之比丘，则称为大僧。比丘尼不能走在比丘前面去见佛。

[41] 转轮圣王：依佛典所载，系指成就七宝，具足四德，统一须弥四洲，以正法治世的大帝王。音译斫迦罗伐辣底遏罗阇、斫迦跋底、遮加越罗、遮迦越，又译为转轮圣帝、转轮王、轮王或飞行皇帝。

[42] 最初见佛：旧校本标点有误。"最初见佛"不是叙述语言，属于"莲花色比丘尼"所说的话，应在引号内。

[43] 须菩提：释尊十大弟子之一。又称须浮帝、须扶提、苏部底、苏补底、薮浮帝修、浮帝、须枫，译为善现、善吉、善业、善实、空生。有"解空第一"的称号。旧译本将"须菩提"当成岩洞名字译错，"须菩提岩中宴坐，却见吾法身"译文："要在须菩提岩中安坐，才能见到我的法身。"正确翻译是："须菩提虽然远在岩洞中静坐，却见到了我的法身。"

[44] 下方经过四十二恒河沙国土：恒河是印度大河，两岸多细沙，佛说法时，每以恒河之细沙喻最多之数。旧译本译为"下方世界，国家多如恒河沙，四十二国之外"。四十二恒河沙国土，不是四十二国，是指有四十二条恒河细沙那么多的国土。正确翻译是"下方世界，经过无数国土，如四十二条恒河细沙那么多"。此外，旧校本标点有误。"恒河沙"三个字不能都画线，只有"恒河"二字才是专有名词。

[45] 波斯匿王：国王，译为胜军王、胜光王、和悦王、月光王、明光王。为中印度憍萨罗国国王，约与释尊同时。住舍卫城，为释尊教团之大外护者，兼领有迦尸国，而与摩揭陀国并列为大强国。

[46] 坐次：坐下的时候。次：指中、间，也可解释为"……的时候"。词典解释为"中，间"，如《庄子·田子方》："喜怒哀乐不入于胸次。"《三国演义》："途次绝粮，尝往村中求食。"本书出现"次"的地方很多。

[47] 舁（yú）：抬。

[48] 摩尼珠：又称如意宝珠。传为海底龙宫中出来的如意宝珠，奇世珍宝，五光十色，自然流露光明，普照四方。

[49] 王问："迦叶岂不是阿罗汉，诸漏已尽，何更有余习：旧校本标点有误。不是"王问迦叶"，问的是佛陀，问的内容是"迦叶岂不是阿罗汉"，因为王为阿罗汉跳舞而惊奇。阿罗汉：声闻乘中的最高果位名，含有杀贼、无生、应供等义。杀贼是杀尽烦恼之贼，无生是解脱生死不受后有，应供是应受天上人间的供养。

[50] 五通仙人：得五神通之仙人。天竺外道修有漏禅定而得五通者多。而佛法三乘之证果者，于五通之上，得漏尽通（尽断烦恼），而具六通。《维摩经·不

思议品》曰："或现离淫欲，为五通仙人。"五通：即天眼通、天耳通、他心通、宿命通、如意通。

[51] 普贤：是具足无量行愿、普现于一切佛刹的大乘圣者。在娑婆世界，他与文殊菩萨并为释迦牟尼的两大胁侍。在我国，则是四大菩萨（观音、文殊、地藏、普贤）之一。

[52] 三千大千世界：以须弥山为中心，七山八海交互绕之，更以铁围山为外郭，是曰一小世界，合此小千世界一千为小千世界，合此小世界一千为中千世界，合此中千世界一千为大千世界。一千个小千世界集成中千世界，一千个中千世界集成大千世界，此大千世界因由小、中、大三种千世界所集成，故称三千大千世界。然据正确推定，所谓三千世界实则为十亿个小世界，而三千大千世界实为千百亿个世界，与一般泛称无限世界、宇宙全体之模糊概念实有差距。又于佛典之宇宙观中，三千世界乃一佛所教化之领域，故又称一佛国。

[53] 自恣日：指结夏安居的最后一日。在印度，夏季的雨季长达三个月，佛陀乃订定四月十六日至七月十五日为安居之期。在此期间，出家人禁止外出，聚居一处精进修行，称为安居。

[54] 长爪梵志：佛弟子之一，舍利弗之舅。以其指甲特长，故称长爪梵志。为王舍城蛭驶梵志之子，聪明博达，善于论议。曾四出游方，广习四吠陀十八术，后至南天竺，孜孜勤学，誓言若不为第一师则不剪爪。侄儿舍利弗出家后，长爪亦来诣佛所，与世尊论议，不能胜，遂出家为佛弟子，得阿罗汉果。

[55] 负门：与他对论而归于败者，谓之"堕于负门"，或曰"堕于负处"。《智度论》一曰："佛置我著二处负门。"（摘自丁福保《佛学大辞典》）

[56] 义堕：观点错了，被驳倒了。"世尊因长爪梵志索论义，预约曰：'我义若堕，我自斩首。'"此处"我义若堕，我自斩首"的意思是，我的观点如果错了（或者被驳倒），我就自己斩首。

[57] 瞿昙：释尊俗家的古代族姓，译为日，或甘蔗。

[58] 次：表状态，中，间，也可解释为"……的时候"。词典解释为"中，间"，如《庄子·田子方》："喜怒哀乐不入于胸次。"《三国演义》："途次绝粮，尝往村中求食。"置于动词或动词结构之后，表示行为动作正在进行或持续。

[59] 如世良马，见鞭影而行：良马不须鞭打，只要瞥见鞭影便向前驰行，比喻学法者有灵悟之性。（摘自《禅宗大词典》）

[60] 耆婆：又作耆婆伽、祇婆、时婆、耆域、时缚迦。为佛陀时代之名医，为频婆娑罗王与阿阇世王之御医。虔诚信仰佛教，屡次治愈佛弟子之病。曾引导弑父之阿阇世王至佛陀面前忏悔。其名声可媲美我国战国时代之扁鹊。

[61] 髑（kú）髅（lóu）：死人的头骨。

[62] 黑氏梵志：又称师子王迦罗苾刍。为住于香山之婆罗门。初修四禅，具足五通，善于飞行，讲说经义。一日，阎罗王来听法，预告梵志七日后寿命将尽，死堕地狱。梵志忧愁苦恼，后依香山诸善神之劝，至佛所出家，诸漏得尽，一时增寿。有《黑氏梵志经》一书，即叙说此黑氏梵志归佛之因缘。

[63] 贤于长者：疑作"贤子长才"，因为《联灯会要》中"于"作"子"。

[64] 尸陀林：梵语。又作尸陀林、寒林、尸多婆那林、尸摩赊那林、深摩舍那林。为位于中印度摩揭陀国王舍城北方之森林。林中幽邃且寒，初为该城人民弃尸之所，后为罪人之居地。其后泛称弃置死尸之所为寒林。

[65] 帝释：忉利天之主，居须弥山之顶喜见城，统领他之三十二天（忉利天译三十三天），梵名释迦提桓因陀罗，略云释提桓因。俗称天帝、上帝、玉皇大帝。

[66] 憍尸迦：又称憍支迦，为帝释之异名。忉利天（三十三天）之主。据《大智度论》卷五十六载，帝释天昔为摩伽陀国之婆罗门，姓憍尸迦，名摩伽，以此因缘故称憍尸迦。时其与知友三十二人共修福德智慧，命终皆生于须弥山顶第二天上，而摩伽为天主，其余三十二人为辅臣，因有三十三人，故称三十三天。

[67] 调达：即提婆达多，又作提婆达兜、掸婆达多、地婆达多。略称调达、提婆、达多。译为天热、天授、天与。为佛世时犯五逆罪，破坏僧团，与佛陀敌对之恶比丘。为释尊叔父斛饭王之子，阿难之兄弟。但实际上是菩萨作逆缘榜样，以为众生警戒，《法华经》说他是善知识。

[68] 铁围山：越过铁围山就是地狱。佛教之世界观以须弥山为中心，其周围共有八山八海围绕，最外侧之山即称铁围山。铁围山外复有一重大铁围山，两山之间有八大地狱。

[69] 殃崛摩罗：见本书第二章"殃崛摩罗尊者"注释。

[70] 分免：免同"娩"，通假字。分娩，即生育。

[71] 世尊觉而不见：旧校本标点有误。"世尊觉而不见"是商人说的话，不是叙述语言，因移入引号之内。

[72] 白氎（dié）：织造精细的布称作氎、白氎。

[73] 正法眼藏：又曰"清净法眼"。禅家指释尊所说的无上正法，教外别传之心印。即依彻见真理之智慧眼（正法眼），透见万德秘藏之法（藏），亦即佛内心之悟境；禅宗视为最深奥义之菩提，系由释尊辗转传至达磨，以心传心而由师父之心传至弟子之心。关于此词之语义，宋代宗杲《正法眼藏》一书之序文云："正法眼藏者，难言也。请以喻明。譬如净眼洞见森罗，取之无穷，用之无尽，故名曰藏。夫藏者，含藏最广，邪正相杂，泾渭难辨。甚至邪能夺正，正反为邪。故似泉

眼不通，泥沙立壅。法眼不正，邪见层出。剔抉泥沙，而泉眼通。剪除邪见，而法眼正。自非至人，其何择焉。"

【概要】

释迦牟尼佛，过去七佛之第七佛，贤劫千佛之第四佛。世界三大宗教之一——佛教创始人。姓乔达摩，名悉达多。"释迦牟尼"意为"释迦族的圣者"，是佛教徒对他的尊称。又作释迦文尼、奢迦夜牟尼、释迦牟曩、释迦文。略称释迦、牟尼、文尼。梵汉并译，称为释迦寂静。又称释迦牟尼世尊、释尊等。

约公元前6世纪在世，为古印度迦毗罗卫国（今尼泊尔南部）净饭王之子。大约在他二十九岁时，毅然抛弃富贵的王室生活，出家修道。数年之后，在菩提伽耶菩提树下彻底觉悟而成佛。以后在印度各地传教四十余年，八十岁时在拘尸那迦城附近逝世。他的弟子很多，著名的有十大弟子。

相传在灵山法会上，释尊把正法眼藏，涅槃妙心，实相无相，微妙法门传授给大弟子迦叶（十大弟子之首），然后就有了佛教禅宗法门，迦叶因此被尊为禅宗西天一祖。这个法门不立文字，教外别传，到中国六祖慧能时形成最辉煌时期，并有了中国高僧中唯一以经称名的《坛经》。释尊在传授这个法门给迦叶的时候，同时也指定了隔代继承人阿难，所以其大弟子阿难成为西天祖师第二祖。释尊将法门传授给迦叶以后，并敕阿难副贰传化，无令断绝。迦叶在释尊涅槃后，付法予阿难，穿上佛所授之粪扫衣，持己钵，登摩揭陀国鸡足山，敷坐入定（肉身入定，不入涅槃），等待弥勒之出世。此后，阿难就自然成为西天祖师第二祖。使禅宗传灯不灭，一直延续到东土发扬光大。

"教外别传，不立文字。直指人心，见性成佛"是古来禅宗的主要特色。而"不立文字"则是此一特色的代表性语句之一。释尊重点在强调禅宗"以心传心"的特质，所以当他欲入涅槃，文殊菩萨请他住世再转法轮，他就斥责说："文殊！吾四十九年住世，未曾说一字，汝请吾再转法轮，是吾曾转法轮邪？"亦即禅宗以为心法只能以心相传，故不须别立文字。从此，禅宗"不立文字，教外别传"，以心印心，即心即佛。到达磨传入中国，成为中国禅宗第一祖，一直传到唐朝六祖慧能，出现了五家七宗，它与中国文化融合一起，成为中国文化重要的一部分。无论程朱理学，还是陆王心学等，都受到中国禅学的影响。

有关释迦牟尼佛生平史料，中国僧人撰写的释迦牟尼传记，有梁僧的《释迦谱》五卷和唐道宣《释迦氏谱》一卷。此外，在宋志磐的《佛祖统纪》中有编年体的《教主释迦牟尼佛本纪》。

有关释迦牟尼生平的史料，除了佛教典籍的记载以外，还有文物资料。近代，印度和其他国家的考古学家、佛学家根据法显的《佛国记》和玄奘的《大唐西域记》的记载以及印度保存的不完整史料，在佛陀的诞生、成道、初转法轮、涅槃处等陆续发掘出一些古建筑的遗址和文物，并以此证明了佛陀是一个历史性的人物。

【参考文献】

僧祐《释迦谱》；道宣《释迦氏谱》；《佛祖统纪·教主释迦牟尼佛本纪》；《佛所行赞》；《佛本行集经》；法显《佛国记》；玄奘《大唐西域记》；《坛经》；星云《释迦牟尼佛传》。

第二节　西天祖师

一祖摩诃迦叶尊者

一祖摩诃迦叶尊者，摩竭陀[1]国人也。姓婆罗门，父饮泽，母香志。昔为锻金师，善明金性，使其柔伏。

《付法传[2]》云：尝于久远劫中，毗婆尸佛入涅槃后，四众起塔，塔中像面金色有坏。时有贫女，将金珠往金师所，请饰佛面。既而因共发愿：愿我二人为无姻夫妻。由是因缘，九十一劫身皆金色，后生梵天。天寿尽，生中天摩竭陀国婆罗门家，名曰迦叶波，此云饮光胜尊，盖以金色为号也。繇[3]是志求出家，冀度诸有。佛言："善来，比丘[4]！"须发自除，袈裟著体，常于众中称叹第一。复言："吾以清净法眼，将付于汝。汝可流布，无令断绝。"

《涅槃经》云：尔时世尊欲涅槃时，迦叶不在众会。佛告诸大弟子，迦叶来时，可令宣扬正法眼藏。尔时迦叶在耆阇崛山毕钵罗窟[5]睹胜光明，即入三昧，以净天眼，观见世尊于熙连河[6]侧，入般涅槃。乃告其徒曰："如来涅槃也，何其驶[7]哉！"即至双树间，悲恋号泣。佛于金棺出示双足。

尔时迦叶告诸比丘："佛已荼毗，金刚舍利，非我等事。我等宜当结集法眼，无令断绝。"乃说偈曰："如来弟子，且莫涅槃，得神通者，当赴结集。"于是，得神通者悉集王舍耆阇崛山毕钵罗窟。时阿难为漏未尽[8]，不得入会，后证阿罗汉果，由是得入。

迦叶乃白众言："此阿难比丘多闻总持，有大智慧，常随如来，梵行清净。所闻佛法，如水传器，无有遗余。佛所赞叹，聪敏第一。宜可请彼集修多罗藏[9]。"大众默然。迦叶告阿难曰："汝今宜宣法眼。"阿难闻语信受，观察众心而宣偈言："比丘诸眷属，离佛不庄严。犹如虚空中，众星之无月。"说是偈已，礼众僧足，升法座而宣是言："如是我闻。一时佛住某处说某经教，乃至人天等作礼奉行。"

时迦叶问诸比丘："阿难所言，不错谬乎？"皆曰："不异世尊所说。"迦叶乃告阿难言："我今年不久留，今将正法付嘱于汝。汝善守护，听吾偈言：'法法本来法，无法无非法。何于一法中，有法有不法？'"说偈已，乃持僧伽梨衣入鸡足山，俟慈氏下生。即周孝王五年丙辰岁[10]也。

尊者因外道问："如何是我我？"者曰[11]："觅我者是汝我。"外道曰："这个是我我，师我何在？"者曰："汝问我觅。"

尊者一日踏泥次，有一沙弥见，乃问尊者："何得自为？"者曰："我若不为，谁为我为？"

【注释】

[1] 摩竭陀：中印度国名，王舍城所在。译为持甘露、善胜、无恼、无害等。

[2] 付法传：全称"付法藏因缘传"。共六卷。元魏吉迦夜、昙曜共译。又称付法藏因缘经、付法藏传、付法藏经。收于《大正藏》第五十册。乃叙述释尊入灭后，迦叶、阿难等二十三位印度祖师嫡嫡付法相传之事迹与传法世系。

[3] 繇（yáo）：古同"由"，从，自。

[4] 善来，比丘：善来为印度比丘欢迎来客所用之客套语，即"其来正好"之意。佛陀对比丘称"善来比丘"时，该比丘即得具足戒，此谓"善来得"，为十种得戒缘之一，系限于释尊一人特授之作法。即由彼人之愿力与佛陀之威神力，佛向欲出家之人称"善来比丘"，彼人即为沙门，具备剃发与著袈裟之相，得具足戒。旧校本"善来比丘"下画线，当作人名，有误。接着又将后面叙述语言"须发自除，袈裟著体，常于众中称叹第一"与"善来比丘"引在一起，变成了释尊所说的话。因为旧译本标点来自旧校本，所以也当成释尊说话翻译。正确翻译是："佛说：'善来，比丘！'话音刚落，迦叶胡须头发自动消除，袈裟穿在身上，释尊常常

在大众中称叹他第一。"（参见项楚《〈五灯会元〉点校献疑三百例》）

[5] 耆阇崛山毕钵罗窟：迦叶坐禅修行之处。耆阇崛山译为灵鹫山、鹫头、灵山。位于中印度摩羯陀国首都王舍城之东北侧，为著名的佛陀说法之地。其山名之由来，一说以山顶形状类于鹫鸟，另说因山顶栖有众多鹫鸟，故称之。耆阇崛：耆音 qí（其）。阇音 shé（蛇），不读 dū（督）。崛音 kū（窟），不读 jué（绝）。崛有古读哭音，梵文音译也是哭音。毕钵罗窟：以此窟上有毕钵罗树，或毕钵罗为大迦叶之名，因大迦叶与此处有很深之因缘，故有此称。大迦叶曾罹病于此，闻佛陀说法后始痊愈；亦曾于此坐禅，知悉佛陀入灭。毕钵罗译吉祥，其果实称为毕钵罗，故称毕钵罗树，为产于中印度及孟加拉之桑科常绿乔木。又以释尊于此树下成等正觉，故一般称为菩提树。

[6] 熙连河：释尊在此河西岸涅槃。又作阿恃多伐底，译为无胜。位于中印度拘尸那揭罗国。

[7] 驶：马快跑，泛指迅速。

[8] 为漏未尽：因为没有证得漏尽通。旧译本说"当时阿难还没有彻底超脱世俗烦恼"，不准确。"漏"就是指"漏尽通"，《俱舍论》卷二十七说，六种神通中，前五通即使是凡夫亦可证得，但是漏尽通唯有圣者始能证得。到阿罗汉境界即已证得漏尽通，不再受三界生死，已经摆脱六道轮回。

[9] 修多罗藏：译为经藏、契经藏。为三藏（经、律、论）之一。汉译之经藏分别为大乘、小乘两种。大乘经乃针对小乘经而立名。

[10] 周孝王五年丙辰岁：查阅《景德传灯录》，有注"五年当作四年，自此至第十三祖迦毗摩罗年数错误，今皆依《史记》年表中六甲改正"。

[11] 者曰：名字承前省略，即"尊者"简称为"者"，整个《五灯会元》写"者曰"地方还很多，例如是侍者，后文出现，则简称为"者"。除了尊者、侍者这些简称，本书还有用地名、寺名、法名、身份、外号等一个字指代说话者，这是《五灯会元》的语言特点。

【概要】

摩诃迦叶，略称"迦叶"，亦称"大迦叶"。禅宗西天祖师第一祖。佛陀十大弟子之一，在佛弟子中，有"头陀第一""上行第一"等称号。他是古印度摩竭陀国人，婆罗门种姓。出家前的职业是做金饰的师傅。

《付法藏因缘传》记载比较详细，他前世遇到一个女人拿来金珠请求融化修饰佛面，两人便结为无性夫妻。后生梵天享受天福，天福尽后便降生在释尊在世之时。他与妻子（前世布施金珠之女）结婚十二年，仍然保持处子之身，立志出家。

遇到释尊后，佛一喊"善来，比丘"便须发自除，袈裟著体。佛陀在大众面前，将座位分半座给迦叶就坐，说明了迦叶所证境界之深，竟然可以与佛平起平坐。

在佛陀涅槃之时，迦叶担心正法可能散失与错乱，因此乃在王舍城集合五百比丘，从事经藏与律藏的结集。这次王舍城的结集，完全是由迦叶所主持、策划的。后世佛法的流传，与这次结集有极大的关系。这也正是迦叶之具有历史地位的主要缘由。

释迦佛在灵山大会上拈花示众，只有迦叶领会佛意，以微笑默契，佛便当众宣布已将"正法眼藏"传给迦叶，而迦叶遂成为西天禅宗一祖。

【参考文献】

《杂阿含经》卷四十一；《增一阿含经》卷二十、卷三十五、卷四十四；《佛本行集经》卷四十五"大迦叶因缘品"；《大迦叶本经》；《四分律》卷五十四；《五分律》卷三十；《毗尼母经》卷一；《有部苾刍尼毗奈耶》卷一。

二祖阿难尊者

二祖阿难尊者，王舍城人也。姓刹利帝，父斛饭王[1]，实佛之从弟也。梵语阿难陀，此云庆喜，亦云欢喜。如来成道夜生，因为之名。多闻博达，智慧无碍。世尊以为总持[2]第一，尝所赞叹。加以宿世有大功德，受持法藏，如水传器，佛乃命为侍者。

尊者一日白佛言："今日入城，见一奇特事。"佛曰："见何奇特事？"者曰[3]："入城时见一攒乐[4]人作舞，出城总见无常。"佛曰："我昨日入城，亦见一奇特事。"者曰："未审见何奇特事？"佛曰："我入城时见一攒乐人作舞，出城时亦见乐人作舞。"

一日，问迦叶曰："师兄！世尊传金襕袈裟外，别传个甚么？"迦叶召阿难，阿难应诺。迦叶曰："倒却门前刹竿著！"

后阿阇世王[5]白言："仁者！如来、迦叶尊胜二师，皆已涅槃，而我多故，悉不能睹。尊者般涅槃时，愿垂告别。"尊者许之。后自念言："我身危脆，犹如聚沫，况复衰老，岂堪久长？阿阇世王与吾有约。"乃诣王宫，告之曰："吾欲入涅槃，来辞耳。"门者曰："王寝，不可以闻。"者曰："俟王觉时，当为我说。"

时阿阇世王梦中见一宝盖，七宝严饰，千万亿众围绕瞻仰。俄而风雨暴至，吹折其柄，珍宝璎珞悉坠于地，心甚惊异。既寤，门者具白上事。王闻，失声号恸，哀感天地。即至毗舍离城，见尊者在恒河中流，跏趺[6]而坐。王乃作礼，而说偈曰："稽首三界尊，弃我而至此，暂凭悲愿力，且莫般涅槃。"

时毗舍离王[7]亦在河侧，说偈言："尊者一何速，而归寂灭场。愿住须臾间，而受于供养。"

尊者见二国王咸来劝请，乃说偈言："二王善严住，勿为苦悲恋。涅槃当我静[8]，而无诸有故。"尊者复念：我若偏向一国，诸国争竞，无有是处[9]，应以平等度诸有情。遂于恒河中流，将入寂灭。是时山河大地，六种震动[10]。

雪山有五百仙人，睹兹瑞应，飞空而至，礼尊者足，胡跪白言："我于长老，当证佛法，愿垂大慈，度脱我等。"尊者默然受请，即变殑伽河[11]悉为金地，为其仙众说诸大法。

尊者复念：先所度脱弟子应当来集。须臾，五百罗汉从空而下，为诸仙人出家授具。其仙众中有二罗汉，一名商那和修，二名末田底迦[12]。尊者知是法器，乃告之曰："昔如来以大法眼付大迦叶，迦叶入定而付于我。我今将灭，用传于汝。汝受吾教，当听偈言：'本来付有法，付了言无法。各各须自悟，悟了无无法。'"

尊者付法眼藏竟，踊身虚空，现十八变入风奋迅三昧[13]，分身四分：一分奉忉利天，一分奉娑竭罗龙宫，一分奉毗舍离王，一分奉阿阇世王。各造宝塔而供养之。乃厉王十二年癸巳岁[14]也。

【注释】

[1] 斛饭王：又作谷净王。约公元前6世纪人。乃师子颊王之子，净饭王之弟，释尊之叔父。关于其子，依各经论所载，有数种说法：或谓阿尼娄驮、跋提梨迦二子；或谓摩诃男、阿尼娄驮二子；或谓提婆达多、阿难二人等。

[2] 总持：总一切法和持一切义的意思，是梵语陀罗尼的译义。

[3] 者曰：参见本书"者曰"注释，此后类似地方不再提示。

[4] 攒（cuán）乐：聚集一起演奏各种乐器，唱歌跳舞。

[5] 阿阇（shé）世王：为佛世时中印度摩揭陀国频婆娑罗王之子。译为未生怨王、法逆王。其母名韦提希，故亦称阿阇世韦提希子。后弑父王自立，大张中印

度霸权。后因弑父之罪而遍体生疮，至佛前忏悔即平愈，遂归依佛陀。佛陀灭度后，为佛教教团之大护法。摩诃迦叶于七叶窟结集经典时，阿阇世王为大檀越，供给一切之资具。

[6] 跏（jiā）趺（fū）：佛陀的坐法，即盘膝而坐。略有两种：若先以右足置于左腿上，再以左足置于右腿上，叫作降魔坐；若先以左足置于右腿上，再以右足置于左腿上者，则叫作吉祥坐。

[7] 毗舍离王：毗舍离国王。毗舍离是中印度的都城，译为广严城。位于恒河北岸，与南方的摩揭陀国相对峙。佛在世时，此地系跋只人（离车族）的都城，佛屡屡行化于此，尝说《毗摩罗诘经》《普门陀罗尼经》等，教化维摩诘、庵没罗女、长者子宝积等人。相传毗舍离人曾为迎请即将入灭的阿难，而与摩揭陀国产生纠纷。阿难乃升于恒河上空二分其身，遂止息两国之争斗。

[8] 涅槃当我静：《景德传灯录》作"涅槃当我净"，其校勘记："旧本作'静'，此依《宝林传》《正宗记》易此一字。"

[9] 无有是处：没有对的地方。

[10] 六种震动：指大地震动之六种相。《长阿含经》卷二载有大地震动之六时：一是佛入胎时，二是出胎时，三是成道时，四是转法轮时，五是由天魔劝请将舍性命时，六是入涅槃时。

[11] 殑（jìng）伽河：梵语。恒河的音译。发源于雪山（即喜马拉雅山）南部。恒河流域是印度文明的发源地之一，不仅是今天印度教的圣河，也是昔日佛教兴起的地方，至今还有大量佛教圣地遗存。

[12] 末田底迦：又作末田、末田提、末阐提、末田地、末田地那、末田铎迦、末弹地、摩禅提。译为中、日中、水中、金地、河中。印度陀颇罗人。为异世五师之一。相传为阿难之最后弟子，付法藏之第三祖。曾赴迦湿弥罗国降伏龙王，宣扬正法。据《阿育王传》卷四摩诃迦叶涅槃因缘载，师于阿难入灭时，在恒河中受戒，证得阿罗汉，为阿难之最后弟子。又据《付法藏》卷二所载，阿难弟子中有末田提与商那和修二人得阿难之付法藏。然依《阿育王经》卷七则谓阿难弟子为末田地，商那和修则为末田地之弟子，准此，由摩诃迦叶至优婆鞠多，师资相传凡有五人，故称异世五师。

[13] 风奋迅三昧：起猛烈之风分散肢体之三昧也。止观一曰："阿难河中入风三昧，四派其身。"法华文句二曰："于恒河中入风奋迅三昧，分身为四分。"（摘自丁福保《佛学大辞典》）

[14] 厉王十二年癸巳岁：查阅《景德传灯录》在"乃厉王十二年癸巳岁也"之后有注"当作十年"。

【概要】

阿难，全称阿难陀。意译为欢喜、庆喜、无染。禅宗西天祖师第二祖。系佛陀之堂弟，佛陀十大弟子之一。出家后二十余年间为佛陀之常随弟子，善记忆，对于佛陀之说法多能朗朗记诵，故誉为多闻第一。释迦牟尼佛入灭之际，曾对多闻第一的弟子阿难说，我一生所说之经藏，须于卷首加上"如是我闻"一语，以与外道之经典区别。又因摩诃迦叶召集五百阿罗汉于王舍城举行第一次结集。其时，阿难于会众前诵出经文。而在诵出经文之前，先言"如是我闻"，以表示此下所诵乃直接从佛陀处所亲闻。所谓"如是"，指经中所述之内容，"我闻"意为阿难自佛处闻得。

阿难即将涅槃时，将正法眼藏授予商那和修与末田底迦。本书以商那和修为西天祖师第三祖，而依《阿育王经》卷七则谓阿难弟子为末田底迦，商那和修则为末田底迦之弟子，准此，则由摩诃迦叶至优婆鞠多，师资相传凡有五人，故称异世五师。

【参考文献】

《杂阿含经》卷四十四；《中阿含》卷三十三"侍者经"条；《增一阿含经》卷四"弟子品"；《阿难同学经》；《佛本行集经》卷十一；《五分律》卷三、卷二十九；《大智度论》卷三；《大唐西域记》卷六、卷七。

三祖商那和修尊者

三祖商那和修尊者，摩突罗[1]国人也。亦名舍那婆斯。姓毗舍多，父林胜，母憍奢耶，在胎六年而生。

梵语商诺迦，此云自然服，即西域九枝秀草名也。若圣人降生，则此草生于净洁之地。和修生时，瑞草斯应。

昔如来行化至摩突罗国，见一青林，枝叶茂盛，语阿难曰："此林地名优留荼，吾灭度后一百年，有比丘商那和修，于此转妙法轮。"

后百岁，果诞和修，出家证道，受庆喜尊者法眼，化导有情。及止此林，降二火龙，归顺佛教。龙因施其地，以建梵宫。

尊者化缘既久，思付正法。寻于吒利国，得优波鞠多以为给侍[2]。因问鞠多曰："汝年几邪?"答曰："我年十七。"者曰："汝身十七，性十七邪？"答曰："师发已白，为发白邪？心白邪？"者曰："我但发白，非心白耳。"鞠多曰："我身十七，非性十七也。"尊者知是法器。后三载，遂为落发授具[3]。乃告曰："昔如来以无上法眼付嘱迦叶，展转[4]相授，而至于我。我今付汝，勿令断绝。汝受吾教，听吾偈言：'非法亦非心，无心亦无法。说是心法时，是法非心法。'"说偈已，即隐于罽宾[5]国南象白山中。

后于三昧中，见弟子鞠多有五百徒众，常多懈慢。尊者乃往彼，现龙奋迅三昧[6]以调伏之。而说偈曰："通达非彼此，至圣无长短。汝除轻慢意，疾得阿罗汉。"五百比丘闻偈已，依教奉行，皆获无漏[7]。

尊者乃现十八变[8]火光三昧，用焚其身。鞠多收舍利，葬于梵迦罗山。五百比丘各持一幡，迎导至彼，建塔供养。乃宣王二十二年乙未岁也。

【注释】

[1] 摩突罗：中印度之古国。又作秫菟罗国、摩偷罗国、末土罗国、摩瑜罗国。译为孔雀城，或云密善。释尊在世时，此国为印度十六大国之一。释尊常在此地教化民众。

[2] 给侍：①服事，侍奉。《祖堂集》卷一五"五泄"条："师豁然大悟，在和尚（指石头希迁）面前给侍数载，呼为五泄和尚也。"本书第十八章"信相宗显"条："师给侍之久，祖（指五祖法演）钟爱之。"②侍者。《景德传灯录》卷一"商那和修"条："尊者（指商那和修）化缘既久，思付正法。寻于咤利国得优波毱多以为给侍。"（摘自《禅宗大词典》）

[3] 授具：即授具足戒。授，即授予。具足戒即比丘或比丘尼完整的大戒，比丘具足戒有二百五十戒。

[4] 展转：古"展转"就是现在的"辗转"。《说文》："展，转也。"

[5] 罽（jì）宾：为汉朝时之西域国名。位于印度北部。即今喀什米尔一带之地。

[6] 龙奋迅三昧：此三昧之力，能如龙之奋迅，现勇猛之威势也。

[7] 无漏："有漏"之对称。漏：为漏泄之意，乃烦恼之异名。贪、嗔等烦恼，日夜由眼、耳等六根门漏泄不止，故称为漏。又漏有漏落之意，烦恼能令人落入于三恶道，故称漏。因之称有烦恼之法为有漏；称离烦恼垢染之清净法为无漏，如涅槃、菩提，与一切能断除三界烦恼之法，均属无漏。

[8] 十八变：指佛、菩萨、罗汉等依禅定自在之力所示现之十八种神变。又作十八神变。

【概要】

商那和修又作奢那婆数、舍那波私、舍那和修、舍那婆斯、耶贳羁、奢搦迦、商诺迦缚娑。译为胎衣、自然衣、麻衣。禅宗西天祖师第三祖。由前生愿力，于处母胎至入涅槃期间，常著商那衣，未尝脱却，因而得名。

为供养三宝，商那和修出而为商，航海于外，以搜集珍宝。后果获珍宝而归，直至竹林精舍欲为佛与大迦叶、大目犍连、舍利弗等设大施会。但闻说彼等皆已灭度，遂闷绝悲泣。

不久，受阿难之教示而设大施会，又闻"法施胜于财施百千万倍"之理，乃出家受戒，为阿难弟子。时告阿难云："我本生时著商那衣，今当至命终受持此服。"遂得总持力，所闻之法未曾忘失，证得阿罗汉果。阿难灭度之后，继续弘宣妙法，饶益众生。相传阿难所持之法门，悉忆念不忘。

【参考文献】

《贤愚经》卷十三"优波鞠提品"；《舍利弗问经》；《达磨多罗禅经》卷上；《五分律》卷三十；《大唐西域记》卷一、卷七；《付法藏因缘传》卷二；《阿育王传》卷五。

四祖优波毱多尊者

四祖优波毱多尊者，吒利国人也。亦名优波崛多。又名邬波毱多。姓首陀，父善意。十七出家，二十证果。

随方行化，至摩突罗国，得度者甚众。由是魔宫震动，波旬[1]愁怖，遂竭其魔力，以害正法。尊者即入三昧，观其所由。波旬复伺便，密持璎珞縻[2]之于颈。及尊者出定，乃取人狗蛇三尸，化为华蔓[3]，婑[4]言慰谕波旬曰："汝与我璎珞，甚是珍妙。吾有华蔓，以相酬奉。"

波旬大喜，引颈受之，即变为三种臭尸，虫蛆坏烂。波旬厌恶，大生忧恼。尽己神力，不能移动。乃升六欲天，告诸天主。又诣梵王，求其解免。

彼各告言："十力[5]弟子，所作神变，我辈凡陋，何能去之？"波旬曰："然则奈何？"梵王曰："汝可归心尊者，即能除断。"乃为说偈，令其回向曰："若因地倒，还因地起；离地求起，终无其理。"

波旬受教已，即下天宫，礼尊者足，哀露忏悔。尊者告曰："汝自今去，于如来正法，更不作娆害[6]否？"波旬曰："我誓回向佛道，永断不善。"尊者曰："若然者，汝可口自唱言：'归依三宝！'"魔王合掌三唱，华蔓悉除。乃欢喜踊跃，作礼尊者而说偈曰："稽首三昧尊，十力圣弟子。我今愿回向，勿令有劣弱。"

尊者在世化导，证果最多。每度一人，以一筹[7]置于石室。其室纵十八肘[8]，广十二肘，充满其间。

最后有一长者子，名曰香众，来礼尊者，志求出家。尊者问曰："汝身出家，心出家？"答曰："我来出家，非为身心。"尊者曰："不为身心，复谁出家？"答曰："夫出家者，无我我故。无我我故，即心不生灭。心不生灭，即是常道。诸佛亦常心无形相，其体亦然。"尊者曰："汝当大悟，心自通达。宜依佛法僧，绍隆[9]圣种。"即为剃度，授具足戒，仍告之曰："汝父尝梦金日而生汝，可名提多迦。"复谓曰："如来以大法眼藏，次第传授，以至于我。今复付汝，听吾偈言：'心自本来心，本心非有法。有法有本心，非心非本法。'"

付法已，乃踊身虚空，呈十八变，却复本座，跏趺而逝。提多迦以室内筹用焚师躯，收舍利，建塔供养。即平王三十年庚子岁也。

【注释】

[1] 波旬：梵语。魔王之名。译为恶者、恶物、极恶、恶中恶、恶爱、杀者，经典中常作魔波旬、天魔波旬、魔王波旬。指断除人之生命与善根之恶魔。为释迦在世时之魔王名。

[2] 縻（mí）：捆，拴。

[3] 华蔓：凡是出现"华"，一般都同"花"，此处指围成圈的一束花。

[4] 㮈（ruǎn）：古同"软"。㮈言：温柔的言语。《玉篇》："㮈，柔也。"旧校本上"而"下"火"，同"㮈"字。

[5] 十力：佛菩萨有十种非凡的力量。十力弟子：即佛菩萨的弟子。

[6] 娆（ráo）害：捣乱破坏。

[7] 筹：计数的用具，用竹、木制成小棍或小片。

[8] 肘（zhǒu）：度量词。一肘为一尺五寸。

[9] 绍隆：继承正法并使之光大隆盛。"绍隆圣种"，即继承圣人的种子，使之延续不断。佛陀入灭之后，弟子次第嗣继其法，犹如植物之种子相传不绝，故以为喻。此系以圣人之种引申为佛教之命脉。

【概要】

优波毱多，又作优婆毱多、优婆鞠多、优婆掘多、邬波毱多、优婆毱提、邬波级多、乌波屈多、乌波毱多等。译为大护，近藏，近护，小护等。禅宗西天祖师第四祖。《阿育王经》七曰："优波毱多，翻大护也。"《西域记》四曰："邬波毱多，此云近护。"《毗奈耶杂事》四十曰："邬波笈多，此云小护。"《俱舍宝疏》五曰："邬波毱多，此云近藏，佛涅槃后，一百年出，是阿育王门师。"

若商那和修为末田底迦之弟子，则从摩诃迦叶至阿难、优婆鞠多、末田底迦，那么优波毱多就成为第五位祖师了。

【参考文献】

《贤愚经》卷十三"优婆毱提品"；《付法藏传》卷三；《阿育王经》卷六。

五祖提多迦尊者

五祖提多迦尊者，摩伽陀国人也。梵语提多迦，此云通真量。初生之时，父梦金日自屋而出，照耀天地。前有大山，诸宝严饰。山顶泉涌，滂沱[1]四流。后遇毱多尊者，为解之曰："宝山者，吾身也。泉涌者，法无尽也。日从屋出者，汝今入道之相也。照耀天地者，汝智慧超越也。"尊者闻师说已，欢喜踊跃，而唱偈言："巍巍七宝山，常出智慧泉。回为真法味，能度诸有缘。"毱多尊者亦说偈曰："我法传于汝，当现大智慧。金日从屋出，照耀于天地。"提多迦闻师妙偈，设礼奉持。

后至中印度，彼国有八千大仙，弥遮迦为首。闻尊者至，率众瞻礼。谓尊者曰："昔与师同生梵天，我遇阿私陀仙[2]授我仙法，师逢十力弟子，修习禅那，自此报分殊涂[3]，已经六劫。"者曰："支离[4]累劫，诚哉不虚。今可舍邪归正，以入佛乘。"弥遮迦曰："昔阿私陀仙人授我记[5]云：'汝却后六劫，当遇同学，获无漏果。'今也相遇，非宿缘邪？愿师慈悲，令我解脱。"者即度出家，命诸圣授戒。其余仙众，始生我慢[6]。尊者示大神通，于是俱发菩提心，一时出家。

者乃告弥遮迦曰："昔如来以大法眼藏密付迦叶，展转相授，而至于我。我今付汝，当护念之。"乃说偈曰："通达本法心，无法无非法。悟了同未悟，无心亦无法。"说偈已，踊身虚空作十八变，火光三昧，自焚其躯。弥遮迦与八千比丘同收舍利，于班茶山中起塔供养。即庄王五年己丑岁也。

【注释】

[1] 滂（pāng）沱（tuó）：形容水流盛大的样子。

[2] 阿私陀仙：梵语。又作阿私多、阿私哆、阿私吒、阿斯陀、阿私或阿夷。译为不白、无比、端严。此僧人为六祖弥遮迦尊者预言六劫后遇五祖提多迦尊者，那么就非释尊即将出世时预言之仙。释尊降诞时，有阿私陀仙，为中印度迦毗罗卫国之仙人，此仙为之占相，并预言其将成佛。又自顾已老，知不及待太子成道，受其教化，而悲叹号泣，后令侍者那罗陀出家，以待太子成道。

[3] 殊涂：亦作"殊途"。异途：不同途径。"报分殊涂"：因各自因缘而得不同后报，分道扬镳。

[4] 支离：分散。

[5] 授我记：旧校本标点为"授我记"，下画线不正确。授记：佛说的预言。记名之义：佛对发大心的众生预先记名，过了多少年代，在某处某国之中，成什么佛。

[6] 我慢：视"我"为一己之中心，由此所执之"我"而形成憍慢心。自高自大，骄傲自满。

【概要】

提多迦，又作提知迦、地底迦。又译为有愧。禅宗西天祖师第五祖。为印度摩迦陀国（又说摩突罗国）人。依《阿育王传》卷六载，师从优波毱多出家，二十岁受具足戒，于初日即得须陀洹果（声闻初果），第一羯磨（诵经拜佛等法事）时得斯陀含果（声闻二果），第二羯磨时得阿那含果（声闻三果），第三羯磨时证得阿罗汉果，后得优波毱多付法，成为西天祖师第五祖。又据《大悲经》卷二持正法品、付法藏因缘传卷五所载，师具大神通、大威力，说法不倦，后因化缘尽，付法于弥遮迦而入涅槃，人天悲感，乃收其舍利，起七宝塔供奉之。

【参考文献】

《有部毗奈耶杂事》卷四十；《阿育王传》卷五；《传法正宗记》卷二；《景德

传灯录》卷一;《宝林传》卷二;《佛祖统纪》。

六祖弥遮迦尊者

六祖弥遮迦尊者,中印度人也。既传法已,游化至北天竺[1]国,见雉堞[2]之上有金色祥云,叹曰:"斯道人气也,必有大士为吾嗣。"

乃入城,于阛阓[3]间有一人手持酒器,逆[4]而问曰:"师何方来?欲往何所?"祖曰:"从自心来,欲往无处。"曰:"识我手中物否?"祖曰:"此是触器而负净者[5]。"曰:"师识我否?"祖曰:"我即不识,识即非我。"复谓之曰:"汝试自称名氏,吾当后示本因。"彼说偈答曰:"我从无量劫,至于生此国,本姓颇罗堕,名字婆须蜜。"祖曰:"我师提多迦说,世尊昔游北印度,语阿难言:'此国中吾灭后三百年,有一圣人姓颇罗堕,名婆须蜜,而于禅祖,当获第七。'世尊记汝,汝应出家。"彼乃置器礼师,侧立而言曰:"我思往劫,尝作檀那[6],献一如来宝座,彼佛记我曰:'汝于贤劫释迦法中,宣传至教。'今符师说,愿加度脱。"祖即与披剃,复圆戒相,乃告之曰:"正法眼藏,今付于汝,勿令断绝。"乃说偈曰:"无心无可得,说得不名法。若了心非心,始解心心法。"

祖说偈已,入师子奋迅三昧,踊身虚空,高七多罗树,却复本座,化火自焚。婆须蜜收灵骨,贮七宝函,建浮图[7]于上级。即襄王十五年甲申岁也。

【注释】

[1] 天竺:印度之古称。又作天笃、天督、天毒、身毒。

[2] 雉(zhì)堞(dié):古代城墙上掩护守城人用的矮墙,也泛指城墙。

[3] 阛(huán)阓(huì):街市,店铺。

[4] 逆:迎接,迎上来。

[5] 此是触器而负净者:"触"通"浊",污浊之意。触器指不洁之容器,或指便桶,装小便的,怎么说是"负净者"?这是禅语,意谓人身就是臭皮囊,但要如莲花一样出淤泥而不染。即虽在污浊世界,只要能够净心便是佛。所以"此是触器而负净者"可翻译为"这是一个脏的容器却能装净水"。旧译本翻译为"触瓶",有误。

[6] 檀那:梵语。又作旦那、柁那、拖那、驮曩。略作檀。译为布施、施。即

给与、施舍之意。梵汉并称，则为檀施、檀信。檀波罗蜜乃六波罗蜜之一。檀那波底即施主、布施者。中国、日本又将檀那、檀越引申为施主之称。此处指施主。

[7] 浮图：与佛图、浮屠同为佛陀的另一音译。译为净觉。也是寺塔的别名。此指寺塔，后世凡说浮图，多指佛塔，如救人一命胜造七级浮图。

【概要】

弥遮迦尊者，西天祖师第六祖。统率有大仙八千，遇西天祖师第五祖提多迦尊者，遂与诸仙共发菩提心，成为提多迦之弟子。得法后，游化北印度，得婆须蜜付嘱大法，入于师子奋迅三昧，身踊虚空，复回本座而自焚化。

【参考文献】

《大悲经》卷二"持正法品"；《宝林传》卷二；《祖堂集》卷一；《景德传灯录》卷一。

七祖婆须蜜尊者

七祖婆须蜜尊者，北天竺国人也。姓颇罗堕，常服净衣[1]，执酒器，游行里闬[2]，或吟或啸，人谓之狂。及遇弥遮迦尊者，宣如来往志，自省前缘，投器出家，受法行化。至迦摩罗国，广兴佛事。

于法座前，忽有智者自称："我名佛陀难提，今与师论义。"祖曰："仁者论即不义，义即不论。若拟论义，终非义论。"难提知师义胜，心即钦服，曰："我愿求道，沾甘露味。"祖遂与剃度，而授具戒。复告之曰："如来正法眼藏，我今付汝，汝当护持。"乃说偈曰："心同虚空界，示等虚空法。证得虚空时，无是无非法。"即入慈心三昧。

时梵王帝释及诸天众俱来作礼，而说偈言："贤劫众圣祖，而当第七位。尊者哀念我，请为宣佛地[3]。"

尊者从三昧起，示众曰："我所得法，而非有故，若识佛地，离有无故。"语已，还入三昧，示涅槃相。难提即于本座起七宝塔，以葬全身。即定王十七年辛未岁也。

【注释】

[1] 净衣：清净之衣。比丘自己耕作制衣料，或赖贩卖利益作衣，都为律所禁

止；由施主施舍之衣，则不犯此罪，故称净衣。又指精进洁斋所使用之衣。

[2] 里闬（hàn）：里门，里巷的门，又泛指门。

[3] 佛地：达到成佛的地位。此处指成佛的境界。又通教（藏通别圆四教之通教）十地第十位，谓第九地之菩萨最后顿断烦恼所知二障之习气而成道之位也。

【概要】

婆须蜜尊者，西天祖师第七祖。婆须蜜，又作伐苏蜜呾罗、婆须蜜、婆须蜜多罗、和须蜜多。译为世友、天友。在印度佛教史上，共有十四位名为"世友"的人，此处指禅宗祖师婆须蜜。其行迹略似我国高僧济公，游走街巷，吟诗高歌，被人称为疯子，可大智慧却隐藏于这种疯癫的形象之内。后遇八祖佛陀难提，欲与之论辩，被婆须蜜尊者一句话驳斥得哑口无言，即顿悟而受戒出家。

【参考文献】

《传法正宗记》卷二；《指月录》卷三；《教外别传》卷二；《八十八祖道影传赞》；《景德传灯录》卷一；《祖庭嫡传指南》。

八祖佛陀难提尊者

八祖佛陀难提尊者，迦摩罗国人也。姓瞿昙[1]氏。顶有肉髻[2]，辩捷无碍。初遇婆须蜜，出家受教。

既而领徒行化，至提伽国毗舍罗家，见舍上有白光上腾，谓其徒曰："此家有圣人，口无言说，真大乘器。不行四衢[3]，知触秽耳。"言讫，长者出致礼，问："何所须？"祖曰："我求侍者。"长者曰："我有一子，名伏驮蜜多，年已五十，口未曾言，足未曾履。"祖曰："如汝所说，真吾弟子。"伏驮闻之，遽起礼拜，而说偈曰："父母非我亲，谁是最亲者？诸佛非我道，谁为最道者？"祖以偈答曰："汝言与心亲，父母非可比；汝行与道合，诸佛心即是。外求有相佛，与汝不相似。欲识汝本心，非合亦非离。"伏驮闻偈已，便行七步。祖曰："此子昔曾值佛，悲愿广大，虑父母爱情难舍，故不言不履耳。"长者遂舍，令出家。祖寻授具戒，复告之曰："我今以如来正法眼藏付嘱于汝，勿令断绝。"乃说偈曰："虚空无内外，心法亦如此。若了虚空故，是达真如[4]理。"伏驮承师付嘱，以偈赞曰："我师禅祖中，当得为第八。法化众无量，悉获阿罗汉。"

尔时佛陀难提即现神变，却复本座，俨然寂灭。众兴宝塔，葬其全身。即景王十年寅岁也。

【注释】

[1] 瞿昙：梵语。新称乔达摩。释种之姓。译为纯淑，又云地最胜。谓于人类中，此族最胜故也。

[2] 肉髻：顶上有一肉团，如髻状，名肉髻。佛有三十二庄严相，其中之无见顶相即肉髻相。

[3] 四衢（qú）：四通八达的大路。

[4] 真如：指遍布于宇宙中真实之本体，为一切万有之根源。又作如如、如实、法界、法性、实际、实相、如来藏、法身、佛性、自性清净身、一心、不思议界。早期汉译佛典中译作本无。真：真实不虚妄之意；如，不变其性之意。

【概要】

佛陀难提尊者，禅宗西天祖师第八祖。古代印度迦摩罗国人。尊者头顶有肉髻，辩才无碍。后遇九祖伏驮蜜多，得知他在家五十年不说话不走路，八祖知是法器，即付衣钵而涅槃。

据《付法藏因缘传》卷五载，弥遮迦以正法付尊者佛陀难提，令其流布胜甘露味，佛陀难提转大法轮，摧伏魔怨，然后付法予佛陀蜜多。另《宝林传》载，佛陀难提从婆须蜜受法，婆须蜜从弥遮迦受法，佛陀蜜多从佛陀难提受法。

【参考文献】

《祖堂集》卷一；《景德传灯录》卷一。

九祖伏驮蜜多尊者

九祖伏驮蜜多尊者，提伽国人也。姓毗舍罗。既受八祖付嘱，后至中印度行化。

时有长者香盖，携一子而来，瞻礼祖曰："此子处胎六十岁，因号难生。尝会一仙者，谓此儿非凡，当为法器[1]。今遇尊者，可令出家。"祖即与落发授戒，羯磨[2]之际，祥光烛座，仍感舍利三七粒现前[3]，自此精进忘疲。既而祖告之曰："如来大法眼藏，今付于汝。汝护念之。"乃说偈曰："真理本无名，因名显真理。受得真实法，非真亦非伪。"

祖付法已，即入灭尽三昧而般涅槃。众以香油旃檀[4]阇维，收舍利，建塔于那烂陀寺。即敬王三十三年甲寅岁也。

【注释】

[1] 法器：凡能修行佛道者，称为法器。

[2] 羯磨：于受戒、忏悔、结界等有关戒律行事之场合，意指生善灭恶之作法。受戒之际，受戒者因羯磨而得戒体。"羯磨"译为"业"。意指所作、事、办事、办事作法、行为等。

[3] 仍感舍利三七粒现前：还感应得到二十一颗舍利突然出现于眼前。旧译本"感到佛骨粒粒如在眼前"，翻译错误，译者未弄懂"感"的含义，前面已经出现同样的错误。三七就是二十一颗舍利。有关凭空出现舍利之事，佛书中多有描述，可参见曾琦云著《舍利与修行》（宗教文化出版社）。

[4] 旃檀：香木名。译为与乐。出自南印度摩罗耶山，其山形似牛头，故名牛头旃檀。

【概要】

佛陀密多尊者，为禅宗西天祖师第九祖。古印度提伽国人，姓毗舍罗。尊者德厚而具大智慧，受佛陀难提（西天祖师第八祖）付嘱，善巧方便度化众生，摧灭异学。其时，国王崇信外道，轻毁佛法。祖师自持赤幡，行于王前，经历多时，王始召之。尊者至王所，求与外道对论，以无方论屈服对方。复与王论义，挫其邪心，令信正法。又教化尼乾子，令其弟子五百人归佛。后付法予胁比丘而示寂。又据《婆薮盘豆法师传》载，尊者为世亲之师，著有《五门禅经要用法》。

【参考文献】

《付法藏因缘传》卷五；《传法正宗记》卷二；《佛祖统记》卷五。

十祖胁尊者

十祖胁尊者，中印度人也。本名难生。初将诞时，父梦一白象，背有宝座，座上安一明珠，从门而入，光照四众，既觉遂生。后值九祖，执侍左右，未尝睡眠，谓其胁[1]不至席，遂号胁尊者焉。

初至华氏国，憩一树下，右手指地而告众曰："此地变金色，当有圣人入会。"言讫，即变金色。

时有长者子富那夜奢，合掌前立。祖问曰："汝从何来？"答曰："我心非往。"祖曰："汝何处住？"答曰："我心非止。"祖曰："汝不定邪？"曰："诸佛亦然。"祖曰："汝非诸佛。"曰："诸佛亦非。"祖因说偈曰："此地变金色，预知有圣至。当坐菩提树，觉华而成已。"夜奢复说偈曰："师坐金色地，常说真实义。回光而照我，令入三摩[2]谛。"祖知其意，即度出家，复具戒品，乃告之曰："如来大法藏，今付于汝，汝护念之。"乃说偈曰："真体自然真，因真说有理。领得真真法，无行亦无止。"

祖付法已，即现神变而入涅槃，化火自焚。四众各以衣裓[3]盛舍利，随处兴塔而供养之。即贞王二十七年己亥岁也。

【注释】

[1] 胁（xié）：从腋下到肋骨尽处的部分。

[2] 三摩：又作三昧、三摩地、三摩提、三摩帝。译为等持、正定、定意、调直定、正心行处。即远离昏沉掉举，心专住一境之精神作用。

[3] 衣裓（gé）：佛教徒挂在肩上的长方形布袋，用作拭手和盛物。又指一种盛花之器，如《阿弥陀经》："各以衣裓，盛众妙华，供养他方十万亿佛。"

【概要】

胁尊者，为禅宗西天祖师第十祖，马鸣之师。音译"波栗湿缚""波奢"等。胁，精进修行，胁不近床席，夜不倒单，故时人称之为胁尊者、胁比丘、胁罗汉、长老胁、勤比丘等。尊者初为梵志师，年八十舍家染衣，城中少年讥之，以为其年衰老耄，无所进取，托迹清流，徒知饱食而已。胁尊者闻之，乃自誓必通三藏之理，断三界之欲，以得六神通，具八解脱。终不以胁至席，经历三载，果断三界欲，得三明智。后又从伏驮蜜多习佛教深旨，并证得罗汉果。

马鸣初习婆罗门之学，才气纵横，智辩无碍，僧侣备受攻击，致中天竺佛教大衰，胁尊者欲挽中天竺佛教之衰运，入中天竺华氏城与马鸣对论，并折服之，马鸣即入尊者门下，受具足戒。其后胁尊者归北天竺，马鸣留住中天竺宣扬佛教。后迦腻色迦王攻华氏城，携马鸣归。

胁尊者后奉迦腻色迦王之命，于迦湿弥罗国，与五百圣贤共编纂大毗婆沙论，得王崇敬。后于北天竺布教，高龄以殁，君臣哀悼，集其舍利，起塔供养。

【参考文献】

《付法藏因缘传》卷五；《大唐西域记》卷三。

十一祖富那夜奢尊者

十一祖富那夜奢尊者，华氏国人也。姓瞿昙氏，父宝身。

既得法于胁尊者，寻诣[1]波罗奈国，有马鸣大士迎而作礼。问曰："我欲识佛，何者即是？"祖曰："汝欲识佛，不识者是。"曰："佛既不识，焉知是乎？"祖曰："既不识佛，焉知不是？"曰："此是锯义。"祖曰："彼是木义。"祖问："锯义者何？"曰："与师平出。"马鸣却问："木义者何？"祖曰："汝被我解。"马鸣豁然省悟，稽首归依，遂求剃度。

祖谓众曰："此大士者，昔为毗舍利国王。其国，有一类人如马裸露，王运神力分身为蚕，彼乃得衣。王后复生中印度，马人感恋悲鸣，因号马鸣焉。如来记云：'吾灭度后六百年，当有贤者马鸣于博罗奈国，摧伏异道，度人无量，继吾传化。'今正是时。"即告之曰："如来大法眼藏，今付于汝。"即说偈曰："迷悟如隐显，明暗不相离。今付隐显法，非一亦非二。"

尊者付法已，即现神变，湛然[2]圆寂。众兴宝塔，以閟[3]全身。即安王十九年戊戌岁也。

【注释】

[1] 寻诣：不久来到。

[2] 湛然：安然貌。

[3] 閟（bì）：同"闭"。

【概要】

富那夜奢，又作富那耶舍、富那奢、富那、夜奢。中印度华氏城人，为空身长者第七子。为禅宗西天祖师第十一祖，又说为马鸣之师。

依《付法藏因缘传》卷五所载，禅师受法于胁比丘，演畅胜法，教化无量众生。后于闲林中与马鸣对论佛法，说第一义谛空、无我之义，遂屈马鸣为弟子，临终付法。然《马鸣菩萨传》《出三藏记集》卷十二则谓胁比丘为马鸣之师，而未载师之名。另据《大庄严论经》卷一所记"无垢清净僧富那、胁比丘"之句，可知马鸣对二师均极为推重。

【参考文献】

《宝林传》卷三；《景德传灯录》卷一；《佛祖统纪》卷五；《内证佛法相承血脉谱》。

十二祖马鸣尊者

十二祖马鸣大士者，波罗奈国人也。亦名功胜，以有作无作诸功德最为殊胜[1]，故名焉。既受法于夜奢尊者，后于华氏国转妙法轮。

忽有老人，座前仆地，祖谓众曰："此非庸流，当有异相。"言讫不见。俄从地涌出一金色人，复化为女子，右手指祖而说偈曰："稽首长老尊，当受如来记。今于此地上，宣通第一义。"说偈已，瞥然不见。祖曰："将有魔来，与吾较[2]力。"有顷，风雨暴至，天地晦冥[3]。祖曰："魔之来信矣，吾当除之。"即指空中，现一大金龙，奋发威神，震动山岳。祖俨然于座，魔事随灭。经七日，有一小虫，大若蟭螟[4]，潜形座下。祖以手取之，示众曰："斯乃魔之所变，盗听吾法耳。"乃放之令去，魔不能动。祖告之曰："汝但归依[5]三宝，即得神通。"遂复本形，作礼忏悔。祖问曰："汝名谁邪？眷属多少？"曰："我名迦毗摩罗，有三千眷属。"祖曰："尽汝神力，变化若何？"曰："我化巨海极为小事。"祖曰："汝化性海得否？"曰："何谓性海？我未尝知。"祖即为说性海曰："山河大地，皆依建立。三昧六通，由兹发现。"迦毗摩罗闻言，遂发信心，与徒众三千，俱求剃度。祖乃召五百罗汉，与授具戒。复告之曰："如来大法眼藏，今当付汝。汝听偈言：'隐显即本法，明暗元不二。今付悟了法，非取亦非离。'"

付嘱已，即入龙奋迅三昧，挺身空中，如日轮相，然后示灭。四众[6]以真体藏之龙龛[7]。即显王四十二年甲午岁也。

【注释】

[1] 殊胜：事之超绝而稀有者，称为殊胜。

[2] 较（jué）：通"角"。较量，竞争，竞逐。

[3] 晦冥：昏暗；阴沉。

[4] 蟭（jiāo）螟（míng）：又作焦螟。传说中一种微虫名。

[5] 归依：现在常作"皈依"，意义与读音相同，指进入佛门成为佛教徒所举行的仪式。

[6] 四众：僧俗四众，即比丘、比丘尼、优婆塞、优婆夷。

[7] 龙龛：指置放贤圣遗骸之棺椁。以贤圣之威德犹龙，故称龙龛。

【概要】

马鸣尊者，不仅是禅宗祖师，还是诗人、剧作家。此外，中国和日本有些佛教学者认为，他是大乘佛教的创始人。马鸣与提婆、龙猛（龙树）、童受并称为"四日照世"。

马鸣生于婆罗门家庭，初习外道之法，后与胁尊者对论，深有所感而归依佛门，受菩萨之称号。博学三藏，明达内外典，为古典期梵语文学之先驱者，在梵文学史上留下不朽之盛名。现存主要文学作品是叙事诗《佛所行赞》《美难陀传》（《庄严难陀》）和三部梵语戏剧残卷。

马鸣与魔王迦毗摩罗角逐，互相斗法，从而度魔为佛，为释尊教法（付法藏）之第十三祖。迦毗摩罗原从魔王而来，有三千魔子魔孙。虽然魔法无边，小可以化为微虫，大可以化为巨海。但祖师问到可以化为性海吗？迦毗摩罗则闻所未闻。所谓性海，即本性之海，无边无际，无始无终，就是佛性。山河大地、三昧正定、六种神通都从这性海而来。祖师这一句话启发迦毗摩罗，使之成为禅宗第十三祖。魔亦可转为佛，魔即是佛，其义亦从此而来。

后秦鸠摩罗什译有《马鸣菩萨传》一卷，记述其生平事迹，今收于《大正藏》第五十册。

【参考文献】

《杂宝藏经》卷七；《马鸣菩萨传》；《付法藏因缘传》卷五。

十三祖迦毗摩罗尊者

十三祖迦毗摩罗尊者，华氏国人也。初为外道，有徒三千，通诸异论。后于马鸣尊者得法，领徒至西印度。

彼有太子，名云自在。仰尊者名，请于宫中供养。祖曰："如来有教，沙门[1]不得亲近国王、大臣权势之家。"太子曰："今我国城之北，有大山焉。山有一石窟，可禅寂于此否？"祖曰："诺。"即入彼山。行数里，逢一大蟒，祖直前不顾，盘绕祖身，祖因与授三归依[2]，蟒听讫而去。

　　祖将至石窟，复有一老人素服[3]而出，合掌问讯[4]。祖曰："汝何所止？"答曰："我昔尝为比丘，多乐寂静，有初学比丘数来请益，而我烦于应答，起嗔恨想，命终堕为蟒身，住是窟中，今已千载。适遇尊者，获闻戒法，故来谢尔。"祖问曰："此山更有何人居止？"曰："北去十里，有大树荫覆五百大龙，其树王名龙树，常为龙众说法，我亦听受耳。"

　　祖遂与徒众诣彼，龙树出迎曰："深山孤寂，龙蟒所居。大德至尊，何枉神足？"祖曰："吾非至尊，来访贤者。"龙树默念曰："此师得决定性明道眼[5]否？是大圣继真乘[6]否？"祖曰："汝虽心语，我已意知。但办出家，何虑吾之不圣？"龙树闻已，悔谢。祖即与度脱，及五百龙众俱授具戒。复告之曰："今以如来大法眼藏，付嘱于汝。谛听偈言：'非隐非显法，说是真实际。悟此隐显法，非愚亦非智。'"

　　付法已，即现神变，化火焚身。龙树收五色舍利，建塔焉。即赧王四十六年壬辰岁也。

【注释】

　　[1] 沙门：译为勤息，即勤修佛道和息诸烦恼的意思，为出家修道者的通称。

　　[2] 三归依：又作三归依。归依佛、归依法、归依僧。

　　[3] 素服：本色或白色的衣服。日常穿的便服。多指丧服。

　　[4] 问讯：敬礼法之一。即向尊宿长者等合掌曲躬而请问其安否。在后世中国佛教界，问讯之时，口中仅称"不审"二字，而略去"少病少恼"等语。《大宋僧史略》卷上："又如比丘相见，曲躬合掌，口云不审者何？此三业归仰也，谓之问讯。其或卑问尊，则不审少病少恼、起居轻利不？……后人省其辞，止云不审也。大如歇后语乎。"然至近世，则仅以合掌低头为问讯，连"不审"二字亦告省略。在禅林中，亦有行问讯礼者。但依时宜而有各种不同的称呼。

　　[5] 决定性明道眼：决定成佛不再退转，可分辨邪正，施予众生慧命的道眼。决定性，与"不定性""无性"对称。众生所具五种天性中之菩萨定性、缘觉定性、声闻定性等三性，决定成佛果、辟支佛果、阿罗汉果，故称决定性。道眼指观道之眼。《圆觉经》："分别邪正，能施末世一切众生无畏道眼。"

　　[6] 真乘：乘指以舟筏、车乘比喻渡越生死海而达于彼岸之工具，故真乘一词即指真实之教法。佛教中诸宗派皆自谓其宗旨乃真实不妄之要法。

【概要】

　　迦毗摩罗，作为马鸣的徒弟，得到衣钵，成为西天祖师第十三祖。《付法藏传》五作"比罗"，《摩诃止观》一上作"毗罗"，《佛祖统纪》一作"迦毗摩罗"。摩揭陀国华氏城人。初为外道师，领三千弟子，以神力娆害马鸣，然终屈服于马鸣之论义，归依为其弟子。受马鸣付嘱后，赴南天竺，大兴教化，作"无我论"一百偈，以摧伏外道。后至西印度，有王子名云自在，以城北一山窟供养之，以为尊者禅寂之处。未久，尊者乃付法予龙树，而尽其化缘。

【参考文献】

　　《付法藏因缘传》卷五；《佛祖统纪》卷五；《景德传灯录》卷一。

十四祖龙树尊者

　　十四祖龙树尊者，西天竺国人也，亦名龙胜。始于摩罗尊者得法，后至南印度。彼国之人，多信福业[1]。

　　祖为说法，递相谓曰："人有福业，世间第一。徒言佛性，谁能睹之？"祖曰："汝欲见佛性，先须除我慢[2]。"彼人曰："佛性大小？"祖曰："非大非小，非广非狭。无福无报，不死不生。"

　　彼闻理胜，悉回初心。祖复于座上，现自在身，如满月轮。一切众唯闻法音，不睹祖相。

　　彼众中有长者子，名迦那提婆，谓众曰："识此相否？"众曰："目所未睹，安能辨识？"提婆曰："此是尊者现佛性体相，以示我等。何以知之？盖以无相三昧，形如满月。佛性之义，廓然虚明[3]。"言讫，轮相即隐，复居本座，而说偈言："身现圆月相，以表诸佛体。说法无其形，用辨非声色。"彼众闻偈，顿悟无生，咸愿出家，以求解脱。祖即为剃发，命诸圣授具。

　　其国先有外道五千余众，作大幻术，众皆宗仰。祖悉为化之，令归三宝。复造《大智度论》《中论》《十二门论》，垂之于世。

　　后告上首弟子迦那提婆曰："如来大法眼藏今当付汝。听吾偈言：'为明隐显法，方说解脱理。于法心不证，无瞋亦无喜。'"

　　付法讫，入月轮三昧，广现神变，复就本座，凝然禅寂。迦那提婆与诸四众，共建宝塔以葬焉。即秦始皇三十五年己丑岁也。

【注释】

[1] 福业：指能招感人、天福利果报之有漏善业。福乃富饶之义，修行善业能招感三善道（人、天、阿修罗）之乐果，故称为福业。

[2] 我慢：自高自大，侮慢他人。谓倚恃己之所能，欺凌于他也。

[3] 虚明：从文学境界来说，常指空明、清澈明亮，如晋代陶潜《辛丑岁七月赴假还江陵夜行涂口》："凉风起将夕，夜景湛虚明。"从修行人的境界来说，特别是从佛教境界来说，则重在内心清虚纯洁，没有一丝妄念，可与《心经》"五蕴皆空"类似。如宋代苏辙《赠石台问长老二绝》之二："蒲团布衲一绳床，心地虚明睡自亡。"又，虚明妄想者，即受阴也。谓诸众生，欲想登高，足先酸涩，违顺二相，损益现驰，是则受阴无体，虚有所明。经云：汝今现前，顺益违损，二现驱驰，名为虚明第二妄想。

【概要】

龙树，音译那伽阏剌树那、那伽阿周陀那。为西天祖师第十三祖，并为印度大乘佛教中观学派之创始人。又称龙猛、龙胜。为南印度婆罗门种姓出身。自幼颖悟，学四吠陀、天文、地理、图纬秘藏，及诸道术等，无不通晓。曾与契友三人修得隐身之术，遂隐身至王宫侵凌女眷。其事败露，三友人为王所斩，仅龙树一人身免。以此事缘，龙树感悟爱欲乃众苦之本，即入山诣佛塔，并出家受戒。

出家后，广习三藏，然未能餍足。复至雪山（喜马拉雅山），遇一老比丘授以大乘经典，惟以虽知实义，末能通利。又以曾摧破外道论师之义，故生起邪慢之心，而自立新戒、著新衣，静处于一水晶房中。其时，有大龙菩萨，见而愍之，遂引入龙宫，授以无量之大乘经典，师遂体得教理。其时南天竺王信奉婆罗门教，攻击佛法。龙树遂前往教化，使放弃婆罗门教信仰。此后大力弘法，又广造大乘经典之注释书，树立大乘教学之体系，使大乘般若性空学说广为传布全印度。晚年住于南印度之黑峰山，首座弟子有提婆等。

大师之著作极丰，如《中论颂》《十二门论》《空七十论》《回诤论》《六十颂如理论》《大乘破有论》《大智度论》《十住毗婆沙论》《大乘二十颂论》《菩提资粮论》《宝行王正论》《因缘心论颂》《菩提心离相论》《福盖正行所集经》《赞法界颂》《广大发愿颂》等。造论之多，世所罕见，遂有"千部论主"之美称。后世基于大师所著《中论》而宣扬空观之学派，称为中观派，并尊师为中观派之祖。且于中国、日本，古来亦被尊为八宗之祖。

【参考文献】

《入楞伽经》卷九；《大乘玄论》卷五；《华严经传记》卷五；《付法藏因缘传》卷五；《传法正宗记》卷三；《佛祖统纪》卷五；《法苑珠林》卷三十八。

十五祖迦那提婆尊者

十五祖迦那提婆尊者，南天竺国人也，姓毗舍罗。初求福业，兼乐辩论。

后谒[1]龙树大士。将及门，龙树知是智人，先遣侍者以满钵水置于座前。尊者睹之，即以一针投之而进，欣然契会。龙树即为说法，不起于座，现月轮相，唯闻其声，不见其形。

祖语众曰："今此瑞者，师现佛性，表说法非声色也。"

祖既得法，后至迦毗罗国。彼有长者，曰梵摩净德。一日，园树生耳如菌，味甚美。唯长者与第二子罗睺罗多取而食之。取已随长，尽而复生。自余亲属，皆不能见。祖知其宿因，遂至其家。长者乃[2]问其故。

祖曰："汝家昔曾供养一比丘，然此比丘道眼未明[3]，以虚沾信施[4]，故报为木菌。唯汝与子精诚供养，得以享之，余即否矣。"又问长者："年多少？"答曰："七十有九。"祖乃说偈曰："入道不通理，复身还信施。汝年八十一，此树不生耳。"长者闻偈已，弥加叹伏，且曰："弟子衰老，不能事师，愿舍次子，随师出家。"祖曰："昔如来记此子，当第二五百年为大教主。今之相遇，盖符宿因。"即与剃发执侍。

至巴连弗城，闻诸外道欲障佛法，计之既久。祖乃执长幡入彼众中。彼问祖曰："汝何不前？"祖曰："汝何不后？"彼曰："汝似贱人。"祖曰："汝似良人[5]。"彼曰："汝解何法？"祖曰："汝百不解。"彼曰："我欲得佛。"祖曰："我灼然[6]得佛。"彼曰："汝不合得。"祖曰："元道我得，汝实不得。"彼曰："汝既不得，云何言得？"祖曰："汝有我故，所以不得。我无我我，故自当得[7]。"彼辞既屈，乃问祖曰："汝名何等？"祖曰"我名迦那提婆。"彼既夙闻祖名，乃悔过致谢。

时众中犹互兴问难，祖折以无碍之辩，由是归伏。乃告上足罗睺罗多而付法眼，偈曰："本对传法人，为说解脱理。于法实无证，无终亦无始。"

祖说偈已，入奋迅定，身放八光，而归寂灭。学众兴塔而供养之。即前汉文帝十九年庚辰岁也。

【注释】

[1] 谒（yè）：拜见。

[2] 乃：原文作"廼（nǎi）"，同"乃"。

[3] 道眼未明：没有得到可分辨邪正施予众生慧命的道眼。

[4] 虚沾信施：虚度光阴，浪费了施主的供养。信施：即信者向三宝布施财物，或指所施之财物。

[5] 汝似良人：你看起来像个凡夫。良人：古代指非奴婢的平民百姓（区别于奴、婢）。旧译本"你像个良家子"有误。

[6] 灼（zhuó）然：明显貌。本书一般指确实、实在、显然。

[7] 我无我我，故自当得：旧校本校勘有误，未弄清"我我"含义，而加校记"此二句应作'我无我故，我自当得'"。实际上，"我我"并非错误，它是佛教的专有词汇，我见与我所见的并称。我见，指执着有实我的妄情；我所见，指执着于自己之僮仆、庄严、室宅等事物为我所属。即前我为"我执"，执着色身为自我，后我为"法执"，执着身体外的一切为实我，是属于我的。"我无我我，故自当得"可译为"我看不见自我的存在，也不把身外之物当作属于自己的东西，所以我就能成佛。"《付法藏因缘传》提婆遗偈说："诸法本空，无我我所；无有能害，亦无受者。"更明确点明了"我我所"这个词语。（参见项楚《五灯会元点校献疑续补一百例》）

【概要】

迦那提婆，又作单眼提婆、提婆、圣提婆、圣天。南天竺婆罗门出身。禅宗西天祖师第十五祖。或谓执师子国人。博识渊览，才辩绝伦。尝挖凿大自在天金像之眼，后复自挖取只眼回施大自在天，故名单眼提婆。出家为龙树弟子，以智辩著称，后游历印度各地，大振破邪之剑，调伏外道，度人百余万。后以构怨，为外教之徒所刺。

据《付法藏因缘传》记载，外道执刀穷之曰："汝以空刀破我师义，我以铁刀破汝之腹。"五藏出外，命犹未绝，谓外道曰："汝可取吾衣钵急去，我弟子未得道者，必当相执。"时弟子来见发声悲哭，奔追要路。提婆告曰："诸法本空，无我我所；无有能害，亦无受者。"因大师达无我之境，于外道行刺并无恐惧与怨恨，相反为之想法脱身。

著有《百论》二卷、《广百论本》一卷。

【参考文献】

《宝林传》卷三；《祖堂集》卷一；《景德传灯录》卷二；《提婆菩萨传》；《佛祖历代通载》卷五；《付法藏因缘传》卷六；《出三藏记集》卷十二。

十六祖罗睺罗多尊者

十六祖罗睺罗多尊者，迦毗罗国人也。行化至室罗筏城，有河名曰"金水"，其味殊美，中流复现五佛影。

祖告众曰："此河之源，凡五百里，有圣者僧伽难提居于彼处。佛志：'一千年后，当绍圣位。'"

语已，领诸学众，溯流而上[1]。至彼，见僧伽难提安坐入定。祖与众伺之。经三七日[2]，方从定起。

祖问曰："汝身定邪，心定邪？"提曰："身心俱定。"祖曰："身心俱定，何有出入？"提曰："虽有出入，不失定相。如金在井，金体常寂。"祖曰："若金在井，若金出井，金无动静，何物出入？"提曰："言金动静，何物出入？言金出入，金非动静。"祖曰："若金在井，出者何金？若金出井，在者何物？"提曰："金若出井，在者非金。金若在井，出者非物。"祖曰："此义不然。"提曰："彼义非著。"祖曰："此义当堕。"提曰："彼义不成。"祖曰："彼义不成，我义成矣。"提曰："我义虽成，法非我故。"祖曰："我义已成，我无我故。"提曰："我无我故，复成何义？"祖曰："我无我故，故成汝义。"提曰："仁者师谁，得是无我？"祖曰："我师迦那提婆，证是无我。"

难提以偈赞曰："稽首提婆师，而出于仁者。仁者无我故，我欲师仁者。"祖以偈答曰："我已无我故，汝须见我我。汝若师我故，知我非我我。"难提心意豁然，即求度脱。

祖曰："汝心自在，非我所系。"语已，即以右手擎金钵，举至梵宫[3]，取彼香饭，将斋大众，而大众忽生厌恶之心。祖曰："非我之咎，汝等自业。"即命难提分座同食，众复讶之。

祖曰：“汝不得食，皆由此故。当知与吾分座者，即过去娑罗树王[4]如来也，愍物降迹[5]。汝辈亦庄严劫中已至三果[6]而未证无漏者也。”

众曰：“我师神力，斯可信矣。彼云过去佛者，即窃疑焉。”

难提知众生慢[7]，乃曰：“世尊在日，世界平正，无有丘陵；江河沟洫[8]，水悉甘美；草木滋茂，国土丰盈；无八苦[9]，行十善[10]。自双树示灭，八百余年，世界丘墟，树木枯悴；人无至信，正念轻微；不信真如，唯爱神力。”言讫，以右手渐展入地，至金刚轮[11]际，取甘露水，以琉璃器持至会所。大众见之，即时钦慕，悔过作礼。

于是，祖命僧伽难提而付法眼，偈曰：“于法实无证，不取亦不离。法非有无相，内外云何起？”

祖付法已，安坐归寂。四众建塔。当前汉武帝二十八年戊辰岁也。

【注释】

[1] 溯（sù）流而上：逆流而上。逆着水流的方向行进。

[2] 三七日：即二十一天。旧译本译为“三十七天”。

[3] 梵宫：原指梵天之宫殿，引申为佛寺之通称。此处指祖师以神通举钵至寺庙化斋。

[4] 娑罗树王：此处指过去古佛。开敷华王如来亦名娑罗树王如来。为密教胎藏界曼茶罗中台八叶院南方之如来名。此如来万德开敷，皆至金刚实际，故以娑罗树之华果繁茂，坚固不坏，以喻其二德。密号平等金刚。另外，《法华经·妙庄严王品》则指妙庄严王，未来成佛，作娑罗树王佛。

[5] 愍物降迹：怜悯众生，降生世间来度人。

[6] 三果：声闻乘的果位名，梵语叫作阿那含，译为不还，意即修到了此果位的人，便不再来人间受生死了。只有修到四果阿罗汉，才证无漏。

[7] 慢：骄慢，傲慢。谓同类相傲也。如于相似法中，执己相似。又于下劣中，执己为胜也。

[8] 沟洫（xù）：田间水道。

[9] 八苦：指众生所受的八种苦恼，即生、老、病、死、爱别离、怨憎会、求不得、五阴盛。

[10] 十善：十种善业，即不杀生、不偷盗、不邪淫、不妄语、不两舌、不恶口、不绮语、不贪、不嗔、不痴。

[11] 金刚轮：指地层最底之金轮。佛教认为物质世界（器世界）由三轮组

成，构成器世界有风、水、金三种轮围。风轮，又作风界。器世界成立之初，由有情（众生）之共业力，依止虚空，而生于最下。水轮，又作水界。以有情之业增上力，起大云雨，澍于风轮之上，积水而成。金轮，又作金性地轮、地轮、地界。由有情之业力，搏击水轮，于其上结成金。以上三轮可谓佛教之宇宙开辟论，除构成器世界之三轮外，于金轮之上复有现实世界之形成。

【概要】

罗睺罗多，全称罗睺罗跋陀罗，略称罗睺罗多、罗睺罗。禅宗西天祖师第十六祖。为迦毗罗国长者的次子，姓梵摩。与龙树为同时代人。早年入那烂陀寺，从尊者黑者受具足戒，学声闻乘。又依无分别者广学大乘及秘密乘，并弘通中观之宗义。随侍十五祖迦那提婆，证皆空之理，于那烂陀寺教化僧徒。提婆示寂之际，受其心随之教说。又据《付法藏因缘传》卷六载，师从提婆受婆罗门所造之鬼名书，后以种种方便教化众生，付法予僧伽难提。

在行化途中遇到十七祖僧伽难提，两人对话，类似于六祖《坛经》风动与幡动之争，当两僧正在为风吹幡动相争时，惠能进曰："非风动，非幡动，仁者心动。"这就说明了佛教"一切唯心造"的理论。在这里，金在井，金出井，其动静都是相对的，一切物质本性都是空，动与静本来就是不存在的，一切动静最初都从我们的心产生。如果心不动，外在的动静也不存在了。这就是十六祖与十七祖辩论的核心。

一切唯心造，心有高下，则世界也有高下。螺髻梵王（梵天王顶髻作螺形），在维摩会上与舍利弗问答。《维摩经·佛国品》说："此时螺髻梵王，对舍利弗说：'不要认为世尊的佛土不清净，我看见释迦牟尼的佛土，清净如自在天宫。'舍利弗说：'我见此土，丘陵坑坎，荆棘沙砾，土石各山，充满了污秽和丑恶'。螺髻梵王说：'仁者心有高下，不依佛慧，所以见此土不清净。舍利弗！菩萨平等看待一切众生，内心清净。只要开发了佛的平等智慧，就能看见此佛土清净。'于是，佛以足指按地，即时三千大千世界，若干百千珍宝装饰。"净心诚观说："德如螺髻梵，到处见西方。"

此处难提说："世尊在日，世界平正，无有丘陵；江河沟洫，水悉甘美；草木滋茂，国土丰盈；无八苦，行十善。"其含义不正与《维摩经·佛国品》说的一样吗？

【参考文献】

《中观论疏》卷三；《景德传灯录》卷二；《宝林传》卷三；《印度哲学研究》

卷一。

十七祖僧伽难提尊者

十七祖僧伽难提尊者，室罗筏城宝庄严王之子也。生而能言，常赞佛事。七岁即厌世乐，以偈告其父母曰："稽首大慈父，和南[1]骨血母。我今欲出家，幸愿哀愍故。"父母固止之，遂终日不食。乃许其在家出家，号僧伽难提。复命沙门禅利多为之师。积十九载，未尝退倦。每自念言："身居王宫，胡为[2]出家？"

一夕，天光下瞩[3]，见一路坦平，不觉徐行。约十里许，至大岩前，有石窟焉，乃燕寂[4]于中。父既失子，即摈[5]禅利多出国，访寻其子，不知所在。经十年，祖得法受记已，行化至摩提国，忽有凉风袭众，身心悦适非常，而不知其然。

祖曰："此道德之风也。当有圣者出世，嗣续祖灯乎？"言讫，以神力摄诸大众，游历山谷。食顷，至一峰下，谓众曰："此峰顶有紫云如盖，圣人居此矣。"即与大众徘徊久之，见山舍一童子，持圆鉴[6]直造[7]祖前。

祖问："汝几岁邪？"曰："百岁。"祖曰："汝年尚幼，何言百岁？"童曰："我不会理，正百岁耳。"祖曰："汝善机邪？"童曰："佛言：若人生百岁，不会诸佛机[8]，未若生一日，而得决了之。"祖曰："汝手中者，当何所表？"童曰："诸佛大圆鉴，内外无瑕翳[9]。两人同得见，心眼皆相似。"

彼父母闻子语，即舍，令出家。祖携至本处，授具戒讫，名伽耶舍多。

他时闻风吹殿铃声，祖问曰："铃鸣邪？风鸣邪？"舍多曰："非风铃鸣，我心鸣耳。"祖曰："心复谁乎？"舍多曰："俱寂静故。"祖曰："善哉！善哉！继吾道者，非子而谁？"即付法眼，偈曰："心地本无生，因地从缘起。缘种不相妨，华果亦复尔。"

祖付法已，右手攀树而化。大众议曰："尊者树下归寂，其垂荫后裔乎！"将奉全身于高原建塔，众力不能举，即就树下起塔。当前汉昭帝十三年丁未岁也。

【注释】

[1] 和南：敬礼之义，原意为度我。系对长上问讯之语，属礼法之一。又作槃那寐、槃谈、烦淡、畔睇、婆南、伴题、伴谈、畔惮南、末捺南。译为我礼、归礼、敬礼、恭敬、度我、稽首。

[2] 胡为：何为，为什么。

[3] 下瞩：俯视。

[4] 燕寂：安然入定。燕：安然。寂：指心不驰散，保持安静不动的精神状态。另外佛教大师去世亦称"寂""宴寂""圆寂""寂灭"。

[5] 摈（bìn）：此处赶走的意思。

[6] 圆鉴：圆镜。鉴：镜子。

[7] 造：到，去。

[8] 佛机：一切诸法中，悉以等观入，一切无碍人，一道出生死，是名佛机。等观者，即非空非假，平等中道观也。一道出生死者，以中道观，顿断诸惑，顿出生死也。（摘自《三藏法数》）

[9] 瑕翳（yì）：玉的斑痕、黑点。

【概要】

僧伽难提，又作僧迦那提、僧佉难提。禅宗西天祖师第十七祖。七岁即厌世而依禅利多出家，十九年间未曾懈怠。后得法于罗睺罗。大师智慧深远，勤修菩萨行。后行化至摩提国遇第十八祖伽耶舍多。两人对话就"佛机"展开，伽耶舍多当初还是个小孩，以不悟"佛机"而说已经活了一百岁。其意不能顿悟佛法，即使活得更久也没有用。与孔子所说"朝闻道，夕死可矣"含义相似。后就风吹铃声展开辩论，伽耶舍多得出"心鸣"的结论，与六祖慧能所说"非风动，非幡动，仁者心动"一语相似。

据《付法藏因缘传》卷六载，师曾以一偈探试一罗汉，谓："转轮种中生，非佛非罗汉，不受后世有，亦非辟支佛。"罗汉不解，升天以问弥勒菩萨。弥勒遂告罗汉，谓世人以泥团置于轮上，埏埴成瓦，如是瓦者，岂与诸圣同至后世。罗汉遂得开解，返阎浮提，宣说该事。难提以为罗汉必是受弥勒之教。尔后大师更精勤，济度诸众生，后付法于僧伽耶舍。

据《景德传灯录》卷二载，大师后付法于伽耶舍多，于西汉昭帝十三年攀树而化。

【参考文献】

《传法正宗记》卷三；《佛祖统纪》卷五；《佛祖历代通载》卷五。

十八祖伽耶舍多尊者

十八祖伽耶舍多尊者，摩提国人也。姓郁头蓝，父天盖，母方圣。尝梦大神持鉴，因而有娠。凡七日而诞，肌体莹如琉璃，未尝洗沐，自然香洁。幼好闲静，语非常童。持鉴出游，遇难提尊者。得度后，领徒至大月氏[1]国。见一婆罗门舍有异气，祖将入彼舍。

舍主鸠摩罗多问曰："是何徒众？"祖曰："是佛弟子。"彼闻佛号，心神竦然[2]，即时闭户。

祖良久扣其门，罗多曰："此舍无人。"祖曰："答无者谁？"罗多闻语，知是异人，遽开关延接。

祖曰："昔世尊记曰：'吾灭后一千年，有大士出现于月氏国，绍隆玄化[3]。'今汝值吾，应斯嘉运。"

于是鸠摩罗多发宿命智[4]，投诚出家。授具讫，付法偈曰："有种有心地，因缘能发萌。于缘不相碍，当生生不生。"

祖付法已，踊身虚空，现十八种神变，化火光三昧，自焚其身。众以舍利起塔。当前汉成帝二十年戊申岁也。

【注释】

[1] 大月（ròu）氏（zhī）：公元前2世纪以前居住在中国西北部、后迁徙到中亚地区的游牧部族。在中国先秦时代的古籍中，或译作禺知、禺氏、牛氏等，后来也有译作月支的。月为肉字的古体，氏古音读作支。

[2] 竦（sǒng）然：恭敬貌。惊惧貌。

[3] 绍隆玄化：继承发扬佛教圣德，弘化一方。绍隆：继承发扬。玄化：圣德教化。

[4] 宿命智：即六通中之宿命通。又作宿命智通。能知宿世的事为智，智力自在无碍为通。

【概要】

伽耶舍多，又称僧佉耶舍。禅宗西天祖师第十八祖。公元前1世纪印度摩提国人，姓郁头蓝。母梦大神持一圆镜，因而有娠。七日后诞生，肌体晶莹，自然香洁。幼好闲静，言语举止异于寻常童子。一日，手持圆镜出游，遇十七祖难提尊者得度，受具足戒。

《景德传灯录》卷二载，某日闻风吹殿角铜铃声，尊者问："铃鸣耶？风鸣耶？"大师曰："非风非铃，我心鸣耳。"尊者曰："心复谁乎？"师曰："俱寂静故。"遂付以大法。活跃于大月氏国，后由鸠摩罗多嗣其法。西汉成帝永始四年入灭。

【参考文献】

《宝林传》卷四；《增订佛祖道影》卷一。

十九祖鸠摩罗多尊者

十九祖鸠摩罗多尊者，大月氏国婆罗门之子也。昔为自在天人（欲界第六天），见菩萨璎珞[1]，忽起爱心，堕生忉利（欲界第二天）。闻憍尸迦[2]说般若波罗蜜多，以法胜故，升于梵天（色界）。以根利故，善说法要，诸天尊为导师。以继祖时至，遂降月氏。

后至中天竺国，有大士名阇夜多，问曰："我家父母素信三宝，而常萦疾瘵[3]，凡所营作[4]，皆不如意；而我邻家久为旃陀罗[5]行，而身常勇健，所作和合[6]。彼何幸，而我何辜？"

祖曰："何足疑乎！且善恶之报有三时[7]焉。凡人但见仁夭暴寿、逆吉义凶[8]，便谓亡因果、虚罪福[9]，殊不知影响相随，毫厘靡忒[10]。纵经百千万劫，亦不磨灭。"时阇夜多闻是语已，顿释所疑。

祖曰："汝虽已信三业[11]，而未明业从惑生，惑因识有。识依不觉，不觉依心。心本清净，无生灭，无造作，无报应，无胜负，寂寂然，灵灵然。汝若入此法门，可与诸佛同矣。一切善恶、有为无为，皆如梦幻。"阇夜多承言领旨，即发宿慧，恳求出家。

既受具，祖告曰："吾今寂灭时至，汝当绍行化迹[12]。"乃付法眼，偈曰："性上本无生，为对求人说。于法既无得，何怀决不决？"又云："此是妙音如来见性清净之句，汝宜传布后学。"

言讫，即于座上，以指爪劈[13]面，如红莲开出，大光明照耀四众，而入寂灭。阇夜多起塔。当新室[14]十四年壬午岁也。

【注释】

[1] 璎（yīng）珞（luò）：又作璎珞。即由珠玉等物编缀而成的装饰物。以装饰颈部之璎珞为多。系印度富贵人家之佩戴物。

[2] 憍尸迦：忉利天主。又称憍支迦。为帝释天之异名。据《大智度论》卷五十六载，帝释天昔为摩伽陀国之婆罗门，姓憍尸迦，名摩伽，以此因缘故称憍尸迦。

[3] 萦（yíng）疾瘵（zhài）：病苦缠身。萦：缠绕。瘵：病，多指痨病，又指疾苦。

[4] 营作：建造。劳作。

[5] 旃陀罗：又作旃荼罗，译为屠者。谓屠者之家，杀心盛大，恼害众生，见者伤慈，坏善根本。比丘若行乞食，此处不可往。此处"旃陀罗行"，指从事杀生的行业。旧译本译为"修旃陀罗行"，意义不明，且不妥。其意为"可我邻居长期从事杀生的行业"。

[6] 所作和合：做什么都顺当，吉利。和合：顺当，吉利。

[7] 善恶之报有三时：善恶报应要看过去、现在、未来。三时指过去、现在、未来三时，又作三世。今世为善却暂时没有得到善报，那是因为前世业障还没有消除，今世善业还没有成熟，要等到未来（包括后世）才能享受。而今世作恶却享福，事事如意，那是因为前世善业已经成熟，今世正在享受，而今世所作恶业要等到未来才能报应。旧译本说"善恶的回报有三个时机"，有误，这是没有弄懂佛教所说的"三时"。

[8] 仁夭暴寿、逆吉义凶：仁爱者短命，残暴者长寿，违逆者获吉，正义者遭殃。

[9] 亡因果、虚罪福：没有因果，善恶报应都是假的。

[10] 影响相随，毫厘靡忒（tè）：如影子随形、回声响应，不会有丝毫差错。靡忒：亦作靡慝，不变更。

[11] 三业：身口意三处之所作。身业是身所作业；口业新译为语业，指口所说业；意业是意所起业。

[12] 绍行化迹：弘扬佛法，行化一方。

[13] 劙（lí）：割；划开。

[14] 新室：指王莽新朝。

【概要】

鸠摩罗多，又作拘摩罗逻多、究摩罗罗陀、鸠摩罗逻多、鸠摩逻多、鸠摩罗驮、鸠摩罗陀、矩摩逻多、究摩罗陀、鸠摩罗大。意译童受、童首、童寿、童子、豪童。为西天祖师第十九祖，又为印度部派佛教经量部思想家。

依《付法藏因缘传》卷六所载，师生于呾叉始罗国，幼而颖悟，有美名童子之称。后出家学道，受僧伽耶舍付法，才学超世。初于呾叉始罗国述作诸论，后至揭盘陀国从事教化。平生游心典籍，栖神玄旨，日诵三万二千言，兼书三万二千字，故学冠群彦，名高当世。后付法于阇夜多，遂而舍命。

【参考文献】

《大慈恩寺三藏法师传》卷二、卷五；印顺《唯识学探源》下编；李世杰《印度部派佛教哲学史》第十九章；《大唐西域记》卷十二；《出三藏记集》卷九。

二十祖阇夜多尊者

二十祖阇夜多尊者，北天竺国人也。智慧渊冲[1]，化导无量。后至罗阅城，敷扬顿教[2]。

彼有学众，唯尚辩论。为之首者，名婆修盘头（此云遍行），常一食不卧，六时[3]礼佛，清净无欲，为众所归。祖将欲度之，先问彼众曰："此遍行头陀，能修梵行，可得佛道乎？"众曰："我师精进，何故不可？"祖曰："汝师与道远矣。设苦行历于尘劫，皆虚妄之本也。"众曰："尊者蕴[4]何德行而讥我师？"祖曰："我不求道，亦不颠倒。我不礼佛，亦不轻慢。我不长坐，亦不懈怠。我不一食，亦不杂食。我不知足，亦不贪欲。心无所希，名之曰'道'。"时遍行闻已，发无漏智，欢喜赞叹。

祖又语彼众曰："会吾语否？吾所以然者，为其求道心切。夫弦急即断，故吾不赞。令其住安乐地，入诸佛智。"复告遍行曰："吾适对众，抑挫[5]仁者，得无恼于衷[6]乎？"遍行曰："我忆念七劫前，生常安乐国，师于智者月净[7]，记我非久当证斯陀含果。时有大光明菩萨出世，我以老故，策杖礼谒[8]。师叱我曰：'重子轻父，一何鄙哉[9]！'时我自谓无过，请师示之。师曰'汝礼大光明菩萨，以杖倚壁画佛面，以此过慢，遂失二果。'我责躬悔过以来，闻诸恶言，如风如响。况今获饮无上甘露，而反生热恼邪？惟愿大慈，以妙道垂诲。"

祖曰："汝久植众德，当继吾宗。听吾偈曰：'言不合无生，同于法界性。若能如是解，通达事理竟。'"

《五灯会元》校注（一）

祖付法已，不起于座，奄然[10]归寂。阇维，收舍利建塔。当后汉明帝十七年甲戌岁也。

【注释】

[1] 渊冲：渊深冲淡。

[2] 敷扬顿教：传播宣扬顿悟教法。敷扬：指传播宣扬。顿教：不历阶梯渐次，直指本源，顿时开悟的教法。以说法之内容而分，长时间修行而后到达悟境之教法，称为渐教；迅即证得佛果、成就菩提之教法，称为顿教。或循序渐进到证果之教法，称为渐教；一跃顿至佛果之教法，称为顿教。禅宗传到中国六祖慧能，与神秀渐修相比，慧能之法名为顿教。

[3] 六时：指昼夜六时。乃将一昼夜分为六时，即昼三时（晨朝、日中、日）、夜三时（初夜、中夜、后夜）。

[4] 蕴（yùn）：积聚，蓄藏，包含。

[5] 抑挫：抑制折挫。

[6] 衷：内心。

[7] 师于智者月净：续藏本作"师与智者月净"，宝祐本作"师于智者月净"，其意为："拜智者月净为师。"故宝祐本正确。

[8] 我以老故，策杖礼谒：我因为年老体衰，拄着拐杖去拜见。

[9] 重子轻父，一何鄙哉：看重弟子，轻视师父，见识多么浅薄！婆修盘头将拐杖倚靠墙上，正好碰到壁画中佛面，而婆修盘头并不在意。大光明菩萨是佛的弟子，婆修盘头拜见弟子，却把墙上的师父轻视了。

[10] 奄然：气息微弱貌。

【概要】

阇夜多尊者，西天祖师第二十祖，北天竺人。父母素信三宝，然坎坷多疾，师遂生不平之疑。后于中天竺遇鸠摩罗多尊者，乃向之请益，尊者释以因果罪福之说，师顿释所疑，承言领旨，萌发宿慧，遂出家受具足戒，并嗣其法。

大师学识渊博，化导无量。后至罗阅城（王舍城）敷扬顿教，当时之学众唯尚辩论，为首者名为婆修盘头（世亲），常日仅一食，昼夜不卧，六时礼佛，清净无欲，为众所归，大师遂度化之。临入灭时，即传法予婆修盘头。付法之后，奄然归寂，世寿不详。

【参考文献】

《宝林传》卷四；《祖堂集》卷二；《景德传灯录》卷二；《付法藏因缘传》卷六。

二十一祖婆修盘头尊者

二十一祖婆修盘头尊者，罗阅城人也。姓毗舍佉[1]，父光盖，母严一。家富而无子，父母祷于佛塔而求嗣焉。一夕，母梦吞明暗二珠，觉而有孕。

经七日，有一罗汉名贤众，至其家，光盖设礼，贤众端坐受之。严一出拜，贤众避席，云："回礼法身大士[2]。"光盖罔测其由，遂取一宝珠跪献，试其真伪。贤众即受之，殊无逊谢。

光盖不能忍，问曰："我是丈夫，致礼不顾；我妻何德，尊者避之？"贤众曰："我受礼纳珠，贵福汝耳。汝妇怀圣子，生当为世灯慧日[3]，故吾避之，非重女人也。"贤众又曰："汝妇当生二子，一名婆修盘头，则吾所尊者也。二名刍尼[4]（此云野鹊子）。昔如来在雪山修道，刍尼巢于顶上，佛既成道，刍尼受报为那提国王。佛记云：'汝至第二五百年，生罗阅城毗舍佉家，与圣同胞。'今无爽[5]矣。"

后一月，果产二子。尊者婆修盘头年至十五，礼光度罗汉出家，感毗婆诃菩萨与之授戒。行化至那提国，彼王名常自在，有二子：一名摩诃罗，次名摩拏罗[6]。

王问祖曰："罗阅城土风，与此何异？"祖曰："彼土曾三佛出世，今王国有二师化导。"王曰："二师者谁？"祖曰："佛记第二五百年，有二神力大士出家继圣，即王之次子摩拏罗，是其一也。吾虽德薄，敢当其一。"王曰："诚如尊者所言，当舍此子作沙门。"祖曰："善哉！大王能遵佛旨。"即与授具，付法。偈曰："泡幻同无碍，如何不了悟？达法在其中，非今亦非古。"

祖付法已，踊身高半由旬，屹然而住。四众仰瞻虔请，复坐跏趺而逝。茶毗得舍利，建塔。当后汉殇帝十二年丁巳岁[7]也。

【注释】

[1] 毗舍佉（qū）：星宿之名，指氐宿。意译善格、季春。即印度历之二月，属渐热时、春时、热时。

[2] 法身大士：又作法身菩萨。证到念不退是法身大士，位登补处，即候补佛位。

[3] 世灯慧日：世人的指路明灯，续佛慧命。

[4] 刍（chú）尼：亦作刍泥。喜鹊。

[5] 爽：差失，违背，差错，失误。

[6] 摩拏（ná）罗：西天祖师二十二祖摩拏罗尊者。

[7] 后汉殇帝十二年丁巳岁：查阅《景德传灯录》"当后汉殇帝十二年丁巳岁也"有注"当作安帝十一年，盖殇帝在位止一年耳"。

【概要】

婆修盘头尊者，西天祖师第二十一祖。亦作婆薮槃豆、筏苏槃豆、筏苏畔徒、婆薮槃头。俗称世亲菩萨。古印度罗阅城人，姓毗舍佉。父光盖，母严一，家富无子，父母乃祷佛塔求子。一夕，母梦吞明暗二珠，觉而有孕，后一月果产二子，即尊者婆修槃头。年十五，礼光度罗汉出家，感毗婆诃菩萨为其授戒。未师事阇夜多之前，常一食不卧，六时礼佛，清净无欲，为众所归。阇夜多欲度之，乃对众云："我不求道，亦不颠倒。我不礼佛，亦不轻慢。我不长坐，亦不懈怠。我不一食，亦不杂食。我不知足，亦不贪欲。心无所希，名之曰'道'。"婆修槃头闻其说，遂发无漏智，后继阇夜多衣钵，宣通经藏，广化众生。行化至后那提国时，付法予摩拏罗，跏趺而逝。

【参考文献】

《付法藏因缘传》卷六；《景德传灯录》卷二。

二十二祖摩拏罗尊者

二十二祖摩拏罗尊者，那提国常自在王之子也。年三十，遇婆修祖师出家传法至西印度。彼国王名得度，即瞿昙种族，归依佛乘，勤行精进。一日，于行道[1]处，现一小塔，欲取供养，众莫能举。王即大会梵行、禅观、咒术等三众，欲问所疑。时祖亦赴此会。

是三众皆莫能辨，祖即为王广说塔（塔，阿育王造者，此不繁录）之所因："今之出现，王福力之所致也。"王闻是说，乃曰："至圣难逢，世乐非久。"即传位太子，投祖出家，七日而证四果[2]。

祖深加慰诲曰："汝居此国，善自度人。今异域有大法器，吾当往化。"得度曰："师应迹[3]十方，动念当至，宁劳往邪？"祖曰："然。"于是焚香，遥语月氏国鹤勒那比丘曰："汝在彼国，教导鹤众，道果将证，宜自知之。"

时鹤勒那为彼国王宝印说修多罗偈[4]，忽睹异香成穗，王曰："是何祥也？"曰："此是西印土传佛心印祖师摩拏罗将至，先降信香[5]耳。"曰："此师神力何如？"曰："此师远承佛记，当于此土广宣玄化。"

时王与鹤勒那俱遥作礼。祖知已，即辞得度比丘，往月氏国，受王与鹤勒那供养。

后鹤勒那问祖曰："我止林间，已经九白（印度以一年为一白）。有弟子龙子者，幼而聪慧，我于三世推穷，莫知其本。"祖曰："此子于第五劫中，生妙喜国婆罗门家，曾以旃檀施于佛宇，作槌撞钟，受报聪敏，为众钦仰。"又问："我有何缘而感鹤众？"祖曰："汝第四劫中，尝为比丘，当赴会龙宫，汝诸弟子咸欲随从，汝观五百众中，无有一人堪任妙供[6]。时诸弟子曰：'师常说法，于食等者，于法亦等。今既不然，何圣之有！'汝即令赴会。自汝舍生，趣生，转化[7]诸国，其五百弟子以福微德薄，生于羽族。今感汝之惠，故为鹤众相随。"

鹤勒那问曰："以何方便，令彼解脱？"祖曰："我有无上法宝，汝当听受，化未来际。"而说偈曰："心随万境转，转处实能幽。随流认得性，无喜复无忧。"

时鹤众闻偈，飞鸣而去。祖跏趺，寂然奄化。鹤勒那与宝印王起塔。当后汉桓帝十九年乙巳岁也。

【注释】

[1] 行道：指排列成行以绕行礼拜。一般指绕佛、绕堂而言。古代印度礼法，凡遇尊敬礼拜之情形，则行右绕佛像或塔之礼法。通常右绕一周、三周、七周，乃至百千周。右绕之外，亦有左绕之说，然一般皆以右绕为常法。我国与日本，遇到各宗重要法会时，均有行道之举。除绕行佛殿内、堂内等，更一面散花、诵经或唱

梵呗。

[2] 证四果：证得了四果。四果：指小乘声闻修行所得之第四果阿罗汉果。四果依次为预流果、一来果、不还果、阿罗汉果。旧译本译为"证得了预流、一来、不还和阿罗汉四果"，有误。可译为"证得了阿罗汉果"。只要证得了阿罗汉果，前面三果自然证得。

[3] 应迹：应化垂迹。即佛菩萨应众生之机缘而自其本体示现种种身以济度众生。

[4] 修多罗偈：佛经偈语。修多罗：指经律论三藏中之经藏，或经藏所包含的佛经。旧译本译为"《佛多罗》偈语"。

[5] 信香：先点香发个信。香为信心之使，故称信香。《大宋僧史略》卷中："经中长者请佛，宿夜登楼，手秉香鑪，以达信心，明日食时，佛即来至，故知香为信心之使也。"

[6] 堪任妙供：能够承受殊妙之供养。"无有一人堪任妙供"旧译本译为"没有一个人堪当此任"，有误。可译为"没有一个人能够承受这次殊妙之供养"。

[7] 舍生，趣生，转化：舍生指去世。趣生：指往生，即投胎转世。"趣"：指众生因善恶行为不同，死后趋向不同地方转生。转化：指在许多地方轮回转世教化众生。

【概要】

摩挐罗（？~165 年），西天祖师第二十二祖。那提国王之次子，属刹帝利种姓。三十岁时，遇婆修盘头尊者，遂出家，嗣其法，行化于西印度。后至大月氏国，传法予鹤勒那而后示寂。

【参考文献】

《宝林传》卷四；《祖堂集》卷二；《景德传灯录》卷二。

二十三祖鹤勒那尊者

二十三祖鹤勒（勒那梵语，鹤即华言，以常感群鹤恋慕故名耳）那尊者，月氏国人也。姓婆罗门，父千胜，母金光。以无子故，祷于七佛金幢[1]，即梦须弥山顶一神童，持金环云："我来也。"觉而有孕。

年七岁，游行聚落，睹民间淫祀[2]，乃入庙叱之曰："汝妄兴祸福，幻惑于人，岁费牲牢[3]，伤害斯甚[4]。"言讫，庙貌[5]忽然而坏。由是乡党谓之圣子。

年二十二出家。三十遇摩拏罗尊者，付法眼藏。行化至中印度。彼国王名无畏海，崇信佛道。

祖为说正法次，王忽见二人绯素服[6]拜祖。王问曰："此何人也?"祖曰："此是日月天子，吾昔曾为说法，故来礼拜。"良久不见，唯闻异香。王曰："日月国土，总有多少?"祖曰："千释迦佛所化世界，各有百亿迷卢[7]日月，我若广说，即不能尽。"王闻忻然[8]。时祖演无上道，度有缘众。

以上足龙子早夭，有兄师子，博通强记，事婆罗门，厥[9]师既逝，弟复云亡，乃归依尊者而问曰："我欲求道，当何用心?"祖曰："汝欲求道，无所用心。"曰："既无用心，谁作佛事?"祖曰："汝若有用，即非功德。汝若无作，即是佛事。经云：'我所作功德，而无我所故。'"师子闻是语已，即入佛慧。

时祖忽指东北问曰："是何气象?"师子曰："我见气如白虹，贯乎天地。复有黑气五道，横亘其中。"祖曰："其兆云何?"曰："莫可知矣。"祖曰："吾灭后五十年，北天竺国当有难起，婴[10]在汝身。吾将灭矣，今以法眼付嘱于汝，善自护持。"乃说偈曰："认得心性时，可说不思议。了了无可得，得时不说知。"师子比丘闻偈欣惬[11]，然未晓将罹何难，祖乃密示之。

言讫，现十八变而归寂。阇维毕，分舍利，各欲兴塔。祖复现空中而说偈曰："一法一切法，一切一法摄。吾身非有无，何分一切塔?"大众闻偈，遂不复分，就驮都场[12]而建塔焉。即后汉献帝二十年己丑岁也。

【注释】

[1] 金幢：金宝之幢。幢者，幢竿也。现为悬挂于佛殿之装饰品。以黄色锦缎或一般丝织品制成，呈长筒形。旧译本译为"金柱"，有误。

[2] 淫祀：指不合礼制的祭祀，不当祭的祭祀，妄滥之祭。此处指杀生祭祀，不但无福，而且造罪。

[3] 岁费牲牢：每年浪费很多牲畜。牲：古代特指供宴飨祭祀用的牛、羊、猪。牢：养牲畜的圈。

[4] 伤害斯甚：伤生害命太过分了。旧译本译为"伤人太甚"，有误。此处不

是指伤人，而是指祭祀杀生。

　　［5］庙貌：庙里的神像。

　　［6］二人绯素服：一人穿着红衣，一人穿着白衣。

　　［7］迷卢：苏迷卢之略称。即指须弥山。须弥山高八万由旬，故又有"迷卢八万"之称。

　　［8］忻（xīn）然：喜悦貌；愉快貌。

　　［9］厥（jué）：其，他的。

　　［10］婴：加在，遭受，牵连。"婴在汝身"，即这个灾难将加在你身上，或者这个灾难将牵连你。

　　［11］欣惬（qiè）：高兴，畅快。

　　［12］驮都场：祖师圆寂之地。旧校本下画线，将它当作一个地名，是没有弄懂"驮都"的意思。驮都：《玄应音义》二十五曰："驮都谓坚实也，此亦如来体骨，舍利之异名。"也就是说驮都实际上是舍利的另一个称呼。"驮都场"可理解为祖师圆寂火化而产生舍利的地方。有人纠正为"火葬场"，有误，因为并非所有火葬场都会是有舍利的地方。

【概要】

　　鹤勒那尊者，西天祖师第二十三祖。鹤勒那，又作鹤勒那夜奢、鹤勒那、鹤勒。月支国人，婆罗门种。二十二岁出家，三十岁遇摩拏罗尊者，受付嘱大法。后至中印度行化，深得国王无畏海之敬信，又遇师子比丘，乃付法而示寂。

【参考文献】

　　《付法藏因缘传》卷六；《摩诃止观》卷一上；《景德传灯录》卷二；《佛祖统纪》卷五。

二十四祖师子尊者

　　二十四祖师子比丘者，中印度人也。姓婆罗门。得法游方，至罽宾国。有波利迦者，本习禅观，故有禅定、知见[1]、执相、舍相、不语之五众。祖诘而化之，四众皆默然心服。

　　唯禅定师达磨达者[2]，闻四众被责，愤悱[3]而来。

　　祖曰："仁者习定，何当来此？既至于此，胡云习定？"彼曰："我虽来此，心亦不乱。定随人习，岂在处所？"祖曰："仁者既来，其习亦至。

既无处所，岂在人习?"彼曰："定习人故，非人习定。我当来此，其定常习。"祖曰："人非习定，定习人故。当自来时，其定谁习?"彼曰："如净明珠，内外无翳。定若通达，必当如此。"祖曰："定若通达，一似明珠。今见仁者，非珠之徒。"彼曰："其珠明彻，内外悉定。我心不乱，犹若此净。"祖曰："其珠无内外，仁者何能定? 秽物非动摇，此定不是净。"

达磨达蒙祖开悟，心地朗然。祖既摄五众，名闻遐迩。方求法嗣，遇一长者，引其子问祖曰："此子名斯多，当生便拳左手，今既长矣，终未能舒，愿尊者示其宿因。"祖睹之，即以手接曰："可还我珠!"童子遽开手奉珠，众皆惊异。祖曰："吾前报为僧，有童子名婆舍。吾尝赴西海斋，受嚫[4]珠付之，今还吾珠，理固然矣。"长者遂舍其子出家，祖即与授具。以前缘故名婆舍斯多。

祖即谓之曰："吾师密有悬记，罹难非久。如来正法眼藏今转付汝，汝应保护，普润来际。"偈曰："正说知见时，知见俱是心。当心即知见，知见即于今。"祖说偈已，以僧伽梨密付斯多，俾之他国[5]，随机演化。斯多受教，直抵南天。祖谓难不可以苟免，独留罽宾。

时本国有外道二人：一名摩目多，二名都落遮。学诸幻法，欲共谋乱。乃盗为释子[6]形象，潜入王宫，且曰："不成即罪归佛子。"妖既自作，祸亦旋踵。王果怒曰："吾素归心三宝，何乃构害[7]，一至于斯!"即命破毁伽蓝[8]，祛除释众。又自秉剑，至尊者所，问曰："师得蕴空否?"祖曰："已得蕴空。"王曰："离生死否?"祖曰："已离生死。"王曰："既离生死，可施我头。"祖曰："身非我有，何吝于头!"王即挥刃，断尊者首。白乳涌高数尺，王之右臂旋亦堕地，七日而终。太子光首叹曰："我父何故自取其祸?"

时有象白山仙人者，深明因果，即为光首广宣宿因，解其疑网（事具《圣胄集》及《宝林传》）。遂以师子尊者报体而建塔焉。当魏齐王二十年己卯岁[9]也。

【注释】

[1] 知见：就意识云知，就眼识曰见，又推求名见，觉了云知。又三智云知，五眼云见。皆为慧之作用。《法华经·方便品》曰："开佛知见。"又，指依自己之

思虑分别而立之见解。与智慧有别，智慧乃般若之无分别智，为离思虑分别之心识。惟作佛知见、知见波罗蜜时，则知见与智慧同义。

[2] 达磨达者：旧校本在"达磨达者"四字画线作人名，查《传法正宗记》："达磨达号有知识，众皆尊之。"说明达磨达才是高僧名字，故"者"非名字，而是指示代词"这个人"。

[3] 愤悱（fěi）：愤慨，怨恨。

[4] 嚫（chèn）：通"嚫"。施舍财物给僧人或施舍给僧人的财物。"受嚫珠付之"，把别人布施给我的宝珠交付童子保管。

[5] 俾（bǐ）之他国：使他走到别的国家。俾：使。

[6] 释子：佛教徒。

[7] 构害：谋害，陷害。

[8] 伽蓝：寺院的通称。

[9] 魏齐王二十年己卯岁：查阅《景德传灯录》"当魏齐王二十年己卯岁也"后有注"当作高贵乡公六年，盖齐王芳立十五年而废矣。《正宗记》云：《宝林传》误作己卯，当是齐王芳丁卯岁也，然则乃是八年也"。

【概要】

师子尊者（？～259年），西天祖师第二十四祖。又称师子比丘、师子菩提。中印度人，婆罗门出身，从鹤勒那得法后，游方至罽宾国，教化波利迦、达磨达等人，并传法予婆舍斯多，命其往南天竺教化，遂独留罽宾。时遇当地迫害佛教，被恶王所杀。

【参考文献】

《付法藏因缘传》卷六；《景德传灯录》卷二；《宝林传》卷五。

二十五祖婆舍斯多尊者

二十五祖婆舍斯多尊者，罽宾国人也。姓婆罗门。父寂行，母常安乐。初[1]，母梦得神剑，因而有孕既诞，拳左手。遇师子尊者显发宿因，密授心印。后适南天，至中印度。彼国王名迦胜，设礼供养。

时有外道，号无我尊。先为王礼重，嫉祖之至，欲与论义，幸而胜之，以固其事。乃于王前谓祖曰："我解默论，不假言说。"祖曰："孰知胜负？"彼曰："不争胜负，但取其义。"祖曰："汝以何为义？"彼曰：

"无心为义。"祖曰："汝既无心，岂得义乎？"彼曰："我说无心，当名
非义。"祖曰："汝说无心，当名非义。我说非心，当义非名。"彼曰：
"当义非名，谁能辨义？"祖曰："汝名非义，此名何名？"彼曰："为辨
非义，是名无名。"祖曰："名既非名，义亦非义，辨者是谁，当辨
何物？"

如是往返五十九番，外道杜口[2]信伏。于时祖忽面北，合掌长吁曰：
"我师师子尊者，今日遇难，斯可伤焉。"即辞王南迈，达于南天，潜隐
山谷。

时彼国王名天德，迎请供养。王有二子：一名德胜，凶暴而色力充
盛；一名不如密多，和柔而长婴疾苦[3]。祖乃为陈因果，王即顿释所疑。
又有咒术师，忌祖之道，乃潜置毒药于饮食中。祖知而食之，彼返受祸，
遂投祖出家。祖即与授具。后六十载，德胜即位，复信外道，致难于祖。
不如密多以进谏被囚。

王遽问祖曰："予国素绝妖讹[4]，师所传者当是何宗？"祖曰："王国
昔来，实无邪法。我所得者，即是佛宗。"王曰："佛灭已千二百载，师
从谁得邪？"祖曰："饮光大士，亲受佛印，展转至二十四世师子尊者，
我从彼得。"王曰："予闻师子比丘不能免于刑戮，何能传法后人？"祖
曰："我师难未起时，密授我信衣法偈，以显师承。"王曰："其衣何在？"
祖即于囊中出衣示王。王命焚之，五色相鲜[5]，薪尽如故。王即追悔
致礼。

师子真嗣既明，乃赦密多。密多遂求出家。祖问曰："汝欲出家，当
为何事？"密多曰："我若出家，不为其事。"祖曰："不为何事？"密多
曰："不为俗事。"祖曰："当为何事？"密多曰："当为佛事。"祖曰：
"太子智慧天至，必诸圣降迹。"即许出家。六年侍奉，后于王宫受具。
羯磨之际，大地震动，颇多灵异。

祖乃命之曰："吾已衰朽[6]，安可久留？汝当善护正法眼藏，普济群
有。听吾偈曰：'圣人说知见，当境无是非。我今悟真性，无道亦无
理。'"不如密多闻偈，再启祖曰："法衣宜可传授。"祖曰："此衣为难
故，假以证明；汝身无难，何假其衣？化被十方，人自信向。"

不如密多闻语，作礼而退。祖现于神变，化三昧火自焚，平地舍利

可高一尺。德胜王创浮图而秘之[7]。当东晋明帝太宁三年乙酉岁也。

【注释】

[1] 初：往昔；当初。

[2] 杜口：闭口。谓不言。

[3] 长婴疾苦：常受疾苦。

[4] 予国素绝妖讹：我国一向没有妖人邪说。

[5] 五色相鲜：五彩缤纷的样子，灿烂鲜艳。

[6] 衰朽：老迈无能。

[7] 秘之：把舍利隐藏起来。

【概要】

婆舍斯多尊者（？~325年），西天祖师第二十五祖。罽宾国人。婆罗门出身。其母梦得神剑而有孕，既诞生，左手握珠而不开。一日遇师子尊者，显发宿因，出家为其弟子。尊者将斯多之名与前世之名婆舍，合称为婆舍斯多，密授心印。后受王迦胜之礼遇，因师子尊者遇害而潜隐山谷，受当时国王天德之供养，后传法予太子不如蜜多。于东晋明帝太宁三年示寂。

【参考文献】

《宝林传》卷六；《景德传灯录》卷二。

二十六祖不如密多尊者

二十六祖不如密多尊者，南印度天德王之次子也。既受度得法，至东印度。彼王名坚固，奉外道师长爪梵志[1]。

暨[2]尊者将至，王与梵志同睹白气贯于上下。王曰："斯何瑞也？"梵志预知祖入境，恐王迁善[3]，乃曰："此是魔来之兆耳，何瑞之有！"

即鸠[4]诸徒众议曰："不如密多将入都城，谁能挫之？"弟子曰："我等各有咒术，可以动天地，入水火，何患哉？"

祖至，先见宫墙有黑气，乃曰："小难耳。"直诣王所。王曰："师来何为？"祖曰："将度众生。"王曰："以何法度？"祖曰："各以其类度之。"

时梵志闻言，不胜其怒，即以幻法，化大山于祖顶上。祖指之，忽在彼众头上。梵志等怖惧投祖。祖愍其愚惑，再指之，化山随灭。乃为王演说法要，俾趣真乘，谓王曰："此国当有圣人而继于我。"

是时有婆罗门子，年二十许，幼失父母，不知名氏。或自言璎络，故人谓之"璎络童子"。游行闾里，丐求度日，若常不轻[5]之类。人问："汝行何急?"即答曰："汝行何缓?"或曰："何姓?"乃曰："与汝同姓。"莫知其故。

后，王与尊者同车而出，见璎络童子稽首于前。祖曰："汝忆往事否?"童曰："我念远劫中，与师同居。师演摩诃般若，我转甚深修多罗[6]。今日之事，盖契昔因。"祖又谓王曰："此童子非他，即大势至菩萨[7]是也。此圣之后，复出二人：一人化南印度，一人缘在震旦[8]。四五年内，却返此方。"遂以昔因，故名般若多罗，付法眼藏，偈曰："真性心地藏，无头亦无尾。应缘而化物，方便呼为智。"

祖付法已，即辞王曰："吾化缘已终，当归寂灭。愿王于最上乘，无忘外护。"即还本座，跏趺而逝，化火自焚。收舍利塔而瘗[9]之。当东晋孝武帝太元十三年戊子岁也。

【注释】

[1] 长爪梵志：指甲特长的外道。梵志音译婆罗门、梵士。译为净裔、净行。又称净行者、净行梵志。婆罗门志求住无垢清净得生梵天，故有此称。一切外道之出家者亦统称梵志。

[2] 暨（jì）：等到。

[3] 迁善：弃邪从正，改恶向善。

[4] 鸠（jiū）：聚集。

[5] 常不轻：即《法华经》所说常不轻菩萨。又称常被轻慢菩萨，略称不轻菩萨、不轻大士。据《法华经》卷六载，在过去世，威音王佛既灭度，过正法入像法之时，增上慢比丘有大势力。时有常不轻菩萨出现。恒礼拜赞叹四众云："我深敬汝等，不敢轻慢。所以者何? 汝等皆行菩萨道，当得作佛。"此菩萨不专读诵经典，只专行礼拜。乃至远见四众，亦复作礼。四众中有生嗔恚，心不净者，恶口骂詈。或以杖木、瓦石打掷。但菩萨不为所屈，仍高唱前言。因此，增上慢比丘、比丘尼、优婆塞、优婆夷乃号其为"常不轻"。

[6] 师演摩诃般若，我转甚深修多罗：老师演说诸佛大智慧，我深入经藏学习佛法。旧译本译为"大师演说《摩诃般若经》，我演说深奥的《修多罗经》"，有误。摩诃般若不是一部经书名，"摩诃"译为大，"般若"译为智慧，大智慧的意思。修多罗也不是一部经书名，所有佛经都叫修多罗，修多罗译为契经，契是上契诸佛妙理，下契众生根机，经是线的意思，贯穿法义，使不散失。

[7] 大势至菩萨：与观世音菩萨同为西方极乐世界阿弥陀佛之胁侍，世称西方三圣。

[8] 震旦：对于印度等国而言，指中国本部及与中国相邻接之部分地方。

[9] 瘗（yì）：掩埋，埋葬。

【概要】

不如密多（？～388 年），又作不如蜜多。西天祖师第二十六祖。为南印度得胜王之子。二十五祖婆舍斯多得法后，游化至南印度，其时，南印度国王得胜信奉外道，构难婆舍斯多，太子不如密多以进谏被囚。王欲以邪法之罪名囚戮婆舍斯多，遂与之问答佛理，然反为婆舍斯多所折服，王乃追悔致礼，并赦放不如密多。不如密多遂求出家，历六年，婆舍斯多付以大法，是为第二十六祖。

得法后，不如密多行化至东印度，彼地国王名坚固，信奉外道长爪梵志，大师以正法折服梵志之幻法，并为王演说法要，俾趣真乘。此后六十年间弘法其地。东晋孝武帝太元十三年（388 年）传法予般若多罗后，即跏趺入灭，化火自焚。

【参考文献】

《祖堂集》卷二；《宝林传》卷六；《景德传灯录》卷二。

二十七祖般若多罗尊者

二十七祖般若多罗尊者，东印度人也。既得法已，行化至南印度。彼王名香至，崇奉佛乘，尊重供养，度越伦等[1]，又施无价宝珠。时王有三子：曰月净多罗，曰功德多罗，曰菩提多罗。其季开士[2]也。

祖欲试其所得，乃以所施珠问三王子曰："此珠圆明，有能及否？"第一王子、第二王子皆曰："此珠七宝中尊，固无逾也。非尊者道力，孰能受之？"

第三王子曰："此是世宝，未足为上；于诸宝中，法宝为上。此是世光，未足为上；于诸光中，智光为上。此是世明，未足为上；于诸明中，心明为上。此珠光明，不能自照，要假智光，光辨于此。既辨此已，即知是珠。既知是珠，即明其宝。若明其宝，宝不自宝。若辨其珠，珠不自珠。珠不自珠者，要假智珠而辨世珠。宝不自宝者，要假智宝以明法宝。然则师有其道，其宝即现。众生有道，心宝亦然。"

祖叹其辩慧，乃复问曰："于诸物中，何物无相?"曰："于诸物中，不起无相。"又问："于诸物中，何物最高?"曰："于诸物中，人我最高。"又问："于诸物中，何物最大?"曰："于诸物中，法性最大。"

祖知是法嗣，以时尚未至，且默而混之。及香至王厌世[3]，众皆号绝。唯第三子菩提多罗于枢前入定，经七日而出，乃求出家。

既受具戒，祖告曰："如来以正法眼付大迦叶，如是展转，乃至于我。我今嘱汝，听吾偈曰：'心地生诸种，因事复生理。果满菩提圆，华开世界起。'"

尊者付法已，即于座上起立，舒左右手，各放光明二十七道，五色光耀。又踊身虚空，高七多罗树[4]，化火自焚。空中舍利如雨，收以建塔。当宋孝武帝大明元年丁酉岁。

祖因东印度国王请，祖斋次，王乃问："诸人尽转经[5]，唯师为甚不转?"祖曰："贫道出息不随众缘，入息不居蕴界，常转如是经百千万亿卷，非但一卷两卷。"

【注释】

[1] 度越伦等：越过等级，以殊礼相待。

[2] 其季开士：其中第三王子是菩萨再来。季：兄弟排行次序最小的。开士：指菩萨。旧译本将"开士"译为"开悟之士"，属于望文生义。

[3] 厌世：去世（死的婉辞）。

[4] 高七多罗树：旧译本错误同本章"释迦牟尼佛"条："于是金棺从座子上升起，与七多罗树一样高"，详见前注。

[5] 转经：读诵经典。与讽经同。据高僧传经师论之说，咏经称为转读，歌赞则称为梵音。又完整诵读一部经者，称真读。但如大般若经之大部经卷，则仅读诵其初、中、后之数行，或仅翻页拟作读经状，均称为转经，又称转读。转经之法会，称转经会。大藏经之转读，称为转藏。旧译本译为演说佛经，有误。

【概要】

　　般若多罗（？～457年），又称璎珞童子。西天祖师第二十七祖。东天竺人，婆罗门种。幼丧父母，常游于闾里，行谊近似"常不轻菩萨"，相传为"大势至菩萨"。约二十岁遇二十六祖不如蜜多，受付嘱而成为西天第二十七祖。得法后，至南天竺香至国，度王之第三子菩提多罗（即菩提达磨）并付其法，未久即自焚其身而寂，年寿不详。后菩提达磨东渡中国，为我国禅宗之初祖。

【参考文献】

　　《出三藏记集》卷九；《景德传灯录》卷二。

　　二十八祖菩提达磨（见下节）

第三节　东土祖师

初祖菩提达磨大师

　　初祖菩提达磨大师者，南天竺国香至王第三子也。姓刹帝利，本名菩提多罗，后遇二十七祖般若多罗至本国受王供养，知师密迹[1]，因试令与二兄辨所施宝珠，发明心要。既而尊者谓曰："汝于诸法，已得通量。夫达磨者，通大之义也。宜名达磨[2]。"因改号菩提达磨。

　　祖乃告尊者曰："我既得法，当往何国而作佛事[3]？愿垂开示。"者曰："汝虽得法，未可远游，且止南天。待吾灭后六十七载，当往震旦，设大法药，直接上根。慎勿速行，衰于日下。"

　　祖又曰："彼有大士，堪为法器否？千载之下有留难[4]否？"者曰："汝所化之方，获菩提者不可胜数。吾灭后六十余年，彼国有难，水中文布，自善降之[5]。汝至时，南方勿住。彼唯好有为功业，不见佛理，汝纵到彼，亦不可久留。听吾偈曰：'路行跨水复逢羊，独自栖栖暗渡江。日下可怜双象马，二株嫩桂久昌昌[6]。'"

又问曰："此后更有何事？"者曰："从是已去，一百五十年而有小难。听吾谶[7]曰：'心中虽吉外头凶，川下僧房名不中。为遇毒龙生武子，忽逢小鼠寂无穷[8]。'"

又问："此后如何？"者曰："却后二百二十年，林下见一人，当得道果[9]。听吾谶曰：'震旦虽阔无别路，要假儿孙脚下行。金鸡解衔一粒粟，供养十方罗汉僧[10]。'"

复演诸偈，皆预谶佛教隆替（事具《宝林传》及《圣胄集》）。

祖恭禀教义，服勤左右垂四十年，未尝废阙。迨尊者顺世[11]，遂演化本国。

时有二师，一名佛大先，二名佛大胜多，本与祖同学[12]佛陀跋陀小乘禅观。佛大先既遇般若多罗尊者，舍小趣大，与祖并化，时号二甘露门矣。而佛大胜多更分徒而为六宗：第一有相宗，第二无相宗，第三定慧宗，第四戒行宗，第五无得宗，第六寂静宗。各封己解[13]，别展化源，聚落峥嵘[14]，徒众甚盛。

祖喟然叹曰："彼之一师已陷牛迹[15]，况复支离繁盛而分六宗？我若不除，永缠邪见。"言已，微现神力，至有相宗所，问曰："一切诸法何名实相？"彼众中有一尊长萨婆罗答曰："于诸相中不互诸相，是名实相。"祖曰："一切诸相而不互者，若名实相，当何定邪？"彼曰："于诸相中实无有定，若定诸相，何名为实？"祖曰："诸相不定，便名实相。汝今不定，当何得之？"彼曰："我言不定，不说诸相。当说诸相，其义亦然。"祖曰："汝言不定，当为实相。定不定故，即非实相。"彼曰："定既不定，即非实相。知我非故，不定不变。"祖曰："汝今不变，何名实相？已变已往，其义亦然。"彼曰："不变当在，在不在故。故变实相，以定其义。"祖曰："实相不变，变即非实。于有无中，何名实相？"

萨婆罗心知圣师悬解潜达[16]，即以手指虚空曰："此是世间有相，亦能空故，当我此身，得似此否？"祖曰："若解实相，即见非相。若了非相，其色亦然。当于色中，不失色体。于非相中，不碍有故。若能是解，此名实相。"彼众闻已，心意朗然，钦礼信受。祖瞥然匿迹。

至无相宗所，问曰："汝言无相，当何证之？"彼众中有波罗提答曰："我明无相，心不现故。"祖曰："汝心不现，当何明之？"彼曰："我明无相，心不取舍。当于明时，亦无当者。"祖曰："于诸有无，心不取舍。又无当者，诸明无故。"彼曰："入佛三昧，尚无所得，何况无相，而欲知之？"祖曰："相既不知，谁云有无？尚无所得，何名三昧？"彼曰："我说不证，证无所证。非三昧故，我说三昧。"祖曰："非三昧者，何当名之？汝既不证，非证何证？"波罗提闻祖辩析，即悟本心，礼谢于祖，忏悔往谬。祖记曰："汝当得果，不久证之。此国有魔，非久降之。"言已，忽然不现。

至定慧宗所，问曰："汝学定慧，为一为二？"彼众中有婆兰陀者答曰："我此定慧，非一非二。"祖曰："既非一二，何名定慧？"彼曰："在定非定，处慧非慧。一即非一，二亦不二。"祖曰："当一不一，当二不二。既非定慧，约何定慧？"彼曰："不一不二，定慧能知。非定非慧，亦复然矣。"祖曰："慧非定故，然何知哉？不一不二，谁定谁慧？"婆兰陀闻之，疑心冰释。

至第四戒行宗所，问曰："何者名戒？云何名行？当此戒行，为一为二？"彼众中有一贤者答曰："一二二一，皆彼所生。依教无染，此名戒行。"祖曰："汝言依教，即是有染。一二俱破，何言依教？此二违背，不及于行。内外非明，何名为戒？"彼曰："我有内外，彼已知竟[17]。既得通达，便是戒行。若说违背，俱是俱非。言及清净，即戒即行。"祖曰："俱是俱非，何言清净？既得通故，何谈内外？"贤者闻之，即自惭伏。

至无得宗所，问曰："汝云无得，无得何得？既无所得，亦无得得。"彼众中有宝静者答曰："我说无得，非无得得。当说得得，无得是得。"祖曰："得既不得，得亦非得。既云得得，得得何得？"彼曰："见得非得，非得是得。若见不得，名为得得。"祖曰："得既非得，得得无得。既无所得，当何得得？"宝静闻之，顿除疑网。

至寂静宗所，问曰："何名寂静？于此法中，谁静谁寂？"彼众中有尊者答曰："此心不动，是名为寂。于法无染，名之为静。"祖曰："本心不寂，要假寂静。本来寂故，何用寂静？"彼曰："诸法本空，以空空故。于彼空空，故名寂静。"祖曰："空空已空，诸法亦尔。寂静无相，何静何寂？"彼尊者闻师指诲，豁然开悟。

既而六众咸誓归依[18]。由是化被南天，声驰五印[19]。经六十载，度无量众。

后值异见王轻毁三宝[20]，每云："我之祖宗，皆信佛道，陷于邪见，寿年不永，运祚亦促[21]。且我身是佛，何更外求？善恶报应，皆因多智之者妄构其说。"至于国内耆旧[22]，为前王所奉者，悉从废黜。

祖知已，叹彼德薄，当何救之？即念无相宗中二首领，其一波罗提者，与王有缘，将证其果。其二宗胜者，非不博辩，而无宿因。时六宗徒众，亦各念言："佛法有难，师何自安？"祖遥知众意，即弹指应之。六众闻云："此是我师达磨信响，我等宜速行，以副慈命[23]。"即至祖所，礼拜问讯。祖曰："一叶翳空，孰能剪拂[24]？"宗胜曰："我虽浅薄，敢惮其行？"祖曰："汝虽辩慧，道力未全。"宗胜自念："我师恐我见王大作佛事，名誉显达，映夺尊威。纵彼福慧为王，我是沙门受佛教旨，岂难敌也？"言讫潜去。

至王所，广说法要及世界苦乐、人天善恶等事。王与之往返徵诘，无不诣理[25]。王曰："汝今所解，其法何在？"宗胜曰："如王治化，当合其道。王所有道，其道何在？"王曰："我所有道，将除邪法。汝所有法，将伏何人？"

祖不起于座，悬知宗胜义堕，遽告波罗提曰："宗胜不禀吾教，潜化于王，须臾理屈，汝可速救。"波罗提恭禀祖旨，云："愿假神力。"言已，云生足下[26]，至大王前，默然而住。时王正问宗胜，忽见波罗提乘云而至，愕然忘其问答，曰："乘空之者，是正是邪？"提曰："我非邪正，而来正邪。王心若正，我无邪正。"王虽惊异，而骄慢方炽，即摈宗胜令出。波罗提曰："王既有道，何摈沙门？我虽无解[27]，愿王致问。"王怒而问曰："何者是佛？"提曰："见性是佛。"王曰："师见性否？"提曰："我见佛性。"王曰："性在何处？"提曰："性在作用。"王曰："是何作用？我今不见。"提曰："今现作用，王自不见。"王曰："于我有否？"提曰："王若作用，无有不是。王若不用，体亦难见。"王曰："若当用时，几处出现？"提曰："若出现时，当有其八。"王曰："其八出现，当为我说。"

波罗提即说偈曰："在胎为身，处世为人。在眼曰见，在耳曰闻。在鼻辨香，在口谈论。在手执捉，在足运奔。遍现俱该沙界[28]，收摄在一微尘。识者知是佛性，不识唤作精魂。"

王闻偈已，心即开悟，悔谢前非，咨询法要，朝夕忘倦，迄于九旬[29]。

时宗胜既被斥逐，退藏深山，念曰："我今百岁，八十为非。二十年来，方归佛道。性虽愚昧，行绝瑕疵。不能御难，生何如死？"言讫，即自投崖。俄有神人以手捧承，置于岩上，安然无损。

宗胜曰："我忝沙门[30]，当与正法为主，不能抑绝王非，是以捐身自责，何神祐助，一至于斯！愿垂一语，以保余年。"于是神人乃说偈曰："师寿于百岁，八十而造非。为近至尊故，熏修而入道。虽具少智慧，而多有彼我。所见诸贤等，未尝生珍敬。二十年功德，其心未恬静。聪明轻慢故，而获至于此。得王不敬者，当感果如是。自今不疏怠，不久成奇智。诸圣悉存心，如来亦复尔。"宗胜闻偈欣然，即于岩间宴坐[31]。

时王复问波罗提曰："仁者智辩，当师何人？"提曰："我所出家，即娑罗寺乌沙婆三藏为受业师[32]。其出世师者，即大王叔菩提达磨是也。"王闻祖名，惊骇久之，曰："鄙薄忝嗣王位，而趣邪背正，忘我尊叔。"遽敕近臣，特加迎请。祖即随使而至，为王忏悔往非。王闻规诫，泣谢于祖。又诏宗胜归国。大臣奏曰："宗胜被谪投崖，今已亡矣。"王告祖曰："宗胜之死，皆自于吾。如何大慈，令免斯罪？"祖曰："宗胜今在岩间宴息，但遣使召，当即至矣。"王即遣使入山，果见宗胜端居禅寂。

宗胜蒙召，乃曰："深愧王意，贫道誓处岩泉。且王国贤德如林，达磨是王之叔，六众所师，波罗提法中龙象，愿王崇仰二圣，以福皇基。"使者复命。

未至，祖谓王曰："知取得宗胜否？"王曰："未知。"祖曰："一请未至，再命必来。"良久使还，果如祖语。

祖遂辞王曰："当善修德，不久疾作，吾且去矣。"经七日，王乃得疾。国医诊治，有加无瘳[33]。贵戚近臣忆师前记，急发使告祖曰："王疾殆至弥留，愿叔慈悲，远来诊救。"

祖即至慰问。时宗胜再承王召，即别岩间。波罗提亦来问疾，谓祖曰："当何施为，令王免苦？"祖即令太子为王宥罪施恩[34]，崇奉三宝，复为忏悔，愿罪消灭。如是者三，王疾有间[35]。

师念震旦缘熟，行化时至[36]，乃先辞祖塔，次别同学，后至王所，慰而勉之曰："当勤修白业，护持三宝。吾去非晚，一九即回[37]。"王闻师言，涕泪交集曰："此国何罪，彼土何祥？叔既有缘，非吾所止。惟愿不忘父母之国，事毕早回。"

王即具大舟，实以众宝，躬率臣寮，送至海壖[38]。祖汎重溟[39]，凡三周寒暑[40]，达于南海。实梁普通七年丙午岁九月二十一日也。

广州刺史萧昂具主礼迎接，表闻武帝。帝览奏，遣使赍[41]诏迎请。当大通元年丁未岁也（普通八年三月改元）。十月一日至金陵[42]。

帝问曰："朕即位已来，造寺写经，度僧不可胜纪，有何功德？"祖曰："并无功德。"帝曰："何以无功德？"祖曰："此但人天小果，有漏之因，如影随形，虽有非实。"帝曰："如何是真功德？"祖曰："净智妙圆，体自空寂，如是功德，不以世求。"

帝又问："如何是圣谛第一义？"祖曰："廓然无圣[43]。"帝曰："对朕者谁？"祖曰："不识。"帝不领悟。

祖知机不契，是月十九日潜过江北[44]。十一月二十三日，届于洛阳。当魏孝明帝孝昌三年也。寓止于嵩山少林寺，面壁而坐，终日默然。人莫之测，谓之"壁观婆罗门"。

时有僧神光者，旷达之士也。久居伊洛，博览群书，善谈玄理。每叹曰："孔老之教，礼术风规；庄易之书，未尽妙理。近闻达磨大士住止少林，至人不遥，当造玄境。"乃往彼，晨夕参承。祖常端坐面壁，莫闻诲励。光自惟曰："昔人求道，敲骨取髓，刺血济饥，布发掩泥，投崖饲虎[45]，古尚若此，我又何人？"其年十二月九日夜，天大雨雪，光坚立不动，迟明积雪过膝。祖悯而问曰："汝久立雪中，当求何事？"光悲泪曰："惟愿和尚慈悲，开甘露门，广度群品。"祖曰："诸佛无上妙道，旷劫精勤，难行能行，非忍而忍。岂以小德小智、轻心慢心，欲冀真乘？徒劳勤苦！"光闻祖诲励，潜取利刀，自断左臂，置于祖前。祖知是法器，乃曰："诸佛最初求道，为法忘形，汝今断臂吾前，求亦可矣[46]。"祖遂因与易名曰"慧可"。

乃曰："诸佛法印，可得闻乎[47]？"祖曰："诸佛法印，匪从人得。"

可曰："我心未宁，乞师与安。"祖曰："将心来，与汝安。"可良久曰："觅心了不可得。"祖曰："我与汝安心竟。"

越九年，欲返天竺，命门人曰："时将至矣，汝等盍各言所得乎？"

时有道副对曰："如我所见，不执文字，不离文字，而为道用。"祖曰："汝得吾皮。"

尼揔[48]持曰："我今所解，如庆喜见阿閦佛国，一见更不再见[49]。"祖曰："汝得吾肉。"

道育曰："四大本空，五阴非有，而我见处，无一法可得。"祖曰："汝得吾骨。"

最后慧可礼拜，依位而立。祖曰："汝得吾髓。"乃顾慧可而告之曰："昔如来以正法眼付迦叶大士，展转嘱累，而至于我。我今付汝，汝当护持。并授汝袈裟，以为法信。各有所表，宜可知矣。"

可曰："请师指陈。"

祖曰："内传法印，以契证心。外付袈裟，以定宗旨。后代浇薄，疑虑竞生[50]。云吾西天之人，言汝此方之子，凭何得法？以何证之？汝今受此衣法，却后难生[51]，但出此衣并吾法偈，用以表明，其化无碍。至吾灭后二百年，衣止不传[52]。法周沙界，明道者多，行道者少，说理者多，通理者少[53]。潜符密证，千万有余[54]。汝当阐扬，勿轻未悟。一念回机，便同本得。听吾偈曰：'吾本来兹土，传法救迷情。一花开五叶[55]，结果自然成。'"

祖又曰："吾有《楞伽经[56]》四卷，亦用付汝。即是如来心地要门，令诸众生开示悟入。吾自到此，凡五度中毒，我尝自出而试之，置石石裂[57]。缘吾本离南印来此东土，见赤县神州有大乘气象，遂逾海越漠，为法求人。际会未谐，如愚若讷[58]。今得汝传授，吾意已终。"

（《别记》云：祖初居少林寺九年，为二祖说法，只教外息诸缘，内心无喘，心如墙壁，可以入道。慧可种种说心性，曾未契理。祖只遮其非，不为说无念心体。可忽曰："我已息诸缘。"祖曰："莫成断灭去否？"可曰："不成断灭。"祖曰："此是诸佛所传心体，更勿疑也。"）

言已，乃与徒众往禹门千圣寺[59]。止三日，有期城太守杨衒之[60]，早慕佛乘，问祖曰："西天五印，师承为祖，其道如何？"祖曰："明佛心宗，行解相应，名之曰'祖'。"又问："此外如何？"祖曰："须明他心，知其今古。不厌有无，于法无取。不贤不愚，无迷无悟。若能是解，故称为祖。"

又曰："弟子归心三宝亦有年矣，而智慧昏蒙，尚迷真理。适听师言，罔知攸措[61]。愿师慈悲，开示宗旨。"祖知恳到，即说偈曰："亦不睹恶而生嫌，亦不观善而勤措。亦不舍智而近愚，亦不抛迷而就悟。达大道兮过量，通佛心兮出度。不与凡圣同躔，超然名之曰'祖'[62]。"衔之闻偈，悲喜交并。

曰："愿师久住世间，化导群有。"祖曰："吾即逝矣，不可久留。根性万差，多逢患难[63]。"

衔之曰："未审何人，弟子为师除得否？"祖曰："吾以传佛秘密，利益迷途。害彼自安，必无此理[64]。"

衔之曰："师若不言，何表通变观照之力[65]？"祖不获已[66]，乃为谶曰："江槎分玉浪，管炬开金锁。五口相共行，九十无彼我[67]。"

衔之闻语，莫究其端。默记于怀，礼辞而去。

祖之所谶，虽当时不测，而后皆符验。时魏氏奉释，禅隽如林[68]，光统律师、流支三藏[69]者，乃僧中之鸾凤也。睹师演道，斥相指心，每与师论义，是非蜂起。祖遐振玄风，普施法雨，而偏局之量，自不堪任，竞起害心[70]，数加毒药。至第六度，以化缘已毕，传法得人，遂不复救之，端居而逝。即魏文帝大统二年丙辰十月五日也。其年十二月二十八日，葬熊耳山。起塔于定林寺。

后三岁，魏宋云[71]奉使西域回，遇祖于葱岭，见手携只履，翩翩独逝[72]。云问："师何往？"祖曰："西天去！"

云归，具说其事，及门人启圹[73]，唯空棺，一只革履[74]存焉。举朝为之惊叹。奉诏取遗履，于少林寺供养。至唐开元十五年丁卯岁为信道者窃在五台华严寺，今不知所在。

初，梁武遇祖，因缘未契。及闻化行魏邦，遂欲自撰师碑而未暇也。后闻宋云事，乃成之。代宗谥"圆觉大师"，塔曰"空观"。（年号依《纪年通谱》）

（《通论》曰：《传灯》谓魏孝明帝钦祖异迹，三屈诏命，祖竟不下

少林。及祖示寂，宋云自西域还，遇祖于葱岭，孝庄帝有旨令启圹。如
《南史》普通八年，即大通元年也。孝明以是岁四月癸丑殂，祖以十月至
梁。盖祖未至魏时，孝明已去世矣。其子即位未几，为尔朱荣所弑，乃
立孝庄帝，由是魏国大乱。越三年，而孝庄殂，又五年分割为东西魏。
然则吾祖在少林时，正值其乱。及宋云之还，则孝庄去世亦五六年，其
国至于分割久矣，乌有孝庄令启圹之说乎？按《唐史》云：后魏末，有
僧达磨航海而来，既卒，其年魏使宋云于葱岭回见之，门徒发其墓，但
有只履而已。此乃实录也。）

【注释】

　　[1] 知师密迹：知道大师前世的来历，即指大师是菩萨再来。佛菩萨入世度
人，密而不宣，故称"密迹"。

　　[2] 达磨：梵语。又作达磨、驮摩、陀摩、昙摩、昙谟、昙无、昙。译为法。
即保持自性而不改变之意。于佛典中，其语意有多种，或指佛陀所说之教示，或指
汇集佛陀之教示而成的圣典，或指道德之法则，或为一切万法之代称。此处祖师解
释为"通大之义"，可理解为博识通达一切佛法。通大即通达。

　　[3] 佛事：原指发扬佛陀威德之事，引申为与弘法有关之活动或仪式。

　　[4] 留难：邪魔来留止人之善事，此为修行之障难，故称为留难。

　　[5] 水中文布，自善降之：水波荡漾譬如一块有花纹的布，你要看清，好好把
握，自己去降服魔难。南怀瑾先生说"水中文布"指梁武帝，虽然梁武帝建寺度
僧，表面好看，但终究是有相的功德，所得福报亦有限，所以与达磨对话不投机，
迫使达磨一苇渡江，亦可作留难看。旧译本译为"水中的花布，自己好好铺降"，
有误。

　　[6] 路行跨水复逢羊，独自栖栖暗渡江。日下可怜双象马，二株嫩桂久昌昌：
"路行跨水"指达磨祖师由南印度渡海东来，"复逢羊"在广州登陆，"羊城"，即
为古代的广州。先到南朝和梁武帝见面，话不投机，"独自栖栖暗渡江"，一个人孤
寂零落，偷偷摸摸过了长江，到了北朝的辖区河南嵩山少林寺。"栖栖"：孤寂零落
的样子。日下：北魏京城洛阳。双象马：修行勇猛，有最大力者，佛教称为龙象。
水行龙力最大，陆行象力最大，故以为喻。又如好马名龙马，故好象称龙象。此双
象马，暗指梁武帝时有傅大士和宝志公两个高人，他们都知道达磨是菩萨再来。二
株嫩桂：是两个小木，即少林寺，在那里达磨面壁等来二祖慧可来接法，从此禅宗
传灯，在中国兴旺发达，一直发展出五宗七家。

［7］谶（chèn）：指将要应验的预言、预兆。

［8］心中虽吉外头凶，川下僧房名不中。为遇毒龙生武子，忽逢小鼠寂无穷：北朝周武帝，名字文邕。周字里面吉，但他做了灭佛的大坏事（三武之难之一），所以说外头凶。邕字是川下邑，古称僧房为邑，故说"川下僧房"，但此人名不符实，是毁佛之人，所以说"名不中"。北朝北周武帝，于574年至578年灭佛，但灾难也只是昙花一现。庚子年（鼠年）周武帝暴死。"寂无穷"指毁佛运动从此停止，而佛教劫后重生，更加欣欣向荣，发展没有尽头。

［9］林下见一人，当得道果：有人推测"林下一人"指六祖慧能，他隐藏林间十五年才出来弘法。达磨来华为524年，为般若多罗祖师圆寂后六十七年。般若多罗祖师说这番话后二百二十年即677年，六祖慧能在猎人堆里隐居了十五年后出山传法。六祖是在676年唐高宗仪凤元年正式出山的。与祖师授记完全吻合。此前，二祖慧可到五祖弘忍，经历了东魏、北齐、北周、隋，到了唐朝，四代禅宗祖师都是一线单传，到了六祖慧能后，才子孙众多，五宗七家兴旺发达。

［10］震旦虽阔无别路，要假儿孙脚下行。金鸡解衔一粒粟，供养十方罗汉僧：中国虽然辽阔广大，但是佛法兴旺没有其他出路，需要你过去传灯给弟子们发扬光大。星星之火，可以燎原。你虽然仅如一只金鸡，衔去只有一粒米，但你把它分给弟子们，十方佛子都得到了供养。譬如春种一粒粟，秋成万颗子。旧校本作"金鸡解御一粒粟"，宝祐本作"衔"，《祖堂集》亦作"衔"，说明"御"是错字。

［11］顺世：僧徒逝世。

［12］同学：非今之名词"同学"，指同时学习。

［13］各封己解：各各自封为宗师，作出自己的论述。

［14］聚落峥嵘：各立山头，自命不凡。

［15］彼之一师已陷牛迹：他们中一个支派就已经把自己圈定在一个小范围内了，画地为牢。牛迹：牛走过的痕迹，牛的脚印，指局限在一个小范围内，画地为牢。旧译本"一位老师已经陷入不同的佛教支派了"，有误。因为这些支派并非真正的佛教支派，而是自封的，得不到佛教承认。

［16］悬解潜达：了悟深入。悬解：了悟。潜达：深入。

［17］彼已知竟：有版本"已"作"巳"，明显是错字。而《景德传灯录》作"已"有注："浙（当为浙）本'己'字，作已依《广灯》也。邵本作'无'字依《宝林》也。洪旧本作'已'字。《正宗记》作'以'字。未详孰是。"从上下意义来看，此处当作"已"。

［18］既而六众咸誓归依：不久六个宗派的人都发誓归依大师达磨。六众：指前面所述六个宗派的弟子。有人注释为"比丘、比丘尼、优婆塞、优婆夷、沙弥、

沙弥尼"有误。

[19] 五印：东印度、西印度、南印度、北印度、中印度。

[20] 后值异见王轻毁三宝：后来遇到心怀邪见的国王随意诽谤三宝。旧校本为"后值异见，王轻毁三宝"，有误。"异见王"不能分开。异见本来指不同的主张或见解，但此处指邪见。"异见王"指心怀邪见的国王。此处指南印度香至国国王，按世系是香至王的孙子，菩提达磨的侄子。他自负以为自己就是佛，对真正的佛法则持拒斥态度。

[21] 寿年不永，运祚（zuò）亦促：寿命不长，福报也短。运祚：国运祚福。祚：本意是指福，赐福，也指帝位，还指保佑。

[22] 耆（qí）旧：年高望重者。

[23] 以副慈命：以响应师父的慈命，与师父的慈命相应。副：符合，相称。

[24] 一叶翳空，孰能剪拂：一片树叶遮蔽了整个天空，谁去为我清除此叶？翳：遮蔽。剪拂：本义即修整擦拭。

[25] 王与之往返徵诘，无不诣理：国王与他来回辩论，几个回合就向他追责，问罪，所言无不合理。徵诘：追责，问罪。诣理：合理。

[26] 云生足下：指达磨运用神通，使弟子波罗提驾云前往王宫。

[27] 无解：无从理解。

[28] 遍现俱该沙界：全部显现可包容恒河沙数一切世界（佛性可大可小，此处指佛性大而无外，无边无际）。该：包容。沙界：恒河沙数的世界，恒河之沙数不清，故形容数目很多很多。旧译本"他出现在无所不包的沙界"，有误，且沙界没有翻译。

[29] 咨询法要，朝夕忘倦，迄（qì）于九旬：指国王痛改前非，向波罗提咨询佛法要旨，废寝忘食精进修持，达到九十天。迄：到，至。旬：十日为一旬。旧译本"他经常向佛家人咨询法要，修习佛道日夜不倦，活到九十岁才死去"，翻译有误。

[30] 我忝（tiǎn）沙门：我惭愧于成为一名出家人。忝：辱，有愧于，常用作谦词。

[31] 宴坐：静坐。后文又说宗胜"端居禅寂"，说明宗胜在此岩洞静坐入定。

[32] 娑罗寺乌沙婆三藏为受业师：娑罗寺的乌沙婆三藏法师是我的受业师。娑罗寺：寺名。娑罗树似宝塔，因以名寺。五台山也有娑罗寺。乌沙婆：人名，乌沙婆三藏，指乌沙婆是精通三藏（经律论）的法师。受业师：即得度受教之师，也叫亲教师。出世师指教会自己领悟佛法大道（即成佛）之师。

[33] 有加无瘳（chōu）：病情反而加重，不能治愈。瘳：病愈。

[34] 宥（yòu）罪施恩：大赦天下，广施仁德。宥：赦免。

[35] 有间（jiàn）：疾病渐渐减轻。

[36] 师念震旦缘熟，行化时至：达磨大师想中国接受佛教的缘分已经成熟，我去那个国家游行教化的时机已经到了。行化：游行教化之略称。谓遍历各地，教导众生。旧译本"达磨想到震旦缘熟，游历化导的释子不时走到那里去"，翻译失误。

[37] 一九即回：九年即回。一个九就是九年，两个九就是十八年。旧译本始终没有弄懂佛教数字用法，前面将三七译为三十七，不知道是二十一。此处一九则译为"一去不会很久的，九年便回来"，将"一"和"九"分开翻译，望文生义了。

[38] 海壖（ruán）：亦作"海埂"。海边地。亦泛指沿海地区。

[39] 祖汎重溟：祖师飘泊大海，远涉重洋。汎：飘浮。重溟：大海。

[40] 三周寒暑：过了三个冬天与夏天，即三年的意思。

[41] 齎（jī）：指旅行的人携带衣食等物。

[42] 十月一日至金陵：查《景德传灯录》在此有注："嵩禅师以梁僧宝唱《续法记》为据作《正宗记》言：'达磨以梁武普通元年庚子岁至此土，其年乃后魏明帝正光元年也。'若如此，则与后入灭启圹等年皆相合。若据此称，普通八年丁未岁九月二十一日至南海，十月一日至金陵则甚误也。盖普通八年三月已改为大通元年，则九月不应尚称普通八年也。南海者今广州也，去金陵数千里，刺史奏闻而武帝诏迎，岂可十日之间便至金陵耶？又按《南史萧昂本传》不言昂为广州刺史，但《王茂传》末有广州长史萧昂，然不知何年在任，今止可云'达于南海实梁普通元年，广州刺史具主礼迎接，表闻武帝，帝览奏遣使赍诏迎请，十月一日至金陵'"。

[43] 廓然无圣：禅宗公案。出自本处达磨与梁武帝的问答。"廓然"，大彻大悟的境地；"无圣"，无圣谛第一义谛。谓彻悟境界中无自无他、无圣无凡、平等一如。此公案亦列于《碧岩录》第一则、《从容录》第二则。"廓然无圣"一语被视为理解禅宗旨趣的枢机。梁武帝与菩提达磨问答的公案在唐以后形成，流传极广，表达禅宗否定外在权威，主张凡圣无别，倡导自证自悟的教义。（摘自任继愈主编《佛教大辞典》）

[44] 是月十九日潜过江北：旧校本与原著均作"潜回江北"。查《景德传灯录》在此有注"是月十九日潜回（《广灯》回作过字）江北"。再查《天圣广灯录》云"师知机不契，潜过江北，届于洛阳"，则知此处当作"过"，而非回。达磨本来没有到过江北，故而知"潜回"肯定有误。另外，查《宝林传》则作"普

通八年十月十九日贬过江北"。

[45] 敲骨取髓，刺血济饥，布发掩泥，投崖饲虎：讲的是古人求道不惜牺牲一切的故事。敲骨取髓：现形容剥削者残酷压榨，此处指为了求道而不惜献出身体。刺血济饥，是把自身的血刺出来以满足饥饿的人。《高僧传》记载在南北朝前期，凉州地区（今甘肃省）有个法号叫法进的僧人在饥荒年岁自割血肉施舍给饥民，终于感动朝廷开仓济民。布发掩泥，讲的是释迦牟尼佛前世修行的故事。他曾经披散自己的头发，铺于淤泥之上，献花于然灯佛。事见于《增壹阿含经》卷十一。投崖饲虎：讲的也是释迦牟尼佛前世修行的故事。《贤愚经》卷一有《摩诃萨埵以身施虎品》，后人称为以身饲虎。即老虎饥饿将毙，菩萨投身饲虎。旧译本"把光骨头敲开吸取里面的骨髓，从身上扎出血来暂时充饥，割下珍贵的头发掩埋在泥里，或者舍身跳崖去喂老虎"，翻译有误。

[46] 汝今断臂吾前，求亦可矣：宝祐本作"汝今断臂吾前，求亦可在"。查阅《佛祖历代通载》卷九："诸佛最初求道重法忘身，汝今断臂吾前，求亦可矣。"《嘉泰普灯录》卷一："诸佛最初求道，为法忘形，汝今断臂吾前，求亦可也。"作"汝今断臂吾前，求亦可矣"比较好。意思是，你今天敢于在我面前砍断手臂，如此求道之诚心也是难能可贵了。

[47] 乃曰："诸佛法印，可得闻乎？"：旧校本作"可曰：诸佛法印，可得闻乎"，两"可"均画线，当作慧可名字。后"可"是否慧可自称？项楚《五灯会元点校献疑续补一百例》认为后文慧可曰："我心未宁，乞师与安。"慧可直接称"我"，故"可"不一定是慧可自称，类似于"岂得闻乎"之意。旧校本又在"可"字加注："'可'原作'乃'，据续藏本改。"宝祐本作"乃"字亦可，其他版本（如续藏本）作"可"。法印：佛教徒用来鉴别佛法真伪的标准。

[48] 揔（zǒng）：古同"总"。

[49] 如庆喜见阿閦（chù）佛国，一见更不再见：譬如阿难见阿閦佛国，他向上看时只是虚空，如果他看见了，就不再有虚妄之见了。庆喜即阿难，阿閦佛，也称不动如来。《阿閦佛国经》："贤者阿难问贤者须菩提言：'唯须菩提，为见阿閦佛及诸弟子等并其佛刹不？'须菩提谓阿难言：'汝上向视。'阿难答言：'仁者须菩提，我已上向视上皆是虚空。'须菩提谓阿难言：'如仁者上向见空，观阿閦佛及诸弟子等，并其佛刹当如是。'"从这段对话就知道阿难未达空境，心有妄念，所以他向上看见的只是虚空，不能看见阿閦佛国。须菩提告诉他先空内心，才能见阿閦佛国以及一切佛国净土。有人注释"阿难曾经因缘入阿閦佛国，见种种庄严宝相"，有误。而旧译本"就像庆喜见到如来的佛国，见了一次就见不到第二次"，更是失误，不仅没有弄懂"阿閦佛国"，更没有弄清"一见更不再见"的意思。

［50］后代浇薄，疑虑竞生：后世社会风气浮薄，对于正法产生种种怀疑。旧译本"若是后代轻薄，群起怀疑"，翻译失误。

［51］却后难生：过后灾难出现。

［52］吾灭后二百年，衣止不传：指大师圆寂后两百年，衣钵传到唐朝六祖慧能，就不再传下去了。

［53］法周沙界，明道者多，行道者少，说理者多，通理者少：旧校本点校为："衣止不传，法周沙界。"但实际上"法周沙界"这句话与下面的话形成转折关系，即：虽然佛法传遍了恒河沙数世界，但是明道的多，行道的少，说理的多，通理的少。

［54］潜符密证，千万有余：真正私下与佛性相符密证，而不为外界所知者，只有千万多人。旧译本"私下的文字，秘密的证说成千上万"，翻译失误。

［55］一花开五叶：一花五叶，指禅宗之花，分为五宗派。禅宗自六祖慧能以后，衍成曹洞、临济、云门、沩仰、法眼五宗派，故称为一花五叶。

［56］楞伽经：菩提达磨尝以四卷《楞伽经》授慧可，慧可对此经进行自由阐发。慧可门徒亦持此经，游行村落，不入都邑，行头陀行，主张"专唯念慧，不在话言"，实行以"忘言、忘念、无得正观"为宗旨的禅法，遂渐形成独立的派别，而被称为楞伽师，并成为以后禅宗的先驱者。后来，自弘忍五祖转，而以《金刚经》为主。

［57］我尝自出而试之，置石石裂：指毒药之厉害，大师吐到石头上，竟然使石头都破裂了，此毒如此之烈竟然不能毒害大师。

［58］际会未谐，如愚若讷：时机未到，无人与我心心相印，我每天像个愚人一样沉默寡言。讷：语言迟钝，不善于讲话。老子说："大巧若拙，大辩若讷。"真正聪明的人表面好像笨拙，不自炫耀。真正有口才的人表面上好像嘴很笨。表示善辩的人发言持重，不露锋芒。

［59］禹门千圣寺：一般指洛阳龙门。千圣寺：今龙门历史无载。他书或说洛阳千圣寺。达磨大师在洛阳禹门千圣寺讲经说法期间圆寂，归葬于熊耳山定林寺。

［60］杨衒之：又作杨炫之。史通及晁公武之读书志中误作羊炫之。元魏北平（河北满城）人。曾任期城郡太守。期城郡，北魏孝昌年间立，地在今河南舞钢市一带。永熙年间（532～534年）兵乱后，杨衒之行经北魏旧都洛阳，目睹贵族王公耗费巨资所建之佛寺已多成废墟，深有所感，乃著《洛阳伽蓝记》一书，记录洛阳及城郊诸大寺之建寺缘起及建筑结构等。

［61］罔（wǎng）知攸（yōu）措：有成语"罔知所措"，指面临窘危，茫然无所适从，形容不知道该怎么办才好。攸：所。

[62] <u>亦不睹恶而生嫌，亦不观善而勤措。亦不舍智而近愚，亦不抛迷而就悟。</u><u>达大道兮过量，通佛心兮出度。不与凡圣同躔（chán），超然名之曰"祖"：</u>不因为见到恶就生厌弃，也不因为见到善就勤动。不要舍弃智者而亲近愚者，也不要抛弃迷者而亲近觉者。通达大道的人不会走向极端，与佛心相通的人就能出世得度。不执着于凡圣之分，超然物外，五蕴皆空就名叫佛祖。"睹恶而生嫌"：即见恶人生厌弃，但菩萨却不抛弃任何一个人，地狱不空，誓不成佛。"观善而勤措"：即勤于为善本来是好的，但执着于今后的功德就不好了，勤为善则福报大，但有相的功德爬得高摔得也重。躔：行。旧译本"不丢下智慧走向愚昧，也不抛下迷惑走向觉悟"，如此翻译，使人云里雾里，不知道什么意思。

[63] 多逢患难：续藏本等版本作"多逢愚难"，本书依宝祐本作"多逢患难"正确。

[64] <u>吾以传佛秘密，利益迷途。害彼自安，必无此理：</u>我的使命是来传播佛法秘密心印，普度众生，利益一切迷路的人。如果使人不安，佛法必无此理。其意是虽然有人危害我，但我也不会提前说出是谁，使人不安。即佛法平等普度一切众生，即使是坏人也不放弃，近于"宁人负我，我不负人"的思想境界。旧译本"我因为承传了佛家的秘密心印，利益会使某些人迷失方向，害得他不能安心，不能说出此人"，翻译失误。

[65] 何表通变观照之力：怎么能表现知变化知未来的能力？通变观照之力，意思是知变化知未来的能力。

[66] 不获已：不得已。

[67] <u>江槎分玉浪，管炬开金锁。五口相共行，九十无彼我：</u>"江槎分玉浪"：江者流也，槎者支也，玉浪者三藏，总言流支三藏也，即菩提流支法师。"管炬开金锁"：管炬者光也，开者统也，金锁者，毒药也，即光统法师下毒药之事。"五口相共行"：五口者，吾字也，相共行者与吾争行佛法，生嫉法心。"九十无彼我"：九十者，卆（同"卒"）字也；无彼我者，无彼此之我也。即最后在第六次下毒之后，大师不再自救，端坐而逝。

[68] 禅隽如林：高僧林立。禅隽犹说高僧。

[69] 光统律师、流支三藏：光统：北齐邺城大觉寺慧光律师，地论之宗匠也，入邺而任国统之官。故呼为光统。菩提流支：又作菩提留支，译为道希。北魏僧，北天竺人。为大乘瑜伽系之学者，资性聪敏，遍通三藏，精通咒术。凤怀弘法广流之志，北魏宣武帝永平元年（508年），至洛阳，帝甚重之，敕住于永宁寺，从而翻译梵经。译有《十地经论》《金刚般若经》《佛名经》《法集经》《深密解脱经》，及《大宝积经论》《法华经论》《无量寿经论》等，凡三十九部一二七卷。因与勒

那摩提共译《十地经论》，被尊为地论宗之祖。又尝授昙鸾以《观无量寿经》，后被尊为净土宗之初祖。

[70] 偏局之量，自不堪任，竞起害心：以他们狭隘的气量，自然不堪忍受，争相生起毒害之心。此指光统与流支两人争强好胜，不能忍受达磨大师名声大振，五次下毒，到第六次大师认为化缘已经完成，就甘受毒害而死。偏：犹褊（biǎn）。偏局：即狭隘的气量。

[71] 宋云：北魏敦煌人。生卒年不详。为北魏孝明帝时之使臣。孝明帝神龟元年（518年，一说熙平元年或正光二年）十一月，奉胡太后之命，与沙门法力、慧生（一作惠生）等自洛阳出发同赴西域求经，翌年二月（一说三年或四年）返洛阳，携回大乘梵文经典凡一百七十部。宋云归国后，将西域旅游之见闻撰成"宋云行纪"，其后收于《洛阳伽蓝记》卷五中。

[72] 翩（piān）翩独逝：翩翩独往。翩翩：运动自如，举止潇洒。

[73] 圹（kuàng）：墓穴，亦指坟墓。

[74] 革履：皮鞋。

【概要】

菩提达磨大师（？～535年），西天祖师第二十八祖，中国禅宗初祖。译为道法。又称菩提达磨、菩提达磨多罗、达磨多罗、菩提多罗。通称达磨。南天竺香至国（或作婆罗门国、波斯国）国王之第三子，从般若多罗学道，与佛大先并称为门下二甘露门，四十年之后受衣钵。

梁武帝普通元年（520年，一说南朝宋代末年），大师泛海至广州番禺，武帝遣使迎至建业，然与武帝语不相契，遂渡江至魏，止嵩山少林寺，面壁坐禅，时人不解其意，称壁观婆罗门。时神光于伊洛披览群书，以旷达闻，慕师之高风，断臂求法，大师感其精诚，遂传安心发行之真法，授彼一宗之心印，改名慧可。经九载，欲归西方，嘱慧可一宗之秘奥，授袈裟及《楞伽经》四卷。未久即入寂，葬于熊耳山上林寺。越三年，魏使宋云度葱岭时，适逢达磨携只履归西方。

关于达磨只履西归传说，后世考证，疑假托北魏宋云附会而成者。且《宋云行纪》亦未见记叙此事。然而，《唐史》记载："魏使宋云于葱岭回见之，门徒发其墓，但有只履而已。"而梁武帝与达磨虽然言谈不谐，但听到达磨只履西归后，急忙抽出时间为熊耳山达磨墓写碑序，其中有："骸葬兹坟，形游西域。"这也是早期提到达磨西归的文字。并且此传说在菩提达磨的传记中皆有记载，如《宝林传》卷八、《历代法宝记》菩提达磨章，《景德传灯录》卷三等均有记载。

达磨来到中国后，第一站到南朝首都与梁武帝对话，突出达磨禅宗直指人心，见性成佛，批判了梁武帝执着于外在的功德，而不知诸法实相其本性是空的。"南朝四百八十寺，多少楼台烟雨中"，极言南朝寺庙之多。南朝由于佛法兴盛，帝王提倡佛教而造寺塔者颇多，其后妃、公主兴造寺塔之风尤盛，故南朝寺院林立，且以木材构筑者居多，绝大部分佛寺皆在都城建康（今南京）。正当梁武帝沾沾自喜于造寺功德的时候，达磨来到后给他当头一棒"并无功德"。帝曰："对朕者谁？"祖曰："不识。"这两句对话实际上大师已经和盘托出了本来面目。本来面目并非就是五蕴而成的肉体，达磨希望梁武帝不要认贼作父，他一句话不识，就是启发梁武帝不要把个人当作佛性，肉体的我不会成为圣者，佛的本体是无相的，也不是语言所能描述的，言语道断，这才是"不识"的真正含义。

慧可立雪断臂求法得到达磨大师的肯定。与慧可相比，达磨大师还有几位高足。如道副、尼总持与道育都是达磨的高足。达磨大师认为慧可得到了他的精髓。其他几个弟子，或得皮毛，或得血肉，或得骨骼，至慧可的无言禅则无以复加，他把不立文字，见性成佛的禅宗精髓演活了。最高境界就是无言的。达磨大师与慧可心心相印，毫不迟疑便把衣钵传给了慧可，完成了他来到中国的传法大业，从此禅宗传灯不断，一直传到六祖慧能，五家七宗蔚为大观，成为中国化佛教最耀眼的明珠。

据敦煌出土资料考据，古来作为达磨学说流传之诸多著述中，仅"二入四行论"似为达磨真正思想所在。该书系以壁观法门为中心，"二入"指"理入"与"行入"二种修行方法，理入属于教理之思惟，要求舍伪、归真，认识、解决问题；行入属于教法之实践，教人去掉一切爱憎情欲，依佛教教义践行。即禅法之理论与实践相结合之教义。又据《楞伽师资记·达磨传》中载有《略辨大乘入道四行》一书，系由达磨弟子昙林，将达磨言行集成一卷，另有《释楞伽要义》一卷，二书皆又名《达磨论》，颇流行于当时。今一般作为达磨学说者有《少室六门集》《达磨和尚绝观论》《释菩提达磨无心论》《南天竺菩提达磨禅师观门》（大乘法论）《禅门摄要》《少室逸书》等。

【参考文献】

《续高僧传》卷十六；《景德传灯录》卷三、卷三十；《传法正宗记》卷五；《内证佛法相承血脉谱》；《宗镜录》卷九十七；《传法正宗论》卷下；《祖庭事苑》卷二、卷五、卷八。

二祖慧可大祖禅师

二祖慧可大师者，武牢人也。姓姬氏。父寂，未有子时，尝自念言：

"我家崇善[1]，岂令无子?"祷之既久，一夕感异光照室，其母因而怀妊。及长，遂以照室之瑞，名之曰"光"。

自幼志气不群，博涉诗书，尤精玄理，而不事家产，好游山水。后览佛书，超然自得。即抵洛阳龙门香山，依宝静禅师出家，受具于永穆寺。浮游讲肆[2]，遍学大小乘义。年三十二，却返香山，终日宴坐。

又经八载，于寂默中倏[3]见一神人谓曰："将欲受果，何滞此邪[4]？大道匪遥，汝其南矣[5]!"祖知神助，因改名神光。翌日，觉头痛如刺，其师欲治之，空中有声曰："此乃换骨，非常痛也。"祖遂以见神事白于师，师视其顶骨，即如五峰秀出矣。乃曰："汝相吉祥，当有所证。神令汝南者，斯则少林达磨大士必汝之师也。"祖受教，造于少室[6]。其得法传衣事迹，达磨章具之矣。

自少林托化西归[7]，大师继阐玄风，博求法嗣。至北齐天平二年[8]，有一居士[9]，年逾四十，不言名氏，聿[10]来设礼，而问祖曰："弟子身缠风恙[11]，请和尚忏罪。"祖曰："将罪来，与汝忏。"士良久曰："觅罪不可得。"祖曰："与汝忏罪竟，宜依佛法僧住[12]。"士曰："今见和尚，已知是僧，未审何名佛法?"祖曰："是心是佛，是心是法，法佛无二，僧宝亦然。"士曰："今日始知罪性不在内，不在外，不在中间，如其心然，佛法无二也。"祖深器之，即为剃发，云："是吾宝也，宜名僧璨[13]。"其年三月十八日，于光福寺受具，自兹疾渐愈。

执侍经二载[14]，祖乃告曰："菩提达磨远自竺乾[15]，以正法眼藏并信衣密付于吾。吾今授汝，汝当守护，无令断绝。听吾偈曰：'本来缘有地，因地种华生。本来无有种，华亦不曾生。'"祖付衣法已，又曰："汝受吾教，宜处深山，未可行化，当有国难。"

璨曰："师既预知，愿垂示诲。"祖曰："非吾知也，斯乃达磨传般若多罗悬记云'心中虽吉外头凶'是也。吾校年代，正在于汝[16]。汝当谛思前言，勿罹世难。然吾亦有宿累，今要酬之[17]。善去善行，俟时传付[18]。"

祖付嘱已，即往邺都，随宜说法。一音演畅，四众归依。如是积三十四载，遂韬光混迹，变易仪相。或入诸酒肆，或过于屠门，或习街谈，或随厮役[19]。

人问之曰："师是道人，何故如是？"祖曰："我自调心，何关汝事？"
又于筦城县[20]匡救寺三门下，谈无上道，听者林会[21]。

时有辩和法师者，于寺中讲《涅槃经》，学徒闻师阐法，稍稍引去。
辩和不胜其愤，兴谤于邑宰翟仲侃。翟惑其邪说，加祖以非法，祖怡然
委顺[22]，识真者谓之偿债。时年一百七岁。即隋文帝开皇十三年癸丑岁
三月十六日也。葬磁州滏阳县[23]东北七十里。唐德宗谥"大祖禅师"。

（皓月供奉[24]问长沙岑和尚："古德云：'了即业障本来空，未了应
须偿宿债。'只如师子尊者、二祖大师，为甚么得偿债去？"沙曰："大德
不识本来空。"月曰："如何是本来空？"沙曰："业障是。"曰："如何是
业障？"沙曰："本来空是。"月无语。沙以偈示之曰："假有元非有，假
灭亦非无。涅槃偿债义，一性更无殊。"）

【注释】

[1] 崇善：推崇为善，推崇做善事。

[2] 浮游讲肆：漫游于各种讲堂之间。

[3] 倏（shū）：极快地，忽然。

[4] 何滞此邪：为什么停留在这里呢？

[5] 大道匪遥，汝其南矣：大道并非遥远，你向南走就能得到。匪：假借为
"非"，表示否定。

[6] 造于少室：拜访了少林寺。

[7] 自少林托化西归：自从达磨离开少林西归。据宋云葱岭遇达磨只履西归，
则达磨在中国并非已经去世。故托化西归，则是在入定之后而出定回国。托化：本
指投胎转世，此处则指达磨入定。西归：本指人死亡，此处则指达磨回国。

[8] 至北齐天平二年：此句后《景德传灯录》有注："当作天保二年乃辛未岁
也，天平东魏年号二年乙卯也。"

[9] 居士：梵语原义为家长、家主、长者，又有居财之士或居家有道之士之
意。现在我国指归依佛门的俗家弟子。

[10] 聿（yù）：文言助词，无义，用于句首或句中。

[11] 身缠风恙（yàng）：身患风病。风疾，一种病，中医学泛指由外感风邪
而引起的各种疾病，或指中风、风痹、半身不遂等症。恙：病。

[12] 依佛法僧住：依止佛法僧而安住，指不离开佛法僧三宝而生存，归依三
宝，时刻心内念着三宝，供养三宝。旧译本"你最好归依佛法僧三宝"，有误。

[13] 璨（càn）：美玉。

[14] 执侍经二载：担任慧可侍者经过两年。旧译本"在二祖身边念经服役二年"，翻译错误。将"经"误会为"念经"，而"侍"误会为"服役"。"执侍"指主管侍者这个职位，即担任侍者。"经二载"，指经过两年。

[15] 竺（zhú）乾（qián）：天竺。古印度的别称。

[16] 吾校年代，正在于汝：我考证年代时间，正好落在你身上。

[17] 吾亦有宿累，今要酬之：我也因为前世的业障，今世要受报。

[18] 俟（sì）时传付：等待时机传播佛法，将法灯延续下去。俟：等待。

[19] 厮（sī）役：旧称干杂事劳役的奴隶。后泛指受人驱使的奴仆。

[20] 筦（guǎn）城县："筦"同"管"，即管城县，古县名。隋开皇十六年（596年）置。今属今河南郑州市。先后历为管州、郑州治所。明初废，入郑州。查大藏经各版本均作"莞城县"，旧校本将"筦"改为"管"。

[21] 听者林会：听众林立于法会，极说听众之多。查阅《佛祖历代通载》卷十作"听者云集"，其意义差不多，也是极说听众之多。

[22] 怡然委顺：安然就死。怡然：安适自在的样子。委顺：旧指僧人之死。

[23] 滏（fǔ）阳县：北周置。北周武帝保定元年（561年）析临水县置滏阳县（县治在今河北省邯郸市磁县城），同年设置成安郡，治、领滏阳县。

[24] 皓月供奉：担任供奉一职的皓月。供奉：古代官名。

【概要】

慧可（487～593年）大师，中国禅宗第二祖。慧可，一名僧可，谥"大祖禅师"。俗姓姬，取名姬光。父亲名姬寂。武牢人（今河南荥阳县，通常叫虎牢，唐时避李渊的爷爷李虎的讳，称武牢）。他少为儒生时，博览群书，通达老庄易学。出家以后，精研三藏内典。

北魏正光元年（520年），慧可参谒达磨祖师于嵩山少林寺，从学六年。其中慧可断臂求法，参见本书第一章"初祖菩提达磨大师"注释。这个传说亦有分歧。据本书与《景德传灯录》卷三载，慧可访达磨时，终夜立于雪中，至天明仍不许入室，慧可乃以刀自断左臂，表求道之至诚，遂面谒而大悟，达磨乃付予大法，并传衣钵。然《续高僧传》卷十六载，师之手臂，系遭贼所斫断。

慧可传灯三祖僧璨。僧璨最初以居士身拜访慧可，请求慧可为他的风疾忏罪。慧可说，你把罪拿过来，我给你忏悔。僧璨寻觅罪之所在，不可得（《少室逸书》作"罪无形相可得，知将何物来"），于是言下大彻大悟。这是禅宗的公案。言外之意，一切善恶从心而生，因为心生恶念才有罪的行动，若心不生恶念，罪从哪里来呢？这就是"罪不可得"的含义。这种罪性本空的思想，成为后世禅家最乐道的一种说法。由于僧璨有这个体会，慧可才传法给他。

慧可与僧璨告别之时，暗示自己前世有命案，必须偿命。天平初年（534 年）慧可到了东魏的邺都（今河南安阳市北），大弘禅法，有些人不能理解他的学说，时常发生争辩。当时，门下拥有千人的著名法师道恒（本书作"辩和"，《指月录》"二祖慧可大师"条说"辩和或云道恒"），竟指慧可所说法要为"魔语"，密遣上足弟子和慧可诘难。但他的弟子听了慧可说法后欣然心服，反而不满道恒。道恒因此更加怀恨慧可，甚至贿赂官吏，加以暗害。有关情形《指月录》"二祖慧可大师"条有记载："恒闻祖语，诋为邪说。遣徒破祖，其徒至辄欣服不去。恒有遇之涂者，恒曰：'我用尔许功开尔眼，今反尔耶？'其徒曰：'我眼本正，因师故邪。'恒遂深怒，密谋兴谤，致祖非法。"

慧可被杀，佛门有三世因果故事来说明此事。传说慧可前世为孝子，他年少时为赡养母亲卖柴为生。有一次去卖柴时，因市场只有他一个人来卖柴引来大伙争抢，少年的柴担一头脱钩，扁担击毙一人。少年因孝闻名，大家纷纷签名请愿免罪，于是官府赦免少年罪过，使其母子相依为命而善终。慧可得道成为高僧后，因宿命通知道这个前因，所以他安然就死。而判他死刑的邑宰翟仲侃，正是前世被他击毙的人。这个传说，胡适予以反对。他在《楞伽宗考》一文中认为《传灯录》的记载纯属捏造，应当以道宣《续高僧传》记载为准。胡适说："《续僧传》说慧可在邺宣传'情事无寄'的教义，深遭邺下禅师道恒的嫉妒，'恒遂深恨，谤恼于可，货赇官府，非理屠害。（可）初无一恨，几其至死，恒众庆快。'末句不很明白，大概应解作：慧可受屠害，初不怨恨，只希望自己的一死可以使道恒一党庆快。但慧可并不曾被害死。传中下文说：'可专附玄理，如前所陈，遭贼斫臂，以法御心，不觉痛苦。火烧斫处（这是消毒的方法），血断帛裹，乞食如故，曾不告人。'这个故事，因道宣原文不很明白，就被后人误解作慧可被人害死了。"道宣所记，虽然没有被害死，但是被迫害仍旧是事实。

传说慧可被害之后，尸体投入漳河。慧可从水里漂出，盘腿打坐，双目微闭，安详如生，逆流而上十八里到芦村以北，被葬在那里。唐朝时，在此修元符寺，并建二祖灵骨塔，以示纪念。这里形成的村落，也称为二祖村。

慧可去世后，帝赐"正宗普觉大师""大祖禅师"谥号。

【参考文献】

《宝林传》卷八；《祖堂集》卷二；《传法正宗记》卷六；《续传灯录》卷一；《宗门统要续集》卷二；《佛祖统纪》卷二十九、卷三十；《续高僧传》卷十六；

《景德传灯录》卷三；《释门正统》卷三；《曹溪宝林传》卷八；《指月录》卷四。

三祖僧璨鉴智禅师

三祖僧璨大师者，不知何许人也。初以白衣[1]谒二祖，既受度传法，隐于舒州之皖公山。属后周武帝破灭佛法[2]，祖往来太湖县司空山，居无常处，积十余载，时人无能知者。

至隋开皇十二年壬子岁，有沙弥道信，年始十四，来礼祖曰："愿和尚慈悲，乞与解脱法门。"祖曰："谁缚汝？"曰："无人缚。"祖曰："何更求解脱乎？"

信于言下大悟，服劳九载，后于吉州受戒，侍奉尤谨。祖屡试以玄微[3]，知其缘熟，乃付衣法。偈曰："华种虽因地，从地种华生。若无人下种，华地尽无生。"祖又曰："昔可大师付吾法，后往邺都[4]行化，三十年方终。今吾得汝，何滞此乎？"

即适罗浮山[5]，优游二载，却还旧址。逾月，士民奔趋，大设檀供[6]。祖为四众广宣心要讫，于法会大树下合掌立终。即隋炀帝大业二年丙寅十月十五日也。唐玄宗谥"鉴智禅师""觉寂"之塔[7]。

师《信心铭》曰："至道无难，唯嫌拣择。但莫憎爱，洞然明白。毫厘有差，天地悬隔。欲得现前，莫存顺逆。违顺相争，是为心病。不识玄旨，徒劳念静。圆同太虚，无欠无余。良由取舍，所以不如。莫逐有缘，勿住空忍。一种平怀，泯然自尽。止动归止，止更弥动。唯滞两边，宁知一种。一种不通，两处失功。遣有没有，从空背空。多言多虑，转不相应。绝言绝虑，无处不通。归根得旨，随照失宗。须臾返照，胜却前空。前空转变，皆由妄见。不用求真，唯须息见。二见不住，慎莫追寻。才有是非，纷然失心。二由一有，一亦莫守。一心不生，万法无咎。无咎无法，不生不心。能由境灭，境逐能沉。境由能境，能由境能。欲知两段，元是一空。一空同两，齐含万象。不见精粗，宁有偏党。大道体宽，无易无难。小见狐疑，转急转迟。执之失度，必入邪路。放之自然，体无去住。任性合道，逍遥绝恼。系念乖真，昏沉不好。不好劳神，何用疏亲？欲取一乘，勿恶六尘。六尘不恶，还同正觉。智者无为，愚人自缚。法无异法，妄自爱著。将心用心，岂非大错？迷生寂乱，悟无

— 95 —

好恶。一切二边，良由斟酌。梦幻空花，何劳把捉。得失是非，一时放却。眼若不睡，诸梦自除。心若不异，万法一如。一如体玄，兀尔忘缘。万法齐观，归复自然。泯其所以，不可方比。止动无动，动止无止。两既不成，一何有尔。究竟穷极，不存轨则。契心平等，所作俱息。狐疑尽净，正信调直。一切不留，无可记忆。虚明自照，不劳心力。非思量处，识情[8]难测。真如法界，无他无自。要急相应，唯言不二。不二皆同，无不包容。十方智者，皆入此宗。宗非促延，一念万年。无在不在，十方目前。极小同大，忘绝境界。极大同小，不见边表。有即是无，无即是有。若不如是，必不须守。一即一切，一切即一。但能如是，何虑不毕？信心不二，不二信心。言语道断[9]，非去来今。"

【注释】

[1] 白衣：原意白色之衣，转称着白衣者，即指在家人。印度人一般皆以鲜白之衣为贵，故僧侣以外者皆著用白衣，从而指在家人为白衣，佛典中亦多以"白衣"为在家人之代用语。相对于此，沙门则称为缁衣、染衣。

[2] 属后周武帝破灭佛法：后恰好遇到周武帝毁灭佛法。此一事件慧可有预言说"心中虽吉外头凶"，详见"初祖菩提达磨"条注释。属：恰好遇到。

[3] 玄微：深远微妙的义理。

[4] 邺都：即邺城，古代著名都城。遗址范围包括今河北临漳县西（邺北城、邺南城遗址等）、河南安阳市北郊（曹操高陵等）一带。邺城先后为曹魏、后赵、冉魏、前燕、东魏、北齐六朝都城，居黄河流域政治、经济、军事、文化中心长达四个世纪之久。

[5] 罗浮山：位于广东广州东方博罗县西北之罗浮山脉中。据《太平御览》卷四十一所引载，此山为罗、浮二山之合体，晋代葛洪于此山得仙术，文人谢灵运作罗浮山赋，为世所知。在佛教史上，相传东晋敦煌沙门单道开为最初入罗浮山者。其后僧徒往来渐多，如支法防、僧景、道渐、慧远、慧持诸师均曾入山。南朝刘宋时代，酒泉僧慧览住此山天宫寺；梁代智药亦创建宝积寺。此外并有延祥、南楼、龙华、资福、华首、华严、大慈、延庆诸寺，历代名僧如希迁、惟俨、大颠、行明等均曾留锡于此。

[6] 檀供：布施供养。檀：即檀那，译为布施、施与。

[7] 唐玄宗谥"鉴智禅师""觉寂"之塔：唐玄宗下诏赐予鉴智禅师谥号，将他的塔取名觉寂。查阅《宗统编年》卷之十一："诏谥三祖鉴智禅师塔，曰'觉

寂'之塔（从淮南节度使张延赏疏请也）。"说明这两个名字都是唐玄宗下诏赐予的。旧译本"他的塔叫觉寂塔"，与唐玄宗没有联系。

[8] 识情：妄识俗情。《憨山老人梦游集》卷二《答郑昆岩中丞》："以心体如镜，妄想攀缘影子，乃真心之尘垢耳。故曰想相为尘，识情为垢。若妄念消融，本体自现。譬如磨镜，垢净明现。"又："盖因不得直捷下手处，只在从前闻见知解言语上，以识情拈量，遏捺妄想，光影门头做工夫。先将古人玄言妙语蕴在胸中，当作实法，把作自己知见。殊不知此中一点用不著。此正谓依他作解，塞自悟门。"（摘自《禅宗大词典》）

[9] 言语道断：常与"心行处灭"连在一起。究竟之真理，言语之道断而不可言说。心念之处灭而不可思念也。心行者心念之异名，心者迁流于刹那，皆云心行。《璎珞经》下曰："一切言语断道，心行处灭。"《维摩经·阿閦佛品》曰："一切言语道断。"《止观》五上曰："言语道断，心行处灭，故名不可思议境。"

【概要】

僧璨大师（？～606年），中国禅宗第三祖。又作僧粲，谥"鉴智禅师"。生年、籍贯不详，或谓徐州人。随侍慧可二年，得受衣钵后，尊师父之嘱隐居。慧可告知"心中虽吉外头凶"，即北周武帝毁佛灭法（详见本章"初祖菩提达磨大师"条注释）。大师隐居于皖公山（安徽安庆市潜山县西部的天柱山）时，正遇周武帝毁灭佛法，此间大师往来于太湖县司空山，居无定所，隐居达十余年，一直等待大难平息，才出世行化。

据房琯（697～763年）碑文，僧璨未出家时磊落不羁，有维摩居士风。年约四十，见慧可于舒州皖公山，乞忏悔而得法，慧可为剃发并以授"僧璨"之名。僧璨身患风疾，初见慧可时，可问曰："你是个大风患人，见我会有什么好处？"璨答："我身虽患风疾，但'患人心与和上心无别'。"于是，深得慧可赞赏。这和后来六祖慧能答五祖弘忍的"獦獠身与和尚身不同，佛性有何差别"极为相似。同时两人都先以白衣身得法而后出家受戒，也极体现出达磨禅重精神而不重形式的一大特色。

僧璨得法受具后，随侍慧可数年，风疾痊愈，唯发不复黑，时人称为"赤头璨"。579年，北周渐复佛教，可回邺都，璨仍隐居于皖公山与司空山。592年，十四岁的沙弥道信见僧璨。师徒问答，和慧可乞安心，僧璨乞忏悔是一脉相通的。

604年，僧璨与同门宝月、神定南游罗浮，嘱道信曰："有人借问，勿道于我处得法。"道信也南下江西庐山而转双峰，树起东山法门的先驱旗帜。大师往罗浮山，优游二载，复归皖公山。大业二年（606年）十月十五日，为四众广宣心要讫，合掌立化于树下。"道信奔自双峰，领徒数百，葬大师于所居之处，时人始知道信得法于大师"（房琯碑文）。由于他们两人授受之间过于隐秘，虽有隋代文豪薛道衡（540～609年）与唐法琳为之传制立碑（见《历代法宝记》和《宝林传》），而道宣的《高僧传》却没有为之立传，并说慧可是："道竟幽而且玄，故末绪卒无荣嗣。"这就是后人怀疑僧璨是否有其人的原因。

僧璨著有《信心铭》，后人视为禅宗要典之一。《楞伽师资记》称僧璨"肃然静坐，不出文记，秘不说法"；然不妨碍他唱出达磨禅的《信心铭》的杰作。这篇诗铭吸取了楞伽、般若、华严、涅槃的精要，从实践生活中表现了禅的精神，成为后来禅家学者的语录公案、颂古评唱取之不竭的源泉，亦是禅家文学之极唱。虽然是禅宗指导原则，实际上大乘佛法的修学，无论是哪一宗哪一派或者是我们常讲的八万四千法门，门门要想成就，都不能够违背这个原则，所以这篇文章变成佛门里面非常重要的文献之一。

《信心铭》以四言有韵诗的形式构成，计146句共580字。始自"至道无难，唯嫌拣择"，终于"言语道断，非去来今"。内容主要在歌诵超越一切对立与差别、平等一味之绝对世界，并阐明信心不二的禅思想。开头两句"至道无难，唯嫌拣择"，揭示出禅者的最大信心，肯定了禅的理论和实践的最大前提。佛性人人都有，每个人都可以趋向"至道"，它无时无刻都体现在我们身上，这就是除去了分别心的绝对境界。也就是说"至道"就在我们的生活中，一切现成，担水砍柴，屙屎拉尿，都有至道，所以称"无难"。但一落于主观偏执的"拣择"，便不能反映事物的真相，因为爱憎而落入"六尘"，所以说'唯嫌拣择'。禅的真实功夫，僧璨切实指出："不用求真，唯须息见。"一切境物的本身是最真实不过的了，只要偏执的主观妄念不生，自然是"万法无咎"。但是"息见"的功夫不是关门静坐，是从实际丰富生活实践中来克服它。落于前者的被斥之为"不识玄旨，徒劳念静"的死汉；属于后者的则被赞为"六尘不恶，还同正觉"的有力大人。这种积极精神，在慧可的"即事不牵"和"从事上解脱者气力壮"的法语中已透露出消息，僧璨继承了这种精神而发挥得更加彻底。所以，中国的禅的思想是富有生活实践精神的，开辟了后来"农禅并举"的境界。同时，《信心铭》中还颂出"一即一切、一切即一"的华严法界缘起思想，这对禅与华严两系思想交流融合的影响，也是很大的。

【参考文献】

《景德传灯录》卷三；《历代法宝记》（收入《大正新修大藏经》第五十一册）；《宝林传》卷八；《传法正宗记》卷六；《佛祖统纪》卷三十；印顺《中国禅宗史》第二章。

四祖道信大医禅师

四祖道信大师者，姓司马氏。世居河内，后徙于映州广济县。生而超异，幼慕空宗诸解脱门，宛如宿习[1]。既嗣祖风，摄心无寐，胁不至席者仅六十年[2]。隋大业十三载领徒众抵吉州，值群盗围城，七旬不解，万众惶怖。祖愍之，教令念"摩诃般若"[3]。时贼众望雉堞[4]间若有神兵，乃相谓曰："城内必有异人，不可攻矣。"稍稍引去。

唐武德甲申岁师却返蕲春[5]，住破头山，学侣云臻[6]。

一日往黄梅县，路逢一小儿，骨相奇秀，异乎常童。祖问曰："子何姓？"答曰："姓即有，不是常姓。"祖曰："是何姓？"答曰："是佛性。"祖曰："汝无姓邪？"答曰："性空，故无。"

祖默识其法器，即俾侍者至其母所，乞令出家。母以宿缘故，殊无难色[7]，遂舍为弟子，名曰弘忍[8]。以至付法传衣。偈曰："华种有生性，因地华生生。大缘与性合，当生生不生。"遂以学徒委之[9]。

一日告众曰："吾武德中游庐山，登绝顶，望破头山，见紫云如盖，下有白气，横分六道，汝等会否？"众皆默然。忍曰："莫是和尚他后横出一枝佛法否？"祖曰："善。"

后贞观癸卯岁太宗向师道味[10]，欲瞻风彩，诏赴京。祖上表逊谢，前后三返，竟以疾辞。第四度命使曰："如果不起，即取首来。"使至山谕旨，祖乃引颈就刃，神色俨然[11]。使异之，回以状闻。帝弥加钦慕，就赐珍缯[12]，以遂其志。

迄高宗永徽辛亥岁闰九月四日，忽垂诫门人曰："一切诸法，悉皆解脱。汝等各自护念，流化[13]未来。"言讫安坐而逝。寿七十有二。

塔于本山。明年四月八日，塔户[14]无故自开，仪相如生。尔后，门人不敢复闭。

代宗谥"大医禅师""慈云"之塔。

【注释】

[1] 幼慕空宗诸解脱门，宛如宿习：从小仰慕佛教空宗与各种解脱法门，就好像前世带来的习惯。宿习：佛教指前世具有的习性。旧译本"宛如前世修习过的一般"，将"宿习"译错。

[2] 摄心无寐，胁不至席者仅六十年：集中思想，排除杂念，从不睡觉，两胁不近卧席将近六十年。仅：将近，几乎。

[3] 教令念"摩诃般若"：查阅《传法正宗记》卷六"震旦第三十一祖道信尊者传"说："尊者因劝城中人，皆念摩诃般若波罗蜜。"可见完整念法为"摩诃般若波罗蜜"，此是梵语，译为中文是"佛教大智慧度众生到彼岸"。摩诃：就是大；般若：就是智慧；波罗蜜：就是到彼岸。旧译本"教大家念《摩诃般若经》"，将"摩诃般若"当成一部经，失误。城中那么多人，遇群盗强攻，惊慌失措，怎么可能教会念一部经呢？所以大师就只简单教大家念"摩诃般若波罗蜜"，出现感应，使群盗看到城墙上好像有无数神兵，慌忙逃走。

[4] 雉（zhì）堞（dié）：古代城墙上掩护守城人用的矮墙，也泛指城墙。

[5] 蕲（qí）春：古州名。北周始置，治所在齐昌（今湖北省蕲春县）。

[6] 住破头山，学侣云臻：住在破头山，有学识的僧侣云集而来。破头山在湖北荆州黄梅县。学侣：指有学识的僧侣。云臻：行云聚集，比喻众多的人或事物迅速到来。

[7] 母以宿缘故，殊无难色：母亲因为孩子有宿缘，脸上完全没有一点为难的神色。

[8] 遂舍为弟子，名曰弘忍：就把孩子送给大师做弟子，大师取名为弘忍。宝祐本无"名曰弘忍"四字，查阅《景德传灯录》卷三加入"名曰弘忍"，并加注："旧本无'名曰弘忍'四字，今此添入。若不言名，以至付法传衣者，是何人耶？兼后有'忍曰'二字，亦自不明耳。"显然，宝祐本遗失了"名曰弘忍"四字，而旧校本均没有核对《景德传灯录》而加入此四字，那么下文突然冒出"忍曰"，不知何解？故在此纠正。

[9] 遂以学徒委之：就把弟子们都交给他管理。

[10] 向师道味：向往大师的道风。

[11] 神色俨然：神色严肃庄重，没有一点恐惧的样子。

[12] 珍缯（zèng）：珍贵的丝绸。缯：是古代对丝织物的总称。

[13] 流化：指流布教化。

[14] 塔户：塔门。户：门。

【概要】

道信大师（580~651年），中国禅宗第四祖。谥"大医禅师"。湖北蕲州广济县人，俗姓司马。幼慕空门而出家。隋开皇十二年（592年）入皖公山，谒僧璨，言下大悟，奉侍九年（一说十年，或说十二年），得僧璨付法授衣。大业十三年

（617 年），率徒众至吉州庐陵，遇群盗围城七旬，时泉井枯涸，众皆忧惧。大师劝城中道俗齐念"摩诃般若"而解危。后大师欲往衡岳，路过江州，道俗请留，住于庐山大林寺。唐武德七年（624 年）归蕲州，住破头山（后名为双峰山），大振法道，学侣云集。一日往黄梅县，途逢一骨相奇秀之小儿，乃请其父母准其出家。此小儿即其后之五祖弘忍。

唐太宗钦慕大师，屡诏不去，命使者取首级来，亦伸颈待刃，神色俨然。永徽二年（651 年）闰九月四日（一说同二十四日，或说永徽元年），垂诚门人，安坐而寂，年七十二。建塔于东山黄梅寺，中书令杜正伦为撰碑文。大历（766～779年）年中，代宗敕谥"大医禅师"，塔曰"慈云"。门人有弘忍、法融等人。著有《菩萨戒法》《入道安心要方便门》等。

从达磨至道信，均单传衣钵，至道信则旁出一支。本书记载，有一天道信告众曰："吾武德中游庐山，登绝顶，望破头山，见紫云如盖，下有白气，横分六道，汝等会否？"众皆默然。弘忍曰："莫是和尚他后横出一枝佛法否？"道信答曰："善。"说明道信承认其法将分两枝弘传。而另外一枝则是牛头禅，其祖师法融与弘忍是同学，同为道信弟子。法融之下有智岩、慧方、法持、智威、慧忠，合称牛头六祖。所以道信说"横分六道"，即已预言牛头禅将有六位著名祖师。

印顺法师说："印度禅蜕变为中国禅宗——中华禅，胡适以为是神会。其实，不但不是神会，也不是慧能。中华禅的根源，中华禅的建立者，是牛头。"据宗密《禅门师资承袭图》说，牛头宗是从道信下傍出的一派。初祖法融禅师（594～657年）曾多年精研般若空宗，后遇道信印证所解。道信告诉法融说，此法从上以来只委一人，他已将法付与弘忍，因而嘱咐法融说，可以自立一支。法融后来于牛头山创宗，辗转传了六代。这一宗和南北二宗都没有关系。印顺法师说它是中华禅，是因为祖师法融"遍读内外典籍，是一位精研般若而又传涉'道书'的学者"。所以就认为它的禅宗中国化了，"多读道书，也就不觉的深受其影响了"。

印顺法师总结道信禅法显现出三大特色：

第一，戒与禅合一。依《楞伽师资记》所说，道信有《菩萨戒法》，又有《入道安心要方便门》。道信的《菩萨戒法》，虽没有传下来，内容不明；但道信的禅门，有戒有禅，是确实的。弘忍门下的禅风，禅与菩萨戒相合，原来是禀承道信（七世纪前半）的门风。印顺法师说："这点，极关重要！不明白这一点，柳田圣山（撰《初期禅宗史书之研究》）才重视八世纪的'江阳禅律互传'，而想象《坛经》的'无相戒'为牛头六祖所说，不知道这正是道信以来的禅风。"（印顺《道信与入道方便》）

第二，《楞伽》与《般若》合一。印顺法师说："近代学者每以为：达磨以四卷《楞伽经》印心，慧能改以《金刚经》印心。因而有人说：禅有古禅与今禅的分别，楞伽禅与般若禅的分别。将达磨与慧能对立的看法，是不对的。依道信的《入道安心要方便门》，可以彻底消除这一类误会。达磨以四卷《楞伽经》印心，当然是确实的，达磨门下曾有'楞伽师'（胡适称之为'楞伽宗'）的系统。然据《续僧传》所说：'摩法虚宗，玄旨幽赜。''达磨禅师传之南北，忘言忘念，无得正观为宗。'达磨禅从南朝而到北方，与般若法门原有风格上的共同。到了道信，游学南方，更深受南方般若学的影响。在吉州时，早已教人诵念'摩诃般若波罗蜜'了。等到在双峰开法，就将《楞伽经》的'诸佛心第一'，与《文殊说般若经》的'一行三昧'融合起来，制为《入道安心要方便门》，而成为《楞伽》与《般若》统一了的禅门。"

第三，念佛与成佛合一。印顺法师说："'念佛'是大乘经的重要法门。在中国，自庐山慧远结社念佛以来，称念阿弥陀佛，成为最平易通俗的佛教。达磨禅凝住壁观，圣凡一如，原与念佛的方便不同。道信引用了一行三昧，一行三昧是念佛三昧之一。'念佛心是佛，妄念是凡夫'：息一切妄念而专于念佛，心心相续，念佛心就是佛。道信的'入道安心方便'，是这样的方便。依念佛而成佛，双峰禅门才能极深而又能普及。从弘忍门下的念佛禅中，可以充分的明白出来。"

道信所倡导的禅法，经过他的嫡传弟子弘忍的努力宣扬，传播四方，被誉为"法妙人尊"，博得了"东山法门"的称号。道信晚年住在黄梅双峰山（破头山）的西山，以后弘忍迁到东山，由此得名。事实上，东山法门这一称号是包括这两代禅师在内。

【参考文献】

《续高僧传》卷二十、卷二十六；《佛祖统纪》卷二十九；《景德传灯录》卷三；《传法正宗记》卷六；圣严法师《禅门修证指要》；印顺法师《中国禅宗史》。

五祖弘忍大满禅师

五祖弘忍大师者，蕲州黄梅人也。先为破头山中栽松道者。尝请于四祖曰："法道可得闻乎？"祖曰："汝已老，脱有闻，其能广化邪[1]？傥若再来，吾尚可迟汝[2]。"

乃去，行水边，见一女子浣衣[3]。揖曰："寄宿得否？"女曰："我有父兄，可往求之。"曰："诺我，即敢行[4]。"女首肯之，遂回策而去[5]。

女，周氏季子[6]也。归辄孕，父母大恶，逐之。女无所归，日佣纺里中，夕止于众馆之下[7]。已而生一子，以为不祥，因抛浊港中。明日见之，溯流而上，气体鲜明[8]。大惊，遂举之[9]。

成童，随母乞食，里人呼为无姓儿。逢一智者，叹曰："此子缺七种相，不逮如来。"后遇信大师，得法嗣，化于破头山。

咸亨中，有一居士，姓卢，名慧能，自新州来参谒。祖问曰："汝自何来？"卢曰："岭南。"祖曰："欲须何事？"卢曰："唯求作佛。"祖曰："岭南人无佛性，若为得佛？"卢曰："人即有南北，佛性岂然？"祖知是异人，乃诃曰："著槽厂去[10]。"

卢礼足而退，便入碓坊，服劳于杵臼[11]之间，昼夜不息。

经八月，祖知付授时至，遂告众曰："正法难解，不可徒记吾言，持为己任。汝等各自随意述一偈，若语意冥符[12]，则衣法皆付。"

时会下七百余僧，上座[13]神秀者，学通内外，众所宗仰，咸推称曰："若非尊秀，畴敢当之[14]？"神秀窃聆众誉，不复思惟，乃于廊壁书一偈曰："身是菩提树，心如明镜台。时时勤拂拭，莫使惹尘埃。"

祖因经行，忽见此偈[15]，知是神秀所述，乃赞叹曰："后代依此修行，亦得胜果。"其壁本欲令处士[16]卢珍绘《楞伽》变相[17]，及见题偈在壁，遂止不画，各令念诵。

卢在碓坊，忽聆诵偈，乃问同学："是何章句？"同学曰："汝不知和尚[18]求法嗣，令各述心偈？此则秀上座所述，和尚深加叹赏，必将付法传衣也。"卢曰："其偈云何？"同学为诵。

卢良久曰："美则美矣，了则未了[19]。"同学诃曰："庸流何知[20]？勿发狂言！"卢曰："子不信邪？愿以一偈和之。"同学不答，相视而笑。

卢至夜，密告一童子，引至廊下，卢自秉烛，请别驾[21]张日用于秀偈之侧，写一偈曰："菩提本无树，明镜亦非台。本来无一物，何处惹尘埃？"

祖后见此偈曰："此是谁作？亦未见性。"众闻师语，遂不之顾[22]。

逮夜，祖潜诣碓坊，问曰："米白也未？"卢曰："白也，未有筛。"祖于碓以杖三击之，卢即以三鼓入室。祖告曰："诸佛出世为一大事，故随机大小而引导之，遂有十地、三乘、顿渐等旨，以为教门。然以无上微妙、秘密圆明、真实正法眼藏付于上首大迦叶尊者，展转传授二十八世，至达磨届于此土，得可大师承袭以至于今。以法宝及所传袈裟用付于汝，善自保护，无令断绝。听吾偈曰：'有情来下种，因地果还生。无情既无种，无性亦无生。'"卢行者跪受衣法，启曰："法则既受，衣付何人？"祖曰："昔达磨初至，人未之信，故传衣以明得法。今信心已熟，衣乃争端，止于汝身，不复传也。且当远隐，俟时行化。所谓受衣之人，命如悬丝也。"卢曰："当隐何所？"祖曰："逢'怀'即止，遇'会'且藏[23]。"

卢礼足已，捧衣而出。是夜南迈，大众莫知。五祖自后不复上堂。大众疑怪，致问。祖曰："吾道行矣！何更询之？"复问："衣法谁得邪？"祖曰："能者得。"

于是众议卢行者名能，寻访既失，潜知彼得，即共奔逐。

五祖既付衣法，复经四载，至上元二年忽告众曰："吾今事毕，时可行矣。"即入室，安坐而逝。寿七十有四。建塔于黄梅之东山。代宗谥"大满禅师""法雨"之塔。

【注释】

[1] 脱有闻，其能广化邪：即使你能听闻大道，可你这么大年纪还能普化众生吗？脱：假设。

[2] 傥若再来，吾尚可迟汝：如果你再投生一次，我还可以等你。迟：等待。

[3] 浣（huàn）衣：洗衣的意思。浣：洗。

[4] 诺我，即敢行：答应我，才敢去。旧校本作："诺，我即敢行。"有违前后语义，故纠正。（参见项楚《〈五灯会元〉点校献疑三百例》）

[5] 女首肯之，遂回策而去：女子点头同意，老人就转身拄着棍杖走了。策：拄着棍杖。旧译本"他便离去了"，没有翻译"回"，也没有翻译"策"。

[6] 季子：泛指是指年龄最小的一个儿子，此处指周家最小的女儿。

[7] 日佣纺里中，夕止于众馆之下：白天在村里帮人纺织，晚上就歇宿在众宾馆的屋檐下。佣：受雇用。里：古代村级组织。馆：供应食宿的房舍，本指高级客舍、宾馆。旧译本"晚上找一家客店栖身"，翻译失误。周家女子白天打工那么一点点钱怎么够他去住高级的宾馆，南怀瑾先生说"夜里便随便睡在驿馆的廊檐下"，这才是正确的。（参见南怀瑾《禅话》）

[8] 气体鲜明：气色体肤更加鲜明可爱，没有一点污迹。

[9] 遂举之：就把他抱起来。举：双手托物。

[10]　著槽厂去：安置于僧徒宿舍，系禅院住持僧同意收留行脚僧的习语。著：安置。槽厂：本义畜棚之类，一谓碓米房，转指僧徒宿舍。此处指派慧能到碓坊去。槽厂即碓坊，舂米作坊，古代碾米工厂。丁福保居士著《六祖坛经笺注》："槽厂，即后院之碓坊也。"旧译本"安排到宿舍去"，翻译失误，槽厂不是宿舍，如果安排到宿舍便是礼遇，祖师说话的语气也不是诃斥了。此是祖师故意掩盖真相，不使人嫉妒，而将慧能作下人安排。

[11]　杵（chǔ）臼（jiù）：舂米作坊使用的工具。杵：舂米的木棒。臼：舂米的器具，用石头或木头制成，中间凹下。

[12]　冥符：默契、暗合。

[13]　上座：本书大多为尊称，并非对方是上座。上座是僧寺的职位名，位在住持之下，除了住持以外，更无人高出其上，故名为上座。

[14]　若非尊秀，畴（chóu）敢当之：如果不是尊敬的神秀，同辈中谁敢担当这个重任？旧译本"谁敢挥毫"，有误。畴：同"俦"，同辈，同类。当：担当。

[15]　祖因经行，忽见此偈：祖师在经行的时候，忽然看见此偈。经行：佛教修行术语，意指在一定的场所中往复回旋之行走。通常在食后、疲倦时，或坐禅昏沉瞌睡时，即起而经行，为一种调剂身心之安静散步。旧译本将"经行"简单翻译为"路过"，有误。

[16]　处士：古时候称有德才而隐居不愿做官的人，后来泛指没有做过官的读书人。

[17]　《楞伽》变相："变相"原是佛教用语，意谓将文字转变为图画，即将佛教故事及经典中所述的譬喻、神奇事迹，表现为视觉上的造形。此处指将《楞伽经》的经文所述转变为图画，在墙上画出来。旧译本将"楞伽变相"当作一本书，四字用书名号，即《楞伽变相》，有误，没有明白"变相"的含义。

[18]　和尚：指德高望重之出家人（高僧），后世用于作为弟子对师父的尊称，世俗则用以通指出家的男众。又作和上、和阇、和社、殟社、鹘社、乌社，译为亲教师、力生、近诵、依学、大众之师。鸠摩罗什译此语为力生，意指弟子依师而生道力。

[19]　美则美矣，了则未了：好是确实写得好，但要说了悟就还不彻底。旧译本"美是美，明白却不算明白"，有误。

[20]　庸流何知：平庸无能之辈，你懂什么？

[21]　别驾：全称"别驾从事史"，官名。亦称"别驾从事"，简称"别驾"。汉置，为州刺史的佐官。隋初废郡存州，改别驾为长史。唐初改郡丞为别驾，高宗又改别驾为长史，另以皇族为别驾，后废置不用。宋各州的通判，职任似别驾，后

世因以别驾为通判之习称。

　　[22] 遂不之顾：倒装，翻译时应作"遂不顾之"，就不再理睬它，指众人不再回看慧能写的偈。

　　[23] 逢"怀"即止，遇"会"且藏：祖师暗示慧能南归后，隐遁于四会（广东省肇庆市下辖县级市）、怀集（今广西怀集县）二县间，过了十余年。

【概要】

　　弘忍大师（601～674年），中国禅宗第五祖。谥"大满禅师"。俗姓周，湖北黄梅人。七岁时，从四祖道信出家，年十三，正式剃度为僧。他在道信门下，日间从事劳动，夜间静坐习禅。道信常以禅宗顿渐宗旨考验他，他触事解悟，尽得道信的禅法。永徽三年（652年）道信付法传衣给他。同年九月，道信圆寂，由他继承法席，后世称他为禅宗的第五祖。因为四方来学的人日多，便在双峰山的东面冯茂山另建道场，名东山寺，时称他的禅学为东山法门。

　　中国禅宗从初祖菩提达磨到三祖僧璨，其门徒都行头陀行，一衣一钵，随缘而住，并不聚徒定居于一处。到了道信、弘忍时代，禅风一变。道信于唐武德（618年）初入黄梅双峰山，一住三十余年，徒众多至五百。后来弘忍移居东山，又二十余年，徒众多至七百人。这两代禅徒都定住一处，过着集体生活。他们实行生产自给，把运水、搬柴等一切劳动都当作禅的修行。弘忍并认为学道应该山居，远离嚣尘。这是后来马祖、百丈等于深山幽谷建立丛林，实行农禅生活的指导思想。

　　唐显庆五年（660年），高宗遣使召弘忍入京，他固辞不赴。乃送衣药到山供养。龙朔元年（661年），弘忍令会下徒众各作一偈，以呈见解，若语契符，即以衣法相付。上座神秀先呈偈说："身是菩提树，心如明镜台，时时勤拂拭，莫使惹尘埃.'慧能另作一偈："菩提本无树，明镜亦非台，本来无一物（这句是比较通行的记载，敦煌本《坛经》此句作佛性本清净），何处惹尘埃。"弘忍以慧能见解透彻，遂授以衣法，叫他南归。咸亨五年（674年）十月二十三日，弘忍圆寂，年七十四，葬于东山之冈。开元中（713～741年）学士间丘均为撰塔碑。代宗时（763～779年）谥为"大满禅师"。

　　弘忍的著作，未见记载。仅《楞伽师资记》及《宗镜录》等，散录其法语。《楞伽师资记》且说弘忍常萧然静坐，不出文记，只是口说玄理，默授与人。弘忍会下的徒众极多。及其门弟子，据《楞伽师资记》和《历代法宝记》所载有十一人，《景德传灯录》所载有十三人，宗密的《圆觉经大疏钞》及《禅门师资承袭图》所载有十六人，总计见于记载约二十五人。

　　总之，达磨一系的禅学，也可说从弘忍门下始发展成为一大宗派。而盛传其法的，首推慧能和神秀。慧能宗《般若》，开法于南方；神秀宗《楞伽》，传禅于北方，成为南顿北渐二系禅学的首导。

【参考文献】

《宋高僧传》卷八；《景德传灯录》卷三；《佛祖统纪》卷二十九、卷三十九；印顺《中国禅宗史》。

六祖慧能大鉴禅师

六祖慧能大师者，俗姓卢氏，其先范阳人。父行瑶[1]，武德中左官[2]于南海之新州，遂占籍焉[3]。三岁丧父，其母守志[4]。鞠养及长，家尤贫窭，师樵采以给。[5]

一日负薪至市中，闻客读《金刚经》，至"应无所住而生其心"，有所感悟，而问客曰："此何法也？得于何人？"客曰："此名《金刚经》，得于黄梅忍大师。"

祖遽告其母，以为法寻师之意。直抵韶州，遇高行士刘志略，结为交友[6]。尼无尽藏者，即志略之姑也。常读《涅槃经》，师暂听之，即为解说其义，尼遂执卷问字。

祖曰："字即不识，义即请问。"尼曰："字尚不识，曷能会义？"祖曰："诸佛妙理，非关文字。"

尼惊异之，告乡里耆艾[7]曰："能是有道之人，宜请供养。"于是居人竞来瞻礼。近有宝林古寺旧地，众议营缉[8]，俾祖居之。四众雾集，俄成宝坊[9]。

祖一日忽自念曰："我求大法，岂可中道而止？"明日遂行，至乐昌县[10]西山石室间遇智远禅师，祖遂请益。远曰："观子神姿爽拔[11]，殆非常人。吾闻西域菩提达磨传心印于黄梅，汝当往彼参决[12]。"祖辞去，直造黄梅之东山，即唐咸亨二年也。

忍大师一见，默而识之[13]。后传衣法，令隐于怀集、四会之间。

至仪凤元年丙子正月八日，届南海，遇印宗法师于法性寺讲《涅槃经》。

祖寓止廊庑[14]间，暮夜，风飏刹幡[15]，闻二僧对论，一曰幡动，一曰风动。往复酬答，曾未契理。祖曰："可容俗流辄预高论否？直以风幡非动，动自心耳。"印宗窃聆此语，竦然[16]异之。明日，邀祖入室，征[17]风幡之义。祖具以理告，印宗不觉起立曰："行者定非常人，师为是谁[18]？"祖更无所隐，直叙得法因由。于是，印宗执弟子之礼，请授禅要。乃告四众曰："印宗具足凡夫[19]，今遇肉身菩萨[20]。"乃指座下卢居士[21]曰："即此是也。"因请出所传信衣，悉令瞻礼。至正月十五日，会诸名德，为之剃发。二月八日，就法性寺智光律师授满分戒[22]。

其戒坛，即宋朝求那跋陀三藏[23]之所置也，三藏记云[24]："后当有肉身菩萨在此坛受戒。"又梁末真谛三藏[25]于坛之侧手植二菩提树，谓众曰："却后一百二十年，有大开士于此树下演无上乘，度无量众。"祖具戒已，于此树下开东山法门，宛如宿契[26]。

明年二月八日，忽谓众曰："吾不愿此居，欲归旧隐。"即印宗与缁白千余人[27]，送祖归宝林寺。韶州刺史韦据，请于大梵寺转妙法轮，并受无相心地戒[28]。门人纪录，目为"坛经"[29]，盛行于世。后返曹溪，雨大法雨，学者不下千数。

中宗神龙元年降诏云："朕请安、秀二师[30]宫中供养，万机之暇，每究一乘。二师并推让曰：'南方有能禅师，密受忍大师衣法，可就彼问。'今遣内侍[31]薛简驰诏迎请，愿师慈念，速赴上京。"祖上表辞疾，愿终林麓[32]。

简曰："京城禅德皆云，欲得会道，必须坐禅习定，若不因禅定而得解脱者，未之有也。未审师所说法如何？"祖曰："道由心悟，岂在坐也？经云：'若见如来，若坐若卧，是行邪道[33]。'何故？无所从来，亦无所去。若无生灭，是如来清净禅。诸法空寂，是如来清净坐。究竟无证，岂况坐邪？"

简曰："弟子回，主上必问，愿和尚慈悲，指示心要。"祖曰："道无明暗，明暗是代谢之义[34]。明暗无尽，亦是有尽，相待立名[35]。故经云：'法无有比，无相待故[36]。'"

简曰："明喻智慧，暗况烦恼。修道之人，傥不以智慧照破烦恼，无始生死，凭何出离？"祖曰："烦恼即是菩提，无二无别。若以智慧照烦恼者，此是二乘小见，羊鹿等机[37]。大智上根，悉不如是。"

简曰："如何是大乘见解？"祖曰："明与无明，其性无二。无二之性，即是实性。实性者，处凡愚而不减，在贤圣而不增，住烦恼而不乱，居禅定而不寂，不断不常，不来不去，不在中间，及其内外，不生不灭，性相如如，常住不迁，名之曰'道'。"

简曰："师说不生不灭，何异外道？"祖曰："外道所说不生不灭者，将灭止生，以生显灭，灭犹不灭，生说无生。我说不生不灭者，本自无生，今亦无灭，所以不同外道。汝若欲知心要，但一切善恶都莫思量，自然得入清净心体，湛然常寂，妙用恒沙[38]。"

简蒙指教，豁然大悟。礼辞归阙[39]，表奏祖语。有诏谢师，并赐磨衲袈裟[40]、绢五百匹、宝钵一口。十二月十九日，敕改古宝林为中兴寺。三年十一月十八日，又敕韶州刺史重加崇饰，赐额为法泉寺。祖新州旧居为国恩寺。

一日，祖谓众曰："诸善知识！[41]汝等各各净心，听吾说法。汝等诸人，自心是佛，更莫狐疑。外无一物而能建立，皆是本心生万种法故。经云：'心生种种法生，心灭种种法灭。'若欲成就种智[42]，须达一相三昧、一行三昧。若于一切处而不住相，彼相中不生憎爱，亦无取舍，不念利益成坏等事，安闲恬静，虚融澹泊[43]，此名一相三昧。若于一切处，行住坐卧，纯一直心，不动道场，真成净土，名一行三昧。若人具二三昧，如地有种，能含藏长养，成就其实。一相一行，亦复如是。我今说法，犹如时雨溥润[44]大地。汝等佛性，譬诸种子，遇兹霑洽[45]，悉得发生。承吾旨者，决获菩提。依吾行者，定证妙果。"

先天元年告诸四众曰："吾忝受忍大师衣法，今为汝等说法，不付其衣。盖汝等信根淳熟[46]，决定不疑，堪任大事。听吾偈曰：'心地含诸种，普雨悉皆生。顿悟华情已，菩提果自成。'"说偈已，复曰："其法无二，其心亦然。其道清净，亦无诸相。汝等慎勿观净及空其心。此心本净，无可取舍。各自努力，随缘好去。"

尝有僧举卧轮禅师偈曰："卧轮有伎俩[47]，能断百思想。对境心不起，菩提日日长。"祖闻之曰："此偈未明心地，若依而行之，是加系缚。"因示一偈曰："慧能没伎俩，不断百思想。对境心数起，菩提作么[48]长！"（卧轮非名，即住处也）

祖说法利生，经四十载，其年七月六日，命弟子往新州国恩寺，建报恩塔，仍令倍工[49]。

又有蜀僧，名方辩，来谒曰："善捏塑。"祖正色[50]曰："试塑看。"方辩不领旨，乃塑祖真，可高七尺，曲尽其妙。祖观之曰："汝善塑性，不善佛性。"酬以衣物，辩礼谢而去。

先天二年七月一日，谓门人曰："吾欲归新州，汝速理舟楫。"时大众哀慕，乞师且住。祖曰："诸佛出现，犹示涅槃。有来必去，理亦常然。吾此形骸，归必有所。"众曰："师从此去，早晚却回。"祖曰："叶落归根，来时无口[51]。"

又问："师之法眼，何人传受？"祖曰："有道者得，无心者通。"

又问："后莫有难否？"祖曰："吾灭后五六年，当有一人来取吾首。听吾记曰：'头上养亲，口里须餐，遇满之难，杨柳为官[52]。'"

又曰："吾去七十年，有二菩萨从东方来，一在家，一出家[53]，同时兴化，建立吾宗，缔缉伽蓝[54]，昌隆法嗣。"

言讫，往新州国恩寺，沐浴跏趺而化，异香袭人，白虹属地[55]。即其年八月三日也。

时韶新两郡，各修灵塔，道俗莫决所之。两郡刺史，共焚香祝曰："香烟引处，即师之欲归焉。"时炉香腾涌，直贯曹溪[56]。以十一月十三日入塔，寿七十六。

时韶州刺史韦据撰碑。门人忆念取首之记，遂先以铁叶漆布固护师颈。塔中有达磨所传信衣（西域屈朐[57]布也，缉木绵华心织成，后人以碧绢为里）。中宗赐磨衲宝钵，以辩塑真道具等，主塔侍者尸之[58]。

开元十年壬戌八月三日，夜半，忽闻塔中如拽铁索声，僧众惊起。见一孝子从塔中走出，寻见师颈有伤。具以贼事闻于州县。县令杨侃、刺史柳无忝得牒[59]，切加擒捉。五月于石角村捕得贼人，送韶州鞫问[60]。云："姓张名净满，汝州梁县人，于洪州开元寺受新罗僧金大悲钱二十千，令取六祖大师首，归海东供养。"

柳守[61]闻状，未即加刑，乃躬至曹溪，问祖上足令韬[62]曰："如何处断？"韬曰："若以国法论，理须诛夷；但以佛教慈悲，冤亲平等，况彼欲求供养，罪可恕矣。"柳守嘉叹曰："始知佛门广大。"遂赦之。（尔后，甚有名贤赞述，檀施珍异，文繁不录）

上元[63]元年肃宗遣使就请师衣钵，归内供养。至永泰元年五月五日，代宗梦六祖大师请衣钵。七日，敕刺史杨瑊曰："朕梦感禅师请传法袈裟却归曹溪，今遣镇国大将军刘崇景顶戴而送[64]。朕谓之国宝，卿可于本寺如法安置。专令僧众，亲承宗旨者，严加守护，勿令遗坠。"后或为人偷窃，皆不远而获，如是者数四。宪宗谥"大鉴禅师"，塔曰"元和灵照"。

皇朝[65]开宝初，王师平南海刘氏，残兵作梗，祖之塔庙，鞠为煨烬[66]，而真身为守塔僧保护，一无所损。寻有制兴修，功未竟，会太宗皇帝即位，留心禅宗，颇增壮丽焉。

【注释】

[1] 行瑫（tāo）：慧能父亲的名字。慧能本来籍贯在河北范阳，就是现在北平大兴、宛平一带，他的父亲曾在此做过官员。到高祖（李渊）武德年间（618～626 年）不知由于什么事情，被贬到岭南新州（现在广东省肇庆府新兴县），一家人从中原北方移居到南方。

[2] 左官：指降官、贬职。此处指慧能父亲被贬到广东新州，当时广东为南方未开发地区，常常作为官员被贬流放之地。

[3] 遂占籍焉：就有了新州的户籍。即慧能一家就成了新州的百姓。

[4] 守志：即守节，女子不改嫁。

[5] 鞠养及长，家尤贫窭，师樵采以给：抚养大师到他渐渐长大，家里更加贫穷，大师就以砍柴为业补充家用。鞠养：抚养，养育。贫窭：亦作"贫窭"，指贫乏、贫穷。樵采：砍柴。旧校本将"贫窭"写作"贫篓"，查阅所有版本均作"贫窭"，说明"篓"是错字，且只有"贫窭"这个词语。

[6] 遇高行士刘志略，结为交友：遇到有高尚品行的读书人刘志略，结为朋友。高行士，有高尚品行的读书人。"交友"：即朋友。查阅《嘉泰普灯录》卷一："遇高行士刘志略，结为友。"此处直接作"结为友"，而"交友"本身即有朋友之义，非今天"交友"之意。

[7] 耆（qí）艾：尊长；师长。亦泛指老年人。

[8] 众议营缉：大家商议予以修复。即在宝林寺原地基上修复宝林寺。营缉：亦作"营葺"，指修建，修缮。旧译本"人们常聚集在那里议事"，翻译错误，没有弄懂"营缉"的意义。

[9] 宝坊：寺院之美称。舍卫国给孤独长者曾以黄金（七宝之一）布地，购

得祇陀太子之园为释尊建精舍，依此，寺院亦美称宝坊、金地。

[10] 乐昌县：宝祐本以及其他很多版本均作"昌乐县"，旧校本改为"乐昌县"，正确。因为乐昌县位于广东省韶关市北部，与慧能行踪匹配，而昌乐县远在山东，慧能没有到过山东。

[11] 爽拔：豪爽出众。

[12] 参决：参证抉择。

[13] 默而识之：把所见所闻默默记在心里。此处指弘忍大师心里知道慧能是法器，但不从外面表露出来，以免有人产生嫉妒而加害。

[14] 廊（láng）庑（wǔ）：指堂下周屋，即堂下四周的廊屋。分别而言，廊无壁，仅作通道；庑则有壁，可以住人。

[15] 风飏（yáng）刹幡：风吹动旗杆上的旌幡。刹：译为标志、记号，指旗杆或塔之心柱。幡：为旌旗之总称，与"幢"俱为供养佛菩萨等之庄严物。

[16] 竦（sǒng）然：指惊惧貌。

[17] 征：追问；追问。

[18] 师为是谁：谁是您的老师？旧译本"大师是谁"，译错，此处印宗问慧能的师父是谁，而译为"大师"则变成问慧能是谁了。

[19] 具足凡夫：烦恼具足的凡夫。具足：具备满足之略称。

[20] 肉身菩萨：指生身菩萨。即以父母所生之身而至菩萨深位者。又常用作对得道高僧的尊称。据《大佛顶首楞严经》卷八载，清净人潜心修习三摩地，得以父母所生之肉身，毋须天眼而自然观见十方世界。此世所出现之肉身菩萨，如龙树菩萨、世亲菩萨、傅大士、行基菩萨等。又刘宋求那跋陀罗三藏，悬记六祖为肉身菩萨。《六祖大师法宝坛经》："其戒坛乃宋朝求那跋陀罗三藏创建，立碑曰：'后当有肉身菩萨于此授戒'。"生身菩萨于入寂后可得全身舍利。六祖肉身现存于广东韶关南华寺。

[21] 卢居士：此时慧能还未剃度出家，故称卢居士，此"居士"之意指在家佛弟子。

[22] 满分戒：具足戒之异称。相对于在家、沙弥之五戒、八戒而言，比丘、比丘尼受持之具足戒，即称满分戒。即所有戒都受全。

[23] 求那跋陀三藏：求那跋陀罗三藏法师。三藏：指通达三藏（经律论）的法师。求那跋陀罗（394～468年），南北朝时到中国的中印度僧人，译为功德贤。南朝宋元嘉十二年（435年）到广州。宋文帝刘义隆派人迎至建康，历住祇洹、东安等寺，并到丹阳郡等地弘法，颇得颜延之、何尚之等的敬仰。大将军彭城王义康、丞相南谯王义宣礼敬为师。所译经典，主要介绍瑜伽学系的学说。尤其是《楞

伽经》，后来为菩提达磨、慧可等人所重视，从而形成楞伽师学派，并进而发展成后世的禅宗，故楞伽师推他为中土初祖。

[24] 三藏记云：求那跋陀罗三藏法师预言说。三藏：指通达三藏（经律论）的法师。记：指预言。旧校本"三藏记"有书名号，把"三藏记"当作一本书，点校失误。

[25] 真谛三藏：真谛三藏法师。真谛（499～569年）：5、6世纪间之著名译经僧。南朝梁代中大同元年（546年）携经典抵中国南海。太清二年（548年）入建业（南京）谒武帝，时值侯景之乱，遂潜行南归，辗转游历今苏、浙、赣、闽、广州等地，而所至译经不辍，自梁武帝末至陈太建元年，共译经论纪传64部278卷，今仅存三十部。与鸠摩罗什、玄奘、义净同称四大翻译家。

[26] 宿契：指先前的约言、事先的许诺。

[27] 印宗与缁白千余人：印宗与僧俗千多人。"缁白"：又称"缁素"，指僧俗。"缁"为黑，即穿着黑衣之出家僧侣；"素"即白，指穿着白衣之在家俗人（居士）。故"缁素"之词义即相当于"僧俗"。旧译本"印宗等一千多僧人"，译错。

[28] 无相心地戒：禅门所传之戒，云"无相心地戒"。犹台宗之戒曰"圆顿无作戒"，密宗所传之戒曰"秘密三摩耶戒"，各以其家之宗义名之也。禅家以无相不可得之心地为戒体，戒相有梵网之十重四十八轻戒。（摘自丁福保《佛学大辞典》）

[29] 目为"坛经"：标题名叫"坛经"。目：标题。

[30] 安、秀二师：安：指嵩山少林寺慧安；秀，指玉泉寺神秀。

[31] 内侍：在皇帝宫廷侍奉，供使唤。或指太监。

[32] 林麓：山林。

[33] 若见如来，若坐若卧，是行邪道：如果有人说看见佛陀有来有去有坐有卧，此人就是在宣扬歪门邪道。很多经典说到这个道理，如《佛说能断金刚般若波罗蜜多经》："妙生！如有说言'如来若来若去、若坐若卧'者，是人不解我所说义。何以故？妙生！都无去来，故名如来。"《金刚经》亦说："须菩提！若有人言'如来若去若来若住、若坐若卧'，是人不解我所说义。何以故？如来者，无所至去，无所从来，故名如来。"旧译本"如果见到如来或者坐着，或者卧着，是行邪道"，有误。这段话原文来自佛经，要将佛经原文全部看懂才能完整翻译。又有人翻译："佛经上说，如果说如来佛是从坐、卧中得道，那是邪门歪道"，亦误。佛经原文完整的表述不是这个意思。

[34] 明暗是代谢之义：明暗是交替变换的意义。代谢：指更替、交替变换。

[35] 明暗无尽，亦是有尽，相待立名：明暗是相对而给它取名的，明暗虽然永远存在，但是就"明"与"暗"两个相对立的现象来说，又不是永存的，当"明"到一定的时候就会出现"暗"，而"暗"到一定时候也会出现"明"，譬如地球昼夜永远都在更替。

[36] 法无有比，无相待故：佛法不是明暗，不能用它来计较，因为明暗是相对的，而佛法却不是相对的，佛法超越于相对而不生不灭。《净名经》等佛经出现这句话。

[37] 若以智慧照烦恼者，此是二乘小见，羊鹿等机：如果用智慧去照见烦恼，这是声闻、缘觉两种人的小见，譬如羊车、鹿车等根基之人。佛教用三车（羊车、鹿车、牛车）来比喻修行者，车即运载之义，喻三乘之人，各以所乘之法，运出三界，而至涅槃。三乘：指菩萨乘、缘觉乘、声闻乘。羊车指声闻乘，鹿车指缘觉乘，牛车指菩萨乘，即大乘。

[38] 湛然常寂，妙用恒沙：安然常静，微妙不可思议的力用如恒河沙那么多。

[39] 归阙（què）：回归朝廷。

[40] 磨衲袈裟：一种名贵的袈裟，据说是高丽国（朝鲜）所出产。

[41] 善知识：与"恶知识"对称。指教示佛法之正道，令得胜益之师友。又作知识、善友、亲友、善亲友、胜友。

[42] 种智：为一切种智之略称。即佛了知一切种种法之智慧。

[43] 虚融澹泊：虚心可融和万物，淡泊于一切无求。

[44] 溥（pǔ）润：普润，指及时雨可以广泛滋润大地一切生物。

[45] 霑（zhān）洽：雨水充分地使土地浸润。

[46] 淳（chún）熟：纯熟。

[47] 卧轮有伎俩：卧轮有本事。伎俩：本为贬义词，指花招，此处则指本事、本领。下文有注："卧轮非名，即住处也。"则卧轮不是禅师名，而指住在卧轮的一位禅师。

[48] 作么：怎么，如何。

[49] 仍令倍工：还叫加倍赶工。大师即将圆寂，故促进工程进度。

[50] 正色：神色庄重，态度严肃。

[51] 来时无口：再来时已经不张口说话，暗示已经去世，又暗示其肉身将重归曹溪。

[52] 头上养亲，口里须餐，遇满之难，杨柳为官："头上养亲"，指一个高丽（朝鲜）和尚，想将六祖的头偷到其国供养，他很恭敬，供养在上，如供养他父母亲一样。这和尚名叫金大悲，他在洪州雇一人叫张净满，来取六祖的头。张净满为

何来偷六祖头呢？就因他为口腹生活，需要吃饭，故说"口里须餐"。"遇满之难"，就是遇到张净满，单用他名字一个"满"字来作此预言。因为"满"来了，就要斩六祖的头，这也算是一难。"杨柳为官"，指当时来处理这件盗窃案的官员名字，刺史叫柳无忝，县令叫杨侃，故说杨柳为官。"口里须餐"，旧校本作"口里须飧"，宝祐本亦作"口里须飧"，但《景德传灯录》以及《坛经》等版本均作"口里须餐"，故予以更正。飧（sūn）：同"飧"，晚饭，亦泛指熟食、饭食。此外，旧校本标点有误，"遇满之难"应标点为"遇满之难"，"满"指张净满，人名，下画线。

[53] 一在家，一出家：一出家：是指马祖道一禅师；一在家：是指庞蕴居士。

[54] 缔缉伽蓝：修建寺庙。缔缉：建造修整。伽蓝：寺庙。

[55] 白虹属地：白色的长虹接连不断一直落到了地面。属地：连接到地面。

[56] 曹溪：《大明一统志》七十九曰："韶州府曹溪在府城东南三十里，源出狗耳岭西流合浈水。"《皇舆考》八曰："韶州府曹溪，府城东南。梁时有天竺国僧，自西来泛舶曹溪口。闻异香。曰：'上流必有胜地。'寻之，遂开山立石，乃云：'百七十年后当遇无上法师在此演法。'今六祖南华寺是也。"

[57] 屈眴（xuàn）：指一种由木棉心织成的细布。传说达磨所传袈裟即以此布裁成。

[58] 以辩塑真道具等，主塔侍者尸之：主管寺塔的侍者用方辩塑造的慧能大师真身像以及生前其他物作道具建立供养佛龛。古代祭祀时，生者因不忍见至亲之不在，乃以活人"尸"代表死者接受祭礼，甚至享用祭品。此处"尸之"，指以慧能大师生前所塑仿真像，接受四众弟子供养。

[59] 得牒（dié）：收到状子。牒：指讼辞、状子。

[60] 鞫（jū）问：审讯。鞫：通"鞠"，审问犯人。

[61] 柳守：柳刺史。因为至隋朝后，刺史就改太守了，故柳守即柳太守。

[62] 令韬（666～760年）：唐代禅僧。江西人，俗姓张。又号行滔。从六祖慧能出家，不离左右。慧能示寂后，纳衣守塔。

[63] 上元：唐肃宗李亨使用年号，760年闰四月至761年九月，共两年。

[64] 顶戴而送：头顶衣钵送回，即以最高礼节送回去。

[65] 皇朝：指宋朝。

[66] 鞫（jū）为煨（wēi）烬（jìn）：全部化为灰烬。

【概要】

慧能大师（638～713年），中国禅宗第六祖。谥"大鉴禅师"。俗姓卢，先世河北范阳（今涿县）人，其父谪官至岭南新州（今广东新兴县东），唐贞观十二年（638年）生慧能，遂为广东新州人。慧能幼年丧父，后移南海，家境贫困，靠卖柴养母。有一天，慧能在市中，闻客店有人诵《金刚经》，颇有领会，便问此经何处得来，客人告以从黄梅弘忍大师受持此经。他因此有寻师之志。咸亨初（670年），他把母亲安顿后，即北行。到了韶州曹溪，遇高人刘志略，引其出家之姑无尽藏尼，持《涅槃经》来问字，从而有"诸佛妙理，非关文字"的开示。尼闻其言，深为惊异，遂告乡里耆老，竞来礼敬，即请慧能居于当地宝林寺，称他为卢行者。

慧能在宝林寺住了不久，又至乐昌县西石窟，从智远禅师学禅，智远劝他到黄梅东禅寺（寺在黄梅双峰之东，亦称东山）去从弘忍受学。慧能于咸亨三年到了黄梅东山，初见弘忍对话除了本书所记叙的版本之外，还有其他不同版本。如《坛经》记载，弘忍说："你是岭南人，又是獦獠（当时中原对南方少数民族的称呼），如何堪作佛？"慧能说："人有南北，佛性岂有南北？和尚佛性与獦獠佛性无别；和尚能作佛，弟子当能作佛。"弘忍即看出是大法器，为了避免众人嫉妒，让他到碓房舂米，避开众人眼目。

慧能与神秀写偈之事，本章"五祖弘忍大满禅师"条详载，其他各个版本大体相同，个别文句有所区别，其含义并无区别。如"本来无一物"，敦煌本《坛经》则作"佛性本清净"，其含义亦大致相同。因为慧能之偈明心见性，彻底揭开本来面目，所以弘忍传法慧能。为避开争抢衣钵锋芒，弘忍告知慧能隐居，伺机再出来弘法。因此，慧能回到广东曹溪后，隐遁于四会、怀集（今广西怀集县）二县间，过了十余年。后至广州法性寺遇印宗法师讲《涅槃经》，因有二僧辩风幡，一个说风动，一个说幡动，争论不已。慧能便插口说："不是风动，不是幡动，仁者心动！"（此为《坛经》版本记叙，与本书稍有不同）印宗惊异，便延他至上席，即集众就法性寺（法性寺即今广州光孝寺，寺中有六祖瘗发塔、菩提树、风幡堂、六祖殿诸古迹）菩提树下为慧能剃发，又请大德智光律师等为他授具足戒。两月后，慧能即于寺中菩提树下，为大众开示禅门，说般若波罗蜜法。

不久，慧能辞众归曹溪宝林寺，印宗与道俗千余人相送。那时，韶州刺史韦据（又作韦璩）仰其道风，率同僚入山请慧能入城，于大梵寺讲堂为众说法，兼授无相戒。僧尼道俗云集千余人，门人法海编录其法语，又加入后来的法语，即世所行《法宝坛经》（今世流通的《法宝坛经》有四版本：敦煌本、惠昕本、德异本、宗宝本）。慧能在曹溪宝林寺说法三十余年。

延和元年（712年），慧能回至新州小住，命门人建报恩塔。先天二年（713年）圆寂于新州国恩寺，世寿七十六。弟子等就在那一年迎其遗体归曹溪。慧能肉身不腐，弟子方辩裹纻涂漆于其上，形象生动逼真，现存于广东韶关南华寺（即古代的宝林寺）。

宪宗时（806～820年）赠以"大鉴禅师"谥号，柳州刺史柳宗元为撰《曹溪第六祖大鉴禅师碑并序》。元和十年（815年）刘禹锡因曹溪僧道琳之请，又撰《曹溪大师第二碑》。大诗人王维（701～761年）亦撰《六祖能禅师碑铭》（见《全唐文》卷三二七）。

慧能的弟子很多，《景德传灯录》及《传法正宗记》皆载有嗣法四十三人。《坛经》说有门人十人，《祖堂集》列举八人。但是，最著名于后世的，即青原行思、南岳怀让、荷泽神会、南阳慧忠、永嘉玄觉五人。他们得法后，都各成一家。其中，以青原、南岳二家弘传最盛；南岳下数传衍为临济、沩仰二派；青原下数传分为曹洞、云门、法眼三派，形成了禅宗五门七派法流。

慧能本与神秀同为弘忍门下的大弟子，但因对禅的看法不同，后来遂分为南北二宗。北宗禅法多弘传于北方贵族阶层，南宗初行于岭南一带。后由慧能弟子神会于开元十八年（730年）在洛阳定南北宗是非大会上，极力批评北宗禅为"师承是旁，法门是渐"，影响所及，北宗的势力遂逐渐衰退。对于神会的做法，学术界很有异议。吕澂《中国佛学源流略讲》："到了为慧能创宗的神会，由于传法的方便虽不得不接近官僚，但他仍然看不起神秀当帝师，认为这是与其宗风相违的。说明他还是不愿意与统治者合作。不过，他们不与统治阶级合作，起的作用仍是消极的，只叫平民安分守己，归根结底还是对统治者有利的。"对神会是否篡改了《坛经》，吕澂先生称有待研究。他说："那时南北宗早已分家，南宗中还分成了数派，可以肯定这个本子就有了改订。在分派后，一般都干脆把《坛经》看成是荷泽（神会）一系的东西，这表明《坛经》里的说法与荷泽的关系特别密切。这也是有些根据的。从敦煌发现的《神会语录》，许多说法就与《坛经》完全一致。不过，是否即用神会的说法改动了《坛经》，还有待研究。因此，严格地说，研究慧能的思想并不能以《坛经》作为唯一的根据。"

慧能弟子法海集记的《法宝坛经》，虽然后来曾被神会系一度改编，作为传宗的典据，故其中夹杂后起之说，但大体上还可见到慧能的主张是舍离文字义解，而直指人心。他说，这种境界是"如人饮水，冷暖自知"，又说心量广大，遍周法界，去来自由，心体无滞，即是般若。一切般若智，皆从自性而生，不从外入。若识自性，一悟即至佛地。

然而，不立文字，并非就是要抛弃文字。慧能《坛经》成为佛门后世指路明灯，本身就说明开悟需要理论的指导。即使达磨初创，也需要佛经印证。中国禅宗从达磨始百余年间皆以《楞伽经》相印证，故亦称为楞伽宗。达磨的三传弟子道信开始兼以《金刚经》等经为典据，到了慧能不仅仅以《金刚经》义代替了《楞伽经》，而且还把其他经典也融合进来。正如吕澂先生所说："从道信以来，东山法门已经不是单纯的以《楞伽》为根据的了，他们的说法较前有了很大的变动，并逐渐扩大了禅法的范围。在'藉教悟宗'的经教部分，就已包括了《般若》《维摩》《法华》《思益》《华严》等经。慧能的思想也是受了这种影响，不拘限于《楞伽》而吸收了诸经的说法。他在《坛经》中所表现的主要思想，是'摩诃般若'法。而所采那无相戒，则来自《金刚经》中关于'无我相、人相、众生相、寿者相'等的说法。《坛经》中谈到的以'无住为本'的说法，也出于《维摩经·观众生品》里文殊所说的'一切法均从无住建立'，所以尽管慧能不识字，但对这些经文还是有他自己的理解，并且涉及的范围也相当广泛。"

慧能强调顿悟本地风光，而这种本地风光并非靠静坐压住妄念而产生的，它在生活之中应当时时刻刻都体现。所以，慧能引经据典，告诉学人如果有人说看见佛陀有来有去有坐有卧，此人就是在宣扬歪门邪道。很多经典说到这个道理，所以慧能之说也是来自佛经的。实际上，慧能打破了把修行只局限于静坐的传统做法，而是把定慧提升到生活中的方方面面，生活之中无时无刻不是定，那么也就无时无刻都有般若智慧来观照。定是慧体，慧是定用，犹如灯光，有灯即有光，灯是光之体，这是所谓定慧一体观。人人都有佛性，若能在生活实践中做到定慧一体，便能直接契证佛性，便是顿悟。

针对定慧一体观，慧能提出了"一相三昧、一行三昧"，三昧即心不散乱，佛经说一心不乱，这是入定的境界。"一相三昧"，是无相的境界，无爱憎，无取舍，虚融澹泊，"一行三昧"，即是在生活中行住坐卧中，始终能够保持清净心，不被外界所引诱。正因为修行已经与生活打成一片，所以当慧能听到"卧轮有伎俩，能断百思想。对境心不起，菩提日日长"这样的偈时，针锋相对提出了"慧能没伎俩，不断百思想。对境心数起，菩提作么长"。这两首偈实际上就是神秀与慧能偈的另外一个翻版，卧轮对境心不起，与神秀时时勤拂拭，实际上没有区别。

慧能强调"见自性清净，自修自作法身，自行佛行，自成佛道"。因此，他对于当时僧俗念佛愿生西方的净土法门，另有一种看法。他对韦刺史开示说："人有两种，法无两般，迷悟有殊，见有迟疾。迷人念佛求生于彼，悟人自净其心。所以，佛言，随其心净，即佛土净。凡愚不了自性，不识身中净土，愿东愿西。悟人在处一般。所以佛言'随所住处恒安乐'。使君但行十善，何须更愿往生？"这样，现生顿悟，即是佛祖，那又何必再求生西方净土呢？

【参考文献】

《佛祖统纪》卷二十九；《宋高僧传》卷八；《祖堂集》卷二；《景德传灯录》

卷五;《释氏稽古略》卷三;《传法正宗记》卷六;法才《瘗发塔记》;法海《坛经》及《略序》;王维《祖能禅师碑铭》;刘澄集《神会语录》(存于敦煌遗书);《历代法宝记》(收入《大正新修大藏经》第五十一册);《曹溪大师别传》(收入《卍新纂大日本续藏经》第八十六册);柳宗元《曹溪第六祖赐谥大鉴禅师碑并序》;刘禹锡《曹溪六祖大鉴禅师第二碑并序》;印顺《中国禅宗史》。

第二章　四祖大医禅师旁出法嗣

——六祖大鉴禅师旁出法嗣

恰恰用心时，恰恰无心用。曲谭名相劳，直说无繁重。无心恰
恰用，常用恰恰无。今说无心处，不与有心殊。（牛头山法融禅师）

第一节　四祖大医禅师旁出法嗣第一世

牛头山法融禅师

牛头山法融禅师者，润州延陵[1]人也。姓韦氏。年十九，学通经史，寻阅大部般若[2]，晓达真空。忽一日叹曰："儒道世典，非究竟法；般若正观，出世舟航。"遂隐茅山[3]，投师落发。后入牛头山幽栖寺北岩之石室，有百鸟衔华之异。

唐贞观中，四祖遥观气象，知彼山有奇异之人，乃躬自寻访。问寺僧："此间有道人[4]否？"曰："出家儿那个不是道人？"祖曰："阿那个[5]是道人？"僧无对。别僧曰："此去山中十里许，有一懒融，见人不起，亦不合掌，莫是道人么？"

祖遂入山。见师端坐自若，曾无所顾。祖问曰："在此作甚么？"师曰："观心。"祖曰："观是何人？心是何物？"师无对，便起作礼曰："大德高栖何所？"祖曰："贫道不决所止，或东或西。"师曰："还识道信禅师否？"祖曰："何以问他？"师曰："向德滋久，冀一礼谒[6]。"祖曰："道信禅师，贫道是也。"师曰："因何降此？"祖曰："特来相访，莫更有宴息之处否？"师指后面曰："别有小庵。"

遂引祖至庵所。遶[7]庵，唯见虎狼之类。祖乃举两手作怖势，师曰："犹有这个在？"祖曰："这个是甚么？"师无语。少选，祖却于师宴坐石上书一佛字，师睹之竦然。祖曰："犹有这个在？"师未晓，乃稽首请说真要。

祖曰："夫百千法门，同归方寸[8]；河沙妙德[9]，总在心源。一切戒门、定门、慧门、神通变化，悉自具足，不离汝心。一切烦恼业障，本来空寂。一切因果，皆如梦幻。无三界可出，无菩提可求。人与非人，性相平等。大道虚旷，绝思绝虑。如是之法，汝今已得，更无阙少，与佛何殊？更无别法。汝但任心自在，莫作观行[10]，亦莫澄心[11]，莫起贪嗔，莫怀愁虑。荡荡无碍，任意纵横。不作诸善，不作诸恶。行住坐卧，触目遇缘[12]，总是佛之妙用。快乐无忧，故名为佛。"

师曰："心既具足，何者是佛？何者是心？"祖曰："非心不问佛，问佛非不心[13]。"

师曰："既不许作观行，于境起时，心如何对治？"祖曰："境缘无好丑，好丑起于心。心若不强名，妄情从何起[14]？妄情既不起，真心任遍知。汝但随心自在，无复对治，即名常住法身，无有变异[15]。吾受璨大师顿教法门，今付于汝。汝今谛受吾言[16]，只住此山。向后当有五人达者，绍汝玄化[17]。"

祖付法讫，遂返双峰终老。师自尔法席大盛。

唐永徽中，徒众乏粮，师往丹阳缘化。去山八十里，躬负米一石八斗，朝往暮还，供僧三百，二时不阙[18]。

三年，邑宰萧元善请于建初寺讲《大般若经》，听者云集，至"灭净品[19]"，地为之震动。讲罢归山，博陵王问师曰："境缘色发时，不言缘色起，云何得知缘，乃欲息其起[20]？"师曰："境色初发时，色境二性空。本无知[21]缘者，心量[22]与知同。照本发非发[23]，尔时起自息。抱暗生觉缘，心时缘不逐。至如未生前，色心非养育。从空本无念，想受言念生。起发未曾起，岂用佛教令[24]？"

问曰："闭目不见色，境虑乃便多。色既不关心，境从何处发[25]？"师曰："闭目不见色，内心动虑多。幻识假成用，起名终不过。知色不关心，心亦不关人。随行有相转，鸟去空中真[26]。"

问曰："境发无处所，缘觉了知生。境谢觉还转，觉乃变为境。若以心曳心，还为觉所觉。从之随随去，不离生灭际。[27]"师曰："色心前后中，实无缘起境。一念自疑忘，谁能计动静[28]？此知自无知，知知缘不会[29]。当自检本形，何须求域外？前境不变谢，后念不来今。求月执玄影，讨迹逐飞禽[30]。欲知心本性，还如视梦里。譬之六月冰，处处皆相似[31]。避空终不脱，求空复不成。借问镜中像，心从何处生？"

问曰："恰恰[32]用心时，若为安隐好？"师曰："恰恰用心时，恰恰无心用。曲谭名相劳[33]，直说无繁重。无心恰恰用，常用恰恰无。今说无心处，不与有心殊。"

问曰："智者引妙言，与心相会当。言与心路别，合则万倍乖[34]。"师曰："方便说妙言，破病大乘道[35]。非关本性谭，还从空化造。无念为真常，终当绝心路[36]。离念性不动，生灭无乖误[37]。谷响既有声，镜像能回顾。"

问曰："行者体境有，因觉知境亡。前觉及后觉，并境有三心。"师曰："境用非体觉，觉罢不应思。因觉知境亡，觉时境不起。前觉及后觉，并境有三迟。"

问曰："住定俱不转，将为正三昧。诸业不能牵，不知细无明，徐徐蹑其后。"师曰："复闻别有人，虚执起心量。三中事不成，不转还虚妄。心为正受缚，为之净业障。心尘万分一，不了说无明。细细习因起，徐徐名相生。风米波浪转，欲静水还平。更欲前途说，恐畏后心惊。无念大兽吼，性空下霜雹。星散秒草摧，纵横飞鸟落。五道[38]定纷纶，四魔[39]不前却。既如猛火燎，还如利剑斫。"

问曰："赖觉知万法，万法本来然。若假照用心[40]，只得照用心，不应心里事。"师曰："赖觉知万法，万法终无赖。若假照用心，应不在心外。"

问曰："随随无拣择，明心不现前。复虑心阍昧[41]，在心用功行，智障[42]复难除。"师曰："有此不可有，寻此不可寻。无拣即真择，得阍出明心。虑者心冥昧[43]，存心托功行。何论智障难，至佛方为病。"

问曰："折中消息间，实亦难安帖[44]。自非用行人，此难终难见[45]。"师曰："折中欲消息，消息非难易。先观心处心，次推智中智。第三照推者，第四通无记，第五解脱名，第六等真伪，第七知法本，第八慈无为，第九遍空阴，第十云雨被。最尽彼无觉，无明生本智。镜像现三业，幻人化四衢[46]。不住空边尽，当照有中无。不出空有内，未将空有俱。号之名折中，折中非言说。安帖无处安，用行何能决？"

问曰："别有一种人，善解空无相。口言定乱一，复道有中无。同证用常寂，知觉寂常用。用心会真理，复言用无用。智慧方便多，言乱与理合。如如[47]理自如，不由识心会。既知心会非，心心复相泯。如是难知法，永劫不能知。同此用心人，法所不能化。"师曰："别有证空者，还如前偈论。行空守寂灭，识见暂时翻。会真是心量，终知未了原。又

— 124 —

说息心用，多智疑相似。良由性不明，求空且劳已。永劫住幽识[48]，抱相都不知。放光便动地，于彼欲何为？"

问曰："前件看心者，复有罗縠难[49]。"师曰："看心有罗縠，幻心何待看？况无幻心者，从容下口难。"

问曰："久有大基业，心路差互[50]间。得觉微细障，即达于真际[51]。自非善巧[52]师，无能决此理。仰惟我大师，当为开要门。引导用心者，不令失正道。"师曰："法性本基业，梦境成差互。实相微细身，色心常不悟。忽逢混沌士[53]，哀怨愍群生。托疑广设问，抱理内常明[54]。生死幽径彻，毁誉心不惊[55]。野老显分答，法相愧来仪[56]。蒙发群生药，还如色性为[57]。"

显庆元年，邑宰萧元善请住建初，师辞不获免，遂命入室上首智岩付嘱法印，令以次传授。将下山，谓众曰："吾不复践此山矣。"时鸟兽哀号，逾月不止。庵前有四大桐树，仲夏之月，忽自凋落。明年正月二十三日，不疾而逝。窆[58]于鸡笼山。

【注释】

[1] 润州延陵：今江苏省丹阳市延陵镇。

[2] 大部般若：般若经分为大品与小品，此处大部般若指大品般若经，即《大般若波罗蜜多经》，故"大部般若"不是经书标题，而旧校本则作为书名画线，旧译本则将"大部般若"加上书名号，均失误。最早传入中国的大乘般若经是东汉竺佛朔与支娄迦谶译出的《般若道行品经》（后题《道行般若经》）十卷（相当此经第四会），世称"小品般若"。后来，更多的般若经典传入中国，鸠摩罗什于后秦弘始六年（404年）重译《摩诃般若波罗蜜经》大品二万颂，弘始十年译出《摩诃般若波罗蜜经》小品八千颂和《金刚般若经》等。菩提流支于北魏永平二年（509年）译出《金刚般若经》一卷（相当此经的第九会）。直至唐代，玄奘才于龙朔三年（663年）收集并编纂成全部《大般若经》十六会。故此经乃集诸部般若之大成。

[3] 茅山：位于今江苏省句容市与常州市金坛区交界处，一座道教名山，但中国名山佛道不分，史传法融禅师十九岁（612年）入句容茅山从三论宗僧炅法师剃度。

[4] 道人：古代僧人本来也指道人，但后至北魏太武帝之后，道士、道人之号渐成为道教者流所专用。此处道人亦指僧人，但从后面祖师反问"阿那个是道

人？"，说明祖师所指称的道人应当属于得道之人，不是一般的僧人。《大智度论》卷三十六说："得道者，名为道人。余出家未得道者，亦名道人。"旧译本将"道人"全部译为"僧人"，有误。

[5] 阿那个：谁。唐宋时期口头语言，禅林语常用，一般作"阿谁"。此处"那个"即"哪个"，"谁"的意思。"阿"字乃发语词，其音为"屋"，对人亲昵之称多冠以"阿"。魏晋以后，其风尤盛，或冠于名上，或冠于字上，或冠于姓上，如三国志所载吴国吕蒙有"吴下阿蒙"之称，乃至于俗呼小儿常称阿某，故"阿谁"即为"谁"，乃"何人"之意。于禅林中，常用来转指佛性，如"他是阿谁"。

[6] 向德滋久，冀一礼谒（yè）：仰慕大德很久，希望有机会礼拜他。向：仰慕。滋久：渐久，长久。礼谒：以礼谒见。

[7] 遶（rào）：同"绕"。

[8] 方寸：心。本指一寸见方的心部，又作寸心。

[9] 河沙妙德：恒河沙那么多的美德。

[10] 观行：观心之行法。即观心修行，鉴照自心以明了本性。旧译本译为"观察作为"，有误。

[11] 澄（chéng）心：静心的意思，使心清静。如澄心静虑，是指涤除一切杂念。

[12] 触目遇缘：眼睛所看见的一切都是觉悟的机缘。

[13] 非心不问佛，问佛非不心：离开了心，不要谈佛；谈佛，不能离开心。心即是佛，佛即是心。旧译本："不是心就不会问佛，佛问佛就是心。"译文费解，有误。

[14] 心若不强名，妄情从何起：我们的心如果不去分别事物，一切事物的名称就没有了。外界的存在都来自我们的分别心，所以就有了万事万物的名称，其实这些名称都是虚幻而不真实的，是我们强加给它们的。如果我们没有了这种分别心，那么妄念还从哪里产生呢？旧译本"心如不追求虚名，妄情从何产生"，译文费解，有误。

[15] 即名常住法身，无有变异：这就名叫常住法身，从来没有变异。常住法身，指佛本有法性之身，若佛出世及不出世，常住不动，无有变易。旧译本"即使虚名常住法身，也不会发生变化"，将"名"理解为"虚名"，有误。

[16] 谛受吾言：仔细听我所说，谨记我言。

[17] 绍汝玄化：继承发扬你的优良传统，弘化一方。绍：绍隆，继承发扬。玄化：圣德教化。

[18] 供僧三百，二时不阙（quē）：供养三百僧人，但从来不耽误早晚功课与

讲经。阙：古代用作"缺"字，空缺。

[19] 灭诤品：宝祐本以及其他版本均作"灭静品"，但查阅《摩诃般若波罗蜜经》，即本文所说《大般若经》只有"灭诤品第三十一"，故予以纠正。

[20] 境缘色发时，不言缘色起，云何得知缘，乃欲息其起：心的感觉作用都来自眼等五根被色等五尘引诱而发生识别作用，当刚刚发生识别作用时，不说明我们的心如何攀缘色等五尘之境，怎么能知道攀缘之义，然后再熄灭它的发生呢？境者，色声香味触五尘之境也。谓眼耳鼻舌身五根，虽具见闻嗅尝觉等五识，若无色等五种尘境作对，则五识无由能发，故境为五识之缘也。缘者，攀缘之义。人之心识，攀缘于一切之境界也。如眼识攀缘色境而见之，乃至身识攀缘触境而觉之。因而，心识为能缘，其境界为所缘，其心识向境界而动之作用，谓之缘。即心攀缘境界也。缘为心对于境之作用，易言之，则为心之虑知。

[21] 知：了了自觉也。《禅源诸诠》二曰："问：诸缘绝时，有断灭否？答：虽绝诸念，亦不断灭。问：以何证验，云不断灭？答：了了自知，言不可及。师即印可云：只此是自性清净心，更勿疑也。"

[22] 心量：谓心起妄想，对外境起种种度量。此为凡夫之心量。如来真证之心量，则远离一切所缘、能缘，而住于无心。

[23] 照本发非发：观照自己的本来面目，五尘之境虽然清晰照见，却不攀缘而生分别，故虽然产生了识别作用，但也等于没有产生。照：观照，如来之照，照见万物却不为万物所动，故真如之妙用照十方无碍。

[24] 从空本无念，想受言念生。起发未曾起，岂用佛教令：自性本空，本来就没有一念妄想，众生因攀缘外境，就有了受想行识（五蕴中的精神层面），于是妄念就产生了。如果从一开始就没有妄念，难道还需要佛出世来教化吗？"起发未曾起"《景德传灯录》卷四作"起法未曾起"。

[25] 闭目不见色，境虑乃便多。色既不关心，境从何处发：虽然闭目不见色境（色非美色，指物质现象），但心里的妄念反而更多。色境既然不能放在心上，那么它到底是从哪里产生的呢？

[26] 知色不关心，心亦不关人。随行有相转，鸟去空中真：既然知道心不能随色境而动，真心不动也就看不见自己了（不再是有凡夫之心的人了）。如果心攀缘外境就会随时随地造作一切善恶，跟着外境转，心中的妄念就如一只到处飞动的鸟，如果这只鸟飞走了，那么剩下的就是没有一点污染的真空。

[27] 若以心曳（yè）心，还为觉所觉。从之随随去，不离生灭际：如果以心制心，还是等于在时时省察所看到的外境。如果时时跟随所看到的外境，还是不能离开生死轮回。曳心：拴系其心，犹控制。

[28] 色心前后中，实无缘起境。一念自疑忘，谁能计动静：我们的心所面对的色境，无论产生前、产生后、产生中，实际上其本性都是空的（缘起性空）。一旦自己的一念疑心消失了，那么就回到了本有真心，这个时候还有谁会有动静呢？自疑，即疑自者，谓疑自身诸根暗钝，罪垢深重，非是受道之器。作此自疑，禅定不能发生也。"一念自疑忘"，《景德传灯录》卷四作"一念自凝忘"，有误。

[29] 此知自无知，知知缘不会：如来之真知来自什么也不知，懂得了这种"知"，那么外境的机缘就不会再遇到了。"知自无知"，参见僧肇《般若无知论》："真般若者，清净如虚空，无知无见，无作无缘。斯则知自无知矣，岂待返照然后无知哉？"因此，他得出结论："圣人以无知之般若，照彼无相之真谛。"

[30] 求月执玄影，讨迹逐飞禽：从月亮落在水里的影子去寻找真正的月亮，研究飞禽的踪迹去寻找飞禽的真正所在。如果找到了月亮与飞禽，我们何必再执着那些影子与踪迹呢？"玄影"与"踪迹"也指静坐观心，法融予以反对，只要顿悟自心本来是佛，就可直接找到"月亮"与"飞禽"。此外，还告诉人们不要执着文字，《楞严经》卷二说："如人以手指月示人，彼人因指，当应看月。若复观指，以为月体，此人岂唯亡失月轮，亦亡其指。"故诸经论多以指月一语以警示对文字名相之执着。禅宗则借此发挥其"不立文字，教外别传"之教义。

[31] 欲知心本性，还如视梦里。譬之六月冰，处处皆相似：想要知道心的本性在哪里，就要知道一切有为法如梦幻泡影。譬如六月能找到冰吗？其他的道理都是如此。氷：同"冰"。

[32] 恰恰：指正好，正。此处指正在用心的样子。

[33] 曲谭名相劳：转弯抹角谈很多名相，那样不仅很辛苦，反而让人执着名相，而随相逐流。谭：同"谈"。名相：名，指事物之名称，能诠显事物之本体；相，指事物之相状。以名能诠显事物之相状，故称名相。盖一切事物，皆有名有相，耳可闻者是为名，眼可见者是为相。然此名与相皆是虚假而非契于法之实性者，乃系一种方便教化之假立施设，而凡夫常分别此虚假之名相，生起种种妄想执着。旧译本将"曲谭名相劳"译为"曲折谈论实疲劳"，不但将"名相"二字丢了，译文亦费解。

[34] 言与心路别，合则万倍乖：所说言论远离觉悟之心，那么心与佛要想融合起来则万难万难。心路：一般称心思之历程为心路，佛典中"心路"一词则多指心。盖以吾人之心乃修往佛地之道路，故称心路。乖：相违背，不和谐。

[35] 方便说妙言，破病大乘道：虽然为度生方便说了很多妙言，但这样破坏损害了大乘佛法。

[36] 无念为真常，终当绝心路：无念便是诸佛如来真空常寂的涅槃之境，到

最后心路也看不见了，就进入了无念的境界。《无门关》第一则："参禅须透祖师关，妙悟要穷心路绝；祖关不透，心路不绝，尽是依草附木精灵。"

[37] 离念性不动，生灭无乖误：离开了妄念本性就如如不动，不生不灭，这个说法绝对不会有问题。乖误：指谬误、错误。原著"误"作"悮"，古字相通。

[38] 五道：又作五趣，即天、人、地狱、饿鬼、畜生。若言六道，则加阿修罗（译为无端正）。此不言者，以阿修罗一道，摄于天、人、畜生、饿鬼诸趣之中故。

[39] 四魔：指恼害众生而夺其身命或慧命的四种魔类，即烦恼魔、蕴魔、死魔、天子魔。

[40] 若假照用心：如果凭借观照来用心修行。假：凭借，利用。

[41] 阇（àn）昧：隐晦不明，昏暗不清晰。今作"暗昧"。

[42] 智障：又作所知障、智碍。为二障之一，"烦恼障"之对称。指执着于所证之法而障蔽其真如根本智。即众生有无明邪见，无明邪见能覆盖慧解，令不聪利，因而障碍菩提之业，故名所知障。

[43] 冥昧：幽暗，蒙昧。

[44] 折中消息间，实亦难安怗：取舍调和变化之间，实在难以有妥帖的办法。折中：取正，调节，使之适中，现多指协调不同意见，使各方都能接受。消息，此指变化。安怗（tiē）：同"安帖"，指安定、平静、妥贴、踏实。旧译本译为"取正真谛间，实也难安定"，"折中"有"取正"之义，但"消息"怎么是"真谛"了？若不明白其中含义，这样的偈最好不要翻译。

[45] 自非用行人，此难终难见：虽然自己不是用有为法修行的人，可这折中调和的难度使我最终不能明心见性。

[46] 镜像现三业，幻人化四衢：身口意三业聚集而有如梦人生，当心净如镜时，就能如镜子一样看见自己长久以来因三业而轮回于六道的影像。当我们知道了苦、集、灭、道四谛，就依靠这四谛解脱了幻化的人生。三业，身口意三处之所作也。如身之所作，口之所语，意之所思是。四衢：即四衢道，指苦、集、灭、道四谛。四谛，乃佛陀成道后，初转法轮所说，为佛教基本教义，并为解脱生死所由之道。因小乘人依止于四谛之理，故用四衢道比喻之。

[47] 如如：如如者，不变不异，真如之理也。指如来本性，不生不灭，如如不动。

[48] 永劫住幽识：长久停留在昏暗的意识中。

[49] 复有罗縠（hú）难：还有罗縠薄纱阻隔，看不清的问题。罗縠：一种疏细的丝织品。

[50] 差（cī）互：交错，差错，错过时机。

[51] 真际：即真如实际之略称。没有相对差别之相，呈现平等一如的真如法性之理体。

[52] 善巧：指佛菩萨教化众生之方法巧妙。又作善权。为善巧方便之略称。佛菩萨为顺应众生之能力素质，而运用种种方便（化他之说法方法），巧妙摄取教化众生，称为善巧摄化。为适应众生，而巧妙运用种种方法以救度之，此种方法，则称善巧方便。

[53] 混沌（dùn）士：糊涂人，或糊涂读书人。混沌：我国民间传说中指盘古开天辟地之前天地模糊一团的状态，此指糊涂。

[54] 抱理内常明：博览佛典，说了很多大道理，可还是有理而负屈。抱理：有理而负屈。内常明：指佛典读得多，佛学知识渊博。内指内典，即佛典，内明，因佛法主张万法唯心，心属于内，故叫内明，亦名内学。

[55] 生死幽径彻，毁誉心不惊：生死看透了，轮回之理明白了，再大的毁谤与名誉也不会动心。

[56] 野老显分答，法相愧来仪：山间老人用浅显的语言来回答，惭愧的是没有法相庄严，也就没有凤凰来仪的瑞应。"愧"：原著作"媿"，同"愧"。来仪：有成语凤凰来仪，谓凤凰来舞而有容仪，古人以为瑞应。

[57] 蒙发群生药，还如色性为：我给大家开一剂发蒙的心药，那就是当下就敢承当，此色身便是佛，色与佛性不相违背。"还如色性为"，即还是去看色与性的本来面目。

[58] 窆（biǎn）：下葬。

【概要】

法融禅师（594~657年），四祖道信禅师旁出法嗣第一世，禅宗牛头派的创始人。俗姓韦，润州延陵（江苏丹阳县延陵镇）人。十九岁（612年）入句容茅山从三论宗僧炅剃度。后从大明法师钻研三论和《华严》《大品》《大集》《维摩》和《法华》等经数年。大明寂后，漫游各地，从盐官（今浙江海宁县）邃法师、永嘉旷法师等听讲各种经论，深有造诣。但觉全凭知解不能证入实际，因而复入山凝心宴坐，过了二十年习定的生活。

唐初武德七年（624年）平定了吴越，左丞相房玄龄奏请淘汰寺庙僧徒，法融即挺身入京陈理，御史韦挺看了他的《表》辞情文并茂，和房玄龄协议后，才把这事打消。贞观十年（636年）他到南京牛头山幽栖寺北岩下构筑一所茅茨禅室，日夕参究，数年之间，同住的法侣就有一百余人。这时牛头山的佛窟寺藏有佛经、道书、佛经史、俗经史和医方图符等七藏，是刘宋初年刘同空造寺时，到处仿写藏在寺里的著名经藏。法融得到佛窟寺管理藏经的显法师允许，在那里阅读了八年。摘抄各书的精要，然后回到幽栖寺，闭门从事研究。

贞观二十一年（647 年），法融在幽栖寺开讲《法华经》。永徽三年（652 年）邑宰请他出至建业讲《大品般若》。江宁县令李修本又请他讲《大集经》。显庆元年（656 年）司功萧元善再三请他住建初寺，次年（657 年）即寂于该寺，时年六十四岁。

法融和禅宗四祖道信的关系，《续高僧传》并无记载。明确的记述法融受道信印可为牛头禅初祖的事实，是晚出的刘禹锡的《融大师新塔记》（《全唐文》第六〇六卷）、李华的《故径山大师碑铭》《故左溪大师碑》（《全唐文》第三二〇卷）、李吉甫的《大觉师碑铭》（《全唐文》第五一二卷）和宗密的《禅门师资承袭图》等。

据宗密《禅门师资承袭图》说，牛头宗是从道信下傍出的一派。初祖慧融（即法融）禅师曾多年精研般若空宗，后遇道信印证所解。道信告诉法融说，此法从古以来只委一人，他已将法付予弘忍了，因而嘱咐法融说，可以自立一支。法融后来果于牛头山创宗，位当初祖，辗转传了六代。这一宗和南北二宗都没有关系。一说是法融在牛头山得自然智慧后，道信亲自过江去加以印证的。但道信当时住蕲州（今湖北蕲春）双峰山三十余年，为全国禅徒所仰望，法融到双峰山去问法也是可能的。

法融遗著《心铭》载在《全唐文》第九〇八卷，也附在《景德传灯录》中，佛窟遗则曾编《法融文集》三卷，序称"凡所著述，辞理粲然，其他诗歌数十篇，皆行于世"，惜都失传。《宗镜录》也只扼要地介绍了法融的《绝观论》，未窥全貌。据日本古经录所载，法融还有《注金刚般若经》一卷、《金刚般若经意》一卷、《维摩经记》二卷、《维摩经要略疏》一卷、《华严经私记》二卷、《法华名相》一卷（见《惠运律师目录》《智证大师将来目录》和《东城传灯录》等），共有六部七卷之多，都已失传。

法融未见道信之前，被人称为"懒融"，因为他与世隔绝，不见他人，见了人也不打招呼，只管自己禅坐观心。《景德传灯录》法融传也有类似记载（部分是基于道宣的《续高僧传》），写道信来牛头山访法融时，把法融描绘成枯木寒灰的形象，不是成百成千学侣的善知识，被贬名为"懒融"。因此，有学者认为不符合史实，是禅宗传记作者在为禅的活用宗旨上树起一个"对立面"。然而，按照大乘佛教说法，有来历的祖师都愿意贬低自己，即使大到文殊菩萨，曾经是七佛之师，但为了配合佛陀弘法，他就屈居于菩萨之位。所以，法融禅师见到道信之后，前后不同，也就是给大众树立一个悟道的榜样，即枯木寒灰式的"端坐观心"并非能够开悟，觉悟当下一念，活在当下，才是禅宗的正传。所以，见到道信后，法融判若两人，正是说明他接受了道信心传后的新形象。道信以极概括的语言向法融传达了达磨禅的唯心法门："夫百千法门，同归方寸；河沙妙德，总在心源。一切戒门、定门、慧门、神通变化，悉自具足，不离汝心。一切烦恼业障，本来空寂。一切因果，皆如梦幻。无三界可出，无菩提可求。人与非人，性相平等。大道虚旷，绝思绝虑。如是之法，汝今已得，更无阙少，与佛何殊？更无别法。汝但任心自在，莫作观行，亦莫澄心，莫起贪嗔，莫怀愁虑。荡荡无碍，任意纵横。不作诸善，不作诸恶。行住坐卧，触目遇缘，总是佛之妙用。快乐无忧，故名为佛。"法融问："既不许作观行，于境起时，如何对治？"道信答的偈语，也极简要地能道出牛头禅的精要。祖曰："境缘无好丑，好丑起于心。心若不强名，妄情从何起？妄情既不起，真心任遍知。汝但随心自在，无复对治，即名常住法身，无有变异。"这与《宗镜录》（卷九十七）引法融《绝观论》，和宗密评述牛头禅为"本无事而忘情"，以无事为所悟理，以忘情为修行（见《禅门师资承袭图》）的精神也相吻合。

既然道信"密付心印"予法融，后又付弘忍衣钵，那么法融到底属于哪一宗呢？《宗镜录》引玄挺一段问答，说明当时牛头禅的地位："有檀越问：'和尚（指玄挺）是南宗北宗？'答云：'我非南北宗，心为宗。'"也正透露出南宗北宗起自弘忍门下，牛头禅直承达磨心法于道信，与弘忍东山法门并峙，不落南北二宗圈子去。在宗密的《禅门师资承袭图》里也说"此一宗都不关南北二宗"，正说明它的超然地位。实际上，法融《心铭》："心性不生，何须知见？本无一法，谁论熏炼？"又说"菩提本有，不须用守；烦恼本无，不须用除。"这种思想显然成为后来南宗所倡导的顿悟说的先声。

法融未遇道信时，于空静林修习止观，蒲团坐席，薜草支蔓，经道信教以"莫作观行，亦莫澄心"，教他作个"随心自在"的人，《绝观论》之作，正是拈出他从道信悟门的得力处。他回答博陵王的偈语，以观行为"求月执玄影，讨迹逐飞禽"，只有绝观才能"无念大兽吼，性空下霜雹"。这样直指人心，使人震惊的语句，是他大彻大悟后的结果。只有当下承当，即心即佛，才能无念作狮子吼，才能在自性的天空上降下扫除一切污渍害虫的霜雹。在他的《心铭》中也强调绝观，顿悟自性。所谓"无归无受，绝观忘守""一心无妄，万缘调直"等语句，都是《绝观论》的注脚，是达磨禅的心法。牛头禅到第六代慧忠，于南北宗外使牛头禅大行，也正是法融《绝观论》的再现。

然而，"绝观"并非不要"观"。法融说："恰恰用心时，恰恰无心用。曲谭名相劳，直说无繁重。无心恰恰用，常用恰恰无。今说无心处，不与有心殊。"这个偈子，就说明不能只在打坐观想，而是此心在生活中时时处处观想。南怀瑾先生曾经给学子们开示说："牛头融禅师一个偈子，告诉你用功最亲切的，记得吗？'恰恰用心时'，就是刚刚用心时，你念头一动的时候；'恰恰无心用'，用过了已经没有了；'无心恰恰用'，它本来空的，所以起用；'常用恰恰无'，没有一个停留的。"如果一个人时时在观心，还能不主宰自己的人生吗？若能不思善，不思恶，即是阿罗汉的境界，不再有轮回。一个修行人，肯定不去作恶了，但是若只是思善，并且思善而求福报，那么仍旧在六道中轮回，只是因思善而往生三善道罢了。所以，法融说"今说无心处，不与有心殊"，要做生活的"有心人"，时时主宰自己的心，才能主宰自己的命，也才能达到无念的境界。

如何随时随地观心，做生活的"有心人"呢？法融提出以"三迟"来对治"三心"。博陵王问曰："行者体境有，因觉知境亡。前觉及后觉，并境有三心。"修行人因为时时观心就会时时体会到外面各色各样的境界，因为反省自己，一念觉悟，就知道一切境界本性为空，是不存在的，都是因自己妄念才存在，所以眼前之境很快就消失了。那么分析前后的思想过程，前觉发现，后觉消失，前觉加后觉再加心所攀缘之境，就有三心了。一个人有"三心"，那么如何对治呢？法融曰："境用非体觉，觉罢不应思。因觉知境亡，觉时境不起。前觉及后觉，并境有三迟。"外境在心中发起作用，并非本体之觉（本觉如如不动），觉察到了外境之后不要再跟着外境跑。因为觉悟外境本空，所以就知道境界出现本来就不存在的，而是自己妄心的反映，是不真实的。这样前觉、后觉并心境，只要等待一下，反省一下，看清境界的本来面目，既不要压制，也不要放任，经过这三个时间段的观察，然后它就消失无踪了。所以要以"三迟"对治"三心"。"迟"就是观心的过程，这个过程需要等待，而不是压制妄念。金满慈《参禅日记》写到法融禅师这首偈时，就问南怀瑾先生"迟"是什么意思？怀师批示："迟，即寻伺、等待及到了之意。古人因作诗偈，为了不离韵脚，故特用此字，并非别有内涵。"

虽然顿悟就在当下，即心即佛，与佛无别，但顿悟实际上来自平时修行的积累，它需要一个艰苦的修行过程。在这里，法融提出了明心见性的十个次第。博陵王问曰："折中消息间，实亦难安帖。自非用行人，此难终难见。""折中"，指修行中的调心的过程，在这个过程中要难舍能舍，难行能行，不思善，不思恶，放下一切，始终使此心归于中道。经过一段时间折中调心，看看心中的变化，实在难以放下自己，做到无念，所以说不能"安帖"。博陵王自认为自己非使用有为法修行的人，可要做到彻底放下自己，其难度也是不可想象的，这个关键处过不了，他就难以明心见性。针对博陵王提出的问题，法融就提出了成佛十阶段论："折中欲消息，消息非难易。先观心处心，次推智中智，第三照推者，第四通无记，第五解脱名，第六等真伪，第七知法本，第八慈无为，第九遍空阴，第十云雨被。"

法融指出，在折中调心过程中想要看见自己的变化，要想有好消息也不难。先观心处心，则先要观十二处。要知道心对于外境的微细作用，就要知道什么是十二处。"处"的梵文原意就是指"所进入的场所"及"进入的东西"。"所进入的场所"，即指六根（眼、耳、鼻、舌、身、意），即六境所进入之场所。"进入的东西"，即指六境（色、声、香、味、触、法），亦即进入六根之境。六根又称为六内处，六境就是六外处。内外各六处，合为十二处。"六境"有引诱众生心思向外的功能，即说它们易于蒙蔽众生本有的真心，由于有污染性，所以又称为"六尘"，因而"六境"又叫"六尘"。"六根"与"六尘"的相互作用使众生生出了种种虚妄分别心，造作种种业因，感受种种果报。此外，感官（六根）缘对境（六境）所生之眼、耳、鼻、舌、身、意六识，合为十八种，称为十八界。十八界中，除去六识，则为十二处，而六识实际亦由十二处之意处所展开，依此，十八界或十二处摄尽一切法。通过分析十八界，我们就知道了六道轮回的根本就是因为六尘污染了我们的眼睛和身体，执着于个体就是自己，故造善恶之业而有六道轮回。因此观心，首先要观十二处。

第二步是推究最高智慧。什么是智中智？一般的智慧是世俗的智慧，如谋生的智慧，这些智慧都是有漏的智慧，因为它们无论智慧多高，都不能解脱生死轮回。智中智，即高出一般的智慧，佛教命名为般若，它是无漏的智慧，用这种智慧去观照一切外境，就很快能够放下自己而大彻大悟，所以精通般若智慧，这是一条成佛的捷径。有了般若智慧之后，就要用它反观推究者是谁？而当知道推究者也不存在，这样就不但知道"我"是空的，连"法"也是空的。既然法尚要舍，何况非法，所以第四步就是无记。无记，即非善非恶，无可记别。如此就远离了分别心。既然不再有分别心，就能六根清净，而不会再有轮回，这种境界是不是就是解脱了？所以第五步是要以般若智慧观照这种解脱名义。如来为真解脱（真实之解脱）者，而阿罗汉为一分解脱。一分解脱非真实究竟之解脱，如果执着于得解脱者，则将不饶益他人，故亦称为"堕于解脱深坑者"。所以，到这个地步，就要发大乘心，普度众生。当修行者有了正确的解脱知见后，就发起了菩提心，可在普度众生的大业中，却不能执着普度之相，有可度之相则菩提心是假，无可度之相则菩提心是真，要知道三轮体空，那么众生亦是空，何谓有度呢？所以第六步名叫等真伪。经过上面六个步骤，就了知法性本空，法本即法性。法性为万法之本，故名法本。《往生论》曰："随顺法性，不乖法本。"虽然法性本空，但若不发大愿，不发无上菩提心，则不能证得这种空性。所以第八步就是"慈无为"。为什么观音菩萨大慈大悲，永作苦海慈航，就是他的"慈无为"，永远救苦救难，却永远不认为是自己的功德，这就使"有为"变成"无为"。我们也要学习这种精神，才能达到无为境界。除了"慈无为"，还有四无量心的说法，即四种广大的利他心，为令无量众生离苦得乐，而发起慈、悲、喜、舍四种心，所谓慈，即友爱之心。悲，即同情他人的受苦。喜，即喜悦他人之享有幸福。舍，即舍弃一切冤亲之差别相，而平等亲之。如此修行下去，渐识"五蕴皆空"，故第九步是"遍空阴"。在佛教八苦中，有五阴（色受想行识）盛苦。盛者，有二义，若就苦而言，以人各具五阴而众苦炽盛，故曰盛；又以五阴之器盛众苦，故曰盛。《心经》开头的意思就是："观自在菩萨，他修行到非常微妙的般若波罗蜜多时，照见自己不存在了，一切外在的现象也不存在了，所以一切痛苦再也没有寄托的地方了，自然就消失了。于是，他就以明镜般的心，照见众生心中所想，以慈悲之愿普度众生。"这就是"五蕴皆空"的境界。如果修行者都如观自在菩萨那样去观照自己，就很快功德圆满了，到这个时候，我们的心得到法雨的洗礼，最后就会获得清净的法身，所以第十步名叫"云雨被"，佛法甘霖时刻加被修行者。

当修行者进入了佛的境界后，便是一种无可言说的境界。所以，法融在十阶段之最后说："号之名折中，折中非言说。安帖无处安，用行何能决？"我们把这种修行方法取名为"折中"，可当到了折中的境界后，折中二字怎么能够说出来呢？你想要安帖也没有地方再去安，更别说用有为法去控制它了。这种境界，便是六祖慧能所说的"如人饮水，冷暖自知"的境界，也是六祖所说"诸佛妙理，非关文字"的最早诠释。法融在六祖之前，早就把中国禅宗顿悟提升到了"不立文字，直指人心"的层面。有关这个观点，法融在与博陵王的对话中还有明显的阐释。法融曰："看心有罗縠，幻心何待看？况无幻心者，从容下口难。"观心观不清楚，好像隔了一层薄纱。如果是妄心你再怎么看也看不清楚，如果你已经没有妄心了，你又怎么能用语言文字去说出这种诸佛的境界呢？诸佛清净心非文字所能诠释，一说便是错，这就是"从容下口难"的含义。

法融还说："法性本基业，梦境成差互。实相微细身，色心常不悟。忽逢混沌士，哀怨愍群生。托疑广设问，抱理内常明。生死幽径彻，毁誉心不惊。野老显分答，法相愧来仪。蒙发群生药，还如色性为。"佛经说："应观法界性，一切唯心造。"此心因无明而造业，所以就有梦幻不实的千差万别人生。要想觉悟诸法实相，只要还有一丝习气，我们就无法知道什么是真谛。所以，我们每个人都抱着自身之宝（佛性）却不觉悟，还要身外求佛。世间就有一些所谓博通经典的糊涂人，便来给你讲佛法，好像很是可怜你的遭遇，广设疑问，替你回答为什么你人生中诸多不幸的问题，要你烧香拜佛向佛忏悔。可众生不明因果，就求佛要这要那，结果求不到，反而怪罪这位说法的糊涂人，又怪罪佛不灵验。到这个时候，你就是说的天花乱坠，还是"有理而负屈"。那么，你有更多的佛学知识又有什么作用呢？佛是佛，你还是你，所以"抱理内常明"。内常明，指佛典读得多，佛学知识渊博。再看"生死幽径彻，毁誉心不惊"，意思就是，生死看透了，轮回之理明白了，再大的毁谤与名誉也不会动心。

"野老显分答，法相愧来仪"，我这个山间老人用浅显的语言来回答你，惭愧的是没有法相庄严，也就没有凤凰来仪的瑞应。来仪，有成语凤凰来仪，谓凤凰来舞而有容仪，古人以为瑞应。虽然我没有那么豪华的讲法阵容，但我说的话很实在，我给大家开一剂发蒙的心药，那就是当下就敢承当，此色身便是佛，色与佛性不相违背。"还如色性为"，即还是去看色与性的本来面目。这就是法融在前面回答博陵王所说的："色心前后中，实无缘起境。一念自疑忘，谁能计动静？"我们的心所面对的色境，无论产生前、产生后、产生中，实际上其本性都是空的（缘起性空）。一旦自己的一念疑心消失了，那么就回到了本有真心，这个时候还有谁会有动静呢？自疑，即疑者，谓疑自身诸根暗钝，罪垢深重，非是受道之器。作此自疑，禅定不能发生也。

综上所述，在中国禅宗的发展过程中，从道信旁出一枝与弘忍并行的是牛头宗，我们不可忽视它的存在。印顺法师说："印度禅蜕变为中国禅宗——中华禅，胡适以为是神会。其实，不但不是神会，也不是慧能。中华禅的根源，中华禅的建立者，是牛头。"印顺法师说它是中华禅，是因为祖师法融"遍读内外典籍，是一位精研般若而又传涉'道书'的学者"。所以，他就认为它的禅宗中国化了，"多读道书，也就不觉的深受其影响了"。

从法融创建牛头宗开始，几乎有着和六祖同样的影响，从牛头宗法融之下有智岩、慧方、法持、智威、慧忠，合称牛头六祖，也可以说开创了中国禅宗的新时代。

【参考文献】

《续高僧传》卷二十六；《景德传灯录》卷四；《佛祖统纪》卷三十九；《佛祖历代通载》卷十二；刘禹锡《牛头山第一祖融大师新塔记》；印顺《中国禅宗史》第三章。

第二节　四祖下二世

金陵牛头山融禅师法嗣

牛头山智岩禅师

牛头山智岩禅师者，曲阿人也。姓华氏。弱冠智勇过人，身长七尺六寸。隋大业中为郎将[1]，常以弓挂一滤水囊，随行所至汲用[2]。累从大将征讨，频立战功。

唐武德中，年四十，遂乞出家。入舒州皖公山，从宝月禅师为弟子。后一日宴坐，睹异僧身长丈余，神姿爽拔，词气清朗，谓师曰："卿八十生出家[3]，宜加精进。"言讫不见。尝在谷中入定，山水暴涨，师怡然不动，其水自退。有猎者遇之，因改过修善[4]。

复有昔同从军者二人，闻师隐遁，乃共入山寻之。既见，因谓师曰："郎将狂邪，何为住此？"师曰："我狂欲醒，君狂正发。夫嗜色淫声，贪荣冒宠[5]，流转生死，何由自出？"二人感悟，叹息而去。

师后谒融禅师，发明大事[6]。融谓师曰："吾受信大师真诀，所得都亡[7]。设有一法胜过涅槃，吾说亦如梦幻[8]。夫一尘飞而翳天，一芥堕而覆地[9]？汝今已过此见，吾复何云？山门化导，当付之于汝。"师禀命为第二世，后以正法付方禅师。

师住白马、栖玄两寺，又迁石头城。于仪凤二年正月十日示灭，颜色不变，屈伸如生。室有异香，经旬不歇。遗言水葬焉。

【注释】

[1] 郎将：武官名。秦置，主宿卫、车骑，即郎中令所辖三署的五官中郎将、左中郎将、右中郎将。汉袭秦制，属光禄勋。唐宋设官，于中郎将之外，复置郎将，五品。

〔2〕汲（jí）用：取水饮用。

〔3〕卿（qīng）八十生出家：您前生有八十次投胎都是出家人。旧译本"你八十岁出家"，译错。前面已经明言智岩禅师四十岁出家，再说八十生怎么会是八十岁呢？八十生是八十世，即八十次投胎转生。卿：古代对人敬称，宜译为"您"。

〔4〕<u>尝在谷中入定，山水暴涨，师怡然不动，其水自退。有猎者遇之，因改过</u><u>修善</u>：曾经在山谷中禅坐入定，山水暴涨，禅师安然不动，洪水自然退去。有打猎的人遇到禅师（经禅师开示），都改过修善。旧译本"有位打猎者，遇见此景，因而改过修善"，译错。打猎者因为遇到大师开示才改过修善，并非看到了山洪暴发禅师入定那一幕才改过修善，两者之间没有联系。而且不是一位打猎者，是很多的打猎者遇到禅师开示后，都改过修善了。

〔5〕嗜色淫声，贪荣冒宠：沉迷声色，贪图荣宠。冒宠：无勋德而受恩庞。

〔6〕发明大事：谓参学者明心见性，完成了领悟禅法、超脱生死的大事。发明，非今天所说科技上的发明创造。一是指揭示、阐明，即对佛法创造性地阐发与发挥。二是指省悟、发现。

〔7〕吾受信大师真诀，所得都亡：我接受四祖道信大师的真传，真正修行的要诀，并非是得到什么，而是什么都没有得到，一切都空。旧译本"我接受道信大师的真谛后，其余所获得的都忘了"，译错。

〔8〕设有一法胜过涅槃，吾说亦如梦幻：假设有一法胜过涅槃，我说它也是如梦幻泡影的有为法。旧译本："假设有一法胜过涅槃，我说的亦如梦幻。"使人费解，有误。

〔9〕一尘飞而翳天，一芥堕而覆地：难道一粒微尘在空中飞就把天都障住了，一粒芥子落到地下就把地也盖住了？本书中禅师反问，一般都是批评某些人妄自尊大、固执己见、不自量力。

【概要】

智岩禅师（600～677年），唐牛头宗僧。曲阿（今属江苏省）人。俗姓华。身长七尺六寸，特别高大。隋大业年中（605～616年）为郎将，屡立战功。唐武德年间（618～626年），从舒州（今属安徽省）皖公山宝月禅师出家。后来，住白马寺、栖玄寺，又往石头城疠人坊，为病人说法、服务。于仪凤二年一月十日示寂，世寿七十八，法腊三十九。

智岩禅师算不算牛头宗二祖，印顺法师提出异议："《续僧传》（《续高僧传》）没有说到智岩到牛头山去，也没有说到与法融的任何关系。智岩到建业，'依山结草'，正是法融在幽栖寺北岩下，'别立禅室'那一年（贞观十七年）。与法融共住的，'百有余人'；而与智岩共住的，也是'僧众百有余人'，这是两地同时施化的。贞观十七年，法融五十岁，智岩已六十六岁。虽然禅法的传授，不限年龄的大小，但智岩永徽五年（654年）去世，比法融（657年）还早了三年。从继位弘扬的意义来说，智岩继法融而称二祖，是很难想象的。《传灯录》编者，也许发觉到这点，所以改为：智岩'于仪凤二年（677年）正月十日示灭'。这也许有师资传承的可能，但这么一改，完全陷于矛盾了！《传灯录》所传智岩的事实，是依《续僧传》的，也说'唐代武德中，年四十'出家；'年七十八'（去世）。如武德年中年四十，那仪凤二年，至少是九十岁以上，怎么还是七十八岁呢？而且，道宣卒于乾封二年（667年）；智岩死了，道宣已为他作传，怎么能活到仪凤二年呢！《传灯录》的改窜，是不足采信的。"（摘自印顺《中国禅宗史》第三章第二节）

依印顺法师的论证，智岩禅师的生卒确有问题，如果根据《续高僧传》的年龄就不能作"仪凤二年正月十日示灭"。本书推迟智岩禅师的圆寂时间，印顺法师认为是为了牛头宗二祖的地位，如果徒弟比师父还先去世，怎么好说继承师父位子呢？所以，印顺法师认为，智岩禅师的牛头宗二祖位子没有根据。

智岩禅师是不是二祖实际上也不重要，关键是他有没有得到禅宗的心传，如果得到了，又大彻大悟了，衣钵不重要，弘法度生，做了多少贡献才重要。即使以牛头宗祖师法融的地位也没有得到道信禅师的衣钵，可印顺法师也没有否定他在中国禅宗史上的重要性。所以，从这个方面来看，我们不能否定智岩禅师是一代大师，而《五灯会元》时间不合理的问题，则值得另外考证，这是两个不同层面的问题。即使智岩禅师先于法融禅师去世，其实也一点不影响大师的光辉形象。

智岩禅师"以正法付方禅师"，即是慧方（629～695年），唐代僧，牛头宗第三祖。润州延陵（江苏省）人，俗姓濮。初于开善寺出家，受具足戒后，入牛头山，参谒智岩，请问秘要，得示心印而豁然开悟，此后十余年未曾下山，而四方学者云集其门。后，传正法予法持，并退居茅山。相传禅师在灭度前夕，曾见有髻发后垂状如菩萨者五百余人，各持幡花，来曰："请法师讲！"又感山神现大蟒身至庭前，如将泣别。禅师知时至，令侍者洪道报门人，及门人奔至，禅师已入灭。寿六十七，腊四十。

【参考文献】

《续高僧传》卷二十；《祖堂集》卷三；《景德传灯录》卷四；《联灯会要》卷二；《释氏六帖》卷十一；《禅苑蒙求》卷中；印顺《中国禅宗史》第三章。

金陵钟山昙璀禅师

金陵钟山昙璀禅师者，吴郡人也。姓颜氏[1]。初谒融禅师，融目而奇之，乃告之曰："色声为无生之鸩毒，受想是至人之坑穽[2]，子知之乎？"师默而审之，大悟玄旨。寻晦迹钟山，多历年所，茅庵瓦缶，以终老焉。唐天授三年二月六日，恬然入定，七日而灭。

【注释】

[1] 姓颜氏：宝祐本作"姓颜氏"，但查阅《大正藏》与《龙藏》之《宋高僧传·唐润州竹林寺昙璀传》均作"俗姓顾氏"，是否字形相近而误，待考证。

[2] 受想是至人之坑穽（jǐng）："受""想"是引诱人的陷阱。旧译本"受想是至人的陷阱"，译文费解。"至人"是什么意思，如果作为一个名词，至人指达到无我境界的人，庄子说"至人无己"，此处显然不是这个意思。此处"至"，实际上是"致"，即招致、引诱的意思。此外，"受""想"是佛教专有名词，宜加引号，使人知道有特殊意义。"受""想"：属于佛教"五蕴"里面的"受蕴""想蕴"。受蕴，受即领纳之义。谓六识与六尘相应，而有六受，和合积聚，故名受蕴。眼识受色尘，耳识受声尘，鼻识受香尘，舌识受味尘，身识受触尘，意识受法尘也。想蕴，想即思想之义。谓意识与六尘相应，而成六想，和合积聚，故名想蕴。意识着色想色、着声想声、着香想香、着味想味、着触想触、着法想法也。穽：同"阱"，陷阱。

【拓展阅读】

法融的门下，据《续高僧传·法融传》说，他初入牛首山（牛头山）时有道綦和道凭，这两人的事迹都不详了。《宋高僧传》卷八的昙璀传，说昙璀晚年曾事牛首山法融，称法融为东夏的达磨。他受了法融诲示以后，即隐居于钟山，后入润州竹林寺。从最初的师承关系说，昙璀应该是牛头宗的第二世，但后来却公认智岩为二世。至于牛头宗法系六世的次第，都是比较后起的说法，而各种记载里也互有出入。唐刘禹锡的《融大师新塔记》以法融、智岩、法持、智威、玄素、法钦为牛头宗传承的次第，但未称为六祖。李华的《故径山大师（玄素）碑铭》所记的传承是法融、智岩、慧方、法持、智威、玄素六世。这种系统传说在玄素（668～752年）生前似已成立。到了宗密时（780～841年）更确定了牛头宗的世系，以法融为第一祖，智岩第二，慧方第三，法持第四，智威第五，慧忠第六。又说智威的弟子有润州鹤林寺玄素，玄素的弟子有径山道钦（一称法钦），都是相承传授牛头禅的宗旨的。牛头宗的世系，后来即以此为定说。

第三节　四祖下五世

金陵牛头山持禅师法嗣

牛头山智威禅师

牛头山智威禅师者，江宁人也。姓陈氏。依天宝寺统法师出家，谒法持禅师[1]，传授正法。自尔江左学徒，皆奔走门下。有慧忠者，目为法器。

师尝有偈示曰："时中莫系念[2]，念成生死河。轮回六趣海，无见出长波。"忠答曰："念想由来幻，性自无终始。若得此中意，长波当自止。"

师又示偈曰："余本性虚无，缘妄生人我。如何息妄情？还归空处坐。"忠答曰："虚无是实体[3]，人我何所存？妄情不须息，即泛般若船。"

师知其了悟，乃付以院事，随缘化导，终于延祚寺。

【注释】

[1] 谒（yè）法持禅师：拜见法持禅师。谒：拜见。旧校本标点有误，"法持禅师"是禅师名，应全部下画线，而旧校本只画了"持禅师"。

[2] 时中莫系念：宝祐本空两个格，作"□□莫系念"，旧校本亦空缺。旧校本注《景德传灯录》没有空格，其实那肯定是疏忽了，因为禅师之偈是五字一句。查阅《卍新纂续藏经》第八十一册《五灯全书》"智威禅师"一节有此偈，此处空格是"时中"二字，故予以补充。这句话的意思是每天时时刻刻不要有妄念，"时中"一般指"二六时中"，即一昼夜之十二时辰，指整天。

[3] 实体：《三藏法数》："实体甚深者，谓如来所证实相理体，不空不有，非如非异，不可思议也。"那么此实体则指诸法实相。诸法实相，又名真如、法性、

实际等，即一切事物的真相或真理。

【概要】

智威禅师（646～722年），唐代牛头宗僧人。江宁（今江苏省）人，俗姓陈。初参天宝寺统法师。年二十，于幽岩寺剃度出家。其后，谒牛头宗法持，传其正法，住金陵牛头山，大扬宗风。传法予慧忠。唐玄宗开元十年（一说十七年），示寂于延祚寺，世寿七十七。禅师临终时，曾嘱将其遗体置于林中以饲鸟兽。其弟子玄挺等人在师逝后，亦依教奉行。

智威禅师与慧忠禅师的传法对话，重点在妄念是轮回之本以及妄念本空的探讨。智威禅师告诉慧忠禅师："每天时时刻刻不要有妄念，一切妄念都是生死长河的根本。因为妄念有善恶不同，若变成行为，就有善恶不同之业，这样就使众生长期轮回在善恶不同的六道（三善道、三恶道）大海之中，生生世世在轮回的大浪中颠簸，没有出期。"慧忠禅师回答："妄念的本性都是空的，一切妄想都如梦幻泡影，只有自性才是不生不灭的，无始无终的。如果悟到这个意义了，轮回于六道的大浪就会消失。"

智威禅师还与慧忠禅师讨论虚无与妄想的关系。智威禅师说："我本来是虚无的，不存在的，可因为外在之缘引诱我生起了妄想，于是就有了人我的对立，因为一切都想要属于我，所以就与别人产生了对立。如何去停止这种妄想呢？还是回来吧，到空处坐下来，不要再被外境引诱出去了。"慧忠禅师回答："虚无就是诸法实相，真空妙有，虽然本空，但不妨碍有的存在，若能如明镜一样，虽然能照见万物，但不为它们所动心，那么人我的对立怎么还会存在呢？所以，不必刻意地去停息妄想，只要用般若智慧来观照它，此心即是佛。"这样的回答，与慧能大师"菩提本无树，明镜亦非台"又有什么区别呢？所以，智威禅师知道慧忠禅师开悟了，就把心印传给了他。

【参考文献】

《景德传灯录》卷四；《宋高僧传》卷八；《祖堂集》卷三。

【拓展阅读】

《宋高僧传》卷八："威一时夜行头陀，将值天晓，有三虎遇之，威截路中过，了无怖色，虎随至山门，四顾而去。每有二兔一犬，庭际游戏，各无间畏。盖大悲平等，物我一均，故其然也。"

第四节 四祖下六世

金陵牛头山威禅师法嗣

牛头山慧忠禅师

牛头山慧忠禅师者，润州人也。姓王氏。年二十三，受业于庄严寺，闻威禅师出世，乃往谒之。威才见，曰："山主[1]来也。"师感悟微旨，遂给侍左右。后辞，诣诸方[2]巡礼。

威于具戒院，见凌霄藤遇夏萎悴[3]，人欲伐之，因谓之曰："勿剪，慧忠还时，此藤更生。"及师回，果如其言。即以山门[4]付嘱讫，出居延祚寺。

师平生一衲不易，器用唯一铛[5]。尝有供僧谷两廪[6]，盗者窥伺，虎为守之。

县令张逊者，至山顶谒，问师[7]："有何徒弟？"师曰："有三五人。"逊曰："如何得见？"师敲禅床，有三虎哮吼而出，逊惊怖而退。

后众请入城，居庄严旧寺。师欲于殿东别创法堂，先有古木，群鹊巢其上，工人将伐之。师谓鹊曰："此地建堂，汝等何不速去？"言讫，群鹊乃迁巢他树。初筑基，有二神人定其四角，复潜资夜役[8]，遂不日而就。繇是[9]四方学徒云集，得法者有三十四人，各住一方，转化多众。

师有安心偈曰："人法双净，善恶两忘。直心真实，菩提道场。"

大历三年，石室前挂铛树、挂衣藤忽盛夏枯死。四年六月十五日，集僧布萨[10]讫，命侍者净发[11]浴身。至夜，有瑞云覆其精舍，空中复闻天乐之声。诘旦[12]，怡然坐化。时风雨暴作，震折林木，复有白虹贯于岩壑。五年春，荼毗，获舍利不可胜计[13]。

【注释】

[1] 山主：即一山之主，乃一寺住持之尊称。寺院原多建于山林之间，寺称山号，故住持称山主。又书院之山长，亦称山主。此外，亦称禅林大寺院之上座为山主。

[2] 诸方：指各地禅院、各地禅师。

[3] 见凌霄藤遇夏萎（wěi）悴（cuì）：看见凌霄藤遇上夏天太热即将枯萎。

[4] 山门：又作山寺。乃寺院之一般称呼。因古来寺院多筑于山林之间，故以山门为寺院之别名，唯后世造于平地、市井中之寺院，亦得泛称山门。又一寺住持以下之全体修行者，亦总称山门。此处指智威禅师将自己的全部弟子都托付给慧忠禅师，即让慧忠禅师代替他为山主，自己则退幕后了。

[5] 师平生一衲不易，器用唯一铛（tāng）：禅师一生就一件僧衣，从来没有更换过，法器就只用一件铛。

[6] 廪（lǐn）：米仓。

[7] 县令张逊者，至山顶谒，问师：旧校本标点有误。因为未弄清"顶谒"（顶礼谒见）是一个词，把"至山顶谒问"连在一起，然后冒号，把"师"字移入引号之内。（参见项楚《〈五灯会元〉点校献疑三百例》）

[8] 复潜资夜役：又暗中帮助，晚上偷偷来施工。

[9] 繇（yáo）是：从此，于是。繇：通"由"。

[10] 布萨：梵语。译为净住，或长养。出家之法，每半月（十五日与廿九日或三十日）集僧说戒经，使比丘住于净戒中，能长养善法；在家之法，于六斋日持八戒以增长善法。

[11] 净发：僧人剃发之称。北魏郦道元《水经注·河水一》："其怀道宗玄之士，皮冠净发之徒，亦往栖托焉。"《法苑珠林》卷十："太子语净发师：'汝能为我净发以不？'其净发师报太子言：'甚能。'即以利刀剃头。"

[12] 诘（jié）旦：平明，清晨。

[13] 获舍利不可胜计：获得数不清的舍利。旧译本"得佛骨无数"，有误。因为佛骨是指释迦牟尼佛陀的舍利。舍利，梵语，译为体、身、身骨、遗身，通常指佛陀之遗骨，而称佛骨、佛舍利，其后亦指高僧死后焚烧所遗之结晶体，此处是慧忠禅师的舍利，不是佛骨。

【概要】

慧忠禅师（682~769年），唐代牛头宗僧。又称"惠忠"或"牛头慧忠"。润州（江苏省）上元人，俗姓王。诞生以来，不食荤腥，异于常童，禀性敦厚。二十三岁，受业于庄严寺。后闻牛头山智威承袭达磨心印，遂前往参谒，而成为智威的法嗣。后辞智威，行脚四方，并曾居止于延祚（zuò）寺。其平素生活极简，衣仅一衲，器唯一铛，众味同煮，用毕悬于树梢上。又结绳床（绳制之座具），静坐终日。天宝（742～755年）初年，始应邀住庄严寺（梁朝旧寺），遂兴修葺，创法堂。一时四方学侣云集，嗣法者多达三十四人。大历四年六月十六日，怡然坐化，世寿八十七。荼毗后，获舍利不可计数。

【参考文献】

《宋高僧传》卷十九；《景德传灯录》卷四。

宣州安国寺玄挺禅师

初参威禅师[1]，侍立次。有讲《华严》僧问[2]："真性缘起，其义云何？"威良久。师遽召曰："大德！正兴一念问时，是真性中缘起。"其僧言下大悟。

或问："南宗[3]自何而立？"曰："心宗非南北。"

【注释】

[1] 初参威禅师：查阅《联灯会要》卷二作"初参五祖忍禅师"。

[2] 有讲《华严》僧问：有一位会讲《华严经》的僧人问。旧校本标点有误，"《华严》"与"僧"的中间不能加逗号。旧译本来自旧校本，故译文亦错，"有次智威禅师正讲《华严经》，有个僧人问"，断句与翻译皆错。

[3] 南宗：达磨到中国来传禅，到五祖弘忍的时候，有慧能卜神秀二位弟子，慧能在江南布化，叫作南宗，神秀在北方布化，叫作北宗。

【拓展阅读】

依据《联灯会要》等其他书籍记载，此处为玄挺禅师参访五祖弘忍禅师，而本文记载为参访智威禅师。但无论参谁，都不要紧，因为这个公案为后世开悟提供了启迪。

依据《教外别传》卷四，此处有后世禅师的评论，如下：

宣州安国寺玄挺禅师，初参威禅师，侍立次。有讲《华严》僧问："真性缘起，其义云何？"威良久。师遽召曰："大德！正兴一念问时，是真性中缘起。"其僧言下大悟。（径山杲云："未兴一念问时，不可无缘起也。"时有僧云："未兴一念问时，唤什么作缘起？"妙喜云："我也只要你与么道。"楚石琦云："昆仑奴，著铁裤，打一棒，行一步。"万峰蔚云："这僧即知开口问人，不知真性缘起，累他挺禅师道。大德正兴一念问时，是真性中缘起。其僧打失鼻孔。虽然得个悟处，毕竟费力不少。且道未问已前，缘在何处？"）

　　《教外别传》收录了历代三位禅师对玄挺禅师的话的评议。首先是临济宗高僧大慧宗杲禅师，他自径山退隐明月堂，于隆兴元年（1163 年）迁化，享年七十五，谥号为"妙喜"。杲禅师，也就是妙喜禅师说："未生起一念问时，不可无缘起。"缘起是佛教的基本教义，亦名缘生。"因缘生起"的略称。缘，意为关系或条件，所谓缘起即诸法由缘而起；宇宙间一切事物和现象的生起变化，都有相对的互存关系或条件。这样，就把佛教与其他宗教的神创说区别开来。那么，当还没有生起一念要问真性缘起的时候，是不是就还没有缘起呢？杲禅师予以否定。玄挺禅师告诉僧人"您正生起一念问时，就是真性中缘起"，而杲禅师则进一步，他说连这个问的念头都没有的时候，也已经有缘起了。那么，僧人就问杲禅师："未兴一念问时，唤什么作缘起？"杲禅师回答我，也如玄挺禅师一样回答你。么（me）道（dào），意思是如此说、这样说。无论是玄挺禅师，还是杲禅师，都是说明"活在当下"的道理。如果你知道当下一念是什么，就是佛性（真性）显现的时候，只要这个念头不思善不思恶，那么也就能进入缘起性空的境界。譬如一个人念佛，当他念佛的时候，此心即是佛。

　　第二位是楚石（1296～1370 年）禅师，元代僧。明州象山人，俗姓朱。名梵琦，楚石为其字。南岳下二十世法孙径山行端之法嗣。楚石禅师回答："昆仑奴，著铁裤，打一棒，行一步。""昆仑奴"又作"昆仑子"，指昆仑国（南海诸国）之黑人，唐朝时期黑人奴仆和黑人艺人很多，当时流传的一句行话，叫作"昆仑奴，新罗婢"。又，对来自印度、西域人之蔑称为"昆仑奴"。如东晋道安法师，因其肤色黝黑，而得绰号"昆仑子"。楚石禅师的意思，不能活在当下的人，就譬如黑奴穿了一条铁裤，打一棒才会走一步。佛的意思，就是已经觉悟的人，自己觉悟了才能去觉悟他人，如果不能反省自己，连自己都是糊涂人了，怎么还能去觉悟别人呢？不觉悟的人，当然就不能知道当下是什么，所以就只能打一棒走一步了。

　　万峰和尚的评价比较长，这位禅师长期住在邓尉山。邓尉山位于江苏吴县西山，以汉代邓尉隐居于此，故有此称。明初万峰禅师在此开山说法，从此古德相望，皆衍临济之传，为禅门作后起龙象。禅师的话收录在《嘉兴大藏经》第四十册《万峰和尚语录》，其后有偈："寥寥孤月挂寒空，大地山河寂照中。开口便能成话堕，缘风吹入九霄宫。"这首偈就是万峰和尚回答"且道未问已前，缘在何处？"

的问题。本性是空的境界，言语道断，即一开口就错，因为诸佛妙理，不关文字，非语言所能说明。

舒州天柱山崇慧禅师

舒州天柱山崇慧禅师者，彭州人也。姓陈氏。唐乾元初，往舒州天柱山创寺。永泰元年赐额。

僧问："如何是天柱境？"师曰："主簿山高难见日，玉镜峰前易晓人[1]。"

问："达磨未来此土时，还有佛法也无？"师曰："未来且置，即今事作么生[2]？"曰："某甲[3]不会，乞师指示。"师曰："万古长空，一朝风月。"僧无语。师复曰："阇梨[4]会么？"曰："不会。"师曰："自己分上作么生？干他达磨来与未来作么[5]？他家来，大似卖卜汉。见汝不会，为汝锥破卦文，才生吉凶。尽在汝分上，一切自看。"僧曰："如何是解卜底人？"师曰："汝才出门时，便不中也[6]。"

问："如何是天柱家风？"师曰："时有白云来闭户，更无风月四山流。"

问："亡僧迁化[7]向甚么处去也？"师曰："灊岳[8]峰高长积翠，舒江明月色光晖。"

问："如何是大通智胜佛[9]。"师曰："旷大劫来，未曾壅滞[10]，不是大通智胜佛是甚么？"曰："为甚么佛法不现前。"师曰："只为汝不会，所以成不现前。汝若会去，亦无佛可成[11]。"

问："如何是道？"师曰："白云覆青嶂，蜂蝶恋庭华。"

问："从上诸圣有何言说？"师曰："汝今见吾有何言说？"

问："宗门中事，请师举唱。"师曰："石牛[12]长吼真空外，木马嘶时月隐山。"

问："如何是和尚利人处？"师曰："一雨普滋，千山秀色。"

问："如何是天柱山中人？"师曰："独步千峰顶，优游九曲泉。"

问："如何是西来意？"师曰："白猿抱子来青嶂，蜂蝶衔华绿蕊间。"

大历十四年归寂，塔于山之北。

【注释】

[1] 主簿山高难见日，玉镜峰前易晓人：主簿、玉镜是天柱寺附近的两座山

峰，禅师以两座山峰作对比，告诉提问僧人，不要以为佛高高在上，如果你执着要找到一个高高在上的佛，那么就是如看见主簿高峰一样，你虽然看见了高峰，却看不见挡住了的太阳（喻佛）。而玉镜峰就在眼前，虽然没有主簿峰那么高，但是阳光明媚，看到的一切都是真实的，没有隐藏的东西。当你心中无杂念的时候，眼前的一切都是悟道的机缘，为什么要舍近求远呢？言下之意，佛在心中莫远求，活在当下最自在。

[2] 未来且置，即今事作么生：达磨没来的事先放到一边不管，先说你现在的事要做什么？作么生：意思为干吗、做什么。

[3] 某甲：自称之代词。本书出现频率最多的词。

[4] 阇梨：即阿阇梨。译为教授、导师，或轨范正行，是矫正弟子们行为的比丘。四分律有五种阿阇梨，即出家、受戒、教授、受经、依止等。

[5] 自己分上作么生？干他达磨来与未来作么：自己份上（本来佛性）的事怎么做？牵扯达磨来与不来干吗？

[6] 汝才出门时，便不中也：你才出门时，就不行了。

[7] 迁化：指僧人去世。与涅槃、圆寂、灭度、顺世、归真等同义。

[8] 灊（qián）岳：即灊山，指天柱山。南岳亦有此称呼。此处指天柱山，在今安徽安庆市潜山县西部，又名潜山、皖山、皖公山（安徽省简称"皖"由此而来）、万岁山、万山等。旧校本将"灊岳峰"三字画线，有误，"灊岳"才是地名。

[9] 大通智胜佛：出自《妙法莲华经》卷三："大通智胜佛，十劫坐道场，佛法不现前，不得成佛道。"这是本书常出现的一个公案。大通智胜佛：又作大通众慧如来、大通慧如来。即出现于过去三千尘点劫以前，演说《法华经》之佛名。依《法华经》卷三化城喻品所载，过去无量无边不可思议阿僧祇劫有一佛，名为大通智胜如来，此佛未出家前有十六王子，于父王成道后，十六王子亦出家为沙弥，听闻大通智胜佛宣讲《妙法莲华经》而信受奉行。诸王子中之第十六沙弥，即为释迦如来。

[10] 壅（yōng）滞（zhì）：阻隔；堵塞。

[11] 汝若会去，亦无佛可成：你如果领会了，就知道此心之外并非有佛可成。旧译本"你如领悟了，也不可能成佛"，译错。

[12] 石牛：与木马、泥牛类似，都是禅林用语。因为它们无有思虑念度之作用，故丛林每以之比喻无心无念之解脱当相。南本《涅槃经》卷十八："木牛、木马、木男、木女，婴儿见已，亦复生于男女等想，即止不啼。"又禅宗有"木马游春骏不羁"之语，以游春表活动之意，引申为无心之妙用。再如泥牛入海无消息，比喻绝踪迹、断消息，即一去不返之意。泥牛入于大海之中即全然溶化，失其形

状，故亦用以比喻人、物之一去不返，毫无消息。

【概要】

崇慧禅师（？ ～779 年），唐代牛头宗智威之法嗣。俗姓陈，彭城（今江苏徐州）人。唐乾元年间（758 ～759 年）于舒州天柱山开山，永泰元年（766 年）敕赐"天柱山"之号。终身住此，大历十四年示寂。

崇慧居山演道，他与众僧谈禅的方法，常常通过比喻，使人明心见性。有僧问崇慧禅师："达磨祖师没来时，我土是否有佛法？"禅师说："达磨没来的事先放到一边不管，先说你现在的事要做什么？"僧说不懂。禅师说："万古长空，一朝风月。懂吗？"僧仍不懂。禅师说："自己份上的事怎么做？牵扯达磨来与不来干吗？他就像个算卦的，见你不懂，为你露出卦文，于是就知道了吉凶。其实，命运的好坏，都是你自己本有的。"

这个对话中有两个比喻，第一个是作偈"万古长空，一朝风月"，隐指佛性不生不灭，不管达磨有没有来中国，它都不变。而禅悟则是每个人自己的事，若你自己不开悟，达磨来了也没有用。"一朝风月"是你眼前的景象，但它也是"万古长空"中映现出来的，从眼前的"变"去悟"不变"，那么有即是无，无即是有，这就是禅师告诉僧人如何用功，就在当下所见之境去观当下之心，若没有分别心，就开悟了。

第二个比喻，达磨大师好比一个算卦的，他没有来之前，你的命运是如此，他来之后，给你算一卦，于是你就知道你的命运有什么吉凶好坏了。虽然他让你知道了命运的好坏，但无论好与坏，都是你命中本有的。都是因果报应，要想摆脱因果，那就得自己去反省自己。你本来什么都不缺，自性就是佛，但由于你被无明所惑，而有善恶之业。如果连善恶都没有了，那么你本有的佛性就出来了。

【参考文献】

《景德传灯录》卷四。

润州鹤林玄素禅师

润州鹤林玄素禅师者，延陵人也。姓马氏。晚参威禅师，遂悟性宗。后居鹤林寺。一日有屠者礼谒，愿就所居办供，师欣然而往，众皆见讶。

师曰："佛性平等，贤愚一致。但可度者，吾即度之，复何差别之有？"

僧问："如何是西来意[1]？"师曰："会即不会，疑即不疑。"又曰："不会不疑底，不疑不会底[2]。"

　　有僧扣门，师问："是甚么人？"曰："是僧。"师曰："非但是僧，佛来亦不著[3]。"曰："为甚么不著？"师曰："无汝栖泊[4]处。"

【注释】

　　[1] 西来意：禅宗西祖达磨从印度来中国传教的本旨。这里指禅旨、佛法。

　　[2] 不会不疑底，不疑不会底：你若不明白就不会怀疑，你若不怀疑就不会明白。即生起疑情是开悟的先决条件。底，相当于现在的助词"的"，无义。但有人将两句中的"底"作"根本"解，如此翻译："'不会不疑底'，说不通晓佛学就不会追问事物的根本，'不疑不会底'，说不追问就永远接触不到佛家根本。"这是望文生义，有误。旧译本"不用领悟不疑惑的，不用怀疑不领会的"，亦有误。

　　[3] 不著：宣化老和尚说："'不著'，就是不理你；我不管你，也不招呼你，当没有一回事似的。"（摘自虚云老和尚集、宣化老和尚讲述《佛祖道影白话解·禅宗初期祖师》）

　　[4] 栖（qī）泊（bó）：居留；停泊；寄居。

【概要】

　　玄素禅师（668～752年），唐代牛头宗智威的法嗣。润州（今属江苏）延陵人，字道清。以曾住鹤林寺，故世称"鹤林玄素"。又因俗姓马，故又称马素。初投江宁（今属江苏）长寿寺剃度出家。晚年师事青山幽栖寺智威禅师，伏形苦节，时人称之为"婴儿行菩萨"。开元年间（713～741年），应汪密之请至京口。又依郡牧韦铣之请居润州黄鹤山鹤林寺，衲衣空床，未尝出户。王侯稽首迎请，均不为所动。天宝十一年十一月十一日无疾而化，世寿八十五，全身塔于黄鹤山之西。谥号"大律禅师"。李华为撰碑文。又，其门人法海，乃《敦煌本六祖坛经》最古层部分的编辑者。

　　"西来意"公案出自玄素禅师。有僧人问，什么是达磨大师西来宗旨？禅师回答："明白就是不明白，怀疑就是不怀疑。"这样回答使人莫名其妙，实际上禅师在这里告诉佛法密意不可思议，不关文字，无法解说，如果你说自己明白了达磨西来宗旨，实际上就是没明白，因为能够说出来的佛法不是真佛法。而持怀疑论者反而会开悟，从怀疑开始，最后就会不怀疑了。

【参考文献】

《祖堂集》卷三;《景德传灯录》卷四;《佛祖历代通载》卷十三;《宋高僧传》卷九;《全唐文》卷三二〇;《联灯会要》卷二;印顺《中国禅宗史》。

【拓展阅读】

宣化老和尚论"西来意"(出自虚云老和尚集、宣化老和尚讲述《佛祖道影白话解·禅宗初期祖师》):

玄素禅师就说:"什么叫西来大意啊?你明白的时候,就像不明白一样。"这怎么讲呢?明白怎么像不明白一样?那不明白又像明白一样?那可不行的!你明白,可以像不明白的;你不明白,不可以像明白。这就是你明白了,不要贡高我慢,不要那么骄傲,说:"喔,你知道了吗?我懂得西来意了!啊,你还不懂呢!"这就叫贡高我慢了,这就叫会即不会;本来你不一定通的,你就冒充通达。

你通了,不需要各处去卖膏药,说:"啊,我是一个明白西来大意的,我是明白祖师意的!"各处去满街卖广告,不需要的。"有麝自然香,何须大风扬",你若有真东西,不怕没有人买;不需要各处去找买主。尤其你真有了,何必又那么着急想要卖它呢?不需要的;因缘成熟了,自然就师资道合了,就能行法了。不是像个喇叭筒似的,一天到晚吹吹吹,吹给旁人听,不是那样的。"会者不难,难者不会",会了,一切都没有问题了;不会,那问题就多得很。"疑即不疑",究竟会不疑了。你不疑就不会,不会就不疑。

第五节　四祖下七世

金陵牛头山忠禅师法嗣

天台山佛窟岩惟则禅师

天台山佛窟岩惟则禅师者,京兆[1]人也。姓长孙氏。初谒忠禅师,大悟玄旨,乃曰:"天地无物也,物我无物也。虽无物也,而未尝无物也。如此，则圣人如影，百姓如梦，孰为死生哉[2]？至人以是能独照[3]，能为万物主。吾知之矣。"

遂南游天台，隐于瀑布之西岩。元和中，慕道者日至。有弟子可素，遂筑室庐，渐成法席。佛窟之称，自师始也。

僧问："如何是那罗延[4]箭？"师曰："中的[5]也。"

忽一日告门人曰："汝其勉之。"阅一日，跏趺而寂。后三年，塔全身于本山（唐韩乂撰碑[6]，今存国清寺）。

【注释】

[1] 京兆：京城，今属西安，古称长安。

[2] 孰为死生哉：谁会有生死轮回呢？

[3] 至人以是能独照：达到无我境界的人因此就能单独看见万物的本来面目。旧译本"佛祖因此能独具慧眼"，有误。

[4] 那罗延：具有大力之印度古神（婆罗门教），译为金刚力士。佛教称那罗延为那罗延天或毗纽天（即"毗湿奴天"、遍入天），并说他常与阿修罗王争斗。

[5] 中的：射中靶子。

[6] 唐韩乂（yì）撰碑：宝祐本作"唐韩人撰碑"。查阅《卍新纂续藏经》第七十七册《新修科分六学僧传》"唐惟则"作"河南尹韩乂撰文勒碑"。旧校本已经纠正。

【拓展阅读】

惟则禅师，牛头山忠禅师法嗣。其事迹不详，唯有《卍新纂续藏经》第七十七册《新修科分六学僧传》"唐惟则"记载较为详尽，特附后。

其先京兆长孙氏，祖浏仕鄂州司马，父利涉因居金陵。则姿性恬憺，力学治儒术，尤嗜佛书。每曰："此诚能尽得吾心之妙。"

既而出家，从牛头慧忠，得心法，遂南入天台佛窟岩居焉。服薜荔，荐落叶（以落叶为坐席），木食（以山中野树果实充饥）涧饮。兀如枯株，神凝而气化，又讵（jù，岂，怎）可以世间情识，窥其际哉？

后有樵者见之，转相告语。于是缾锡（僧人所用的瓶钵和锡杖，此处借指僧侣）趋附，卒成丛社。

示徒云："一心无物也，万法无物也。然未尝无物。斯则天地如影，今古如梦，孰为生死哉？至人以是独照，能为万物之主。吾知之矣，汝等知之乎？"

僧问："如何是那罗延箭?"答云："中的也。"

坐四十年,如一日。岁次庚戌,夏六月十有三日,召门人垂教戒。至十又五日,跏趺而逝。是夕也,山下之人闻有声,若山崩者,且见彩云贯岩如缬(xié,有花纹的丝织品)。寿七十八,腊五十八。建龛塔于本院。河南尹韩父撰文勒碑。则有著述行世。

鹤林素禅师法嗣

杭州径山道钦禅师

杭州径山道钦禅师者,苏州昆山人也。姓朱氏。初服膺儒教。年二十八,遇素禅师,谓之曰："观子神气温粹[1],真法宝也。"师感悟,因求为弟子。素躬与落发,乃戒之曰："汝乘流而行,逢径即止。"

师遂南迈,抵临安,见东北一山,因问樵者,樵曰："此径山也。"乃驻锡焉。

僧问："如何是道?"师曰："山上有鲤鱼,海底有蓬尘[2]。"

马祖令人送书到,书中作一圆相。师发缄,于圆相中著一点,却封回。

(忠国师闻,乃云："钦师犹被马师惑。")

问："如何是祖师西来意?"师曰："汝问不当。"曰："如何得当?"师曰："待吾灭后,即向汝说。"

马祖令智藏来问："十二时[3]中以何为境?"师曰："待汝回去时有信。"藏曰："如今便回去。"师曰："传语'却须问取曹溪[4]'。"

崔赵公问："弟子今欲出家,得否?"师曰："出家乃大丈夫事,非将相之所能为。"公于是有省。

唐大历三年,代宗诏至阙下,亲加瞻礼。一日,同忠国师在内庭坐次,见帝驾来,师起立。帝曰："师何以起?"师曰："檀越何得向四威仪中见贫道[5]?"帝悦,谓国师曰："欲锡钦师'一'名[6]。"国师欣然奉诏,乃赐号"国一"焉。

后辞归本山,于贞元八年十二月示疾,说法而逝。谥"大觉禅师"。

【注释】

[1] 温粹：温和纯正。

[2] 山上有鲤鱼，海底有蓬尘：山顶上有鲤鱼，海底里有灰尘。在上海、浙江等吴语区称灰尘为蓬尘（参见《汉语方言大词典》）。依宣化上人则蓬尘二字要分别解释："'蓬'，就是蓬蒿（借指野地）；'尘'，就是尘埃。"禅宗这一类形容"不可思议"的"话头"，比喻不可能出现的事情。再如"雨下阶头湿，晴干水不流；鸟巢沧海底，鱼跃石山头。"前头两句是平实语，后头两句是"格外谈"。"格外谈"类似西方古修辞学所谓"不可能事物喻"（adynata，impossibilia），例如鸠摩罗什译《维摩诘所说经佛道品第八》："火中生莲花，是可谓希有"，或昙无谶译《大般涅槃经·如来性品第四之二》"水中生于莲花，非为希有，火中生者，是乃希有"，正是这一类比喻。这一类比喻，也是禅林常说的"无义句"，用通常情理无法解释的奇特语句来说明"直须旨外明宗，莫向言中取则"的道理。

[3] 十二时：昼夜分为十二个时辰，即子、丑、寅、卯、辰、巳、午、未、申、酉、戌、亥。十二时相当于今天的二十四小时。

[4] 却须问取曹溪：还得返回去问六祖。曹溪：禅宗六祖惠能，在广东韶州府曹溪，说法渡生，后人遂把曹溪代表六祖。旧校本标点有误。将"曹溪"二字移出引号，与后文叙述语言连接成"曹溪崔赵公问"，有误。

[5] 檀越何得向四威仪中见贫道：施主怎么能在四威仪中见贫道？四种威仪，为比丘、比丘尼所必须遵守之仪则，亦即日常之起居动作须谨慎，禁放逸与懈怠，以保持严肃与庄重。佛教中之三千威仪、八万细行等，皆不出行、住、坐、卧四者，故称四威仪。此处指禅师在外面待人接物也需要世俗礼节，文质彬彬。

[6] 欲锡钦师"一"名：想赐给钦师"一"为名字，即"国一"。旧译本"我欲赐道钦禅师一号"，"一"翻译有错。

【概要】

道钦禅师（714～792年），唐代牛头宗径山派初祖。苏州昆山人，俗姓朱。又作法钦。初学儒教，于赴京途中遇鹤林玄素禅师，遂剃度受戒，修习禅法。后住杭州径山，参学者甚众，蔚为径山派。代宗大历三年（768年）诏入京，赐号"国一禅师"与"径山寺"额。后复受德宗敬重，于贞元五年（789年）赐予玺书及宝物。朝野名士归依信受者甚多，世人敬称"功德山"。相国崔涣等名流多人均向其行弟子礼。西堂智藏、天皇道悟、丹霞天然等南宗禅者，也曾前来参问。贞元六年，移住龙兴寺净土院。八年示寂，世寿七十九。德宗谥号"大觉禅师"，世称径山道钦。门弟子有道林、崇惠、广敷等人。

【参考文献】

《全唐文》卷五一二《杭州径山寺大觉禅师碑铭》；《祖堂集》卷三；《宋高僧传》卷九；《景德传灯录》卷四；《佛祖历代通载》卷十四；《释氏稽古略》卷三。

第六节　四祖下八世

佛窟惟则禅师法嗣

天台山云居智禅师

尝有华严院僧继宗问[1]："见性成佛，其义云何？"师曰："清净之性，本来湛然，无有动摇。不属有无、净秽、长短、取舍，体自翛然[2]。如是明见，乃名见性。性即佛，佛即性，故曰见性成佛。"

曰："性既清净，不属有无，因何有见？"师曰："见无所见。"

曰："既无所见，何更有见？"师曰："见处亦无。"

曰："如是见时，是谁之见？"师曰："无有能见者。"

曰："究竟其理如何？"师曰："汝知否？妄计为有，即有能所[3]，乃得名迷。随见生解，便堕生死。明见之人即不然，终日见，未尝见。求名、处、体、相不可得[4]，能所俱绝，名为见性。"

曰："此性遍一切处否？"师曰："无处不遍。"

曰："凡夫具否？"师曰："上言无处不遍，岂凡夫而不具乎？"

曰："因何诸佛菩萨不被生死所拘，而凡夫独萦[5]此苦，何曾得遍？"师曰："凡夫于清净性中计有能所，即堕生死。诸佛大士善知清净性中不属有无，即能所不立。"

曰："若如是说，即有能了不了人[6]。"师曰："了尚不可得，岂有能了人乎？"

曰：“至理如何。”师曰：“我以要言之，汝即应念清净性中无有凡圣，亦无了不了人。凡之与圣，二俱是名。若随名生解，即堕生死。若知假名不实，即无有当名者。”

又曰：“此是极究竟处。若云我能了、彼不能了，即是大病。见有净秽、凡圣，亦是大病。作无凡圣解，又属拨无因果。见有清净性可栖止[7]，亦大病。作不栖止解，亦大病。然清净性中，虽无动摇，且不坏方便应用[8]，及兴慈运悲。如是兴运之处，即全清净之性，可谓见性成佛矣。”

继宗踊跃，礼谢而退。

【注释】

[1] 尝有华严院僧继宗问：旧校本标点有误。“华严院”与“僧”的中间不能有句号，参见项楚《五灯会元点校献疑续补一百例》。

[2] 翛（xiāo）然：无拘无束貌，超脱貌。

[3] 能所：即“能”与“所”之并称。某一动作之主体，称为能。其动作之客体（对象），称为所。例如能见物之“眼”，称为能见；为眼所见之“物”，称为所见。

[4] 求名、处、体、相不可得：寻找万事万物的名称以及外状都找不到。名：指事物之名称，能诠显事物之本体。处：指心理作用生起的场所，亦即生起认识作用的据点，包含六根（眼、耳、鼻、舌、身、意）与六境（色、声、香、味、触、法），故云十二处。体：事物的本体。相：指事物之相状，以名能诠显事物之相状，故称名相。一切事物，皆有名有相，耳可闻者是为名，眼可见者是为相。然此名与相皆是虚假而非契于法之实性者，乃系一种方便教化之假立施设，而凡夫常分别此虚假之名相，生起种种妄想执着。于诸经论中多载有计执名相，而随相逐流之事，如《摩诃止观》卷十载，学人分别名相，随文作解，心眼不开，而贡高我慢，夸耀于他，求名显达，诤论无止。

[5] 萦（yíng）：牵缠。

[6] 能了（liǎo）不了（liǎo）人：能悟与不悟的人。了：假借为“憭”，“悟”，懂得，明白其意思。

[7] 栖（qī）止：停留，居住。

[8] 且不坏方便应用：依续藏本作“且”，宝祐本则作“具不坏方便应用”。

【概要】

智禅师，唐代末年时之牛头宗僧。生卒年不详。从学于佛窟惟则，并嗣其法。尝住于台州（浙江）天台山云居寺，宣扬其师佛窟之学。著有《心境不二》篇、《云居集》（普智集）等。

径山国一钦禅师法嗣

杭州鸟窠道林禅师

杭州鸟窠道林禅师，本郡富阳人也。姓潘氏。母朱氏，梦日光入口，因而有娠。及诞，异香满室，遂名香光。九岁出家，二十一于荆州果愿寺受戒。后诣长安西明寺复礼法师学《华严经》《起信论》，礼示以《真妄颂》，俾修禅那。师问曰："初云何观？云何用心？"礼久而无言，师三礼而退。唐代宗诏国一禅师至阙[1]，师乃谒之，遂得正法。及南归孤山永福寺，有辟支佛塔，时道俗共为法会，师振锡而入。

有灵隐寺韬光法师问曰："此之法会，何以作声？"师曰："无声谁知是会？"

后见秦望山有长松，枝叶繁茂，盘屈如盖，遂栖止其上，故时人谓之"鸟窠[2]禅师"。复有鹊巢于其侧，自然驯狎[3]，人亦目为"鹊巢和尚"。

有侍者会通，忽一日欲辞去。师问曰："汝今何往？"对曰："会通为法出家，和尚不垂慈诲，今往诸方学佛法去。"师曰："若是佛法，吾此间亦有少许。"曰："如何是和尚佛法。"师于身上拈起布毛吹之[4]，通遂领悟玄旨。

元和中，白居易[5]侍郎出守兹郡，因入山谒师。问曰："禅师住处甚危险。"师曰："太守危险尤甚。"白曰："弟子位镇江山，何险之有？"师曰："薪火相交，识性不停，得非险乎？"

又问："如何是佛法大意？"师曰："诸恶莫作，众善奉行。"白曰："三岁孩儿也解恁么[6]道。"师曰："三岁孩儿虽道得，八十老人行不得。"白作礼而退。

师于长庆四年二月十日告侍者曰："吾今报尽[7]。"言讫，坐亡（有云师名"圆修"者，恐是谥号）。

【注释】

[1] 唐代宗诏国一禅师至阙：宝祐本作"属代宗诏国一禅师至阙"。查阅《卍新纂续藏经》第六十五册《禅宗颂古联珠通集》作"唐代宗诏国一禅师至阙"，故予以纠正。国一禅师，即径山道钦禅师，"国一"为皇帝封号。

[2] 鸟窠（kē）：鸟窝。窠：昆虫、鸟兽的巢穴。

[3] 驯（xùn）狎（xiá）：驯顺可亲近。

[4] 师于身上拈起布毛吹之：喻佛法无所不在，不可粘着。后亦用为开悟的典实。

[5] 白居易（772~846年）：即大家熟知的唐代大诗人白居易，字乐天，号香山居士，又号醉吟先生，祖籍太谷（在山西），到其曾祖父时迁居下邽（陕西省渭南市），生于河南新郑（今河南郑州市）。曾官刑部侍郎，故此处称白居易侍郎。

[6] 恁（nèn）么（me）：这样，如此，怎么样，什么。

[7] 吾今报尽：我现在这个寿命、这个报身（一期生命总报之身）已经尽了。报应指一期生命的报身，旧译本"今天我的报应完了"，有误。

【概要】

道林禅师（741~824年），唐代牛头宗僧。杭州富阳人，俗姓潘（一说翁），幼名香光。九岁出家，二十一岁至荆州（湖北）果愿寺受具足戒。后于长安西明寺随从复礼法师，研习《华严经》《大乘起信论》。复礼法师指示他一首偈颂，叫《真妄颂》，来给他讲解，令他修禅定的功夫。唐代宗诏道钦禅师入京，道林参谒之，契悟心要。及南归，见秦望山有长松盘曲如盖，就住在上面，故时人称为"鸟窠禅师"。长庆四年二月十日示寂，世寿八十四，法腊六十三，谥号"圆修禅师"。

又，《宋高僧传》卷十一所载略异。有偈赞曰："日光入口梦兆祥，异香满室呈瑞相。九岁出家戒果愿。三七参访至长安。华严起信勤习诵，禅那般若倍钻研。松结鸟窠避风雨，报尽立亡解脱乡。"

鸟窠禅师在历史上比较有名的公案就是与唐代大诗人白居易的对话。当时白居易出任杭州刺史，与禅师相交，尝问："如何是佛法大意？"师答："诸恶莫作，众善奉行。"白居易言："三岁孩子也知道如此说。"师谓："三岁孩儿虽道得，八十老人行不得。"白居易叹服，乃筑造竹阁，令居之，屡就问道。此竹阁即后来之广化寺。

"布毛"的典故出自鸟窠禅师。说的是禅师身边的侍者会通，因跟随禅师出家，却长久没得到师父说法指点，于是就想离开禅师出外参访。禅师就从身上的衣服上吹起布上的绒毛，喻佛法无所不在，不可粘着。后亦用为开悟的典故。以参禅的境界来说，自然界无处不是开悟的契机，无言之道，是最高的道，不借言说，直指自性。所以，侍者因"布毛"而悟道，被后人称为"布毛侍者"。

【参考文献】

《联灯会要》卷二；《佛祖历代通载》卷十六；《禅宗正脉》卷二；《佛祖纲目》卷三十一；《景德传灯录》卷四；《隆兴佛教编年通论》卷二十三。

第七节　五祖大满禅师旁出法嗣第一世

北宗神秀禅师

北宗神秀禅师（耶舍三藏志[1]云："艮地生玄旨，通尊媚亦尊。比肩三九族，足下一毛分[2]。"）者，开封人也。姓李氏。少亲儒业，博综多闻。俄舍爱出家，寻师访道。至蕲州双峰东山寺，遇五祖以坐禅为务，乃叹伏曰："此真吾师也！"誓心苦节，以樵汲[3]自役，而求其道。祖默识之，深加器重。祖既示灭，秀遂住江陵当阳山。唐武后闻之，召至都下，于内道场供养，特加钦礼。命于旧山置度门寺，以旌其德。时王公士庶皆望尘拜伏。暨中宗即位，尤加礼重。大臣张说[4]尝问法要，执弟子礼。

师有偈示众曰："一切佛法，自心本有；将心外求，舍父逃走[5]。"

神龙二年于东都天宫寺入灭，谥"大通禅师"。羽仪[6]法物，送殡于龙门。帝送至桥，王公士庶皆至葬所。张说及征士卢鸿一[7]各为碑诔[8]。门人普寂、义福等，并为朝野所重。

【注释】

［1］耶舍三藏志：指耶舍三藏法师曾经作记。旧校本作"《耶舍三藏志》"，将

"耶舍三藏志"当成一本书，有误。前面出现"三藏"二字时亦有类似的错误。耶舍（489～589年），又称那连耶舍，或称那连提离耶舍，北印度乌苌国（今巴基斯坦境内）人。在华数十年，逢乱世，历三朝，未能充分施展其才华。尽管如此，他仍为译经事业做出了应有的贡献。

　　［2］足下一毛分：《大正藏》第五十一册《传法正宗记》作"足下一屯分"。

　　［3］樵（qiáo）汲（jí）：打柴汲水。

　　［4］张说（yuè）（667～730年）：字道济，一字说之，河南洛阳人，唐朝政治家、文学家。前后三次为相，执掌文坛三十年，为开元前期一代文宗，与许国公苏颋（tǐng）齐名，号称"燕许大手笔"。

　　［5］舍父逃走：父亲家财万贯，可愚痴的儿子却离开他逃走，比喻众生都有佛性，却离开自性，心外求佛。"痴儿舍父逃"与《法华经·信解品》中"长者穷子"之譬喻同义。据传，有一富有长者之了，不知将会继承父亲之财产而离开家园，迷失于他乡，以致穷困乞食。以此比喻众生不知将来必可成佛，因妄想邪念之覆盖，以致流转于迷界，无法自觉。禅门引用此语，批评愚人远离自己本性，而向外境求佛法。

　　［6］羽仪：仪仗中以羽毛装饰的旌旗之类。

　　［7］卢鸿一（？～740年前后）：唐代画家、诗人，著名隐士。

　　［8］碑诔（lěi）：碑上叙述死者生前事迹并表示哀悼的文字。

【概要】

　　神秀禅师（606～706年），中国禅宗北派的开创者。汴州尉氏（河南开封之南）人，俗姓李。身长八尺，庞眉秀目，有魏魏威德。早年博览经史，唐武德八年（625年）在洛阳天宫寺受具足戒。五十岁时，至蕲州黄梅县双峰东山寺（在湖北黄梅县东北三十里）参谒弘忍（602～674年），从事打柴汲水等劳役，以求法。如此六年，深为弘忍所器重。弘忍有一天令门下弟子各作一偈呈解所悟，来决定付以衣法的人。神秀作了一偈说："身是菩提树，心如明镜台，时时勤拂拭，莫使惹尘埃。"弘忍看见此偈，只说依此修行也有大利益，但不许可他见自本性，终于把衣法另外付给慧能。

　　弘忍圆寂后，他去江陵当阳山（今湖北当阳县东南）玉泉寺，住在寺东七里的山上，大开禅法，二十余年中，四面八方从他就学的徒众很多。武后则天听到他的盛名，于久视元年（700年）遣使迎请，当时神秀已年过九十（见宋之问《为洛下诸僧请法事迎秀禅师表》）。第二年（大足元年，701年）他到了东京洛阳，住于内道场，受到特殊的礼遇。武后时时向他问道，并命于当阳置度门寺，于尉氏置报恩寺，表彰他的道德。到中宗即位（705年），更受礼重。

禅师尝奏武后召请慧能，亦自裁书招之，慧能固辞，答己与岭南有缘，遂不逾大庾岭，禅门乃有"南能北秀"之称。神龙二年（706年）二月示寂于洛阳天宫寺，世寿一〇二。敕号"大通禅师"，为禅门谥号最早者。其法流兴盛于长安、洛阳一带。阐扬禅旨，力主渐悟之说，南宗禅慧能则主顿悟，故禅史上有"南顿北渐"之称

《楞伽师资记》的作者净觉说神秀并没有什么著作，但秀门共传他所作的《大乘五方便》（一作《北宗五方便门》，又作《大乘无生方便门》），晚近在敦煌石窟发现它的写本（巴黎图书馆藏有两本）。又有《观心论》一卷，亦于敦煌发现残本。他的嗣法弟子有十九人，其中嵩山普寂（651～739年）、西京义福（658～736年），又继续领众，受宫廷与佛徒的崇敬，不下于神秀。普寂的弟子道璇还把北宗禅传到日本。

神秀思想虽是渐门，但亦离不开"一切唯心"的佛教思想。他的示众偈说："一切佛法，自心本有；将心外求，舍父逃走。"可见一斑。与道信以来的东山法门，以"心体清净，体与佛同"并无二致。神秀主张"坐禅习定"，以"住心看净"，为一种观行方便。《坛经》记载慧能问神秀的弟子志诚，神秀如何示众，志诚说："常指诲大众：住心观净，常坐不卧。"他的门人张说也说，他的"开法大略，则忘念以息想，极力以摄心。其入也品均凡圣；其到也行无先后。趣定之前，万缘皆闭；发慧之后，一切皆如"（张说《唐玉泉寺大通禅师碑》）。这都是说明神秀的禅风。后来，他的弟子普寂、降魔藏更发展为"凝心入定，住心看净，起心外照，摄心内证"之说。

神秀继承了道信、弘忍以心为宗的禅法，故"特奉楞伽，递为心要"（张说《唐玉泉寺大通禅师碑》），楞伽宗也立他为第七祖（《楞伽》译者求那跋陀罗为第一祖，达磨为第二祖，慧可为第三祖，僧璨为第四祖，道信为第五祖，弘忍为第六祖，而神秀为第七祖，见《楞伽师资记》）。但此宗从道信以来，即并重《般若》，而提倡一行三昧。神秀更扩大其方便，涉及多种经论。其门下相传有五方便门，即：一是总彰佛体门，亦称离念门，依《起信论》说心体离念。二是开智慧门，亦称不动门，依《法华经》说开示悟入佛之知见。三是显不思议解脱门，依《维摩经》说无思无想为解脱。四是明诸法正性门，依《思益经》说心不起离自性为正性。五是见不异门，依《华严经》说见诸法无异，自然无碍解脱。由这五门依经论而又沟通其义，故后人称为方便经（见宗密《圆觉经大疏钞》卷三之下）。

实际上南北顿渐之争也是人为的，真正的禅师都能圆融一体。石头希迁禅师说："竺土大仙心，东西密相付。人根有利钝，道无南北祖。"（见本书第五章"南

岳石头希迁禅师"条）宗密禅师说："原夫佛说顿教渐教，禅开顿门渐门，二教二门，各相符契。今讲者偏彰渐义，禅者偏播顿宗，禅讲相逢，胡越之隔。"（见本章"终南山圭峰宗密禅师"条）南岳慧思禅师以大乘止观为禅修指南，强调定慧双开，止观双修，把渐修和顿悟有机地结合起来，更说明高明的禅师是不会进入所谓顿渐之争的。遗憾的是，南顿适应当时佛徒舍繁趋简之要求，日见其盛，神秀的门庭遂日见寂寞，传了几代，法脉就断绝了。

【参考文献】

《宋高僧传》卷八；《景德传灯录》卷四；《佛祖历代通载》卷十五；张说《唐玉泉寺大通禅师碑》；宗密《圆觉经大疏钞》卷三。

嵩岳慧安国师

嵩岳慧安国师（耶舍三藏志云："九女出人伦，入女绝婚姻，朽床添六脚。心祖众中尊。"），荆州枝江人也。姓卫氏。

隋开皇十七年括[1]天下私度僧尼，勘[2]师，师曰："本无名。"遂遁于山谷。大业中，大发丁夫开通济渠，饥殍相枕，师乞食以救之，获济者众。炀帝征师，不赴[3]，潜入大和山。暨[4]帝幸江都，海内扰攘，乃杖锡登衡岳，行头陀行。唐贞观中，至黄梅谒忍祖，遂得心要。麟德元年游终南山石壁，因止焉。高宗尝召，师不奉诏。于是遍历名迹，至嵩少[5]，云："是吾终焉之地也。"自尔禅者辐凑[6]。

有坦然、怀让二僧来参问曰："如何是祖师西来意？"师曰："何不问自己意？"曰："如何是自己意？"师曰："当观密作用。"曰："如何是密作用？"师以目开合示之，然于言下知归，让乃即谒曹溪。

武后征至辇下[7]，待以师礼，与秀禅师同加钦重。后尝问师："甲子多少？"师曰："不记。"后曰："何不记邪？"师曰："生死之身，其若循环，环无起尽，焉用记为？况此心流注，中间无间，见沤起灭者，乃妄想耳。从初识至动相灭时，亦出如此。何年月而可记乎？"后闻稽颡，信受。

神龙二年中宗赐紫袈裟，度弟子二七人，仍延入禁中供养。三年，又赐摩衲[8]，辞归嵩岳。

是年三月三日，嘱门人曰："吾死已，将尸向林中，待野火焚之。"

俄尔万回公来，见师猖狂[9]，握手言论，傍侍倾耳，都不体会。至八日，闭户偃身[10]而寂。春秋一百二十八（隋开皇二年壬寅生，唐景龙三年己酉灭，时称"老安国师"）。

门人遵旨，舁[11]置林间，果野火自然[12]。阇维得舍利八十粒，内五粒色紫，留于宫中。至先天二年，门人建浮图焉。

【注释】

[1] 括：搜求。此指搜查。

[2] 勘：查证，调查核实。

[3] 炀帝征师，不赴：隋炀帝征召禅师入京，没有去。旧译本"隋炀帝召国师，国师没有去"，有误，因为禅师既然没有去，就还不能称为国师。下面翻译亦称国师，均有误。直到武后征召入京，待以师礼，此时才能正式称为国师。"征"通"徵"，"徵"，从彳从微，意为征召。

[4] 暨（jì）：直到某时。

[5] 嵩少：嵩山与少室山的并称，亦用为嵩山的别称。此处指慧安禅师来到禅宗初祖达磨大师处修行传法。

[6] 辐凑：形容人或物聚集像车辐集中于车毂（gǔ）一样。

[7] 辇（niǎn）下："辇毂（gǔ）下"的省称，犹言在皇帝车舆之下。代指京城。

[8] 摩衲：贵重的袈裟，摩衲袈裟。

[9] 猖狂：指清虚以自守的境界。此指禅师入定。

[10] 偃身：身体躺卧，按照佛法作吉祥卧，即右侧卧，而不作仰卧。

[11] 舁（yú）：抬，扛。

[12] 自然：自燃，自然燃烧。

【概要】

慧安国师（582～709年，一说581～709年），湖北荆州枝江人，俗姓卫（又说姓李）。隋开皇十七年（597）搜勘天下私度（国家不认可）僧尼，慧安遁往山中。隋大业（605～618年）中，开凿通济渠，强征民丁，饥者甚众，死尸多得互相叠在一起。慧安禅师就各处去化缘，化饭回来给这些要饿死的人吃。隋炀帝听说此事便要召见他，他避而不见，潜入太和山，到衡岳寺去修苦行。贞观年间（627—649年）到黄梅拜访五祖弘忍，得到祖师心印。麟德元年（664年），游蕲州（今湖北蕲春），止于终南山。永淳二年（683 年），居止滑台草亭，中坐绳床，四方坦露，敕造招提寺延师居之。后来，慧安返回湖北，入玉泉寺。当时神秀禅师逝世，众僧请慧安主持玉泉寺，慧安不从。神龙二年（706 年），中宗敕赐紫衣，延请入宫，供养三年，并度弟子十四人。景龙三年（709 年），辞归少林寺长住，弟子都非常尊敬他。同年三月八日，闭户偃身而寂。荼毗后，获舍利八十粒。门人为建浮图。

怀让禅师是慧安国师的高足。慧安禅师行脚至中岳嵩山，便在此处定居，遁世离俗。怀让和坦然禅师在顶礼慧安大师后，直接说明来意，请教佛法的大义。在一番请益后，坦然禅师当下明了真心，不再怀疑。而怀让禅师的机缘还不具足，慧安禅师知怀让将来定为禅门龙象，所以指点他到曹溪参礼六祖大师，习学无上心法。慧能圆寂后，怀让于唐先天二年（713 年）往南岳般若观音台，弘扬慧能学说，开南岳一系，世称"南岳怀让"。他和行思两人先后分出禅宗五家，即沩仰、临济、曹洞、云门、法眼，其中以南岳怀让门下的临济宗流传时间长，影响大。在晚唐和宋代先后传入朝鲜、日本。怀让圆寂，葬于南岳，唐敬宗李湛赠谥号"大慧禅师"。

印顺法师说："《道安禅师碑》（道安即慧安）说，道安'避位'，推美神秀而辞退出来。神秀死后，道安却又应召入京，受国家供养。道安不只是谦让，又推举慧能。也许与神秀的见地不合，举慧能以自代吧！神秀的推举慧能，大抵是随缘附和而已。在弘忍的弟子中，慧能都没有什么往来。而老安却推举慧能，介绍弟子，同属于顿法，关系是非常的亲切。"（见《中国禅宗史》第四章第一节）

【参考文献】

《宋高僧传》卷十八；《景德传灯录》卷四；《历代法宝记》；《联灯会要》卷三；印顺《中国禅宗史》。

袁州蒙山道明禅师

袁州蒙山道明禅师者，鄱阳人。陈宣帝之裔也。国亡落于民间，以其王孙，尝受署，因有"将军"之号。少于永昌寺出家，慕道颇切。往依五祖法会，极意研寻，初无解悟。及闻五祖密付衣法与卢行者，即率同志数十人，蹑迹追逐。至大庾岭，师最先见，余辈未及。

卢见师奔至，即掷衣钵于盘石曰："此衣表信，可力争邪？任君将去[1]。"师遂举之，如山不动，踟蹰悚栗[2]，乃曰："我来求法，非为衣也，愿行者开示于我。"卢曰："不思善，不思恶，正恁么[3]时，阿那个[4]是明上座本来面目？"师当下大悟，遍体汗流，泣礼数拜。

问曰："上来密语密意外，还更别有意旨否？"卢曰："我今与汝说者，即非密也[5]。汝若返照自己面目，密却在汝边。"

师曰："某甲虽在黄梅随众，实未省自己面目。今蒙指授入处，如人饮水，冷暖自知[6]。今行者即是某甲师也！"卢曰："汝若如是，则吾与汝同师黄梅，善自护持。"

师又问："某甲向后宜往何所？"卢曰："逢袁可止，遇蒙即居[7]。"师礼谢。

遽回至岭下，谓众人曰："向陟崔嵬[8]，远望杳无踪迹，当别道寻之。"皆以为然。

师既回，遂独往庐山布水台。经三载后，始往袁州蒙山，大唱玄化。初名慧明，以避六祖上字，故名道明[9]。弟子等尽遣过岭南，参礼六祖。

【注释】

[1] 此衣表信，可力争邪？任君将去：这件衣服只是象征继承历代祖师心印的凭证，难道能靠力气争夺得到吗？随你拿走。旧译本"此衣钵表信，可用力争取，任你拿去"有误。

[2] 踟（chí）蹰（chú）悚（sǒng）栗（lì）：徘徊不前，恐惧战栗。

[3] 恁（nèn）么（me）：这样，如此，怎么样，什么。

[4] 阿那个：哪个。"阿"：是发语词，无意义。

[5] 我今与汝说者，即非密也：我今天与你说的，就不是秘密。意思是诸佛密意，非语言能够说出来。旧译本"我现在向你说了，就不是隐秘了"有误。

[6] 如人饮水，冷暖自知：道明禅师开悟之语。禅林经常引用，含有禅悟系本人之事，须亲身实践和体会，以及禅义微妙，不可言传等意思。

[7] 逢袁可止，遇蒙即居：指袁州蒙山（今江西宜春市上高县蒙山）是道明禅师的弘法道场，到这个地方禅师就可以不走了。

[8] 向陟（zhì）崔（cuī）嵬（wéi）：刚才登高远望，看到山势巍峨挺拔。向：刚才。陟：登高。崔嵬：形容高峻，高大雄伟的物体（多指山）。

[9] 以避六祖上字，故名道明：因为避讳六祖慧能第一个字"慧"，故改名为"道明"。

【概要】

袁州蒙山道明禅师。唐代僧。生卒年不详。鄱阳（江西）人，俗姓陈，为陈宣帝之孙。尝爵封将军一职，故人称之为四品将军。幼年于永昌寺出家，参五祖弘忍。初无证悟，后闻五祖密付达磨衣钵予慧能，遂蹑迹急追，至大庾岭，得慧能开示而大悟，改名道明。其后，辞别慧能，居庐山布水台三年，复住袁州（江西）蒙山，开创圣济寺，大宣禅风。

"不思善、不思恶"公案出自这里。有评论说："不思善、不思恶"一段是六祖为道明痛下金针，然而自古及今错会者不少，如向虚空中钉橛、石头上种花，都当作不思善、不思恶之时，另有一个无善无恶、灵明自知的主人公解会，便将此唤作"本来面目"。却不识得这一个"不"字并不是禁绝之词，而是正思善之时而不思于善，正思恶之时也不思于恶，全放全收，全杀全活。于此，何妨别下一转语："亦思善，亦思恶，正恁么时，又哪个不是本来面目？"

【参考文献】

《历代法宝记》；《曹溪大师别传》；《敦煌本六祖坛经》；《祖堂集》卷二；《宋高僧传》卷八；《景德传灯录》卷四；《传法正宗记》卷六。

第八节　五祖下二世

北宗秀禅师法嗣

五台山巨方禅师

五台山巨方禅师，安陆人也。姓曹氏。幼禀业于明福院朗禅师，初讲经论，后参禅会[1]。及造北宗，秀问曰："白云散处如何？"师曰："不昧[2]。"秀又问："到此间后如何？"师曰："正见一枝生五叶。"秀默许之。入室侍对，应机无爽。

寻至上党寒岭居焉，数岁之间，众盈千数。后于五台山阐化二十余年，示寂，塔于本山。

【注释】

[1] 禅会：丁福保《佛学大辞典》："参禅之会坐。谓学禅道之法席也。《传灯录》十一曰：'沩山禅会。'"

[2] 不昧：不晦暗，明亮。

【拓展阅读】

达磨祖师言："听吾偈曰：吾本来兹土，传法救迷情。一花开五叶，结果自然成。"其中"一花开五叶"一句历来都被解读为中国禅宗的世系传承，其中有两种说法。一种是将其与后来禅宗所分出的五宗进行对应，即"一花"指禅宗之源，也就是达磨祖师传入的"如来禅"，"五叶"指禅宗之分流，也就是后来出现的五个宗派：临济宗、沩仰宗、曹洞宗、云门宗、法眼宗。另一种说法则是将其与禅宗传入初期的流传世系对应，即"一花"指达磨祖师，而"五叶"指达磨之后的五代祖师：二祖慧可、三祖僧璨、四祖道信、五祖弘忍、六祖慧能。自慧能之后则禅宗广泛传播、结秀蓄实。

然而，按照禅宗灯系，达磨即东土禅宗初祖，也是西土禅宗二十八祖，按照《五灯会元》记载，西土禅宗每一代祖师都会在传法时有一偈颂流传，称之为传法偈，达磨此偈也是属于这一类别。然而，所有传法偈无一例外地都是讲禅宗心地法门的最高义理，但并不关涉到传承的谱系问题，何以达磨这一偈颂不是谈说义理，而是要去预言后几百年的宗派分支？

关于五台山巨方禅师，从世系上来说，属于神秀禅师法嗣。其中记载："及造北宗秀师（即指神秀禅师）。问曰：'白云散处如何？'师曰：'不昧。'秀又问：'到此间后如何？'师曰：'正见一枝生五叶。'秀默许之。"值得注意的是巨方禅师与神秀禅师之间这一番对话显然是纯粹就修行义理与证悟境界来谈，而不关涉到法脉的传承，而其中巨方禅师却用了"一枝生五叶"之一譬喻，与达磨传法偈中"一花开五叶"极其相近。因此，将巨方禅师这一句话解读为后世的五宗固然荒谬，解读为达磨之后东土的五位祖师的传承也是不确。然则，这一句话应当如何解读呢？

因此，如果回到义理的解读上来，《宗镜录》二十八卷中之相关文字即值得注意。卷首，永明延寿大师引用了华严宗的十种无碍的义理，然后便指出："此莲华叶，即具此十义。谓此华叶，即同真性，不碍事相宛然。"等等。之后更说明："此身中有八种五摩尼。若约圆融，不问佛众生，皆俱圆融显现，不可具说。凡夫不解故，不得根五用。圣者解故，得根五用。"其中，不但提出了华、叶，并且也涉及了五的概念，作为圣者能够发起神通作用的依据。因此，华即相当于本体或者因行，叶即相当于事相或者果德。从这个角度来解读巨方禅师公案中的对话，也就可以有一定的了解。神秀问"白云散处如何"，是问破妄证真之事，相当于见道位，所以巨方回答"不昧"，也就是彻见自性之后了了常知。进一步神秀问"到此间后如何"，也就是修道位上的功用，所以巨方禅师回答"正见一枝生五叶"，一枝为本体，五叶为作用，前面已经破妄证真，此处则是由体起用。"正见"二字则是指还在修道位上，并未到究竟位。因此，达磨传法偈中"一花开五叶"这一句也要从这一角度来理解才从义理上能够自洽。

河中府中条山智封禅师

河中府中条山智封禅师，姓吴氏。初习《唯识论》，滞于名相，为知识所诘[1]，乃发愤罢讲。游方见秀禅师，疑心顿释。乃辞去，居于蒲津安峰，不下山十年，木食涧饮[2]。州牧卫文升建安国院居之，缁素归依，憧憧不绝。

使君[3]问曰："某今日后如何？"师曰："日从蒙汜出，照树全无影[4]。"使君初不能谕，拱揖而退，少选开晓[5]，释然自得。

师来往中条山二十余年，得其道者不可胜纪。灭后，门人于州城北建塔焉。

【注释】

[1] 为知识所诘：被朋友责问。知识：即朋友之异称。吾人平时所谓知人一语，即指知其人之心识，此处乃引申为所知之人，而非多知博识之义。故就为人而言，其人若善，则为善友、善知识；若恶，则为恶友、恶知识。说法引导我于善处者，是善友，故称善知识，又单称知识。

[2] 木食涧饮：山中苦行者，喝的是山涧中水，吃的是山中野果。木食：绝五谷只食树木果实也。涧饮：饮用山涧中水，泛指野外山谷中的流水、泉水、雨水等。

[3] 使君：汉代称呼太守刺史，后用做对州郡长官的尊称。

[4] 日从蒙汜（sì）出，照树全无影：太阳从西边出来，照在树上没有一点影子。这是禅林无义句。因为都是超越情识知见、截断学人解心的奇特语句，故又称奇特句。蒙汜：古称日落之处，古代神话中所指日入之处。

[5] 少选开晓：一会儿就明白了。少选：是指一会儿，不多久的意思。

【概要】

智封禅师，唐代北宗禅僧。俗姓吴。怀安（今属河北）人。中年出家，习《唯识论》，滞于名相，被有见识的僧人诘难，乃发愤罢讲，游方见神秀于武当山，得其心法，疑心顿释。出居蒲津（今山西永济）中条山安峰潜修，州牧卫文升建安国院居之。二十余年间授徒千数，得其道者甚众。

【参考文献】

《宋高僧传》卷八；《景德传灯录》卷四。

兖州降魔藏禅师

兖州降魔藏禅师，赵郡人也。姓王氏。父为亳掾[1]。师七岁出家。时属野多妖鬼，魅惑于人。师孤形制伏，曾无少畏，故得"降魔"名焉。即依广福院明赞禅师落发。后遇北宗盛化，便誓抠衣[2]。

秀问曰："汝名降魔，此无山精木怪，汝翻作魔邪？"师曰："有佛有魔。"秀曰："汝若是魔，必住不思议境界。"师曰："是佛亦空，何境界之有？"秀悬记之曰："汝与少皞之墟[3]有缘。"

师寻入泰山，数稔[4]，学者云集。一日告门人曰："吾今老朽，物极有归。"言讫而逝。

【注释】

[1] 亳（bó）掾（yuàn）：亳州官员。亳，地名（亳州），在安徽省，春秋为陈地，自秦时置谯县以来，历经朝代更迭，大都系州、郡或县建制，北魏正始四年（507年），为南兖州治所。掾，原为佐助的意思，后为副官佐或官署属员的通称。

[2] 抠衣：就是提起衣服前襟，这是古人迎趋时的动作，表示恭敬。此处指禅师对北宗尊崇而拜见一代祖师神秀。

[3] 少皞（hào）之墟：山东曲阜自古就被称为"少昊之墟"，即少昊的陵墓。少皞，亦作少昊，继太皞之德，故称少昊。少昊生于穷桑（今山东菏泽），因他能继承太昊伏羲氏的德行，故称少昊或小昊。主要活动于今山东菏泽一带，擅于治水、农耕。少昊氏最初立国于今山东日照一带，后来建都曲阜。此处禅师借指山东。

[4] 数稔（rěn）：几年。稔，庄稼成熟，借指年，古代谷一熟为年。

寿州道树禅师

寿州道树禅师，唐州人也。姓闻氏。幼探经籍，年将五十，因遇高僧诱谕，遂誓出家，礼本部明月山慧文为师。师耻乎年长，求法淹迟[1]，励志游方，无所不至。后归东洛，遇秀禅师，言下知微[2]。乃卜[3]寿州三峰山，结茅而居。常有野人，服色素朴，言谭诡异。于言笑外化作佛形及菩萨、罗汉、天仙等形[4]，或放神光，或呈声响。师之学徒睹之，皆不能测。如此涉十年，后寂无形影。

师告众曰："野人作多色伎俩，眩惑于人，只消老僧不见不闻，伊伎俩有穷，吾不见不闻无尽。"

唐宝历元年，示疾而终。

【注释】

[1] 淹迟：缓慢；迟缓。

[2] 微：精深，精妙，如微言大义，此指精深禅理。

[3] 卜：选择（处所）。

[4] 于言笑外化作佛形及菩萨、罗汉、天仙等形：除言笑外，还常常变化为佛形及菩萨、罗汉、天仙等形象。旧译本将"化作"译为"扮作"有误，此指野人有幻化的神通，并非野人扮演诸佛菩萨等形象。

【概要】

道树禅师，唐代北宗禅僧。俗姓闻。唐州（今河南泌阳）人。少习儒业，通经史，不乐入仕。年将五十，遇高僧诱谕，遂誓出家。耻乎年长，求法淹迟，励志游方，无所不至。于洛阳遇神秀，言下知微，遂受其法。后至寿州（治今安徽寿县）三峰山结茅而居，学僧追踪而至，讲说十余年而卒。

【参考文献】

《宋高僧传》卷九；《景德传灯录》卷四。

嵩岳安国师法嗣

洛京福先寺仁俭禅师

洛京福先寺仁俭禅师，自嵩山罢问，放旷郊廛[1]，谓之"腾腾和尚"。唐天册万岁中，天后诏入，殿前仰视天后，良久曰："会么?"后曰："不会。"师曰："老僧持不语戒。"言讫而出。

翌日，进短歌一十九首，天后览而嘉之，厚加赐赉[2]，师皆不受。又令写歌辞传布天下，其辞并敷演真理，以警时俗。唯《了元歌》一首盛行于世。

【注释】

[1] 郊廛（chán）：亦作郊廛。郊野与市廛。统指城内外。

[2] 赐赉（lài）：赏赐。

【概要】

仁俭禅师，唐代禅僧。师事慧安国师得法。后放旷郊野，人称"腾腾和尚"。进京为武则天说法，并进短歌十九首，武则天览而嘉之。敕住洛阳福先寺。又令写歌词传播天下，其词敷演真理，以警时俗，其中《了元歌》一首盛行于世。

【参考文献】

《景德传灯录》卷四。

嵩岳破灶堕和尚

嵩岳破灶堕和尚，不称名氏。言行叵测，隐居嵩岳。

山坞[1]有庙甚灵。殿中唯安一灶，远近祭祀不辍，烹杀物命甚多。

师一日领侍僧入庙，以杖敲灶三下曰："咄! 此灶只是泥瓦合成，圣从何来，灵从何起，恁么[2]烹宰物命?"又打三下，灶乃倾破堕落。

须臾，有一人青衣峨冠[3]，设拜师前。师曰："是甚么人?"曰："我本此庙灶神，久受业报[4]，今日蒙师说无生法，得脱此处，生在天中，特来致谢。"师曰："是汝本有之性，非吾强言。"神再礼而没。

少选，侍僧问曰："某等久侍和尚，不蒙示诲，灶神得甚么径旨[5]，便得生天？"师曰："我只向伊[6]道是泥瓦合成，别也无道理为伊。"侍僧无言。师曰："会么？"僧曰："不会。"师曰："本有之性，为甚么不会？"侍僧等乃礼拜，师曰："堕也！堕也！破也！破也！"

后义丰禅师举似[7]安国师，安叹曰："此子会尽物我一如[8]，可谓如朗月处空，无不见者，难构伊语脉[9]。"丰问曰："未审[10]甚么人构得[11]他语脉？"安曰："不知者。"时号为"破灶堕"[12]。

僧问："物物无形时如何？"师曰："礼即唯汝非我，不礼即唯我非汝。"其僧乃礼谢，师曰："本有之物，物非物也。所以道心能转物，即同如来。"

有僧从牛头处来，师问曰："来自何人法会？"僧近前叉手，绕师一匝而出，师曰："牛头会下，不可有此人。"僧乃回师上肩[13]，叉手而立。师曰："果然，果然。"僧却问曰："应物不由他时如何？"师曰："争得[14]不由他。"曰："恁么则顺正归元去也。"师曰："归元何顺？"曰："若非和尚，几错招愆[15]。"师曰："犹是未见四祖时道理，见后道将来。"僧却绕师一匝而出，师曰："顺正之道，今古如然。"僧作礼。

又僧侍立久，师乃曰；"祖祖佛佛，只说如人本性本心，别无道理。会取[16]，会取。"僧礼谢，师乃以拂子打之曰："一处如是，千处亦然。"僧乃叉手近前，应喏一声。师曰："更不信，更不信。"

僧问："如何是大阐提[17]人。"师曰："尊重礼拜。"曰："如何是大精进人？"师曰："毁辱嗔恚。"

其后莫知所终。

【注释】

[1] 山坞（wù）：指山中较平的一块地。

[2] 恁（nèn）么（me）：这样，如此，怎么样，什么。

[3] 峨（é）冠：亦作"峩冠"，高帽子，戴着高高的帽子。

[4] 业报：业与报并称。意为业之报应或业之果报。谓由身口意之善恶业因所必招感之苦乐果报。或指业因与果报。又作业果。

[5] 径旨：通达捷径的道理。

[6] 伊：彼，他，她。

[7] 举似：奉告。

[8] 会尽物我一如：完全领会万物与我都是一体的道理。一如：一是平等不二，如是如常不变，所以一如就是真如的意思。

[9] 难构伊语脉：难以理解他说话的思路。构：理解，领会。

[10] 未审：不知道。

[11] 构得：领悟。

[12] <u>安曰："不知者。"时号为"破灶堕"</u>：旧校本标点有误。将"时号为'破灶堕'"移入引号内，当作安国师说的话。"时号为'破灶堕'"是叙述语言，与安国师说话没有联系。

[13] 上肩：上位。指位置较尊的一侧。

[14] 争得：怎能，怎得。唐代白居易《浔阳春·春去》："四十六时三月尽，送春争得不殷勤？"

[15] 招愆（qiān）：给自己招致罪过。愆：过失，罪过。

[16] 会取：领会，选择。

[17] 阐提：大恶人。一阐提迦的简称，是极难成佛的意思。有两种：一是不信因果，造五逆十恶，断诸善根，坠入阿鼻地狱的人，此种人极难成佛，名断善阐提；二是大悲菩萨，发一切众生成佛，然后成佛之愿，因众生至多，时间至久，故此种菩萨，亦极难成佛，名大悲阐提。通常所指的一阐提人，多数是指断善阐提。

【概要】

破灶堕和尚，唐代僧。不称姓氏，言行难测，师事嵩岳慧安禅师，隐居嵩岳。山中有庙甚灵，殿中唯安一灶，远近祭祀不辍，烹杀物命甚多。师一日领僧入庙，以杖击灶三下云："咄！此灶只是泥瓦合成，圣从何来？灵从何起？恁么烹宰物命！"又打三下，灶乃倾破堕落。未久有一青衣峨冠之人投拜师前。师言："是什么人？"云："我本此庙灶神，久受业报，今日蒙师说无生法，得脱此处，生在天中，特来致谢。"师云："是汝本有之性，非吾强言。"神再礼而没。师素不称名，由此事之因缘，故号为"破灶堕"。

【参考文献】

《宋高僧传》卷十九；《景德传灯录》卷四；《传灯录》卷四。

【拓展阅读】

元音老人《心经抉隐》谈到"破灶堕和尚"，他说：

禅宗有个公案很妙。有一个"灵性"执着我相，附在了一个将要倒塌的破灶上，以灶为身，使灶显灵。于是，有很多乡下人祭祀它、供它、求它，希望能帮忙解决种种疑难问题。这个灵性由于贪乡下人的供养，而且好食血腥之物，也就随乡人的要求，大显神通。顿时，一传十、十传百，乡人都杀牛宰羊供养这个破灶。有位禅师（慧安国师的弟子）恰好路过此地，他看乡下人这么愚痴，而附在灶上的灵性欲望如此炽盛，不惜杀生害命，太不像话了！于是，他油然生起大悲心，要度化这个附灶的灵性。他拿起禅杖，在灶上敲了三下，说道："此灶只是泥瓦合成，圣从何来？灵从何起？恁么烹宰物命！"其意是告诫这个灵性，你本来是遍一切处、妙用无边的，可你却执着在这个泥水砖瓦合成的破灶上，为泥土所拘，受乡人的供养，杀生害命，看似享受，实在是造业，将来定会受报无穷。问它灵从何起？即是点醒它，灵不在这个砖瓦泥土的灶上，而在你的佛性边，趁现在无色身之累，赶快回光返照，认识佛性，即能遍一切处，自在逍遥而无往不利矣。禅师又敲了三下，这个灶就一下子倒塌了。灵性现身，给禅师顶礼，感谢说："我本此庙灶神，久受业报。今日蒙师说无生法，得脱此处，生在天中，特来致谢。"由此，禅师得名为"破灶堕和尚"。

一切精灵都能附在草木砖瓦上而显灵，就像我们这个妄心纳在肉身里面，但只能遍这个肉身，而不能遍其他的地方。因为执着了这个身体是我，却不知身外的一切都是我，这是多么愚昧无知呵！古德云："青青翠竹，尽是法身；郁郁黄花，无非般若。"就是说，一切时、一切处都是我们自性的显现，都是我们自性的妙用。"万相丛中独露身，山河大地尽是法王身。"佛性是无所不在、无时不在、无处不在的。只因我们妄想执着之故，不知道佛性遍一切处，只晓得这个肉身。于是，"无处不在"就变为"有处所在"了。把大到遍一切时、遍一切处、遍一切物的佛性，变成小得只能遍这个肉身。这不是太可惜了吗？所以佛唤醒诸弟子说"是诸法空相"！就是说，一切法都不可得，都是空的，都不要执着。

嵩岳元珪禅师

嵩岳元珪禅师，伊阙人也。姓李氏。幼岁出家。唐永淳二年，受具戒。隶闲居寺[1]，习毗尼[2]无懈。后谒安国师，顿悟玄旨，遂卜庐于岳之庞坞[3]。

一日，有异人峨冠袴褶[4]（徒颊切）而至，从者极多。轻步舒徐，称谒大师。师睹其形貌，奇伟非常，乃谕之曰："善来仁者，胡为而至[5]？"彼曰："师宁识我邪[6]？"师曰："吾观佛与众生等，吾一目之，岂分别邪？"彼曰："我此岳神也，能生死于人[7]，师安得一目我哉？"师曰："吾本不生，汝焉能死？吾视身与空等，视吾与汝等，汝能坏空与汝乎？苟能坏空及汝，吾则不生不灭也。汝尚不能如是，又焉能生死吾邪？"

神稽首曰："我亦聪明正直于余神，讵知[8]师有广大之智辩乎？愿授以正戒，令我度世。"师曰："汝既乞戒，即既戒也。所以者何？戒外无戒，又何戒哉？"神曰："此理也我闻茫昧[9]，止求师戒我身为门弟子[10]。"师即为张座，秉炉正几[11]曰："付汝五戒，若能奉持，即应曰能，不能，即曰否。"曰："谨受教。"师曰："汝能不淫乎？"曰："我亦娶也。"师曰："非谓此也，谓无罗欲[12]也。"曰："能。"师曰："汝能不盗乎？"曰："何乏我也，焉有盗取哉？"师曰："非谓此也，谓飨而福淫，不供而祸善[13]也。"曰："能。"师曰："汝能不杀乎？"曰："实司其柄，焉曰不杀？"师曰："非谓此也，谓有滥误疑混也。"曰："能。"师曰："汝能不妄乎？"曰："我正直，焉有妄乎？"师曰："非谓此也，谓先后不合天心也。"曰："能。"师曰："汝不遭酒败乎？"曰："能。"师曰："如上是为佛戒也。"

又言："以有心奉持而无心拘执，以有心为物而无心想身。能如是，则先天地生不为精，后天地死不为老，终日变化而不为动，毕尽寂默而不为休。信此则虽娶非妻也，虽飨非取也，虽柄非权也，虽作非故也，虽醉非惛也。若能无心于万物，则罗欲不为淫，福淫祸善不为盗[14]，滥误疑混不为杀，先后违天不为妄，昏荒[15]颠倒不为醉。是谓无心也。无心则无戒，无戒则无心。无佛无众生，无汝及无我。孰为戒哉？"

神曰："我神通亚佛。"师曰："汝神通十句，五能五不能。佛则十句，七能三不能。"神悚然[16]避席，跪启曰："可得闻乎？"师曰："汝能戾上帝，东天行而西七曜乎[17]？"曰："不能。"师曰："汝能夺地祇，融五岳而结四海乎[18]？"曰："不能。"

师曰："是谓五不能也。佛能空一切相，成万法智，而不能即灭定业[19]。佛能知群有性，穷亿劫事，而不能化导无缘[20]。佛能度无量有情，而不能尽众生界。是为三不能也。定业亦不牢久，无缘亦是一期，众生界本无增减，更无一人能主其法。有法无主，是谓无法。无法无主，是谓无心。如我解，佛亦无神通也，但能以无心通达一切法尔。"

神曰："我诚浅昧，未闻空义。师所授戒，我当奉行。今愿报慈德，效我所能。"师曰："吾观身无物，观法无常，块然更有何欲邪[21]？"

神曰："师必命我为世间事，展我小神功，使已发心、初发心、未发心、不信心、必信心五等人，目我神踪，知有佛有神、有能有不能、有自然有非自然者。"师曰："无为是，无为是。"

神曰："佛亦使神护法，师宁隳叛佛邪[22]？愿随意垂诲。"师不得已而言曰："东岩寺之障，莽然无树；北岫有之，而背非屏拥[23]。汝能移北树于东岭乎？"神曰："已闻命矣。然昏夜必有喧动，愿师无骇。"即作礼辞去。

师门送而且观之，见仪卫逶迤[24]，如王者之状。岚霭烟霞，纷纶间错，幢幡环佩，凌空隐没焉。其夕，果有暴风吼雷，奔云掣电，栋宇摇荡，宿鸟声喧。师谓众曰："无怖！无怖！神与我契矣！"诘旦和霁[25]，则北岩松栝[26]尽移东岭，森然行植[27]。师谓其徒曰："吾没后无令外知。若为口实，人将妖我。"

以开元四年丙辰岁嘱门人曰："吾始居寺东岭。吾灭，汝必置吾骸于彼。"言讫，若委蜕[28]焉。

【注释】

[1] 隶闲居寺：挂名在闲居寺。《宋高僧传》卷十九有元珪禅师记载，曰："乃隶名闲居寺以习毗尼。"隶名：无所事事，挂名而已，亦指隶属于某部门而册上有名。

[2] 毗尼：又作毗奈耶，梵语，佛教经律论三藏之律藏，即有关戒律的经书。

[3] 遂卜庐于岳之庞坞：于是在嵩岳中的庞坞建了一所茅蓬。卜庐：选择住所。庐：指简陋的茅蓬，僧人修行所居。

[4] 峨冠袴（kù）褶（dié）：指戴着高高的帽子，穿着官服。袴褶：汉服的一种款式。褶：宝祐本标注读音"徒颊切"，《唐韵》"徒协切"，夹衣。

[5] 善来仁者，胡为而至：来得正好，仁者，为什么来呢？"善来仁者"起源

于佛教典故"善来比丘"。为印度比丘欢迎来客所用之客套语,即"其来正好"之意。根据经律载,释迦佛在世时,对愿意出家的佛弟子求佛为沙门时,佛对之言语:"善来比丘",音落,遂即该人即成沙门,得具足戒。

[6] 师宁识我邪:禅师难道认识我吗?宁:岂,难道。

[7] 能生死于人:能主宰人的生死。

[8] 讵(jù)知:哪知。讵:岂,怎。

[9] 茫昧:模糊不清;不可揣测。

[10] 止求师戒我身为门弟子:只求禅师为我受戒,使我成为佛门弟子。

[11] 秉炉正几:拿起香炉点香,摆正香案。

[12] 罗欲:没有各种欲望,没有私心杂念。罗,包罗一切。在家居士五戒之"不淫",指戒邪淫。在家佛弟子,娶妻生子而行淫,此名为正淫,而夫妻之外的淫名为邪淫。在家居士戒邪淫,可以指狭义的"无罗欲"。

[13] 飨(xiǎng)而福淫,不供而祸善:因为得到了丰盛的祭品就赐福给祭祀你的恶人,因为没有供养就降祸给没有祭品的善人。飨:祭祀。淫:指奸邪之人,恶人。旧译本"享受祭品过多,一旦不供祭品,也不要去抢劫偷盗善良人家",有误。

[14] 若能无心于万物,则罗欲不为淫,福淫祸善不为盗:此以平等之心而作菩萨之事,看起来是坏事实则是在度人。旧译本"因祭品多而祸害善良不是偷盗",有误。

[15] 昏荒:昏乱荒谬。

[16] 悚(sǒng)然:惊慌恐怖的样子。

[17] 汝能戾上帝,东天行而西七曜乎:你能够违背上帝,让从东方升起的日月星辰转而从西方升起吗?戾:违背,违反。七曜:日月水火木金土。

[18] 汝能夺地祇,融五岳而结四海乎:你能够罢免地神,将五岳融合成为一体,将四海汇通为一海吗?夺:剥夺,削除。此指罢免地神,撤销他们的职务。

[19] 佛能空一切相,成万法智,而不能即灭定业:佛能视一切境界为虚无,有觉悟万法皆空的智慧,但却不能消除众生的定业。定业,指一定受报的业。定业有善恶两种,善的定业,定受乐果,恶的定业,定受苦果。旧译本"佛能虚空一切相状,成万物智慧,却不能立即消除定受生死苦乐果的原因",有误。

[20] 佛能知群有性,穷亿劫事,而不能化导无缘:佛能知道一切众生都有佛性,能够知道亿万大劫无量时空的所有事情,但却不能度化无缘之人。旧译本"佛能了解众生本性,穷究亿万苦难事,却不能度化无缘的人",有误。

[21] 块然更有何欲邪:一人独处,心无杂念,还有什么欲望呢?块然:孤独

貌；独处。

[22] 师宁臜叛佛邪：禅师难道背叛佛了吗？臜：毁坏。

[23] 东岩寺之障，莽然无树；北岫（xiù）有之，而背非屏拥：东岩寺的屏障空阔没有大树依靠，北山虽然有很多大树，但却不是屏障。岫：山。

[24] 逶（wēi）迤（yí）：蜿蜒曲折。

[25] 诘（jié）旦和霁（jì）：早晨的时候天气和暖放晴。

[26] 松栝（guā）：松树、栝树。

[27] 森然行植：茂密地长着。森然：形容繁密。

[28] 委蜕（tuì）：羽化，又用为死亡的婉词。

【概要】

元珪禅师，俗姓李氏，伊阙（今河南伊川县）人。永淳二年（683 年），受比丘大戒，隶名闲居寺（即嵩岳寺）。他每天学习戒律，从不松懈。在嵩山会善寺道安国师的指导下，很快"印以直宗，顿悟玄旨。"不久，在洛阳大敬爱寺遇定门之首法如禅师，开始在法如门下受业，"四海标领僧众，集少林精舍，请开禅法"。在法如禅师门下参学三年，"验之先说，信而有证，遂蒙启发，豁然会意，万象皆如"。永昌元年（689 年），法如禅师"寂然卒世"后，元珪和尚以嵩岳寺为道场，继续弘扬佛法。做嵩岳寺主持二十余年。圆寂后，弟子为其起塔于嵩岳寺东岭，塔铭载："自达磨入魏，首传慧可……至和尚（指元珪），凡历七代，皆为法立。"

【参考文献】

《宋高僧传》卷十九。

第九节　五祖下三世

嵩山寂禅师法嗣

终南山惟政禅师

终南山惟政禅师，平原人也。姓周氏。受业于本州岛延和寺诠澄法师，得法于嵩山普寂禅师。即入太一山中，学者盈室。

唐文宗好嗜蛤蜊，沿海官吏先时递进，人亦劳止[1]。一日御馔中有擘不张者，帝以其异，即焚香祷之，乃开，见菩萨形仪，梵相具足。帝遂贮以金粟檀香合，覆以美锦，赐兴善寺，令众僧瞻礼。

因问群臣："斯何祥也？"或奏："太一山惟政禅师深明佛法，博闻强记，乞诏问之。"帝即颁诏。

师至，帝问其事。师曰："臣闻物无虚应，此乃启陛下之信心耳。故契经[2]云：'应以此身得度者，即现此身而为说法。'"帝曰："菩萨身已现，且未闻说法。"师曰："陛下睹此为常邪？非常邪？信邪？非信邪[3]？"帝曰："希奇之事，朕深信焉。"师曰："陛下已闻说法竟。"

皇情悦豫，得未曾有。诏天下寺院各立观音像，以答殊休[4]。留师于内道场，累辞归山，诏令住圣寿寺。

至武宗即位，师忽入终南山隐居。人问其故，师曰："吾避仇矣。"终后阇维，收舍利四十九粒，而建塔焉。

【注释】

[1] 人亦劳止：由于文宗皇帝嗜食蛤蜊，沿海官吏为了讨皇上欢心，不断地捕捞蛤蜊进贡，借机从中剥削渔民，使得人民苦不堪言。

[2] 契经：契合众生的根机而且契合真理的经文，即佛经。旧译本翻译时加书名号为"《契经》"，错误，因为这不是一本经书名，而是指佛经中有这样的话，具体出自《法华经·观世音菩萨普门品》，云："应以菩萨身得度者，即现菩萨身而为说法。"旧校本标点亦有误，在"契经"下画线，当作书名。

[3] 陛下睹此为常邪？非常邪？信邪？非信邪：皇上看这件事是正常呢？还是不正常呢？是相信呢？还是不相信呢？

[4] 殊休：殊胜的瑞兆。休：吉庆，美善，福禄。

【概要】

惟政禅师，唐代终南山禅宗高僧。他是嵩山普寂禅师法嗣，也是玉泉神秀禅师徒孙。惟政禅师持律精严，曾经接引太守李翱归依佛法，也曾入朝为唐文宗解释"蛤蜊观音"之事，禅师生性淡泊，不喜应酬，朝中大臣经常争相供养，禅师始终借故推辞。

"蛤蜊观音"故事出自惟政禅师。这件事情使皇上生起了信心，就是观世音菩萨现身说法。台湾星云法师说："终南山惟政禅师对唐文宗的说法，极尽巧妙，此种灵巧智慧均由禅心中得来。有了禅心，即使信口说来，皆成妙谛。对于佛法禅道，如能有所体悟，则世间一色一香、一草一木，无不是道；青松杨柳、郁郁黄花，都是诸佛如来的法身；江海涛声、檐边水滴，都是诸佛如来说法的声音。哪里一定要观音现身？哪里一定要观音说法呢？

【参考文献】

《景德传灯录》卷四；《指月录》卷六；《教外别传》卷四；中华书局新版《星云禅话·禅即生活》。

破灶堕和尚法嗣

嵩山峻极禅师

僧问："如何是修善行人？"师曰："担枷带锁。"曰："如何是作恶行人？"师曰："修禅入定。"曰："某甲浅机，请师直指。"师曰："汝问我恶，恶不从善。汝问我善，善不从恶。"僧良久，师曰："会么？"僧曰："不会。"师曰："恶人无善念，善人无恶心，所以道善恶如浮云，俱无起灭处。"僧于言下大悟。

后破灶堕闻举[1]，乃曰："此子会尽诸法无生。"

【注释】

[1]闻举：听到这件事。举：言行，举动。

第十节　五祖下四世

益州无相禅师法嗣

益州保唐寺无住禅师

益州保唐寺无住禅师，初得法于无相大师。乃居南阳白崖山，专务宴寂。经累岁，学者渐至，勤请不已。自此垂诲，虽广演言教，而唯以无念为宗。

唐相国杜鸿渐[1]出抚坤维[2]，闻师名，思一瞻礼，遣使到山延请。时节度使[3]崔宁[4]亦命诸寺僧徒远出，迎引至空慧寺。时杜公与戎帅召三学硕德俱会寺中。

致礼讫，公问曰："弟子闻今和尚说无忆、无念、莫妄三句法门，是否？"师曰："然。"公曰："此三句是一是三？"师曰："无忆名戒，无念名定，莫妄名慧。一心不生，具戒定慧。非一非三也。"公曰："后句'妄'字，莫是从心之忘乎？"曰："从'女'者是也[5]。"公曰："有据否？"师曰："《法句经》云：'若起精进心，是妄非精进。若能心不妄，精进无有涯。'"公闻疑情荡然。公又问："师还以三句示人否？"师曰："初心学人[6]，还令息念。澄停识浪，水清影现。悟无念体，寂灭现前，无念亦不立也。"

于时庭树鸦鸣，公问："师闻否？"师曰："闻。"鸦去已，又问："师闻否？"师曰："闻。"公曰："鸦去无声，云何言闻？"师乃普告大众曰："佛世难值，正法难闻，各各谛听。闻无有闻，非关闻性。本来不生，何曾有灭？有声之时，是声尘自生；无声之时，是声尘自灭。而此闻性，不随声生，不随声灭。悟此闻性，则免声尘之所转。当知闻无生灭，闻无去来。"公与僚属大众稽首。

又问："何名第一义？第一义者，从何次第得入？"师曰："第一义无有次第，亦无出入。世谛一切有，第一义即无。诸法无性性，说名第一义[7]。佛言有法名俗谛，无性第一义。"公曰："如师开示，实不可思议。"

公又曰："弟子性识微浅，昔因公暇，撰得《起信论章疏》两卷，可得称佛法否？"师曰："夫造章疏，皆用识心。思量分别，有为有作。起心动念，然可造成。据《论》[8]文云：'当知一切法，从本以来，离言说相，离名字相，离心缘相，毕竟平等，无有变异，唯有一心，故名真如。'今相公著言说相，著名字相，著心缘相。既著种种相，云何是佛法？"公起作礼曰："弟子亦曾问诸供奉大德，皆赞弟子不可思议，当知彼等但狗人情[9]。师今从理解说，合心地法，实是真理不可思议。"

公又问："云何不生？云何不灭？如何得解脱？"师曰："见境心不起，名不生，不生即不灭。既无生灭，即不被前尘所缚，当处解脱。不生名无念，无念即无灭，无念即无缚，无念即无脱。举要而言，识心即离念，见性即解脱。离识心见性外，更有法门证无上菩提者，无有是处。"

公曰："何名识心见性？"师曰："一切学道人，随念流浪，盖为不识真心。真心者，念生亦不顺生，念灭亦不依寂。不来不去，不定不乱，不取不舍，不沈不浮，无为无相，活鱍鱍[10]，平常自在。此心体毕竟不可得，无可知觉，触目皆如，无非见性也。"

公与大众作礼称赞，踊跃而去。

师后居保唐寺而终。

【注释】

[1] 杜鸿渐（709～769年）：唐朝宰相。字之巽，出身于濮阳（今河南濮阳）杜氏，进士及第。起家延王（李玢）参军，迁大理司直，出任朔方军留后。安史之乱时，参与拥立唐肃宗，授兵部郎中，历任兵部侍郎、河西和荆南节度使，入为尚书右丞、吏部侍郎、太常卿。负责营建泰陵和建陵，封光禄大夫、卫国公。广德二年（764年），拜中书侍郎、同平章事。大历元年（766年），出镇西川，担任剑南西川节度使，镇抚崔旰之乱，推行姑息之政。大历二年（767年），入为门下侍郎。晚年深信佛教，曾赋诗道："常愿追禅理，安能挹化源。"朝臣也都赋诗唱和。大历

四年（769 年），病逝，时年六十一，追赠"太尉"，谥号"文宪"。

[2] 坤维：指西南方。因《易·坤》有"西南得朋"之语，故以坤指西南。

[3] 节度使：官名。唐初沿北周及隋旧制，于重要地区设总管，后改称都督，总揽数州军事。宋以节度使为虚衔，辽、金沿置，元废。

[4] 崔宁（723~783 年）：唐名将。又名崔旰，代宗永泰二年（766 年）赐名"宁"。贝州安平（今河北安平）人。初为符离令。后从军充步卒，累迁衙将、折冲郎将。代宗宝应初，授利州刺史，寻转汉州刺史。永泰初年，打败剑南节度使郭英乂，迁西川都知兵马使。大历二年，授西川节度使，深结宰相元载父子，授检校左仆射。大历十四年，入为检校司空、同平章事，兼山陵使、御史大夫。唐德宗即位，得罪宰相杨炎，迁朔方节度使，入为右仆射、知尚书省事。建中四年，发生泾原兵变，随驾逃奔奉天（今陕西乾县），受到宰相卢杞诬陷，坐罪冤杀，年六十一。后得平反。

[5] 从"女"者是也：依上下文义，此"女"字是指从"女"的"妄"字。续藏本作"汝"有误。

[6] 学人：学道之人，参禅学佛之人，多用作僧徒自称。《佛光大辞典》有两个含义：一是泛称学习佛法之人。禅林中则指修禅者。又称学道人、学道丈夫。二是"有学人"之略称，指在学佛修道过程中，尚未得最高境地之人，盖谓其仍有须学之处之意。与之相对应的是"无学人"。

[7] 诸法无性性，说名第一义：诸法无性之性，可以说名为第一义。旧校本标点有误，作"诸法无性性说，名第一义"。

[8]《论》：指《大乘起信论》，旧校本将"论文"两字下画线作书名有误。"文"指《大乘起信论》文中说。《大乘起信论》原文说："是故一切法，从本以来，离言说相，离名字相，离心缘相，毕竟平等，无有变异，不可破坏，唯是一心，故名真如。"

[9] 狥（xùn）人情：曲从私情，迎合他人。

[10] 活鱍（bō）鱍：活泼。鱍：鱼摆尾跳动的样子。

【概要】

无住禅师（714~774 年），唐代禅僧，保唐宗开创者。凤翔郿县（陕西）人，俗姓李。又称李僧、李了法。初修儒术，武艺绝伦。年二十，遇嵩山慧安禅师弟子陈楚璋，默传心法，遂改归佛。天宝初年（742 年），往太原参谒自在禅师，从之剃发，八年受具足戒。十年到北灵州，其后二年间驻锡贺兰山。乾元二年（759年），参谒无相禅师于四川成都净众寺，并嗣其法。无相示寂后，禅师于永泰二年

（766）入空慧寺，十月与相国杜鸿渐问答，开演顿教之法。后住保唐寺开法，教化大行，世称保唐无住。大历九年六月三日坐化，世寿六十一。后世称禅师之法系为保唐宗。

保唐宗上承五祖弘忍、资州智诜、处寂、无相等诸师，以无相之三句、荷泽神会之三学为基础，别树一帜。此宗特点，乃在不拘教行，毁弃礼忏、转读、画佛、写经等佛事。又主张起心即妄，有分别为怨家，无分别为妙道。故将其师无相之无忆、无念、莫忘三句中之"莫忘"改为"莫妄"。

无住一生不计较衣食，不逢迎贵贱，倡导自由自在之头陀行。弟子有胜光寺净藏（超藏）、知一（超然）、登州忠信等。有关无住之机缘语句，详载于《历代法宝记》。

【参考文献】

《历代法宝记》；《禅门师资承袭图》；《圆觉经大疏》卷三下；《龙兴佛法编年通论》卷一；《禅源诸诠集都序》；《宗镜录》卷八；印顺《中国禅宗史》。

【拓展阅读】

印顺《剑南的保唐宗》（摘自《中国禅宗史》第八章第一节）

保唐宗的成立者，是成都保唐寺无住。《传灯录》卷四，有无住的机缘语句，得法于净众寺的无相。宗密也把他看作五祖下的一支，如《圆觉经大疏钞》卷三之下说："其先亦五祖下分出，即老安和上也。（中略）有一俗弟子陈楚璋，时号陈七哥。有一僧名无住，遇陈开示领悟，亦志行孤劲。后游蜀中，遇金和上开禅，亦预其会。但重咨问见，非改前悟。将欲传之于未闻，意以禀承俗人，恐非宜便，遂认金和上为师。"

老安是嵩山慧安；金和上是净众寺无相，为智诜的再传弟子。老安与智诜，都是弘忍门下，所以说保唐是五祖下的一系。然现存属于保唐宗的《历代法宝记》，所说并不如此，如说："和上（中略）法号无住。（中略）遇白衣居士陈楚璋，（中略）说顿教法。和上当遇之日，密契相知，默传心法。""天宝年间，忽闻范阳到次山有明和上，东京有神会和上，太原府有自在和上，并是第六祖师弟子，说顿教法。和上当日之时，亦未出家，遂往太原礼拜自在和上。自在和上说：净中无净相，即是真净佛性。和上闻法已，心意快然。欲辞前途，老和上共诸师大德苦留，不放此真法栋梁，便与削发披衣。天宝八载，受具戒。""乾元二年正月，到成都府净众（原误作'泉'）寺。初到之时，逢安干师，引见金和上，和上见非常欢喜。（中略）其时正是受缘之日，当夜随众受缘，经三日三夜。"

依《历代法宝记》，无住还没有出家时，从老安弟子陈楚璋得法。天宝八年（749年）前，从六祖弟子（并州）自在，受法出家。乾元二年（759年），在成都金和上处，也随众"受缘"三日夜。依此明确的记载，无住初与老安门下有关，而出家后是慧能的再传弟子。与净众寺的金和尚无相，仅有极短暂的，形式上的关系。《历代法宝记》，肯定的以慧能为六祖，受到神会所传的顿教的影响。无住并以传衣为据，自以为直承慧能的顿法，这应该是（至少是依附）曹溪门下的一流。无住住成都的保唐寺，受相国杜鸿渐的尊信。传禅的时代并不长，从永泰二年（766年）到大历九年（774年），只有九个年头，时代与道一、希迁相当。

第十一节　六祖大鉴禅师旁出法嗣第一世

西域崛多三藏

西域崛多三藏者，天竺人也。于六祖言下契悟。

后游五台，见一僧结庵静坐，师问曰："孤坐奚为？"曰："观静。"师曰："观者何人？静者何物？"其僧作礼，问曰："此理何如？"师曰："汝何不自观自静[1]？"彼僧茫然，师曰："汝出谁门邪？"曰："秀禅师。"师曰："我西域异道最下种者，不堕此见。兀然空坐[2]，于道何益？"其僧却问："师所师者何人？"师曰："我师六祖。汝何不速往曹溪，决其真要。"其僧即往参六祖，六祖垂诲，与师符合，僧即悟入。

师后不知所终。

【注释】

[1] 汝何不自观自静：你怎么不返观自性，明了自性，自然清净。

[2] 兀（wù）然空坐：昏昏沉沉一人空坐。兀然：昏然无知的样子。

【概要】

崛多三藏法师，古印度僧人，为慧能嗣法弟子，于唐开元前曾游五台，所传禅法与慧能禅法完全相符，可知崛多是较早把慧能禅法传到五台山的高僧之一。

《传法正宗记》卷一："大鉴所出法嗣，凡四十三人，其一曰西印度崛多三藏者"，未载其事迹。

《宋高僧传》卷十："释掘多者，印度人也。从逾沙碛，向慕神州。不问狄鞮，旋通华语，而尚禅定。径谒曹溪能师，机教相接，犹弱丧还家焉。多游五台，路由定襄，历村见一禅者结庵独坐。"

《景德传灯录》卷五："西域堀多三藏者，天竺人也。东游韶阳见六祖，于言下契悟。后游五台，至定襄县历村，见一僧结庵而坐。"

与以上三书对比，《五灯会元》成书最晚，姑从之称作"崛多"。由此可知道，崛多是印度的一位修禅的僧人，与慧能生活在同一时代。当时印度佛教由于伊斯兰教的侵入，已呈现出衰败的迹象，而中国佛教正是蓬勃发展的时期，所以他"向慕神州"，远涉流沙来到中国。他"不问狄鞮，旋通华语"，是一位天资聪颖、见多识广的学者。《传法正宗记》把他排在慧能四十三位嗣法弟子的第一位，并称之为"三藏"，说明此人非一般的高僧。"径谒曹溪能师"，谓崛多来华直接就去拜谒慧能，说明当时慧能禅法已经相当闻名。"机教相接，犹弱丧还家焉"，说明崛多已深得慧能禅法旨趣。崛多游五台，路经定襄的一个村子，见一禅僧坐禅，对坐禅观求静持否定态度。提出"兀然空坐，蓐烂身疲，初无深益。子莫起如是见，立如是论"。对照《坛经》可知，崛多所传，完全是慧能的禅法。

【参考文献】

《传法正宗记》卷一；《宋高僧传》卷十；《景德传灯录》卷五。

韶州法海禅师

韶州法海禅师者，曲江人也。

初见六祖，问曰："即心即佛，愿垂指喻。"祖曰："前念不生即心，后念不灭即佛。成一切相即心，离一切相即佛。吾若具说，穷劫不尽。听吾偈曰：'即心名慧，即佛乃定。定慧等持，意中清净。悟此法门，由汝习性。用本无生，双修是正。'"

师信受，以偈赞曰："即心元是佛，不悟而自屈。我知定慧因，双修离诸物。"

【概要】

法海禅师，《六祖坛经》的笔录者。俗姓张，广东曲江（广东）人氏。他是唐代中期睿宗至玄宗时代的一位禅家高僧。在禅宗六祖惠能几十名弟子中，他是颇有成就的一位。他在韶州河西大梵寺初见禅宗六祖惠能，问即心即佛义，言下顿悟。后听六祖讲佛理，记六祖法语及出世因缘，并把不识字的六祖讲说全部记录下来，加以整理成为《六祖大师法宝坛经》，后世简称为《六祖坛经》。经法海整理成的这本经书，成为中国禅师自己所著的唯一可以称为"佛经"的经典，并流传到海外，以致影响了中唐、宋、元、明、清以来的中国文化。

【参考文献】

《景德传灯录》卷五；《联灯会要》卷三；《五灯严统》卷二；《五灯全书》卷四；《禅宗正脉》卷一；印顺《中国禅宗史》。

吉州志诚禅师

吉州志诚禅师者，本州岛太和人也。

初参秀禅师。后因两宗盛化，秀之徒众往往讥南宗曰："能大师不识一字，有何所长？"秀曰："他得无师之智，深悟上乘，吾不如也。且吾师五祖亲付衣法，岂徒然哉？吾所恨不能远去亲近，虚受国恩。汝等诸人无滞于此，可往曹溪质疑，他日回，当为吾说。"

师闻此语，礼辞至韶阳，随众参请，不言来处。时六祖告众曰："今有盗法之人，潜在此会。"师出礼拜，具陈其事。

祖曰："汝师若为示众[1]？"师曰："尝指诲大众，令住心观静，长坐不卧。"祖曰："住心观静，是病非禅。长坐拘身，于理何益？听吾偈曰：'生来坐不卧，死去卧不坐。一具臭骨头，何为立功过[2]？'"

师曰："未审和尚以何法诲人？"祖曰："吾若言有法与人，即为诳汝。但且随方解缚，假名三昧。听吾偈曰：'心地无非自性戒，心地无痴自性慧，心地无乱自性定，不增不减自金刚，身去身来本三昧。'"

师闻偈悔谢，即誓依归，乃呈偈曰："五蕴幻身，幻何究竟？回趣真如，法还不净。"

【注释】

[1] 汝师若为示众：你师父是怎么样开示大众的。若为：怎样。

[2] 何为立功过：依据《六祖大师法宝坛经》作"何为立功课"。

【概要】

志诚禅师，六祖慧能大师之法嗣，江西吉州太和人。志诚禅师少时即出家，后投荆州玉泉寺神秀禅师座下。当时禅宗分为南北顿渐两支，所谓南能北秀。一般学人，不知宗旨，不明就里，妄生彼此。六祖经常教育他的徒众说："法本一宗，人有南北；法即一种，见有迟疾。何名顿渐？法无顿渐，人有利钝，故名顿渐。"六祖在这里讲得非常明白，顿渐之分完全是依人的根性而分，接机的方便不同，归趣则是一致的。但是，神秀座下的北方宗徒不明白这一点，常常讥笑南宗说："慧能大师一字不识，有什么了不起的？"而神秀本人则告诫他的弟子们说："你们不要轻视南宗。慧能和尚得的是无师智，深悟最上乘法旨，我不及他。况且我的师父亲自传给他衣法，难道是偶然的吗？我很惭愧身处国师之位，虚受国恩，无暇前往亲近他。你们这些人，不要停留在这里，可前往曹溪向慧能和尚请决法疑。他日回玉泉寺，好讲给我听听。"因此，志诚禅师即往南方拜见慧能祖师，闻言悟脱，即誓依归。后逾岭北归吉州（今江西吉安）弘扬南宗禅法，学者颇众。后不知所终。

【参考文献】

《景德传灯录》卷五；《联灯会要》卷三；《五灯严统》卷二；《教外别传》卷四；《禅宗正脉》卷一。

匾担山晓了禅师

匾担山[1]晓了禅师者，传记不载。唯北宗门人忽雷澄禅师撰塔碑盛行于世，其略曰：

师住匾担山，号晓了，六祖之嫡嗣也。师得无心之心，了无相之相。无相者，森罗眩目；无心者，分别炽然。绝一言一响，响莫可传，传之行矣。言莫可穷，穷之非矣。师得无无之无，不无于无也。吾今以有有之有，不有于有也。不有之有，去来非增。不无之无，涅槃非灭。呜呼！师住世兮曹溪明，师寂灭兮法舟倾。师谭无说兮寰宇盈[2]，师示迷徒兮了义乘。匾担山色垂兹色，空谷犹留晓了名。

【注释】

[1] 匾担山：扁担山。匾：同"扁"。即扁担。挑或抬东西的工具，用竹子或

木头制成，扁而长。

［2］师谭无说兮寰宇盈：禅师无言论传世却名满寰宇。谭：同"谈"，言论。

【概要】

晓了禅师，唐代僧，为禅宗六祖慧能之嫡嗣。住于匾担山。北宗之忽雷澄禅师撰其塔铭。生卒年不详。

【参考文献】

《景德传灯录》卷五；《全唐文》卷九一三；《晓了禅师塔铭》。

洪州法达禅师

洪州法达禅师者，洪州丰城人也。七岁出家，诵《法华经》。

进具[1]之后，礼拜六祖，头不至地，祖诃曰："礼不投地，何如不礼？汝心中必有一物，蕴习何事邪？"师曰："念《法华经》已及三千部。"祖曰："汝若念至万部，得其经意，不以为胜，则与吾偕行[2]。汝今负此事业，都不知过。听吾偈曰：'礼本折慢幢，头奚不至地[3]？有我罪即生，亡功福无比[4]。'"

祖又曰："汝名甚么？"对曰："名法达。"祖曰："汝名法达，何曾达法？复说偈曰：'汝今名法达，勤诵未休歇。空诵但循声，明心号菩萨。汝今有缘故，吾今为汝说。但信佛无言，莲华从口发[5]。'"

师闻偈，悔过曰："而今而后，当谦恭一切，惟愿和尚大慈，略说经中义理。"

祖曰："汝念此经，以何为宗？"师曰："学人愚钝，从来但依文诵念，岂知宗趣？"祖曰："汝试为吾念一遍，吾当为汝解说。"

师即高声念经，至"方便品"，祖曰："止。此经元来以因缘出世为宗，纵说多种譬喻，亦无越于此。何者？因缘唯一大事，一大事即佛知见也。汝慎勿错解经意，见他道开示悟入，自是佛之知见，我辈无分。若作此解，乃是谤经毁佛也。彼既是佛，已具知见，何用更开？汝今当信，佛知见者，只汝自心，更无别体。盖为一切众生自蔽光明，贪爱尘境，外缘内扰，甘受驱驰。便劳他从三昧起，种种苦口，劝令寝息，莫向外求，与佛无二。故云'开佛知见'。汝但劳劳执念，谓为功课者，何异牦牛爱尾^[6]也？"

师曰："若然者，但得解义，不劳诵经邪？"祖曰："经有何过，岂障汝念？只为迷悟在人，损益由汝。听吾偈曰：'心迷《法华》转，心悟转《法华》。诵久不明己，与义作仇家。无念念即正，有念念成邪。有无俱不计，长御白牛车。'"

师闻偈再启曰："经云：'诸大声闻，乃至菩萨，皆尽思度量，尚不能测于佛智。'今令凡夫但悟自心，便名佛之知见，自非上根，未免疑谤。又经说三车，大牛之车与白牛车如何区别？愿和尚再垂宣说。"

祖曰："经意分明，汝自迷背。诸三乘人不能测佛智者，患在度量也。饶伊尽思共推，转加悬远。佛本为凡夫说，不为佛说。此理若不肯信者，从他退席。殊不知坐却白牛车，更于门外觅三车。况经文明向汝道'无二亦无三'，汝何不省'三车是假，为昔时故；一乘是实，为今时故。'只教你去假归实。归实之后，实亦无名。应知所有珍财，尽属于汝，由汝受用。更不作父想，亦不作子想，亦无用想。是名持《法华经》。从劫至劫，手不释卷；从昼至夜，无不念时也。"

师既蒙启发，踊跃欢喜，以偈赞曰："经诵三千部，曹溪一句亡。未明出世旨，宁歇累生狂。羊鹿牛权设，初中后善扬。谁知火宅内，元是法中王？"祖曰："汝今后方可为'念经僧'也。"

师从此领旨，亦不辍诵持。

【注释】

[1] 进具：进一步受具足戒之意。指出家者受具足戒，成为完全之比丘、比丘尼。

[2] 汝若念至万部，得其经意，不以为胜，则与吾偕行：你别说念了三千遍，就是念了万遍，如果真正理解了经的含义，就不会自以为是，那么也算与我同行了。这是六祖针对法达禅师的傲慢心而提出批评。

[3] 礼本折慢幢，头奚不至地：礼是礼敬，在佛门里礼拜是五体投地，它的用意就是折服我们贡高我慢的习气，因为骄慢是一切众生与生俱来的烦恼。"头奚不至地"，你礼拜为何头不着地？

[4] 有我罪即生，亡功福无比："亡"与"无"相通。一切罪都是有"我"而起的，"我"就是我贪、我见、我慢。所以，只要有"我"，就有种种的分别、执

着、妄想。在佛法里讲，我执是一切罪业的根源。"亡"，就是"无我"。如果一个人能做到无我，这个功德、福报就无与伦比。

[5]但信佛无言，莲华从口发。只要真正相信佛的最高境界无言可说，那么《妙法莲华经》就算是真正从口里念出来了。

[6]牦牛爱尾：典出《妙法莲华经·方便品第二》："深著于五欲，如牦牛爱尾，以贪爱自蔽，盲瞑无所见。"据说，牦牛很爱护它的尾巴，若尾挂着于树，即使见猎人要来杀它，它宁肯死掉，也要保护尾巴不受到损伤。"如牦牛爱尾"的引申义是指牦牛为了爱惜自己的尾巴，而导致丧失了自己的生命。

【概要】

法达禅师，唐代禅僧，六祖慧能大师之法嗣。洪州丰城人，七岁出家，一直持诵《法华经》，受具足戒之后，即前往曹溪礼拜六祖。法达禅师自认为一直持诵《法华经》，功德不小，故心怀我慢，初礼六祖的时候，头不至地。六祖呵叱道："礼不投地，何如不礼！汝心中必有一物，蕴习何事邪（平时是如何修行的）？"禅师即骄傲地告知自己已经念诵《法华经》三千遍。六祖即从批评他的我慢心开始，开示《法华经》的宗旨。法达顿悟奥理，以偈赞曰："经诵三千部，曹溪一句亡。"慧能曰："汝今后方可为'念经僧'也。"

【参考文献】

《景德传灯录》卷五；《联灯会要》卷三；《五灯严统》卷二；《教外别传》卷四；《禅宗正脉》卷一。

寿州智通禅师

寿州智通禅师者，安丰人也。初看《楞伽经》约千余遍，而不会三身四智[1]。礼拜六祖，求解其义。

祖曰："三身者，清净法身，汝之性也。圆满报身，汝之智也。千百亿化身，汝之行也。若离本性，别说三身，即名有身无智。若悟三身无有自性，即名四智菩提。听吾偈曰：'自性具三身，发明成四智。不离见闻缘，超然登佛地。吾今为汝说，谛信永无迷。莫学驰求者，终日说菩提。'"

师曰："四智之义，可得闻乎？"祖曰："既会三身，便明四智，何更问邪？若离三身，别谭四智[2]，此名有智无身也。即此有智，还成无智。

复说偈曰："大圆镜智性清净，平等性智心无病，妙观察智见非功，成所作智同圆镜。五八六七果因转，但用名言[3]无实性。若于转处不留情，繁兴永处那伽定[4]。"

（转识为智者，教中云：转前五识为成所作智，转第六识为妙观察智，转第七识为平等性智，转第八识为大圆镜智。虽六七因中转，五八果上转，但转其名而不转其体也。）

师礼谢，以偈赞曰："三身元我体，四智本心明。身智融无碍，应物任随形。起修皆妄动，守住匪真精。妙旨因师晓，终亡污染名。"

【注释】

[1] 三身四智：三身指法身、报身、应身。法身又名自性身，或法性身，即常住不灭，人人本具的真性，不过我们众生迷而不显，佛是觉而证得了；报身是由佛的智慧功德所成的，有自受用报身和他受用报身的分别，自受用报身是佛自己受用内证法乐之身，他受用报身是佛为十地菩萨说法而变现的身；应身又名应化身，或变化身，即应众生之机缘而变现出来的佛身。四智即成所作智、妙观察智、平等性智、大圆镜智。成所作智是转有漏的前五识（眼耳鼻舌身）所成，为佛成功所作一切普利众生的智慧；妙观察智是转有漏的第六识所成，为佛观察诸法及一切众生根器而应病予药与转凡成圣的智慧；平等性智是转有漏的第七识所成，为佛通达无我平等的道理，而对一切众生起无缘大悲的智慧；大圆镜智是转有漏的第八识所成，为佛观照一切事相理性无不明白的智慧，此智慧清净圆明，洞彻内外，如大圆镜，洞照万物。

[2] 别谭四智：别谈论四智。谭：谈。

[3] 名言：非我们现在所说"名人言论"或"著名的言论或话语"之意。此为佛教术语，名字与言说之并称。所谓名字、言说，乃依相而立，然相无有体性，故名言亦假立而无实。世间由于妄执，以名言为实谓名字即实物，而分别假名言所成之相。名言为能诠者，能诠显真如本体之真义，然以其无有实体，而系一种方便教化之权巧施设，故若执着拘泥于名言，则易落入舍义求文，舍本逐末之大患中，而难以悟知实相中道之理。

[4] 繁兴永处那伽定：即使在繁杂纷乱的时候也能永远住于禅定之中。那伽定：身变龙而定止于深渊曰那伽定。为保长寿，逢弥勒出世，以愿力而入于那伽定。

【概要】

智通禅师，唐代禅僧，为六祖慧能大师之法嗣。寿州（今安徽寿县）安丰人。初看《楞伽经》约千余遍，而不理解三身四智之义。于是前往曹溪，礼拜六祖，求解其义。慧能解析其旨，言下顿悟，以偈赞曰："三身元我体，四智本心明。"后归隐寿州。

【参考文献】

《景德传灯录》卷五；《联灯会要》卷三；《五灯严统》卷二；《教外别传》卷四；《禅宗正脉》卷一。

江西志彻禅师

江西志彻禅师，姓张氏，名行昌。少任侠。自南北分化，二宗主虽亡彼我，而徒侣竞起爱憎。时北宗门人自立秀禅师为第六祖，而忌大鉴传衣为天下所闻。然祖预知其事，即置金十两于方丈。时行昌受北宗门人之嘱，怀刃入祖室，将欲加害。祖舒颈而就，行昌挥刃者三，都无所损。

祖曰："正剑不邪，邪剑不正。只负汝金，不负汝命。"行昌惊仆，久而方苏，求哀悔过，即愿出家。祖遂与金曰："汝且去！恐徒众翻害于汝，汝可他日易形而来，吾当摄受。"行昌禀旨宵遁，投僧出家，具戒精进。

一日忆祖之言，远来礼觐。祖曰："吾久念于汝，汝来何晚？"

曰："昨蒙和尚舍罪，今虽出家苦行，终难报于深恩，其唯传法度生乎！弟子尝览《涅槃经》，未晓'常无常'义，乞和尚慈悲，略为宣说。"

祖曰："无常者，即佛性也；有常者，即善恶一切诸法分别心也。"

曰："和尚所说，大违经文。"

祖曰："吾传佛心印，安敢违于佛经。"

曰："经说佛性是常，和尚却言无常。善恶诸法乃至菩提心，皆是无常，和尚却言是常。此即相违，令学人转加疑惑。"

祖曰："《涅槃经》，吾昔者听尼无尽藏读诵一遍，便为讲说，无一字一义不合经文，乃至为汝，终无二说。"

曰："学人识量浅昧，愿和尚委曲开示。"

祖曰："汝知否？佛性若常，更说甚么善恶诸法？乃至穷劫，无有一人发菩提心者。故吾说无常，正是佛说真常之道也。又一切诸法若无常心者，即物物皆有自性，容受生死，而真常性有不遍之处。故吾说常者，正是佛说真无常义也。佛比为凡夫外道，执于邪常诸二乘人，于常计无常，共成八倒[1]，故于《涅槃》了义[2]教中，破彼偏见而显说真常、真乐、真我、真净。汝今依言背义，以断灭无常，及确定死常而错解佛之圆妙最后微言，纵览千遍，有何所益？"

行昌忽如醉醒，乃说偈曰："因守无常心，佛演有常性。不知方便者，犹春池拾砾。我今不施功，佛性而见前。非师相授与，我亦无所得。"祖曰："汝今彻也，宜名志彻。"

师礼谢而去。

【注释】

[1] 八倒：对生死的无常无乐无我无净，执定为常乐我净者，是凡夫的四倒；对涅槃的常乐我净，执定为无常无乐无我无净，是二乘（声闻乘与缘觉乘）人的四倒。这两种四倒合起来就是八倒。

[2] 了义：诸大乘经宣说胜义，使众生到达涅槃彼岸，名为了义。而其他外道经典，不能摆脱六道轮回，皆为不了义。

【概要】

志彻禅师，唐代僧，为六祖慧能大师之法嗣。江西人，俗姓张。生卒年不详。初名行昌。又称江西志彻。幼具任侠之志，北宗神秀之门徒嫉恶慧能，遂令禅师前往行刺，禅师反受慧能感化，并出家入慧能门下，彻悟《涅槃》之了义，慧能为之命名为"志彻"。

【参考文献】

《景德传灯录》卷五；《嘉泰普灯录》卷三；《联灯会要》卷三；《五灯严统》卷二；《教外别传》卷四；《禅宗正脉》卷一。

信州智常禅师

信州智常禅师者，本州岛贵溪人也。髫年[1]出家，志求见性。

一日参六祖，祖问："汝从何来？欲求何事？"

师曰："学人近礼大通和尚，蒙示见性成佛之义，未决狐疑。至吉州遇人指迷，令投和尚，伏愿垂慈摄受。"

祖曰："彼有何言句？汝试举看，吾与汝证明。"

师曰："初到彼三月，未蒙开示。以为法切[2]，故于中夜独入方丈，礼拜哀请。大通乃曰：'汝见虚空否？'对曰：'见。'彼曰：'汝见虚空有相貌否？'对曰：'虚空无形，有何相貌？'彼曰：'汝之本性犹如虚空，返观自性，了无一物可见，是名正见。无一物可知，是名真知。无有青黄长短，但见本源清净，觉体圆明，即名见性成佛，亦名极乐世界，亦名如来知见。'学人虽闻此说，犹未决了，乞和尚示诲，令无凝滞。"

祖曰："彼师所说，犹存见知，故令汝未了。吾今示汝一偈曰：'不见一法存无见，大似浮云遮日面。不知一法守空知，还如太虚生闪电。此之知见瞥然兴，错认何曾解方便？汝当一念自知非，自己灵光常显见。'"

师闻偈已，心意豁然，乃述一偈曰："无端起知解，著相求菩提。情存一念悟，宁越昔时迷。自性觉源体，随照枉迁流。不入祖师室，茫然趣两头。"

【注释】

[1] 髫（tiáo）年：指幼童时期。
[2] 以为法切：因为求法心切。

【概要】

智常禅师，唐代禅僧，六祖慧能大师之法嗣。信州（今江西上饶）贵溪人，童年的时候就出家了，并且立志要明心见性。向六祖求法，听完六祖开示之后，智常禅师豁然大悟，作了一首悟后偈："无端起知解，著相求菩提。情存一念悟，宁越昔时迷。自性觉源体，随照枉迁流。不入祖师室，茫然趣两头。"偈揭示了存佛的知见，也还不能明心见性。存了一个无见，守个空知，难道就什么也没有了吗？清净自性里面还有"无"与"空"，那不是再起一个知见吗？

【参考文献】

《景德传灯录》卷五；《联灯会要》卷三；《五灯严统》卷二；《教外别传》卷

四；《禅宗正脉》卷一。

广州志道禅师

广州志道禅师者，南海人也。

初参六祖，问曰："学人自出家览《涅槃经》仅十余载，未明大意，愿和尚垂诲。"

祖曰："汝何处未了？"

对曰："诸行无常，是生灭法。生灭灭已，寂灭为乐。于此疑惑。"

祖曰："汝作么生疑？"

对曰："一切众生皆有二身，谓色身、法身也。色身无常，有生有灭；法身有常，无知无觉。经云'生灭灭已，寂灭为乐'者，未审是何身寂灭？何身受乐？若色身者，色身灭时，四大分散，全是苦，苦不可言乐[1]。若法身寂灭，即同草木瓦石，谁当受乐？又法性是生灭之体，五蕴是生灭之用[2]。一体五用[3]，生灭是常。生则从体起用，灭则摄用归体。若听更生，即有情之类不断不灭；若不听更生，即永归寂灭，同于无情之物。如是则一切诸法，被涅槃之所禁伏，尚不得生，何乐之有？"

祖曰："汝是释子，何习外道断常邪见，而议最上乘法？据汝所解，即色身外，别有法身，离生灭求于寂灭。又推涅槃常乐，言有身受者，斯乃执吝生死，耽着世乐。汝今当知，佛为一切迷人，认五蕴和合为自体相，分别一切法为外尘相。好生恶死，念念迁流，不知梦幻虚假，枉受轮回。以常乐涅槃翻为苦相，终日驰求。佛愍此故，乃示涅槃真乐，刹那无有生相，刹那无有灭相。更无生灭可灭，是则寂灭见前。当见前之时，亦无见前之量，乃谓常乐。此乐无有受者，亦无不受者。岂有一体五用之名？何况更言涅槃禁伏诸法？令永不生。斯乃谤佛毁法。听吾偈曰：'无上大涅槃，圆明常寂照。凡愚谓之死，外道执为断。诸求二乘人，目以为无作。尽属情所计，六十二见[4]本。妄立虚假名，何为真实义？唯有过量人，通达无取舍。以知五蕴法，及以蕴中我。外现众色象，一一音声相。平等如梦幻，不起凡圣见。不作涅槃解，二边三际断[5]。常应诸根用，而不起用想。分别一切法，不起分别想。劫火烧海底，风鼓山相击。真常寂灭乐，涅槃相如是。吾今强言说，令汝舍邪见。汝勿随言解，许汝知少分。"

师闻偈踊跃，作礼而退。

【注释】

[1] 色身灭时，四大分散，全是苦，苦不可言乐：人将死的时候，四大（地水火风）组合的色身就开始分散，全身痛苦，这种痛苦不能说是快乐。旧校本将此段标点为"色身灭时，四大分散，全是苦苦，不可言乐"，又将"苦苦"注释为"苦苦、坏苦、行苦等三苦之一"，有误。

[2] 五蕴是生灭之用：五蕴是生老病死的外在表现，五蕴就是色蕴、受蕴、想蕴、行蕴、识蕴。色就是一般所说的物质，变碍为义，是地、水、火、风四大种所造；受就是感受，领纳为义，其中包括苦、乐、舍三受；想就是想象，于善恶憎爱等境界中，取种种相，作种种想；行就是行为或造作，由意念而行动去造作种种的善恶业；识就是了别的意思，由识去辨别所缘所对的境界。在此五蕴中，前一种属于物质，后四种属于精神，乃是构成人身的五种要素。蕴是积集的意思。

[3] 一体五用：一个身体有物质与精神五种作用（色、受、想、行、识）。

[4] 六十二见：外道之人，于色受想行识五阴法中，每一阴起四种见，则成二十见。约过去、现在、未来三世论之，成六十见。此六十见，以断、常二见，而为根本，则总成六十二见。

[5] 二边三际断：二边是指有无二边；三际指过去、现在、未来三时，或指外、内、中间三处。

【概要】

志道禅师，唐代禅僧，六祖慧能大师之法嗣。广州南海县（今广东广州）人。出家后览《涅槃经》十余年，未明大意，遂参拜六祖慧能，向其请教。慧能为其解析，遂明禅法。后归南海，弘扬禅道。

【参考文献】

《景德传灯录》卷五；《五灯严统》卷二；《教外别传》卷四；《禅宗正脉》卷一。

永嘉真觉禅师

永嘉真觉禅师，讳玄觉。本郡戴氏子。卅[1]岁出家，遍探三藏，精天台止观[2]圆妙法门。于四威仪[3]中，常冥禅观。后因左溪朗禅师激励，与东阳策禅师同诣曹溪。初到振锡，绕祖三匝，卓然而立。

祖曰："夫沙门者，具三千威仪、八万细行[4]。大德自何方而来？生大我慢。"师曰："生死事大，无常迅速[5]。"祖曰："何不体取无生，了无速乎[6]？"师曰："体即无生，了本无速[7]。"祖曰："如是！如是！"

于时大众无不愕然，师方具威仪参礼，须臾告辞。祖曰："返大速乎[8]？"师曰："本自非动，岂有速邪？"祖曰："谁知非动？"师曰："仁者自生分别。"祖曰："汝甚得无生之意。"师曰："无生岂有意邪？"祖曰："无意谁当分别？"师曰："分别亦非意。"祖叹曰："善哉！善哉！少留一宿。"时谓"一宿觉"矣。

师翌日下山，乃回温州，学者辐凑[9]，著《证道歌》一首及《禅宗悟修圆旨》，自浅之深。庆州刺史魏靖缉而序之，成十篇，目为《永嘉集》，并行于世。

慕道志仪第一：

夫欲修道，先须立志，及事师仪则，彰乎轨训。故标第一，明慕道仪式。

戒骄奢意第二：

初虽立志修道，善识轨仪。若三业[10]骄奢，妄心扰动，何能得定？故次第二，明戒骄奢意也。

净修三业第三：

前戒骄奢，略标纲要。今子细检责，令粗过不生[11]。故次第三，明净修三业，戒乎身口意也。

奢摩他[12]颂第四：

己检责身口，令粗过不生，次须入门。修道渐次，不出定慧，五种起心，六种料拣[13]。故次第四，明奢摩他颂也。

毗婆舍那[14]颂第五：

非戒不禅，非禅不慧。上既修定，定久慧明。故次第五，明毗婆舍那颂也。

优毕叉[15]颂第六：

偏修于定，定久则沈。偏学于慧，慧多心动。故次第六，明优毕叉颂，等于定慧，令不沉动，使定慧均等，舍于二边。

三乘渐次第七：

定慧既均，则寂而常照。三观[16]一心，何疑不遣？何照不圆？自解虽明，悲他未悟。悟有深浅，故次第七，明三乘渐次也。

事理不二第八：

三乘悟理，理无不穷，穷理在事，了事即理。故次第八，明事理不二，即事而真，用祛倒见也[17]。

劝友人书第九：

事理既融，内心自莹。复悲远学，虚掷寸阴。故次第九，明劝友人书也。

发愿文第十：

劝友虽是悲他，专心在一，情犹未普。故次第十，明发愿文，誓度一切也。

优毕叉颂略曰[18]：复次，观心十门。初则言其法尔，次则出其观体，三则语其相应，四则警其上慢，五则诚其疏怠，六则重出观体，七则明其是非，八则简其诠旨，九则触途成观，十则妙契玄源。

第一言法尔者。夫心性虚通，动静之源莫二。真如绝虑，缘计之念非殊。惑见纷驰，穷之则唯一寂。灵源不状，鉴之则以千差。千差不同，法眼之名自立。一寂非异，慧眼之号斯存。理量双销，佛眼之功圆著。是以三谛一境[19]，法身之理常清。三智[20]一心，般若之明常照。境智冥合，解脱之应随机。非纵非横，圆伊之道玄会。故知三德[21]妙性，宛尔无乖。一心深广难思，何出要而非路？是以即心为道者，可谓寻流而得源矣。

第二出其观体者。只知一念，即空不空，非空非不空。

第三语其相应者。心与空相应，则讥毁赞誉，何忧何喜？身与空相应，则刀割香涂，何苦何乐？依报[22]与空相应，则施与劫夺，何得何失？心与空不空相应，则爱见都忘，慈悲普救。身与空不空相应，则内同枯木，外现威仪。依报与空不空相应，则永绝贪求，资财给济。心与空不空、非空非不空相应，则实相初明，开佛知见。身与空不空、非空非不空相应，则一尘入正受[23]，诸尘三昧起。依报与空不空、非空非不空相应，则香台宝阁，严土化生。

第四警其上慢者。若不尔者，则未相应也。

第五诚其疏怠者。然渡海应须上船，非船何以能渡？修心必须入观，非观无以明心。心尚未明，相应何日？思之勿自恃也。

第六重出观体者。只知一念即空不空、非有非无，不知即念即空不空、非非有、非非无。

第七明其是非者。心不是有，心不是无。心不非有，心不非无。是有是无即堕是，非有非无即堕非。如是只是是非之非，未是非是非非之是。今以双非破两是，是破非是犹是非。又以双非破两非，非破非非即是是。如是只是非是非非之是，未是不非不不非、不是不不是。是非之惑，绵微难见。神清虑静，细而研之。

第八简其诠旨者。然而至理无言，假文言以明其旨。旨宗非观，藉修观以会其宗。若旨之未明，则言之未的。若宗之未会则，观之未深。深观乃会其宗，的[24]言必明其旨。旨宗既其明会，言观何得复存邪？

第九触途成观者。夫再演言词，重标观体。欲明宗旨无异，言观有逐方移。移言则言理无差，改观则观旨不异。不异之旨即理，无差之理即宗。宗旨一而二名，言观明其弄引耳。

第十妙契玄源者。夫悟心之士，宁执观而迷旨？达教之人，岂滞言而惑理？理明则言语道断，何言之能议？旨会则心行处灭，何观之能思？心言不能思议者，可谓妙契环中矣。

先天二年十月十七日，安坐示灭。塔于西山之阳。谥"无相大师"，塔曰"净光"。

【注释】

[1] 丱（guàn）：古代儿童束的上翘的两只角辫，此指年幼。

[2] 天台止观：为天台宗之实践法门。"止"的梵语为奢摩他，"观"的梵语为毗婆舍那。止息一切外境与妄念，而贯注于特定之对象（止），并生起正智慧以观此一对象（观），称为止观，即指定、慧二法。又作寂照、明静。定、慧与戒同为佛教徒之重要实践德目，如阿含诸经对此多有论说。止与观相辅相成以完成佛道，彼此有不可互离之关系，一如鸟之双翼、车之两轮。将天台之实践法教义化、组织化、体系化之代表人物为智顗。其著作《摩诃止观》即以止观之意义构成其体

系，而以空假中三观之实践法完成其组织。

[3] 四威仪：修道之人，心不放逸，若行若坐，常在调摄其心，成就道业。虽久于行坐，亦当忍其劳苦；非时不住，非时不卧；设或住卧之时，常存佛法正念，如理而住，于此四法动合规矩，不失律仪，是为四威仪也。

[4] 三千威仪、八万细行：为佛弟子持守日常威仪之作法。坐作进退有威德仪则，称为威仪。比丘所应持守之二百五十戒，配以行住坐卧四威仪，合为一千戒，循转三世（一说三聚净戒），即成三千威仪。再配以身口七支（杀、盗、淫、两舌、恶口、妄言、绮语）、贪嗔痴三毒及等分等四种烦恼，共成八万四千。诸经举其大数，但称八万细行。《八宗纲要》卷上谓僧戒与尼戒不同，僧有二百五十戒，即三千威仪，六万细行。尼有三百四十戒，即八万威仪，十二万细行。考诸文献，最早采用三千威仪之名目者，或即袭用自我国古代成语，即中庸之"优优大哉，礼仪三百，威仪三千。"

[5] 生死事大，无常迅速：摆脱生死轮回才是大事，人生无常，时间匆匆，必须抓紧时间修行，不能浪费时间做其他事情。无常：谓一切事物之生灭流转无静止之时；迅速：则言其移变之快速。

[6] 何不体取无生，了无速乎：为何不从本体上得到无生，无生则不灭，如此去了悟"无常迅速"不更好吗？这是六祖针对上文"生死事大，无常迅速"而来的，所以"了无速乎"之"无速"可以理解为"无常迅速"的简称。旧译本"那何不去领悟无生无灭的禅理，明了无速无慢的真理呢"，有误。

[7] 体即无生，了本无速：本体就是不生不灭，明了无常迅速仍旧不离本体。

[8] 返大速乎：返回太快了吧。大：同"太"。

[9] 辐（fú）凑（còu）：亦作辐辏，形容人或物聚集像车辐集中于车毂一样。

[10] 三业：身口意所作。

[11] 令粗过不生：使大的过错不产生。

[12] 奢摩他：译为止，即止息一切杂念的意思。

[13] 五种起心，六种料拣：此门即天台止观法门中的体真止法。根性较好者，可以在即心无心，即知离知的寂寂惺惺中，悟入真空妙性。如不然，就须依次第悟入的方便，五种起心，即故起、串习、接续、别生、即静的五种心念。前四种是病，后一种是药，以药治病，病去药亡，五念便一时停息，即名一念相应。一念相应一念佛，真空灵知之性自然现前。所谓六种料拣，即是在一念相应之时，要勘验是否真实，故须识病、识药、识对治、识过生、识是非、识正助。以此六种料拣，不使禅心落于偏邪，未悟谓悟，未证谓证。

[14] 毗婆舍那：又作毗钵舍那。译为观、见、种种观察等。观见事理也。

《慧苑音义》上曰："毗钵舍那，此云种种观察，谓正慧决择也。"

[15] 优毕叉：又作优毕舍。译为舍、平等、不诤。即行心平等，舍离偏执，故谓之舍。

[16] 三观：天台宗三观，即空观、假观、中观。空观是观诸法缘生无性，当体即空；假观是观诸法虽同幻化，但有假相和作用；中观是观诸法非空亦非假，亦空亦假之中道实理。

[17] 用祛倒见也：用以消除颠倒的妄见。祛：除去，驱逐。

[18] 优毕叉颂略曰：宝祐本无"优毕叉颂略曰"这一句，依据《五灯严统》"又"为"叉"之误。"优毕叉"，见本文上注释。

[19] 三谛一境：即三谛圆融。谓空假中三谛，互具互融，空即假中，假即空中，中即空假，举一即三，全三即一，十法界中，任何事物，其体其相，悉具三谛，如是作观，名三谛圆融观。

[20] 三智：一切智、道种智、一切种智。一切智是声闻缘觉知一切法总相的智，总相就是空相；道种智是菩萨知一切道法差别相的智；一切种智是佛通达诸法总相别相，化道断惑的智，合一切智及道种智二者，故名一切种智。

[21] 三德：法身德、般若德、解脱德。法身德是佛常住不灭的法性身无不周遍；般若德是佛的智慧无量无边；解脱德是佛所证得的最胜妙法，能够化度一切众生而自在无碍。

[22] 依报：身心者，谓之正报。此身心依止之身外诸物，谓之依报。如世界国土，家屋，衣食等是。

[23] 正受：想心都息，缘虑并亡，与三昧相应的禅定，叫作正受。

[24] 的：确实，实在。

【概要】

真觉禅师（665～713年），唐代禅僧，六祖慧能大师之法嗣。浙江温州府永嘉县人，讳"玄觉"，谥号"无相大师"，世称"永嘉大师"。俗姓戴，字明道。八岁出家，博探三藏，尤通天台止观。后于温州龙兴寺侧岩下自构禅庵，独居研学，常修禅观。偶因左溪玄朗之激励，遂起游方之志，与东阳玄策共游方寻道。后谒曹溪慧能，与慧能相问答而得其印可，慧能留之一宿，翌日即归龙兴寺，时人称之"一宿觉"。其后，学者辐凑，号"真觉大师"。玄朗赠书招之山栖，师复书辞退。先天二年十月十七日（一说开元二年，或先天元年）趺坐入寂，世寿四十九。敕谥"无相"。著有《证道歌》一首、《禅宗悟修圆旨》一卷、《永嘉集》十卷。弟子惠操、惠特、等慈、玄寂等，皆为世所推重。

其专著《永嘉集》，全称《禅宗永嘉集》，又称《永嘉禅集》《永嘉禅宗集》《玄觉永嘉集》，庆州刺史魏靖辑。收于《大正藏》第四十八册。本书共分十篇：第一慕道志仪、第二戒骄奢意、第三净修三业、第四奢摩他颂、第五毗婆舍那颂、第六优毕叉颂、第七三乘渐次、第八理事不二、第九劝友人书、第十发愿文。卷首附有魏靖之序。初三门为序分，次五门为正宗分，后二门为流通分。本书为台禅融合之初作，故颇受瞩目。有关之注释书有宋僧行靖之《永嘉集注》二卷、明僧传灯之《永嘉禅宗集注》二卷、高丽僧己和之《永嘉集说谊》二卷等。

其《证道歌》，以 1814 字（二四七句）的长诗，叙述永嘉玄觉参谒慧能之后的大悟心境。依宋代大慧宗杲《普说》卷二、宋代慧洪觉范《冷斋夜话》与彦琪《证道歌话》的自序等所述，《证道歌》曾以《震旦圣者大乘决疑经》的名称传至印度。然此说法真伪不明。

此歌扼要地显示出佛性（本源自性天真佛）的消息。诗中云："无明实性即佛性，幻化空身即法身，法身觉了无一物，本源自性天真佛。"认为证悟天真佛的道人了知不除妄、不求真的真谛。因为一切法，空而无相。无相，就是天真佛的真实相。真俗二谛相互融即，故云"无明实性即佛性，幻化空身即法身。"

《证道歌》之韵文极为流畅，易使人在朗朗吟诵间，即悟得佛法大意。古来与《参同契》《宝镜三昧》《信心铭》等并为禅林所重视。注书颇多。宋彦琪、知讷、永盛、法泉等人曾先后作《证道歌注》。日本方面，连山交易、石门兴干、万回一线、僧英了谛等亦曾分别为此书作注。此外，敦煌出土的禅籍中，《禅门秘要诀》一书的内容与本书相当，可视为本书的异本。

【参考文献】

《宋高僧传》卷八；《佛祖统纪》卷十；《景德传灯录》卷五；《六祖大师法宝坛经》；《隆兴佛教编年通论》卷十五。

温州净居尼玄机

温州净居尼玄机，唐景云[1]中得度。常习定于大日山石窟中，一日忽念曰："法性湛然，本无去住，厌喧趋寂[2]，岂为达邪？"乃往参雪峰。

峰问："甚处来？"曰："大日山来。"

峰曰："日出也未？"师曰："若出则镕却雪峰。"

峰曰："汝名甚么？"师曰："玄机。"

峰曰："日织多少？"师曰："寸丝不挂。"

遂礼拜退。才行三五步，峰召曰："袈裟角拖地也。"师回首，峰曰："大好寸丝不挂。"

（世传玄机乃永嘉大师女弟，尝同游方，以景云岁日考之，是矣[3]。第所见雪峰，非真觉存也[4]。永嘉既到曹溪，必岭下雪峰也。未详法嗣，故附于此。）

【注释】

[1] 景云：唐睿宗李旦的年号，共计三年，710年七月至712年正月。

[2] 厌喧趍（qū）寂：厌恶喧闹，追求寂静。趍：同"趋"。

[3] 以景云岁日考之，是矣：从唐景云年间考证，传说是正确的。

[4] 第所见雪峰，非真觉存也：但所见雪峰禅师，既不是永嘉真觉禅师，也不是福建雪峰义存禅师（822～907年）。旧译本"只是玄机所见雪峰并不是永嘉真觉禅师"有误，丢了"存"，这个"存"指福建雪峰义存禅师。

【拓展阅读】

温州净居尼玄机的来历，本文附注说是永嘉真觉禅师的女弟子，曾经与永嘉真觉禅师一起游学参访。只是她所见的雪峰禅师，既不是永嘉真觉禅师，也不是福建雪峰义存禅师。本文推测，因为永嘉真觉禅师曾经拜见六祖成为"一宿觉"，那么玄机禅师大概也跟着去了，所以她所见雪峰禅师必岭下（岭南）雪峰禅师。

《温州日报》2013年3月28日发表了《玄机确是温州人》（作者戴世德、苏尔胜）一文，据作者考证，玄机是永嘉真觉禅师的妹妹（《祖堂集》有记载），其《证道歌》确系玄机尼师深悟《证道歌》之精神后，助其整理刊行的。后来，玄机尼师撰《圆明歌》表达自己的修行见解，并与《证道歌》相表里。又经作者走访，温州平阳埭头山半山腰很早以前有一座雪峰寺，内住一位和尚号雪峰。寺内僧人较多，香火旺盛。后来来了一位比丘尼（玄机），在山下建院，香火也很盛。玄机尼师参见的应是这座雪峰寺的雪峰和尚。

司空山本净禅师

司空山本净禅师者，绛州人也。姓张氏。幼岁披缁[1]于曹溪之室，受记[2]，隶司空山无相寺。

唐天宝三年，玄宗遣中使杨光庭入山，采常春藤，因造丈室。礼问曰："弟子慕道斯久，愿和尚慈悲，略垂开示。"师曰："天下禅宗硕学，咸会京师，天使归朝，足可咨决。贫道隈山傍水，无所用心。"光庭泣拜。

师曰："休礼贫道，天使为求佛邪？问道邪？"曰："弟子智识昏昧，未审佛之与道，其义云何？"师曰："若欲求佛，即心是佛。若欲会道，无心是道。"

曰："云何即心是佛？"师曰："佛因心悟，心以佛彰，若悟无心，佛亦不有。"

曰："云何无心是道？"师曰："道本无心，无心名道。若了无心，无心即道。"

光庭作礼，信受。既回阙庭，具以山中所遇奏闻，即敕光庭诏师到京，敕住白莲亭。越明年正月十五日，召两街名僧硕学赴内道场，与师阐扬佛理。

时有远禅师者，抗声[3]谓师曰："今对圣上，较量宗旨，应须直问直答，不假繁辞。只如禅师所见，以何为道？"师曰："无心是道。"

远曰："道因心有，何得言无心是道？"师曰："道本无名，因心名道。心名若有，道不虚然。穷心既无，道凭何立？二俱虚妄，总是假名。"

远曰："禅师见有身心，是道已否？"师曰："山僧身心本来是道。"

远曰："适言无心是道，今又言身心本来是道，岂不相违？"师曰："无心是道，心泯[4]道无，心道一如，故言无心是道。身心本来是道，道亦本是身心；身心本既是空，道亦穷源无有。"

远曰："观禅师形质甚小[5]，却会此理。"师曰："大德只见山僧相，不见山僧无相，见相者是大德所见。经云：'凡所有相，皆是虚妄[6]。'若见诸相非相，即见其道。若以相为实，穷劫不能见道。"

远曰："今请禅师于相上说于无相。"师曰："《净名经》云：'四大无主，身亦无我[7]。'无我所见，与道相应。大德若以四大有主是我，若有我见，穷劫不可会道也。"

远闻语失色，逡巡[8]避席。

师有偈曰："四大无主复如水，遇曲逢直无彼此。净秽两处不生心，壅决何曾有二意？触境但似水无心，在世纵横有何事？"复云："一大如是，四大亦然。若明四大无主，即悟无心。若了无心，自然契道。"

志明禅师问："若言无心是道，瓦砾无心亦应是道。"又曰："身心本来是道，四生十类[9]皆有身心，亦应是道。"师曰："大德若作见闻觉知[10]解会[11]，与道悬殊。即是求见闻觉知之者，非是求道之人。经云'无眼、耳、鼻、舌、身、意'，六根尚无，见闻觉知凭何而立？穷本不有，何处存心？焉得不同草木瓦砾？"明杜口而退。

师有偈曰："见闻觉知无障碍，声香味触常三昧。如鸟空中只么飞，无取无舍无憎爱。若会应处本无心，始得名为观自在。"

真禅师问："道既无心，佛有心否？佛之与道，是一是二？"师曰："不一不二。"

曰："佛度众生，为有心故。道不度人，为无心故。一度一不度，何得无二？"师曰："若言佛度众生，道无度者，此是大德妄生二见。如山僧即不然。佛是虚名，道亦妄立。二俱不实，总是假名。一假之中，如何分二？"

曰："佛之与道，总是假名。当立名时，是谁为立？若有立者，何得言无？"师曰："佛之与道，因心而立。推穷立心，心亦是无。心既是无，即悟二俱不实。知如梦幻，即悟本空。强立佛道二名，此是二乘[12]人见解。"

师乃说无修无作偈曰："见道方修道，不见复何修？道性如虚空，虚空何所修？遍观修道者，拨火觅浮沤[13]。但看弄傀儡，线断一时休。"

法空禅师问："佛之与道，俱是假名。十二分教[14]，亦应不实。何以从前尊宿皆言修道？"师曰："大德错会经意。道本无修，大德强修。道本无作，大德强作。道本无事，强生多事。道本无知，于中强知。如此见解，与道相违。从前尊宿不应如是，自是大德不会。请思之。"

师有偈曰："道体本无修，不修自合道。若起修道心，此人不会道。弃却一真性，却入闹浩浩。忽逢修道人，第一莫向道。"

安禅师问："道既假名，佛云妄立，十二分教亦是接物[15]度生，一切是妄，以何为真？"师曰："为有妄故，将真对妄。推穷妄性本空，真亦何曾有故？故知真妄总是假名，二事对治，都无实体。穷其根本，一切皆空。"曰："既言一切是妄，妄亦同真，真妄无殊，复是何物？"师曰：

"若言何物，何物亦妄。经云：无相似，无比况。言语道断，如鸟飞空。"安惭伏不知所措。

师有偈曰："推真真无相，穷妄妄无形。返观推穷心，知心亦假名。会道亦如此，到头亦只宁[16]。"

达性禅师问："禅师至妙至微，真妄双泯，佛道两亡，修行性空，名相不实，世界如幻，一切假名。作此解时，不可断绝众生善恶二根。"师曰："善恶二根，皆因心有。穷心若有，根亦非虚。推心既无，根因何立？经云：善不善法，从心化生。善恶业缘，本无有实。"

师有偈曰："善既从心生，恶岂离心有？善恶是外缘，于心实不有。舍恶归何处，取善令谁守？伤嗟二见人，攀缘两头走。若悟本无心，始悔从前咎。"

又有近臣问曰："此身从何而来，百年之后复归何处？"师曰："如人梦时，从何而来？睡觉时，从何而去？"曰："梦时不可言无，既觉不可言有。虽有有无，来往无所。"师曰："贫道此身，亦如其梦。"

师有偈曰："视生如在梦，梦里实是闹。忽觉万事休，还同睡时悟。智者会悟梦，迷人信梦闹。会梦如两般，一悟无别悟。富贵与贫贱，更无分别路。"

上元二年归寂，谥"大晓禅师"。

【注释】

[1] 披缁（zī）：缁指黑色的衣服，通常僧人穿黑色或深色的衣服，故以披缁表示出家的意思。

[2] 受记：一般指佛为某弟子预告将来什么时候必定成佛，此处与下文"隶"连在一起，可指本净禅师接受登记，挂名在司空山无相寺。隶，即隶名，指挂名在某处而无实职，亦指隶属于某部门而册上有名。

[3] 抗声：高声；大声。

[4] 泯（mǐn）：消灭，丧失。

[5] 观禅师形质甚小：看外表禅师身材矮小。

[6] 凡所有相，皆是虚妄：语出《金刚经》，原文为："凡有所相，皆是虚妄。若见诸相非相，即见如来。"意思是一切存在的现象，都是虚妄不实的，如果视而不见，就等于见到了诸佛如来。

[7] 四大无主，身亦无我：出自《净名经》，即《维摩诘所说经》："四大合故，假名为身；四大无主，身亦无我；又此病起，皆由著我。"本处引文只有"四大无主，身亦无我"两句，后文"无我所见，与道相应"非《净名经》原文，而旧校本引号扩展到这两句，当作了《净名经》的引文。四大：指构成一切物质的四种要素。又名四大种、四界。即指地大、水大、火大、风大。此四种元素之体遍存于一切物质，故称为大。

[8] 逡（qūn）巡（xún）：因为有所顾虑而徘徊不前或退却。

[9] 四生十类：四生指胎生、卵生、湿生、化生。胎生是在母胎内成体之后才出生的生命，如人类是；卵生是在卵壳内成体之后才出生的生命，如鸟类是；湿生是依靠湿气而受形的生命；如虫类是，化生是无所依托，只凭业力而忽然而生的生命，如诸天和地狱及劫初的人类是。十类，指地狱、饿鬼、畜生、阿修罗、人、天、声闻、缘觉、菩萨、佛。

[10] 见闻觉知：泛指"六识"（眼、耳、鼻、舌、身、意）对世界万物产生的感觉认识，佛教认为这些感觉认识都是虚幻不实的。眼识之用为见，耳识之用为闻，鼻舌身三识之用为觉，意识之用为知，又云识。

[11] 解会：指执着于虚幻事物、强作区别对立的见解或解释。《大慧宗门武库》："照觉（禅师）以平常无事、不立知见解会为道，更不求妙悟。"

[12] 二乘：声闻乘和缘觉乘。凡属修四谛法门而悟道的人，总称为声闻乘；凡属修十二因缘而悟道的人，总称为缘觉乘。

[13] 浮沤（ōu）：水面上的泡沫。

[14] 十二分教：佛典依文体与内容类别为十二种，称为十二分教，或译为十二部经、十二分圣教。这十二种分别是：契经、祇夜、记别、讽颂、自说、因缘、譬喻、本事、本生、方广、未曾有法、论议。

[15] 接物：禅师接引学人。作为普通词语理解为与人交往，如待人接物。作为佛教词语则指禅师接引或开示后学开悟，达到普度众生的目的，故常说"接物利生""接物度生"。

[16] 会道亦如此，到头亦只宁：悟道到这个地步，最后也不过如此。宁：语助，无实际意义。

【概要】

本净禅师（667~761年），唐代禅僧，六祖慧能大师得法弟子。绛州（山西）人，俗姓张。幼受六祖慧能之印可，住司空山（安徽）无相寺。天宝三年（744年），玄宗遣中使杨光庭见师，师以"即心是佛、无心是道"指导之。杨氏归宫庭奏闻，遂召师入京住于白莲寺，于内道场与两街之名僧硕学讨论法义。上元二年入寂，世寿九十五。谥号"大晓禅师"。

【参考文献】

《祖堂集》卷三；《景德传灯录》卷五；《联灯会要》卷三。

婺州玄策禅师

玄策禅师者，婺州[1]金华人也。游方时届于河朔[2]，有隍禅师者，曾谒黄梅，自谓正受。

师知隍所得未真，往问曰："汝坐于此作么?"隍曰："入定。"师曰："汝言入定，有心邪? 无心邪? 若有心者，一切蠢动之类，皆应得定；若无心者，一切草木之流，亦合得定。"曰："我正入定时，则不见有有无之心。"师曰："既不见有有无之心，即是常定，何有出入? 若有出入，则非大定。"隍无语。

良久问："师嗣谁?"师曰："我师曹溪六祖。"曰："六祖以何为禅定?"师曰："我师云：夫妙湛圆寂，体用如如。五阴[3]本空，六尘[4]非有。不出不入，不定不乱。禅性无住，离住禅寂。禅性无生，离生禅想。心如虚空，亦无虚空之量。"

隍闻此说，遂造于曹溪，请决疑翳。而祖意与师冥符，隍始开悟。

师后却归金华，大开法席。

【注释】

[1] 婺（wù）州：金华古称。隋置婺州，治金华。朱元璋改宁越府，不久改金华府。

[2] 河朔：古代泛指黄河以北的地区。

[3] 五阴：五蕴的旧译，阴是障蔽的意思，能阴覆真如法性，起诸烦恼。五蕴即色、受、想、行、识。

[4] 六尘：色尘、声尘、香尘、味尘、触尘、法尘。尘者染污之义，谓能染污人们清净的心灵，使真性不能显发。又名六境，即六根所缘之外境。

【概要】

玄策禅师，唐代禅僧，六祖慧能大师得法弟子。婺州金华（今属浙江）人。参拜六祖慧能得法，游行四方，宣扬禅道。后归金华，大开法席，传南宗禅法，盛极一时。

【参考文献】

《景德传灯录》卷五；《传灯录》卷五；《六祖坛经》。

河北智隍禅师

河北智隍禅师者，始参五祖，虽尝咨决[1]，而循乎渐行。乃往河北结庵长坐，积二十余载，不见惰容。后遇策禅师激励，遂往参六祖。祖愍其远来，便垂开决。师于言下豁然契悟，前二十年所得心都无影响[2]。其夜，河北檀越[3]士庶，忽闻空中有声曰："隍禅师今日得道也。"后回河北，开化四众。

【注释】

[1] 咨决：断决。

[2] 前二十年所得心都无影响：前二十年所有的心得都无影无踪。此处指开悟，因为禅悟不立文字，言语道断。影响：影子和声响，引申为踪迹。

[3] 檀越：施主。

【概要】

智隍禅师，就是上文玄策禅师见到的入山修定的僧人。始参五祖，叩求禅法，于河北结庵长达二十余年，不见惰容。遇玄策激励，往谒慧能，垂蒙开示，豁然契悟，前二十年所得心全无影响。后回河北，开化四众。

【参考文献】

《景德传灯录》卷五；《五灯严统》卷二；《五灯全书》卷四；《教外别传》卷四；《禅宗正脉》卷一。

南阳慧忠国师

南阳慧忠国师者，越州诸暨人也。姓冉氏。自受心印，居南阳白崖山党子谷，四十余祀[1]不下山，道行闻于帝里。

唐肃宗上元二年，敕中使孙朝进赍[2]诏征赴京，待以师礼。初居千福寺西禅院。及代宗临御，复迎止光宅精蓝十有六载，随机说法。

时有西天大耳三藏到京，云得他心通，肃宗命国师试验。三藏才见师便礼拜，立于右边。师问曰："汝得他心通那？"对曰："不敢。"师曰："汝道老僧即今在甚么处？"曰："和尚是一国之师，何得却去西川看竞渡？"良久，再问："汝道老僧即今在甚么处？"曰："和尚是一国之师，何得却在天津桥上看弄猢狲？"师良久，复问："汝道老僧只今在甚么处？"藏罔测，师叱曰："这野狐精，他心通在甚么处？"藏无对。

（僧问仰山曰："大耳三藏第三度为甚么不见国师？"山曰："前两度是涉境心，后入自受用三昧，所以不见。"又有僧问玄沙，沙曰："汝道前两度还见么？"玄觉云："前两度见，后来为甚么不见？且道利害在甚么处？"僧问赵州："大耳三藏第三度不见国师，未审国师在甚么处？"州云："在三藏鼻孔上。"僧后问玄沙："既在鼻孔上，为甚么不见？"沙云："只为太近。"）

一日唤侍者，者应诺，如是三召三应。师曰："将谓吾孤负汝，却是汝孤负吾？"

（僧问玄沙："国师唤侍者，意作么生[3]？"沙云："却是侍者会。"云居锡云："且道侍者会不会？若道会，国师又道汝孤负吾；若道不会，玄沙又道却是侍者会，且作么生商量？"玄觉征问僧："甚么处是侍者会处？"僧云："若不会，争解恁么[4]应？"玄觉云："汝少会在。"又云："若于这里商量得去，便识玄沙。"僧问法眼："国师唤侍者意作么生？"眼云："且去，别时来。"云居锡云："法眼恁么道？为复明国师意，不明国师意？"僧问赵州："国师唤侍者，意作么生？"赵州云："如人暗里书字，字虽不成，文彩已彰。"）

南泉到参。师问："甚么处来？"曰："江西来。"师曰："还将得马师真来否？"曰："只这是。"师曰："背后底聻[5]？"南泉便休[6]。

（长庆棱云："大似不知。"保福展云："几不到和尚此间。"云居锡云："此二尊宿尽扶背后，只如南泉休去，为当扶面前，扶背后？"）

麻谷到参，绕禅床三匝，振锡而立。师曰："汝既如是，吾亦如是。"谷又振锡。师叱曰："这野狐精出去。"

— 211 —

上堂："禅宗学者，应遵佛语，一乘了义，契自心源。不了义者，互不相许，如师子身中虫。夫为人师，若涉名利，别开异端，则自他何益？如世大匠，斤斧不伤其手；香象所负，非驴能堪。"

僧问："若为得成佛去？"师曰："佛与众生，一时放却，当处解脱。"曰："作么生得相应去？"师曰："善恶不思，自见佛性。"曰："若为得证法身？"师曰："越毗卢[7]之境界。"曰："清净法身作么生得[8]？"师曰："不著佛求耳。"曰："阿那个[9]是佛？"师曰："即心是佛。"曰："心有烦恼否？"师曰："烦恼性自离。"曰："岂不断邪？"师曰："断烦恼者，即名二乘。烦恼不生，名大涅槃。"曰："坐禅看静，此复若为？"师曰："不垢不净，宁用起心而看净相？"

问："禅师见十方虚空，是法身否？"师曰："以想心取之，是颠倒见。"

问："即心是佛，可更修万行否？"师曰："诸圣皆具二严[10]，岂拨无因果邪？"又曰："我今答汝，穷劫不尽，言多去道远矣。所以道：说法有所得，斯则野干[11]鸣；说法无所得，是名师子吼。"

上堂："青萝夤缘，直上寒松之顶；白云淡泞，出没太虚之中[12]。万法本闲而人自闹。"

师问僧："近离甚处[13]？"曰："南方。"师曰："南方知识以何法示人？"曰："南方知识只道：一朝风火散后，如蛇退皮，如龙换骨，本尔真性，宛然无坏。"师曰："苦哉！苦哉！南方知识说法，半生半灭。"曰："南方知识即如是，未审和尚此间说何法？"师曰："我此间身心一如，身外无余。"曰："和尚何得将泡幻之身同于法体？"师曰："你为甚么入于邪道？"曰："甚么处是某甲入于邪道处？"师曰："不见教中道：'若以色见我，以音声求我，是人行邪道，不能见如来'。"

南阳张濆[14]行者问："承和尚说无情说法，某甲未体其事，乞和尚垂示。"师曰："汝若问无情说法，解他无情，方得闻我说法。汝但闻取无情说法去。"濆曰："只约如今有情方便之中，如何是无情因缘？"师曰："如今一切动用之中，但凡圣两流都无少分起灭[15]，便是出识，不属有无，炽然见觉，只闻无其情识系执。所以六祖云：'六根对境，分别非识。'"

有僧到参礼。师问："蕴何事业？"曰："讲《金刚经》。"师曰："最初两字是甚么？"曰："如是。"师曰："是甚么？"僧无对。

有人问："如何是解脱？"师曰："诸法不相到，当处解脱。[16]"曰："怎么即断去也。"师曰："向汝道诸法不相到，断甚么？"

师见僧来，以手作圆相，相中书"日"字，僧无对。

师问本净禅师："汝已后见奇特言语如何净？"曰："无一念心爱。"师曰："是汝屋里事。"

肃宗问："师在曹溪得何法？"师曰："陛下还见空中一片云么？"帝曰："见。"师曰："钉钉着，悬挂着。"帝又问："如何是十身调御？"师乃起立曰："会么？"帝曰："不会。"师曰："与老僧过净瓶来。"帝又曰："如何是无净三昧？"师曰："檀越蹋[17]毗卢顶上行。"帝曰："此意如何？"师曰："莫认自己清净法身。"帝又问，师都不视之。曰："朕是大唐天子，师何以殊不顾视？"师曰："还见虚空么？"帝曰："见。"师曰："他还眨目视陛下否？"

鱼军容问："师住白崖山，十二时中如何修道？"师唤童子来，摩顶曰："惺惺直言惺惺，历历直言历历，已后莫受人谩。"

师与紫璘供奉[18]论议。师升座，奉曰："请师立义，某甲破。"师曰："立义竟。"奉曰："是甚么义。"师曰："果然不见，非公境界。"便下座。

一日，师问紫璘供奉："佛是甚么义？"曰："是觉义。"师曰："佛曾迷否。"曰："不曾迷。"师曰："用觉作么？"奉无对。

奉问："如何是实相？"师曰："把将虚底来。"曰："虚底不可得。"师曰："虚底尚不可得，问实相作么？"

僧问："如何是佛法大意？"师曰："文殊堂里万菩萨。"曰："学人不会。"师曰："大悲千手眼。"

师以化缘将毕，涅槃时至，乃辞代宗。代宗曰："师灭度后，弟子将何所记？"师曰："告檀越造取一所无缝塔。"帝曰："就师请取塔样。"师良久，曰："会么。"帝曰："不会。"师曰："贫道去后，有侍者应真却知此事，乞诏问之[19]。"

大历十年十二月十九日，右胁长往[20]，塔于党子谷，谥"大证禅师"。代宗后诏应真问前语，真良久，曰："圣上会么?"帝曰："不会。"
真述偈曰："湘之南，潭之北，中有黄金充一国。无影树下合同船，瑠璃
殿上无知识。"

【注释】

[1] 四十余祀（sì）：四十余年。祀：中国殷代指年。

[2] 赍（jǐ）：怀抱着，带着。

[3] 作么生：为什么；干吗；做什么。

[4] 恁（nèn）么：这样，如此；怎么样，什么。

[5] 聻（nǐ）：句末语气词，相当于"呢""哩"。旧校本标点有误，当用问
号。本书出现"聻"的地方，旧校本点校几乎都有失误。

[6] 休：罢休，歇止，终止。常指领悟禅旨，完成参学大事。一是双方较量机
锋，一方自认失利而作罢，称为"休"。如本处"南阳慧忠国师"注释。二是谓驱
尽情识分别，领悟禅旨，完成参学大事。如本书第七章"雪峰义存禅师"条："住
后，僧问：'和尚见德山，得个甚么便休去?'师曰：'我空手去，空手归。'"也说
作"休歇"，"歇"，"息"。

[7] 毗卢：毗卢舍那的简称，也是法身佛的通称。

[8] 清净法身作么生得：怎么才能得到清净法身。

[9] 阿那个：哪个。阿：语气词，无意义。

[10] 二严：福德、智慧两种庄严。谓智慧、福德两种，皆能庄严佛的法身。

[11] 野干：一种野兽的名称，佛经记载："像狐比狐小，可说佛法"。旧译本
将"野干"翻译为"野狐"，有误。《一切经音义》卷二七："梵云悉伽罗，此言野
干。色青黄，如狗群行，夜鸣声如狼。"常与狮子对称，衬托宗师说法、大机大用
的威力。修行未臻成熟而妄说真理则是"野干鸣"。《佛光大辞典》："野干，梵语。
音译悉伽罗。狐之一种。'狮子吼'之对称。即比喻修行未臻成熟而妄说真理。"

[12] 青萝夤（yín）缘，直上寒松之顶；白云淡泞（nìng），出没太虚之中：
青藤攀附在松树之上，一直爬上寒松之顶；清新明净的白云在飘动，出没在天空之
中。青萝：又名松萝，一种攀生在石崖、松柏或墙上的藤蔓。夤缘：攀援；攀附。
寒松：寒冬不凋的松树。淡泞：清新明净。

[13] 近离甚处：离此最近是哪里?

[14] 濆（pēn）：古同"喷"。

[15] 如今一切动用之中，但凡圣两流都无少分起灭：如今一切妄心造作之中，

无论是凡人还是圣人，都是一样生灭。旧校本标点有误，在"都无少分"处断句，把"起灭"二字移入了另外一句。《景德传灯录》则在"起灭"后断句。动用，妄心造作。起灭，事物之生与灭，因缘和合则生起，因缘离散则灭谢。

[16] 诸法不相到，当处解脱：一切物质与精神的现象不再连成一体（不思善恶），悟其相状本来是空，如果这种境界到了，就到了解脱的时候。

[17] 蹋：同"踏"。

[18] 供奉：官名。唐初设侍御史内供奉、殿中侍御史内供奉；唐玄宗时有翰林供奉，专备应制。

[19] 贫道去后，有侍者应真却知此事，乞诏问之：这是禅师临终前给皇上说的话，旧校本将"乞诏问之"放在引号之外，失误。此话告诉皇帝："我死后，有位名叫应真的侍者知道这件事，敬请皇上下诏问他。"

[20] 长往：死亡的婉词，逝世。

【概要】

南阳慧忠国师（？～775年），唐代禅僧，越州（浙江省）诸暨人，俗姓冉。自幼好学，受法于慧能（或谓双溪弘忍）。后游历名山，经五岭、罗浮、四明、天目，而入南阳（河南省）白崖山党子谷（白草谷），静坐长养，四十余年不出山门，而学者就之，恒逾百千。开元（713～741年）年中，玄宗闻其德风，征召入京，敕住龙兴寺，王公缙绅莫不从而问道。后逢安史之乱，国师乃遁归。上元二年（761年），肃宗迎师入宫，问治国之要，并敕住千福寺西禅院，公卿士庶多来参叩求法。代宗之世，又移住光宅寺。后世乃亦称之为"光宅慧忠"。

国师博通诂训，普穷经律，虽深受玄宗、肃宗、代宗三朝礼遇，然天性淡泊，天真自然。常慕南岳慧思大师之风，乃奏请于武当山建太一延昌寺，又于党子谷建香岩长寿寺，并各置藏经一部。大历八年（773年），又奏度天下名山之僧，取通经、律、禅三者之僧。后归南阳，于大历十年示寂于党子谷，年寿当在八十以上。谥号"大证禅师"，敕葬香岩寺。弟子有志诚、智德、道密等人。国师以居南阳白崖山之故，故世亦称之为南阳慧忠，或南阳国师。

有关国师之著名公案有"国师三唤""无情说法""无缝塔"等，另有九十七种圆相，由侍者耽源山应真禅师所传。又国师与行思、怀让、神会、玄觉等四人并称为六祖门下之五大宗匠，与神会同于北方弘扬六祖之禅风，而批评当时于南方（江西）阐扬"平常心是道"之马祖道一，并对南方禅者不重视经典而随意说法之作风予以驳斥，故于平日特别重视经律论与教学之研习。

关于无情说法，谓山川草木等无情（无情识者），亦住于各自之本分，而有说法之义。说法不仅限于有情识之有情，即如无情识之无情亦能说法，以心耳即得听闻无情说法。国师以六祖"六根对境，分别非识"之语予以总结。我们的六根（眼耳鼻舌身意）对应六尘（色声香味触法），能够清晰分辨，却不被牵引，就是六根清净，此时虽有分辨，但不是凡夫的六根，菩萨的眼耳鼻舌身意都生起妙用，善用六根而普度众生，又不被法尘污染。这就是"六根对境，分别非识"的含义。所以，六根分辨得很清楚，但是用六根而不粘著。永嘉大师讲得很好，"分别亦非意"，或者叫随顺众生分别执着。

【参考文献】

《宋高僧传》卷九；《景德传灯录》卷五；《传法正宗记》卷七；《禅宗正脉》卷二。

西京荷泽神会禅师

西京荷泽神会禅师者，襄阳人也。姓高氏。年十四为沙弥[1]，谒六祖。

祖曰："知识远来大艰辛，将本来否？若有本则合识主[2]，试说看。"师曰："以无住为本，见即是主[3]。"祖曰："这沙弥争合取次语[4]。"便打。

师于杖下思惟，曰："大善知识历劫难逢，今既得遇，岂惜身命？"自此给侍。

他日，祖告众曰："吾有一物，无头无尾，无名无字，无背无面，诸人还识否？"师乃出曰："是诸法之本源，乃神会之佛性。"祖曰："向汝道无名无字，汝便唤作本源佛性。"师礼拜而退，祖曰："此子向后，设有把茆盖头[5]，也只成得个知解宗徒[6]。"

（法眼云："古人授记人终不错，如今立知解为宗，即荷泽也。)

师寻往西京受戒，唐景龙年中，却归曹溪。阅大藏经于内，六处有疑，问于六祖。

第一问戒定慧曰："所用戒何物？定从何处修？慧因何处起？所见不通流。"祖曰："定即定其心，将戒戒其行，性中常慧照，自见自知深。"

第二问："本无今有有何物？本有今无无何物？诵经不见有无义，真似骑驴更觅驴。"祖曰："前念恶业本无，后念善生今有。念念常行善行，后代人天不久。汝今正听吾言，吾即本无今有。"

第三问："将生灭却灭，将灭灭却生。不了生灭义，所见似聋盲。"
祖曰："将生灭却灭，令人不执性。将灭灭却生，令人心离境。未即离二边，自除生灭病。"

第四问："先顿而后渐，先渐而后顿。不悟顿渐人，心里常迷闷。"
祖曰："听法顿中渐，悟法渐中顿。修行顿中渐，证果渐中顿。顿渐是常因，悟中不迷闷。"

第五问："先定后慧，先慧后定。定慧后初，何生为正？"祖曰："常生清净心，定中而有慧。于境上无心，慧中而有定。定慧等无先，双修自心正。"

第六问："先佛而后法，先法而后佛。佛法本根源，起从何处出？"祖曰："说即先佛而后法，听即先法而后佛。若论佛法本根源，一切众生心里出。"

祖灭后二十年间，曹溪顿旨沉废于荆吴嵩岳，渐门盛行于秦洛。师入京，天宝四年方定两宗（南能顿宗，北秀渐教），乃著《显宗记》，盛行于世。

一日乡信至，报二亲亡。师入堂白槌[7]曰："父母俱丧，请大众念摩诃般若。"众才集，师便打槌曰："劳烦大众。"

师于上元元年奄然而化，塔于龙门。

【注释】

[1] 沙弥：梵语沙弥，华言息慈。谓息世染之情，以慈济群生也。盖出家之人，初入佛法，多存俗情，故须息恶行慈，是名沙弥。旧译本将"沙弥"翻译为"和尚"，失误。因为沙弥指刚刚出家的人，而和尚指德高望重之出家人，吾师的意思，僧徒对其亲教师的尊称。沙弥出家受戒法，应求二师，一为和尚，一为阿阇梨。和尚如父，阿阇梨如母。意即舍本生之父母而求出家之父母。

[2] 知识远来大艰辛，将本来否？若有本则合识主：善知识远道而来很辛苦，把你的根本带来了吗？如果带来了根本，就应当认识主人。此意在引导小神会认识自己的本来面目，即是自家主人——佛性。旧校本标点有误，在"若有本则合"断句，"识主"属下，有误。

[3] 以无住为本，见即是主：我以"无所住"为我的本来面目，我的见性就

是主人。

[4] 这沙弥争合取次语：你这沙弥怎么就会一起学人家说话。宣化上人解释说："六祖大师，听他这样一讲，说：沙弥啊！你尽学人家说话。取次语，就是学人家说话，很莽撞的，不知以为知，不明以为明，不见以为见，就是学人家口头禅。取次语，也就是口头禅，就是：啊！这沙弥尽说口头禅呢！你尽说人家说剩下的话。人家说完了，你又说这话，不是你自己的自性流露出来的，这叫取次语。"

[5] 把茆（máo）盖头：一把茅草盖头。把：一把。茆：同"茅"。就是将来自己有一个立足处，有一个茅篷可住，也就是说今后神会可以自立的时候。把茅盖头，一般指禅僧住持寺院，亦作"一把茅盖头"。旧译本"此人以后如能主持法会"，有误。

[6] 也只成得个知解宗徒：也只能成为一个知解宗徒弟。知解宗：以多知多解为宗者。法眼大师说："古人授记人，终不错。如今立知解为宗，即荷泽是也。"黄檗曰："我此禅宗，从上相承已来，不曾教人求知求解。"也就是说知解只重视多知多解，而不注重明心见性，知而不行，所以历来被禅家所批判。可神会小小年纪就能如此理解，也非一般禅师所能超越。

[7] 白槌（zhuī）：亦作"白椎"。办佛事时由长老持白杖以宣示始终。

【概要】

西京荷泽神会禅师（668，一说686～760年），禅宗六祖慧能晚期弟子，荷泽宗的创始者，建立南宗的一个得力人物。俗姓高，湖北襄阳人。童年从师学五经，继而研究老、庄，都很有造诣。后来读《后汉书》，知道有佛教，由此倾心于佛法，遂至本府国昌寺从颢元出家。他理解经论，但不喜讲说。三十岁到三十四岁，他在荆州玉泉寺从神秀学习禅法。久视元年（700年）神秀因武则天召他入宫说法，便劝弟子们到广东韶州从慧能学习。神会去曹溪后，在那里住了几年，很受慧能器重。为了增广见闻，他不久又北游参学。先到江西青原山行思，继至西京受戒。景龙年中（707～709年）神会又回到曹溪，慧能知道他的禅学已经纯熟，将示寂时，即授与印记。开元八年（720年），敕配住南阳龙兴寺。这时他的声望已著，南阳太守王弼和诗人王维等都曾来向他问法。

神会北归以后，看见北宗禅在北方已很盛行，于是提出南宗顿教优于北宗渐教的说法，并且指出达磨禅的真髓存于南宗的顿教。他认为北宗"师承是傍，法门是渐"，慧能才是达磨以来的禅宗正统。

开元十二年（724年）正月十五日，神会在滑台（今河南滑县）大云寺设无遮大会和当时著名佛教学者崇远大开辩论，建立南宗宗旨；同时，批评了当日最有声望的神秀门下普寂。普寂以神秀为达磨的正统，他自己则是继承神秀的人。据李邕的《大照（普寂）禅师碑》记普寂临终诲门人说："吾受托先师，传兹密印。远自达磨菩萨导于可，可进于璨，璨钟于信，信传于忍，忍授于大通（神秀），大通贻于吾，今七叶矣。"（《全唐文》卷二六二）。当时神秀门下的声势很大，他们所立的法统无人敢加以怀疑。但神会却认为，这个法统是伪造的，说弘忍不曾传法给神秀。他提出一个修正的传法系统："（达磨）传一领袈裟以为法信授与慧可，慧可传僧璨，僧璨传道信，道信传弘忍，弘忍传慧能，六代相承，连绵不绝。'（独孤沛《菩提达磨南宗定是非论》）神会又说："秀禅师在日，指第六代传法袈裟在韶州，口不自称为第六代。今普寂禅师自称第七代，妄竖和尚（神秀）为第六代，所以不许。"当时，大云寺崇远质问他说："普寂禅师是全国知名的人物，你这样非难他，不怕生命有危险吗？"神会从容地说："我是为了辨别是非、决定宗旨，为了弘扬大乘，建立正法，哪里能顾惜身命？"他的坚强态度和言论，惊动了当时参与大会的人。从此，南北两宗的界线更加分明，争论也更加激烈了（《神会语录》第三残卷）。

天宝四年（745年）神会以七十八岁的高龄应请入住东都荷泽寺，这时普寂和义福都先后去世，由于他的弘传，使曹溪的顿悟法门大播于洛阳而流行于天下（宗密《圆觉大疏钞》卷三之下）。天宝八年，神会在洛阳荷泽寺又楷定南宗的宗旨而非斥北宗，且每月作坛场为人说法：抑清净禅，弘达磨禅（《历代三宝纪》中"无相传"）。这时，北宗门下信仰普寂的御史卢奕于天宝十二年诬奏神会聚徒企图不利朝廷。唐玄宗即召他赴京，因他据理直言，把他贬往江西弋阳郡，不久移湖北武当郡。天宝十三年春又移襄州，七月间又敕移住荆州开元寺。这些都是北宗人对神会的报复（《宋高僧传》卷八、《圆觉大疏钞》卷三之下）。神会虽过着贬逐的生活，两年之间转徙四处，但他的声望并未下降。

神会被贬的第三年，即天宝十四年，范阳节度使安禄山举兵，攻陷洛阳，将逼长安，玄宗仓皇出奔西蜀。副元帅郭子仪带兵征讨，因为军饷缺乏，采用右仆射裴冕的临时建议，通令全国郡府各置戒坛度僧，收取一定的税钱（香水钱）以助军需。这时，神会尚谪居荆州，诬奏他的卢奕已被贼所杀，群议请他出来主持设坛度僧，于是他才回到洛阳。至德元年（756年）神会已经八十九岁，当时洛阳寺宇已被战火摧毁，他即临时创立寺院，中间建筑方坛，所有度僧的收入全部支援军费，对于代宗、郭子仪收复两京起了相当的作用。

安禄山之乱平定以后，肃宗便诏他入内供养，并敕建筑工程师在他曾住过的荷泽寺中建造禅宇给他居住，所以时人称他所弘的禅学为荷泽宗。

上元元年（760年）五月十三日，神会寂于洛阳荷泽寺，年九十三岁。建塔于洛阳宝应寺，谥"真宗大师"。

关于神会禅师，他在历史上影响最大的事件就是把禅宗划分为南北顿渐。神秀的大弟子普寂和义福都去世后，神会抓住这一有利时机，积极鼓吹曹溪宗旨，不久又"于洛阳荷泽寺，崇树能之真堂，兵部侍郎宋鼎为碑焉。会序宗脉，从如来下西域诸祖外，震旦凡六祖，尽图绘其影，太尉房琯作《六叶图序》。"神会在荷泽寺为慧能建堂立碑。又依照南宗宗统画了《六叶图》。神会借助宋鼎、房琯的政治势力而声名大振。《宋高僧传》说：神会"于洛阳大行禅法，声彩发挥。先是，两京之间皆宗神秀，若不淰之鱼鲔附沼龙也。从见会明心六祖之风，荡其渐修之道矣。南北二宗时始判焉。"由此可见，神会确是分判南北禅宗之别、造成南北禅宗对抗的关键人物。

范阳安禄山举兵，唐政府受到神会香水钱的供养，从此唐朝支持神会，立他为禅宗七祖，有了政治上的保障，从而慧能作为禅宗的六祖，也就有了依据。如《宋高僧传》所云："会之敷演，显发能祖之宗风，使秀之门寂寞矣。"尽管日后禅宗的发展几乎湮没了这位"七祖"，但慧能"六祖"的地位却从此无法动摇。

神会争位应该如何评价？实际上，北宗禅师神秀本来就是德高望重的高僧，他受到王朝的敬重是随缘的，但是由于他的威望，使他的弟子很多都处于养尊处优的地位，再也不去苦修，只能附帝室生存，也就没有什么新的悟解，被淘汰是理所当然的，过错不在神秀，而在他的弟子。至于南宗六祖，即使没有神会的论争，他的弟子也会兴旺发达。因为南宗的子孙有创新精神，不依王权，独处山林苦修，农禅并举，自食其力，这样的结果必然是顿开慧解，大彻大悟。他们的成功实际也是在渐修中的顿悟，顿悟后仍旧还在修，此时则是修而无修了。所以，南宗的顿悟新论，并没有降低神秀的地位，他们的成功是他们自己主宰了自己的命运。

胡适先生评价神会是"南宗的急先锋，北宗的毁灭者，新禅学的建立者。""在中国佛教史上，没有第二人有这样伟大的功勋，永久的影响。"直至晚年，他仍坚持此观点，认为神会是"中国禅宗佛教的开山宗师"，说禅宗南宗是神会一个人单刀匹马打出来的。但铃木大拙说，胡适不懂禅宗。

神会花了那么大的力气争位，可"会昌法难"后，他也同样无法避免衰败的命运。虽然以寺院为主要依靠的北宗禅完全衰败，而最终走上了依附帝室道路的神会系也一蹶不振。历史没有选择神秀一系，同样也没有选择神会一系，唐末五代兴盛起来的恰恰是保持了山林佛教特色的江西马祖与湖南石头门下的南宗禅，其成功还是他们依靠自己打天下，不依靠王室去攀缘。

至于后来的神秀，尽管神会北上之后，使"曹溪了义大播于洛阳，荷泽顿门派流于天下。"而神秀门下寂寞，但神秀北宗一系并未从此销声匿迹。其法脉传系几乎延续至唐末，在传承上甚至比神会系更为久远。这也说明神秀一系，虽然受到过一时的打击，但他们还是能够醒悟，同样是靠自己真修实证而延长了自己的法运。

荷泽宗的基本理论，具见于神会所著的《显宗记》和《传灯录》卷二十八所保存的《荷泽神会语录》，以及敦煌出土的《大乘开心显性顿悟真宗论》。《显宗记》的思想内容，大体和《法宝坛经》的定慧第四品相同。而近代敦煌出土的《顿悟无生般若颂》的写本，其文字和《显宗记》又几乎一致。敦煌本的《般若颂》尚无西天二十八祖之说，而《显宗记》却多了"自世尊灭后，西天二十八祖共传无住之心，同说如来知见"二十三字。因此敦煌本当是早出的写本，初题《顿悟无生般若颂》，后来改称《显宗记》。

《顿悟无生般若颂》虽无二十八祖的记载，却有"传衣"之说，和《显宗记》所记一样。所谓"衣为法信，法是衣宗，衣法相传，更无别付。非衣不弘于法，非法不受于衣"。可见传衣之说似乎是从神会倡始。

神会传法的弟子，据宗密《圆觉略疏钞》所记有二十二人，《禅门师资承袭图》有十八人，《宋高僧传》及碑文所见得十六人，《景德传灯录》载十八人。以上各书所列除重复者外，合共有三十余人。比较知名的有磁州法观寺法如（723～811年），法如传成都圣寿寺唯忠，唯忠传遂州大云寺道圆，这是宗密继承的系统。宗密出于道圆门下，自称为神会的第四代法嗣。

【参考文献】

《六祖大师法宝坛经》；《圆觉经大疏钞》卷三下；《宋高僧传》卷八；《景德传灯录》卷五、卷三十；胡适之《荷泽大师神会传》；印顺《中国禅宗史》；《禅宗思想与历史》（见《现代佛教学术丛刊》）；忽滑谷快天《禅学思想史》；铃木哲雄《唐五代禅宗史》。

第十二节　六祖下二世

南阳忠国师法嗣

吉州耽源山应真禅师

吉州耽源山应真禅师，为国师侍者时，一日国师在法堂中，师入来，国师乃放下一足，师见便出，良久却回。国师曰："适来意作么生[1]？"师曰："向阿谁说即得[2]。"国师曰："我问你。"师曰："甚么处见某甲？"师又问："百年后有人问极则事[3]如何？"国师曰："幸自可怜生[4]，须要觅个护身符子作么[5]？"

异日，师携篮子归方丈[6]。国师问："篮里甚么物？"师曰："青梅。"国师曰："将来何用[7]？"师曰："供养。"国师曰："青在争堪供养[8]。"师曰："以此表献[9]。"国师曰："佛不受供养。"师曰："某甲只恁么，和尚如何[10]？"国师曰："我不供养。"师曰："为甚么不供养？"国师曰："我无果子。"

百丈海和尚在沩潭山[11]牵车次[12]。师曰："车在这里，牛在甚么处？"丈研额[13]，师乃拭目。

麻谷问："十二面观音岂不是圣？"师曰："是。"麻谷与师一掴[14]。师曰："想汝未到此境。"

国师讳日设斋，有僧问曰："国师还来否？"师曰："未具他心[15]。"曰："又用设斋作么。"师曰："不断世谛[16]。"

【注释】

[1] 适来意作么生：刚才来干吗。

[2] 向阿谁说即得：我向谁说为好。阿：语气词，无义。

[3] 极则事：禅林指明心悟性、超越生死之事。极则：犹言最高准则、最高

境界。

[4] 幸自可怜生：原来也太可爱了。幸自：本自，原来。可怜生：意指可爱。生，词尾，无义。可怜，可爱。

[5] 须要觅个护身符子作么：还要找个护身符来干吗。护身符：护身之灵符。即书写佛、菩萨、诸天、鬼神等之形像、种子、咒语之符札。将之置于贴身处，或吞食，可蒙各尊之加持护念，故有此名。

[6] 方丈：一丈四方之室，禅林之正寝，住持之住所也，故称寺主曰方丈，因其住于此也。

[7] 将来何用：拿来做什么用。

[8] 青在争堪供养：青色还在怎么可以供养。青色指果子还没有成熟。争堪：怎么可以。

[9] 以此表献：以次表达恭敬庄严的奉献。

[10] 某甲只恁么，和尚如何：我只知道如此，大和尚怎么做。旧译本"我就这么做，和尚要怎样？"有误。

[11] 泐（lè）潭山：今属江西南昌市境内。

[12] 牵车次：牵车停下。次：旅行时停留的处所。

[13] 斫（zhuó）额：手放置额前，遥望远处。禅林意在不向外攀缘，最好的风光、最珍贵的东西就在自己心中。本书第九章"安州大安山清干禅师"条："僧问：'从上诸圣，从何而证？'师乃斫额。"禅师作"斫额"状，就是告诉学人，佛性不从外觅，如果你天天斫额看外面，永远也不能觉悟自性。此处亦在说明佛性不从外觅的道理。

[14] 一掴（guó）：打了一耳光。掴：打耳光。

[15] 未具他心：没有具备他心通。他心通为六通之一，即他人想什么都知道的神通。此处禅师说自己没有他心通，也就不知道忠国师在他的忌日祭祀会不会来。旧译本"未具备他的心境"，有误。

[16] 世谛：与真谛对称。世者世间，世俗。谛者事实，又道理。世间之事实，又为世俗人所知之道理，谓之世谛。又曰俗谛。

【概要】

应真禅师，唐代禅僧，忠国师的侍者，亦得到忠国师的心传，将国师的精髓传承下来，并成为"沩仰"宗开创者慧寂禅师（815～891年）的师父。慧寂禅师初礼吉州耽源山应真禅师，已悟玄旨，后又参沩山灵祐禅师，遂升堂奥。承其师灵祐而集大成，于江西宜春仰山道场宣扬宗风，世称"沩仰"宗。江西新干县金川镇桁桥、庙前村交界处的耽源山，有宝安寺，系唐代应真禅师开山始建，成为沩仰宗的祖庭之一。

【参考文献】

《联灯会要》卷三；《五灯严统》卷二；《教外别传》卷四；《禅宗正脉》卷一。

荷泽会禅师法嗣

沂水蒙山光宝禅师

沂水蒙山光宝禅师，并州人也。姓周氏。

初谒荷泽，泽谓之曰："汝名光宝，名以定体[1]。宝即已有，光非外来。纵汝意用而无少乏，长夜蒙照而无间歇[2]。汝还信否？"师曰："信则信矣，未审光之与宝，同邪异邪？"泽曰："光即宝，宝即光，何有同异之名乎？"师曰："眼耳缘声色时，为复抗行，为有回互[3]？"泽曰："抗互且置，汝指何法为声色之体乎？"师曰："如师所说，即无有声色可得。"泽曰："汝若了声色体空，亦信眼耳诸根，及与凡与圣，平等如幻，抗行回互，其理昭然。"师由是领悟，礼辞而去。

初隐沂水蒙山，于唐元和二年圆寂。

【注释】

[1] 名以定体：名字可以表达出你本人的意思。

[2] 纵汝意用而无少乏，长夜蒙照而无间歇：纵然你任意使用也不会有缺乏，长夜照明也不会间断。

[3] 为复抗行，为有回互：是并行而不相干的两个东西呢？还是互相交错呢？抗行，并行。回互：回环交错。

【概要】

光宝禅师，荷泽神会禅师之法嗣，并州（今山西汾水一带）人，俗姓周。初谒荷泽神会和尚，并执侍左右，殷勤无怠。后来，隐居在沂水蒙山，故称蒙山光宝。唐元和二年圆寂，寿年九十。

【参考文献】

《景德传灯录》卷十三；《五灯严统》卷二；《五灯全书》卷五；《禅宗正脉》卷一。

第十三节　六祖下五世

遂州圆禅师法嗣

终南山圭峰宗密禅师

终南山圭峰宗密禅师者，果州西充人也。姓何氏。家本豪盛。髫龀[1]通儒书，冠岁探释典。唐元和二年将赴贡举，偶造圆和尚法席，欣然契会，遂求披剃，当年进具[2]。

一日，随众僧斋于府吏任灌家，居下位以次受经，得《圆觉》十二章。览未终轴，感悟流涕，归以所悟之旨告于圆。圆抚之曰："汝当大弘圆顿之教，此诸佛授汝耳。行矣，无自滞于一隅也[3]。"师涕泣奉命，礼辞而去。

因谒荆南忠禅师（南印），忠曰："传教人也，当宣导于帝都。"

复见洛阳照禅师（奉国神照），照曰："菩萨人也，谁能识之[4]？"

寻抵襄汉，因病僧付《华严疏》[5]，即上都澄观大师之所撰也。师未尝听习，一览而讲，自欣所遇，曰："向者诸师述作，罕穷厥旨[6]，未若此《疏》，辞源流畅，幽赜焕然[7]。吾禅遇南宗，教逢《圆觉》。一言之下，心地开通；一轴之中，义天朗耀。今复偶兹绝笔，罄竭于怀[8]。"

暨讲终，思见疏主。时属门人泰恭断臂酬恩[9]，师先赍书上疏主，遥叙师资，往复庆慰。寻泰恭痊损，方随侍至上都，执弟子之礼。观曰："毗卢华藏[10]，能随我游者，其汝乎？"师预观之室，惟日新其德，而认筌执象之患永亡矣[11]。

北游清凉山，回住鄠县草堂寺。未几，复入终南圭峰兰若[12]。大和中征入内，赐紫衣，帝累问法要。朝士归慕，唯相国裴公休，深入堂奥，受教为外护。

师以禅教学者互相非毁，遂著《禅源诸诠》，写录诸家所述，诠表禅门根源道理，文字句偈，集为一藏（或云一百卷），以贻后代。

其《都序》略云：

禅是天竺之语，具云禅那，此云思惟修，亦云静虑，皆定慧之通称也。源者，是一切众生本觉真性，亦名佛性，亦名心地，悟之名慧，修之名定，定慧通名为禅。此性是禅之本源，故云禅源，亦名禅那。理行者，此之本源是禅理，忘情契之是禅行，故云理行。然今所集诸家述作，多谭禅理，少说禅行，故且以禅源题之。

今时有人但目真性为禅者，是不达理行之旨，又不辨华竺之音也。然非离真性，别有禅体。但众生迷真合尘，即名散乱。背尘合真，方名禅定。若直论本性，即非真非妄，无背无合，无定无乱，谁言禅乎？况此真性，非唯是禅门之源，亦是万法之源，故名法性。亦是众生迷悟之源，故名如来藏藏识（出《楞伽经》）。亦是诸佛万德之源，故名佛性（《涅槃》等经）。亦是菩萨万行之源，故名心地（《梵网经》云："是诸佛之本源，行菩萨道之根本，是大众诸佛子之根本也。"）

万行不出六波罗蜜，禅者，但是六中之一，当其第五，岂可都目真性为一禅行哉？然禅定一行最为神妙，能发起性上无漏智慧。一切妙用，万行万德，乃至神通光明，皆从定发。故三乘人欲求圣道，必须修禅，离此无门，离此无路。至于念佛求生净土，亦修十六观禅，及念佛三昧、般舟三昧等也。又真性即不垢不净、凡圣无差，禅门则有浅有深、阶级殊等。谓带异计、欣上厌下而修者，是外道禅。正信因果，亦以欣厌而修者，是凡夫禅。悟我空遍真之理而修者，是小乘禅。悟我法二空所显真理而修者，是大乘禅（上四类，皆有四色四空之异也）。若顿悟自心本来清净，元无烦恼，无漏智性本自具足，此心即佛，毕竟无异。依此而修者，是最上乘禅，亦名如来清净禅，亦名一行三昧，亦名真如三昧。此是一切三昧根本。若能念念修习，自然渐得百千三昧。达磨门下展转相传者，是此禅也。

达磨未到，古来诸家所解，皆是前四禅八定[13]。诸高僧修之，皆得功用。南岳、天台令依三谛之理修三止三观，教义虽最圆妙，然其趣入门户次第，亦只是前之诸禅行相。唯达磨所传者，顿同佛体，迥异诸门，故宗习者难得其旨。得即成圣，疾证菩提。失即成邪，速入涂炭[14]。先祖革昧防失，故且人传一人。后代已有所凭，故任千灯千照。

泊乎法久成弊，错谬者多，故经论学人疑谤亦众。原夫佛说顿教渐教，禅开顿门渐门，二教二门，各相符契。今讲者偏彰渐义，禅者偏播顿宗，禅讲相逢，胡越之隔[15]。宗密不知宿生何作，熏得此心，自未解脱，欲解他缚。为法亡于躯命，愍人切于神情（亦如《净名经》云："若自有缚，能解他缚，无有是处。"然欲罢不能，验是宿习难改故[16]）。每叹人与法差，法为人病，故别撰经律论疏，大开戒定慧门。显顿悟资于渐修，证师说符于佛意。意既本末而委示，文乃浩博而难寻。泛学虽多，秉志者少。况迹涉名相，谁辨金鍮[17]？徒自疲劳，未见机感。虽佛说悲增是行，而自虑爱见难防，遂舍众入山，习定均慧，前后息虑，相继十年。微细习情，起灭彰于静虑；差别法义，罗列现于空心。虚隙日光，纤埃扰扰；清潭水底，影像昭昭。岂比夫空守默之痴禅？但寻文之狂慧者也。然本因了自心而辨诸教，故恳情于心宗。又因辨诸教而解修心，故虔诚于教义。教也者，诸佛菩萨所留经论也。禅也者，诸善知识所述句偈也。但佛经开张，罗大千八部之众。禅偈撮略，就此方一类之机。罗众则莽荡难依，就机则指的[18]易用。今之纂集，意在斯焉。

裴休为之《序》曰：

诸宗门下，皆有达人。然各安所习，通少局多。故数十年来，师法益坏。以承禀为户牖[19]，各自开张；以经论为干戈，互相攻击。情随函矢而迁变（《周礼》曰："函人为甲。"孟子曰："矢人岂不仁于函人哉？函人唯恐伤人，矢人唯恐不伤人[20]。"盖所习之术使然也[21]。今学者但随宗徒，彼此相非耳。），法逐人我以高低，是非纷挐，莫能辨析。则向者世尊菩萨诸方教宗，适足以起净后人，增烦恼病，何利益之有？

我圭峰大师久而叹曰："吾丁此时，不可以默矣。"于是，以如来三种教义，印禅宗三种法门。镕瓶盘钗钏为一金，搅酥酪醍醐为一味[22]。振纲领而举者皆顺（荀子云："如振裘领，屈五指而顿之，顺者不可胜数。"），据会要而来者同趣（《周易略例》云："据会要以观方来，则六合辐凑，未足多也。"《都序》据圆教以印诸宗，虽百家亦无所不统也）。尚恐学者之难明也，又复直示宗源之本末、真妄之和合、空性之隐显、法义之差殊、顿渐之异同、遮表之回互、权实之深浅、通局之是非。若吾师者：捧佛日而委曲回照，疑瞳尽除；顺佛心而横亘大悲，穷劫蒙益。则世尊为阐教之主，吾师为会教之人。本末相符，远近相照。可谓毕一代时教之能事矣！

或曰："自如来未尝大都而通之，今一旦违宗趣而不守，废关防而不据，无乃乖秘藏密契之道乎？"

答曰："如来初虽别说三乘，后乃通为一道（三十年前，或说小乘，或说空教，或说相教，或说性教，闻者各随机证悟，不相通知也。四十年后，坐灵鹫而会三乘，诣拘尸而显一性，前后之轨则也）。故《涅槃经》迦叶菩萨曰：'诸佛有密语，无密藏。'世尊赞之曰：'如来之言开发显露，清净无翳。愚人不解，谓之秘藏；智者了达，则不名藏。'此其证也。故王道兴，则外户不闭，而守在戎夷；佛道备，则诸法总持，而防在魔外（《涅槃》圆教和会诸法，唯拣别魔说及外道邪宗[23]）。不当复执情攘臂于其间也[24]（师又著《圆觉》大小二疏钞、《法界观门》《原人》等论，皆裴休为之序引，盛行于世）。"

萧俛相公呈己见解，请禅师注释，师曰[25]："荷泽云：'见清净体于诸三昧，八万四千诸波罗蜜门，皆于见上一时起用，名为慧眼。'若当真知相应之时万化寂灭（善恶不思，空有不念。万法俱从思想缘念而生，皆是虚空，故云化也。既一念不生，则万法不起，故不待泯之，自然寂灭也），此时更无所见（照体独立，梦智亡阶）。三昧诸波罗蜜门，亦一时空寂，更无所得（散乱与三昧、此岸与彼岸，是相待对治之说。若知心无念，见性无生，则定乱真妄，一时空寂，故无所得也）。不审此是见上一时起用否（然见性圆明，理绝相累。即绝相为妙用，住相为执情。于八万法门，一一皆尔。一法有，为一尘；一法空，为一用。故云：见清净体，则一时起用矣）？望于此后示及，俛状。"

答史山人十问：

一问：如何是道？何以修之？为复必须修成？为复不假功用？

答：无碍是道，觉妄是修。道虽本圆，妄起为累。妄念都尽，即是修成。

二问：道若因修而成，即是造作，便同世间法，虚伪不实，成而复坏。何名出世？

答：造作是结业，名虚伪世间。无作是修行，即真实出世。

三问：其所修者，为顿为渐？渐则忘前失后，何以集合而成？顿则万行多方，岂得一时圆满？

答：真理即悟而顿圆，妄情息之而渐尽。顿圆如初生孩子，一日而肢体已全；渐修如长养成人，多年而志气方立[26]。

四问：凡修心地之法，为当悟心即了？为当别有行门？若别有行门，何名南宗顿旨？若悟即同诸佛，何不发神通光明？

答：识冰池而全水，藉阳气而镕消。悟凡夫而即真，资法力而修习。冰消则水流润，方呈溉涤之功；妄尽则心灵通，始发通光之应。修心之外，无别行门。

五问：若但修心而得佛者，何故诸经复说必须庄严佛土，教化众生，方名成道？

答：镜明而影像千差，心净而神通万应。影像类庄严佛国，神通则教化众生。庄严而即非庄严，影像而亦色非色。

六问：诸经皆说度脱众生，且众生即非众生，何故更劳度脱？

答：众生若是实，度之则为劳。既自云即非众生，何不例度而无度？

七问：诸经说佛常住，或即说佛灭度。常即不灭，灭即非常，岂不相违？

答：离一切相，即名诸佛，何有出世入灭之实乎？见出没者在乎机缘，机缘应则菩提树下而出现，机缘尽则娑罗林间而涅槃。其犹净水无心，无像不现。像非我有，盖外质之去来；相非佛身，岂如来之出没？

八问：云何佛化所生，吾如彼生？佛既无生，生是何义？若言心生法生，心灭法灭，何以得无生法忍邪？

答：既云如化，化即是空。空即无生，何诘生义？生灭灭已，寂灭为真。忍可此法无生，名曰无生法忍。

九问：诸佛成道说法，只为度脱众生。众生既有六道，佛何但住在人中现化？又，佛灭后付法于迦叶，以心传心，乃至此方六祖，每代只传一人。既云于一切众生皆得一子之地[27]，何以传授不普？

答：日月丽天，六合俱照。而盲者不见，盆下不知。非日月不普，是障隔之咎也。度与不度，义类如斯。非局人天，拣于鬼畜。但人道能结集，传授不绝，故只知佛现人中也。灭度后委付迦叶，展转相承一人者，此亦盖论。当代为宗教主，如土无二王，非得度者唯尔数也[28]。

十问：和尚因何发心，慕何法而出家？今如何修行，得何法味？所行得至何处地位？今住心邪？修心邪？若住心妨修心，若修心则动念不安，云何名为学道？若安心一定，则何异定性之徒？伏愿大德，运大慈悲，如理如如，次第为说。

答：觉四大如坏幻，达六尘如空华，悟自心为佛心，见本性为法性，是发心也。知心无住，即是修行。无住而知，即为法味。住著于法，斯为动念。故如人入闇，则无所见。今无所住，不染不著，故如人有目及日光明，见种种法，岂为定性之徒？既无所住著，何论处所？

又山南温造尚书问："悟理息妄之人不结业，一期寿终之后，灵性何依[29]？"

师曰："一切众生无不具有觉性，灵明空寂，与佛无殊。但以无始劫来，未曾了悟，妄执身为我相，故生爱恶等情。随情造业，随业受报，生老病死，长劫轮回。然身中觉性未曾生死，如梦被驱役而身本安闲，如水作冰而湿性不易。若能悟此性，即是法身。本自无生，何有依托？灵灵不昧，了了常知。无所从来，亦无所去。然多生妄执，习以性成，喜怒哀乐，微细流注，真理虽然顿达，此情难以卒除。须长觉察，损之又损，如风顿止，波浪渐停。岂可一生所修，便同诸佛力用？但可以空寂为自体，勿认色身。以灵知为自心，勿认妄念。妄念若起，都不随之。即临命终时，自然业不能系。虽有中阴，所向自由。天上人间，随意寄托。若爱恶之念已泯，即不受分段之身，自能易短为长，易粗为妙。若微细流注，一切寂灭，唯圆觉大智朗然独存，即随机应现千百亿化身，度有缘众生，名之为佛。谨对。

"释曰：马鸣菩萨撮略百本大乘经宗旨，以造《大乘起信论》。论中立宗，说一切众生心有觉义、不觉义。觉中复有本觉义、始觉义。上所述者，虽但约照理观心处言之，而法义亦同彼论。谓从初至'与佛无殊'，是本觉也。从'但以无始'下，是不觉也。从'若能悟此'下，是始觉也。始觉中复有顿悟渐修。从'若能'至'亦无所去'，是顿悟也。从'然多生妄执'下，是渐修也。渐修中从初发心乃至成佛，有三位自在。从初至'随意寄托'者，是受生自在也。从'若爱恶之念'下，是变易自在也。从'若微细流注'下至末，是究竟自在也。又从'但可以空寂为自体'至'自然业不能系'，正是悟理之人朝暮行心修习止观之要节也。

"宗密先有八句之偈显示此意，曾于尚书处诵之，奉命解释。偈曰：作有义事，是惺悟心。作无义事，是狂乱心。狂乱随情念，临终被业牵。惺悟不由情，临终能转业。"

师会昌元年正月六日，于兴福院诫门人，令"舁尸[30]施鸟兽，焚其骨而散之，勿得悲慕以乱禅观。每清明上山讲道七日，其余住持仪则当合律科，违者非吾弟子"。言讫坐灭。

道俗等奉全身于圭峰。荼毗得舍利，明白润大。后门人泣而求之，皆得于煨烬[31]，乃藏之石室。暨宣宗再辟真教，追谥"定慧禅师"，塔曰"青莲"。

【注释】

[1] 髫（tiáo）龀（chèn）：髫谓儿童下垂之发，龀谓儿童换牙。故髫龀谓幼年。

[2] 当年进具：当年就受具足戒。沙弥的年纪满二十岁时，就可以进一步受持比丘的具足戒，成为正式的比丘。

[3] 行矣，无自滞于一隅也：该走了，不要停留在这么一个小地方。滞：暂时停留于某处，逗留。

[4] 菩萨人也，谁能识之：菩萨中人，谁能知道你的底细呢？旧译本"菩萨的人，谁能认识他"，翻译有错。

[5] 因病僧付《华严疏》：旧校本标点有误："因病，僧付《华严疏》"。"因病"二字后断句，就使人理解为宗密病了，而实际上"病"是修饰"僧"的，指有病的僧人，即送宗密《华严疏》的人。

[6] 向者诸师述作，罕穷厥旨：以前各位大师的著述，很少能够推究出它的终极宗旨的。

[7] 辞源流畅，幽赜焕然：言辞流畅，如行云流水，幽深精微的地方顿时光明

灿烂。幽赜：幽深精微。焕然：光明貌。

[8] 磬（qìng）竭于怀：当尽心竭力，牢记于心。磬竭：尽心竭力。

[9] 时属门人泰恭断臂酬恩：当时恰好遇到门人泰恭断臂报恩。宝祐本作"时属门人太恭断臂酬恩"，依据《五灯严统》改"时属门人泰恭断臂酬恩"，亦与后文"泰恭"相对应。依据《景德传灯录》则"泰恭"亦作"太恭"。属：恰好遇到。

[10] 毗卢华藏：释迦如来真身毗卢舍那佛净土之名。最下为风轮，风轮之上有香水海，香水海中生大莲华，此莲华中包藏微尘数之世界，故称莲华藏世界，略名华藏世界。

[11] 师预观之室，惟日新其德，而认筌（quán）执象之患永亡矣：宗密禅师成为澄观大师入室弟子后，每天只在道德上追求进步，未超脱尘世的景象都消失得一干二净了。认筌执象：未超脱尘世的景象。筌：比喻牢笼。

[12] 兰若：阿兰若之略称。僧人所居处也。其义即空净闲静之处。

[13] 四禅八定：四禅是色界的四种禅定；八定是色界的四禅与无色界的四无色定。佛教将世界分为欲界、色界、无色界共三界。

[14] 涂炭：烂泥和炭火，比喻极困苦的境遇。也比喻污浊的地方。

[15] 胡越之隔：胡地在北，越在南，比喻疏远隔绝。

[16] 然欲罢不能，验是宿习难改故：旧校本标点有误。这两句已经不是《净名经》里的文句，故不能进入《净名经》引文引号之内。

[17] 金镛（tōu）：自然铜矿石。镛："金"与"俞"联合起来表示"直接得到的铜"（即不必经过人工冶炼的自然铜矿石）。

[18] 的：箭靶的中心目标。

[19] 户牖（yǒu）：门和窗。借指家。此处指各家自立门户。

[20] 函人唯恐伤人，矢人唯恐不伤人：制造铠甲的人唯恐铠甲被人破伤，制造弓箭的人唯恐弓箭不能伤人。函人：指造铠甲的工匠。矢人：指造箭的工匠。旧译本"造铠甲的人生怕其铠甲伤害人"，有误。

[21] 盖所习之术使然也：旧校本标点有误。此句开始不再是《孟子》引文，旧校本未弄清《孟子》原文，一直引用到"彼此相非耳"。后面这些话都是禅师发挥解读的话。（参见项楚《五灯会元点校献疑续补一百例》）

[22] 镕瓶盘钗钏为一金，搅酥（sū）酪（lào）醍（hú）醐（hú）为一味：把瓶盘钗钏都融化到一起成为一块金属，把酥酪醍醐都搅和到一起成为一种味道。酥酪，一种奶制品，主要用羊奶、牛奶等制成，故又有"乳酪""奶酪"等多种名称，现在通常叫作"奶酪"。醍醐：从酥酪中提制出的油。

[23]《涅槃》圆教和会诸法，唯拣（jiǎn）别魔说及外道邪宗：《涅槃》圆教融汇诸法，仅仅辨别魔说及外道邪宗。拣别：犹辨别。旧译本"涅槃圆教和合诸法，只捡其他的邪话及外道邪宗"，有误。

[24] 不当复执情攘臂于其间也：不必再执着于个人感情在中间振臂高呼了。执情：执着于个人感情。攘臂：捋起袖子，露出胳膊表示振奋。

[25] 萧俛（fǔ）相公呈己见解，请禅师注释，师曰：续藏本无"师曰"，《景德传灯录》只有"曰"。本书依宝祐本作"师曰"。俛：同"俯"。

[26] 顿圆如初生孩子，一日而肢体已全；渐修如长养成人，多年而志气方立：顿悟犹如初生婴儿，一出生就四肢齐全了；渐修如长大成人，要很多年才能立志成家。

[27] 于一切众生皆得一子之地：佛平等看待一切众生，一切众生都是佛子，都能够获得一个佛子的平等地位。

[28] 此亦盖论。当代为宗教主，如土无二王，非得度者唯尔数也：这是因为作为一代宗门或教门之主，就如一国可不有二主，不能出现两个教主，并非得度的人只有你说的这个数。"盖论"，续藏本作"概论"。"如土无二王"，续藏本作"知土无二王"。旧译本在此处翻译有很多错误。

[29] 悟理息妄之人不结业，一期寿终之后，灵性何依：旧校本标点有误，参见冯国栋《〈五灯会元〉校点疏失类举》。

[30] 舁（yú）尸：抬尸。

[31] 皆得于煨（wēi）烬（jìn）：都从火化灰烬中得到舍利。煨烬：燃烧后的残余物。

【概要】

宗密禅师（780～841年），唐代僧人，华严宗五祖。因常住圭峰兰若，世称圭峰禅师。俗名何炯。果州西充（今四川西充县）人。曾第进士，于遂州遇道圆禅师，出家受教。以拯律师受具足戒，文宗大和九年召问佛法大义，赐紫衣为大德。武宗会昌初，坐灭于兴福寺塔院。

宗密是著名佛教思想家，主张"佛儒一源"，认为"顿悟资于渐修""师说符于佛意"。他初承受菏泽宗禅法，精研《圆觉经》，后又从澄观学《华严经》，故融会教禅，盛倡禅教一致。又因早年学儒，故也主张佛儒一源。他把各家所述禅门义理、源流的文字集录成书，称为《禅源诸诠集》一百卷与《都序》四卷（现仅存序）。主张一部大藏经论只有三种教，禅门言教亦只有三宗。这三种教是：密意以性说相教，密意破相显性教，显示真心即性教。禅的三宗是：息妄修心宗，泯绝无寄宗，直显心性宗。并最后总结说："三教三宗是一昧法，故须先约三种佛教证三种禅心，然后禅教双忘，心佛俱寂。俱寂即念念皆佛，无一念而非佛心；双忘即句句皆禅，无一句而非禅教。"

宗密的学术思想是继承前辈华严学者的性起说。他依《大乘起信论》一心二门的理论，在《华严经行愿品疏钞》卷一中说，一真法界有性起、缘起二门。他受禅宗思想的影响，又学《圆觉》《华严》，阅藏三年，研究《唯识》《起信》，形成了融禅教于一体的思想体系。最后，他归宗华严，因而被尊为华严五祖。

宗密的禅教一体的思想，在他的《禅源诸诠集都序》中，表现得尤为清楚。他说："若顿悟自心本来清净，元无烦恼，无漏智性本自具足，此心即佛，毕竟无异。依此而修者，是最上乘禅，亦名如来清净禅，亦名一行三昧，亦名真如三昧。此是一切三昧根本。若能念念修习，自然渐得百千三昧。达磨门下展转相传者，是此禅也。"又说："此教说一切众生皆有空寂真心，无始本来自性清净，明明不昧，了了常知"。这两段话，从思想到语言，都是属于禅宗的。所以，宗密虽被尊为华严五祖，但他在弘传华严时，仍以禅宗的思想为主。他把禅法分为三种：

第一，息妄修心宗：说众生虽然本来有佛性，但是无始无明把它覆蔽，不知不见，所以必须依师言教，背境观心，息灭妄念，念尽即觉悟，无所不知。如南诜（智诜）、北秀（神秀）、保唐（益州保唐寺无住）、宣什（南山的念佛禅门）等的门下，都属这一类。

第二，泯绝无寄宗：说一切凡圣等法，如同梦幻一般，都无所有，本来空寂，非今始无，无法可执，无佛可作，凡有所作，皆是虚妄。如此了达本来无事，心无所寄，才免于颠倒，称为解脱。从石头（希迁）、牛头（法融）到径山（道钦）都提示此理。

第三，直显心性宗：说一切诸法都只是真性，无相无为，其体非凡圣、因果、善恶等法，而即体之用，能造作凡圣、色相等法。这是指洪州、荷泽等宗。

宗密在《原人论》中，即批儒、道，但又本末会通，有"三教同源"的倾向。这可能是他用华严圆融无碍的一摄一切，一切摄一的思想看待儒、道二教的。宗密在判教问题上，提出三教或五教的主张，与原来法藏的判教亦不相同。所以，他虽为华严宗人，但其思想不是华严宗的正统。

宗密的弟子甚多，据《景德传灯录》卷十三所载，著名的有圭峰温、慈恩寺太恭（泰恭）、兴善寺太锡、万乘寺宗、瑞圣寺觉、化度寺仁瑜六人，此外还有见于《遥禀清凉国师书》的玄圭、智辉等，事迹不详。据《唐故圭峰定慧禅师传法碑定序》载：门人达者甚众，皆明如来知见，而善说法要。或岩穴而息念，或都会而传教，或断臂以酬德，或白衣以沦迹。其余一礼而悟道，终身而守护者，僧尼四众，数千百人。得其氏族，道行可传于后者，纪于别传。

另外，为宗密法师立碑的裴休，是唐宣宗时期的宰相，也可算宗密的俗家弟子，他性喜佛，与华严宗交好的同时，也与禅宗黄檗希运禅师、沩山灵祐禅师交好。

宗密现存主要著述，有《华严经行愿品疏钞》六卷、《注华严法界观门》一卷、《华严经法界观科文注》一卷、《原人论》一卷、《华严心要法门注》一卷、《圆觉经大疏》十二卷、《圆觉经大疏释义钞》十三卷、《圆觉经略疏》四卷、《金刚经疏论纂要》二卷、《佛说盂兰盆经疏》二卷、《起信论注疏》四卷（会入《起信论疏笔削记会阅》）、《中华传心地禅门师资承袭图》一卷等。

【参考文献】

《宋高僧传》卷六；《景德传灯录》卷十三；《禅宗正脉》卷一；《佛祖统纪》卷二十九、卷四十二；《全唐文》卷七四三《圭峰禅师塔铭并序》；《释门正统》卷八；《隆兴佛教编年通论》卷二十五；冉云华《宗密》。

附　西天东土应化圣贤

文殊菩萨

文殊菩萨一日令善财采药，曰：“是药者采将来。”善财遍观大地，无不是药，却来白曰：“无有不是药者。”殊曰：“是药者采将来。”善财遂于地上拈一茎草，度与文殊[1]。文殊接得，呈起示众曰：“此药亦能杀人，亦能活人。”

文殊问庵提遮[2]女曰：“生以何为义？”女曰：“生以不生生为生义。”

殊曰：“如何是生以不生生为生义？”女曰：“若能明知，地水火风四缘未尝自得，有所和合而能随其所宜，是为生义。”

殊曰：“死以何为义？”女曰：“死以不死死为死义。”

殊曰：“如何是死以不死死为死义？”女曰：“若能明知，地水火风四缘未尝自得，有所离散而能随其所宜，是为死义。”

庵提遮女问文殊曰："明知生是不生之理，为甚么却被生死之所流转？"殊曰："其力未充[3]。"

【注释】

[1] 度与文殊：送给文殊菩萨。度：给予。

[2] 庵提遮：出自《佛说长者女庵提遮师子吼了义经》，为婆罗门长女，名庵提遮。经云："其女容貌端正，其度高远，用心柔下，其怀豁然，能和夫妻，侍养亲族，事夫如禁，其仪无比，出于群类。"

[3] 其力未充：因为业力驱使，而缺乏三昧禅定之力，故流转于生死轮回。

【概要】

文殊，梵名，音译作文殊师利、曼殊室利、满祖室哩，意译为妙德、妙吉祥、妙乐、法王子。又称文殊师利童真、孺童文殊菩萨。为我国佛教四大菩萨之一。与般若经典关系甚深。或谓其为已成之佛，如《首楞严三昧经》卷下载，过去久远劫有龙种上如来，于南方平等世界成无上正等觉，寿四百四十万岁而入涅槃，彼佛即今之文殊师利法王子。或谓其为实在人物，如《文殊师利般涅槃经》谓，此菩萨生于舍卫国多罗聚落梵德婆罗门家，生时屋宅化如莲花，由其母之右胁出生，后至释迦牟尼佛所出家学道。此外，亦有说文殊菩萨为诸佛菩萨之父母者。一般称文殊师利菩萨，与普贤菩萨同为释迦佛之胁侍，分别表示佛智、佛慧之别德。所乘之狮子，象征其威猛。

在印度、西域等地，有关文殊信仰之记载甚少。我国自东晋以来，崇信文殊之风渐盛。据贞元新定释教目录卷十六载，唐代宗大历四年（769 年）由不空三藏之奏请，敕令天下佛寺，食堂中除宾头卢尊者像外，另安置文殊菩萨像，以为上座。现今敦煌千佛洞中存有文殊维摩变、文殊普贤像、千臂千钵文殊师利等之壁画及绢本画。

【参考文献】

《首楞严三昧经》卷下；《文殊师利般涅槃经》；《文殊师利所说摩诃般若波罗蜜经》；《阿阇世王经》卷上；《菩萨璎珞经·四谛品》；《大方广菩萨藏文殊师利根本仪轨经》卷一；旧译《华严经·菩萨住处品》；《大日经·具缘品》；《大日经·普通真言藏品》；《大日经·密印品》；《大智度论》卷一、卷一〇〇；《大日经疏》卷五。

天亲菩萨

天亲菩萨，从弥勒内宫而下。无著菩萨[1]问曰："人间四百年，彼天为一昼夜。弥勒于一时中成就五百亿天子，证无生法忍，未审说甚么法？"天亲曰："只说这个法！只是梵音清雅，令人乐闻。"

【注释】

[1] 无著菩萨：为古代印度大乘佛教瑜伽行派创始人之一。又称无障碍。北印度犍驮罗国人。与其弟都是印度佛教史上划时代的重要人物。无著最初在化地部（一说萨婆多部）出家，对该部教义不能满足。后来从学于宾头卢罗汉修小乘空观，虽然较有所得，但仍意不甚安。其后，相传他上升兜率天从弥勒菩萨学习大乘空义，始得以安心悟入"唯识无境"的空观。并从弥勒受大乘论多种。从此以后，乃在印度盛弘大乘法相唯识的法门，成为龙树以后，印度佛教思想史上最重要的论师之一。

【概要】

天亲，梵名婆薮槃豆，又曰婆修槃陀，译为天亲。或言为天帝之弟，故名天亲。天亲菩萨兄弟共有三人，统称天亲。

《婆薮槃豆传》曰："婆薮槃豆者，北天竺富娄沙富罗国（译曰丈安国）人，佛灭后九百年而出，兄弟三人，皆名婆薮槃豆，长兄别称阿僧伽（译曰无著），小弟别称比邻持跋婆（比邻持母名，跋婆译曰儿）。中子独以通名称。初于阿踰阇国萨婆多部出家，研学小乘，既通大毗婆沙论之义，为众讲之，一日作一偈，共作六百偈，称为《俱舍论》。后用无著之示诲，忏悔小执之非，欲断舌谢其罪。无著云：'汝既以舌诽谤大乘，更以此舌赞大乘可也。'于是，造唯识论等诸大乘论，弘宣大教，寿八十，寂于阿踰阇国。"

《付法藏传》六曰："尊者阇夜多临灭度时，告比丘婆修槃陀：'无上妙法，今付属汝，汝当至心护持。'婆修盘陀受教，解一切之修多罗，广化众生。"

据考证，著《俱舍论》之世亲与无著之弟世亲，为同名之二人，前者为说一切有部之论师（新世亲），后者为瑜伽行派之论师（古世亲）。历来将二人混同之原因，系因真谛所译《婆薮槃豆法师传》之记载，该书以两人为一人。

【参考文献】

《婆薮槃豆法师传》；《付法藏因缘传》卷六；《景德传灯录》卷二；《大唐西域

记》；印顺《印度佛教思想史》。

维摩大士

维摩会上，三十二菩萨各说不二法门[1]。文殊曰："我于一切法，无言无说，无示无识，离诸问答[2]，是为菩萨入不二法门。"于是，文殊又问维摩："仁者当说何等是菩萨入不二法门？"维摩默然。

文殊赞曰："乃至无有语言文字，是菩萨真入不二法门。"

【注释】

[1] 不二法门：指显示超越相对、差别之一切绝对、平等真理之教法。即在佛教八万四千法门之上，能直见圣道者。《维摩经·入不二法门品》载有三十三种之不二法门。今之俗语多援引佛教"不二法门"一语，转指学习某种学问技术唯一无二之方法。

[2] 离诸问答：离开各种问答，不能用言语描述。

【概要】

维摩，梵名，音译毗摩罗诘利帝。又作毗摩罗诘、维摩诘、无垢称、净名、灭垢鸣。为佛陀之在家弟子，乃中印度毗舍离城之长者。虽在俗尘，然精通大乘佛教教义，其修为高远，虽出家弟子犹有不能及者。据《维摩经》载，彼尝称病，但云其病是"以众生病，是故我病"，待佛陀令文殊菩萨等前往探病，彼即以种种问答，揭示空、无相等大乘深义。我国关于维摩与文殊问答情状之雕画颇多，如唐段成式之寺塔记、长安平康坊菩萨寺佛殿之维摩变壁画皆是。又维摩之居室方广一丈，故称维摩方丈、净名居士方丈。

【参考文献】

《维摩经》；《维摩经义疏》卷一；《注维摩诘经》卷一；《维摩经玄疏》卷二；《玄应音义》卷八；《居士分灯录》卷上。

善财童子

善财参五十三员善知识[1]，末后到弥勒阁前，见楼阁门闭，瞻仰赞叹。见弥勒从别处来，善财作礼曰："愿楼阁门开，令我得入。"

寻时，弥勒至善财前，弹指一声，楼阁门开。善财入已，阁门即闭。见百千万亿楼阁，一一楼阁内有一弥勒，领诸眷属并一善财而立其前。

善财因无著菩萨问曰："我欲见文殊，何者即是？"财曰："汝发一念心清净即是。"无著曰："我发一念心清净，为甚么不见？"财曰："是真见文殊。"

【注释】

[1] 五十三员善知识：《华严经·入法界品》末会中，善财童子曾参访五十三位善知识，故谓五十三参。五十三位善知识的身份，计有菩萨五人、比丘五人、比丘尼一人、优婆塞一人、优婆夷五人、童男四人、童女二人、天一人、天女一人、外道一人、婆罗门一人、长者九人、博士一人、医师一人、船师一人、国王二人、仙人一人、佛母一人、佛妃一人，以及诸神十人。

【概要】

善财童子，《华严经·入法界品》里的主要人物，也是以"五十三参"事迹为人所知的佛教青年。

善财童子是印度觉城的年轻佛教徒。由于前生善因缘的果报，因此当他初住母胎之时，他家里就自然而有七大宝藏。出生之时，又有五百宝器出现，因此他父母替他取名为"善财"。而且，据《华严经》所载，他已曾在过去诸佛处，广修供养，深种善根而常乐清净；并且喜欢亲近善知识，修习菩萨行。

当善财长大之后的某一年，文殊菩萨正在觉城弘法。由于受到文殊菩萨的教导与启发，他沿着南方而下，历访各处的善知识。如果扣除其中重复的文殊菩萨，及同在一处的德生童子与有德童女，则为五十三处。因此，我国都称之为"五十三参"

善财童子的参访事例，为后世佛教徒提供了一个学佛的最佳典范。它启示我们在学佛的历程里，不仅要谦冲自牧、到处求法，而且所学的对象也不必固定为一师一处。只要其人有任何长处，则即使是外道，也不妨前往虚心学习。

【参考文献】

《华严经疏》卷五十五；《华严经随疏演义钞》卷三、卷八十五；《华严五教章》卷二；《禅林象器笺第五类灵像门》。

须菩提尊者

须菩提尊者，在岩中宴坐，诸天雨华赞叹。者曰："空中雨华赞叹，复是何人？云何赞叹？"天曰："我是梵天，敬重尊者善说般若。"者曰："我于般若未尝说一字，汝云何赞叹？"天曰："如是尊者无说，我乃无闻，无说无闻，是真说般若。"

尊者一日说法次，帝释雨华。者乃问："此华从天得邪？从地得邪？从人得邪？"释曰："弗也。"者曰："从何得邪？"释乃举手，者曰："如是！如是！"

【概要】

须菩提，梵名，释尊十大弟子之一。又称须浮帝、须扶提、苏部底、苏补底、数浮帝修、浮帝、须枫，意译善现、善吉、善业、善实、空生。由于他在佛弟子中"恒乐安定、善解空义、志在空寂"，所以有'解空第一'的称号。也是大乘诸部般若经（如《金刚经》）中，佛陀在解说空义时的当机者。

关于须菩提的身世及信佛因缘，颇有不同传说。其中一说，谓须菩提出身于舍卫国婆罗门家。自幼智慧聪明出众，但是性情倔强好嗔，因此使亲友对他常感到厌烦。后来，离家入山，在山林中他甚至见到鸟兽或风吹草动，都生嗔恚，终无喜心。当时由于山神的导引得见佛陀，即生欢喜，佛为说嗔恚果报之苦，当时悔悟前非，求得归依入道，经过精进修习，终获证得阿罗汉果。

须菩提不只善解空义，而且将空义应用在日常修行生活之中。有一次，他在罗阅城耆阇崛山中缝衣服。当时他听说佛陀将到该地，本来想立刻动身出门去礼佛。在他即将动身时，随即思维不该以色身形相去衡量佛陀，因为一切法的本性"悉皆空寂，无造无作"。而且佛陀也曾说："若欲礼佛者，当视于空法。"因此，他立刻悟到真正的礼佛，不应执着在佛陀的色身，而是要明了诸法性空，彻见如来法身。

由于须菩提的善解空义，因此对一切现象乃能透彻地体悟其实相，而不致被差别相所转，对外境的或逆或顺，皆能够不起着住，不起诤讼。所以，他在佛弟子中，也拥有"无诤三昧，最为第一"的美誉。依《大毗婆沙论》所载，由于他常常沉浸在"无诤三昧"的境界中，所以，有一次，有人问他是谁，他曾回答说："我是被世间人假立名称为'须菩提'的那个人。"

【参考文献】

《中阿含·拘楼瘦无诤经》；《增一阿含经》卷三、卷二十八；《大毗婆沙论》

卷一七九；《大智度论》卷五十三；《撰集百缘经》卷十；《譬喻经》；《大毗婆沙论》卷一七九；《法华文句》卷二之上；《大唐西域记》卷四。

舍利弗尊者

舍利弗尊者，因入城遥见月上女出城，舍利弗心口思惟："此姊见佛，不知得忍不得忍否[1]，我当问之？"才近便问："大姊往甚么处去？"女曰："如舍利弗与么去[2]。"弗曰："我方入城，汝方出城，何言如我恁么去？"女曰："诸佛弟子，当依何住？"弗曰："诸佛弟子依大涅槃而住。"女曰："诸佛弟子既依大涅槃而住，而我亦如舍利弗与么去。"

舍利弗问须菩提梦中说六波罗蜜与觉时同异，提曰："此义深远，吾不能说。会中有弥勒大士，汝往彼问。"

舍利弗问弥勒，弥勒云："谁名弥勒？谁是弥勒？"

舍利弗问天女曰："何以不转女身？"女曰："我从十二年来求女人相，了不可得[3]，当何所转？"实时天女以神通力变舍利弗，令如天女，女自化身如舍利弗。乃问言："何以不转女身？"舍利弗以天女像而答言："我今不知云何转面而变为女身？"

【注释】

[1] 此姊见佛，不知得忍不得忍否：这位大姐见佛，不知道能得到无生法忍不？忍：指无生法忍，简称无生忍，即把心安住在不生不灭的道理上。谓菩萨观诸法空，入见道初地，始见一切法毕竟不生之理，名无生法忍。旧译本"不知这位姐姐看见佛后还认不认识"，有误。

[2] 如舍利弗与么去：如您舍利弗一样，您去哪里我也去哪里。与么：这么，如此。

[3] 我从十二年来求女人相，了不可得：我以十二年的时间研究自己身体是不是女人，我找不到自己的女身。"了不可得"，指五蕴本空，到哪里去找自己的身体呢？连身体都没有，哪里还有男女之分呢？旧译本"为什么不变化为女人身"，有误，把意思弄反了，天女本来就是女人身，怎么还要变化为女人。译者没有弄明白原文的意思，此处在说明"五蕴皆空"的道理，如果悟"空"，则无须女转男身亦能成佛。

【概要】

　　舍利弗，梵名，佛陀十大弟子之一，有"智慧第一"之称。梵汉并译，则称舍利子、舍梨子。其母为摩揭陀国王舍城婆罗门论师摩陀罗之女，以眼似舍利鸟，乃名舍利。故"舍利弗"一词之语意即"舍利之子"之谓。在佛陀弟子之中，舍利弗与目犍连被称为佛陀门下的"双贤"，是佛陀弘法的左右手。佛陀曾说："舍利子生诸梵行；目连比丘，长养诸梵行。此二人当于我弟子中最为上首，智慧无量，神足第一。"除了智慧、弘法为后人所称道之外，舍利弗与目犍连的友情，及其对佛陀的情谊，也是至情至性的。当目犍连为执杖梵志所伤，即将涅槃时，舍利弗又知道佛陀即将辞世，他不忍见到佛陀与目犍连先他入灭，因此乃向佛陀请辞，然后回到故乡安详地入涅槃。

　　舍利弗与天女的对话出自《维摩诘经》。一般来说，佛教认为要女转男身才能成佛，但舍利弗与天女的对话，不要局限在色相上的转化，若不能觉悟"五蕴皆空"的道理，女转男身也不能成佛。如果男人就能成佛，天下那么多男人为何至今还在六道轮回呢？

【参考文献】

　　《维摩诘经》；《杂阿含经》卷四十五；《增一阿含经·弟子品》；《佛所行赞·大弟子出家品》；《中本起经·舍利弗大目犍连来学品》；《僧伽罗刹所集经》卷下；《有部毗奈耶出家事》卷一；《大智度论》卷十一、卷四十五；《大唐西域记》卷四、卷六；《玄应音义》卷三。

【拓展阅读】

　　关于舍利弗与天女的对话，南怀瑾先生曾经开示说：

　　"天女曰：'我从十二年来，求女人相了不可得，当何所转？'"天女答，你问得好，我以十二年的时间，研究自己身体是不是女人，我找不出来自己是女身，要怎么去转？在座的女同学，可能连十二秒都不要，就知道自己是女身。这"了不可得"，也是首见于《维摩诘经》，其后被禅宗祖师所常用。

　　"虽现女身，而非女也。"虽然现女身，这只是形相上的，在本性上是没有男女差别的。当一念不生之时，是完全没有男女相的。换言之，这个肉身，也就是报身，才有男女相的差别。生命自性的法身，是没有男女相的。法身报身都成就了，就可以行千百万亿化身。真正悟道的成就是三身的成就，才是大彻大悟。法身是自性之体，报身是自性之相，化身是自性之用。诸位女同学要知道，真正悟了道，虽然是个女身，但是不是女人。

"是故佛说一切诸法，非男非女。"这是这一段话的结语。

佛就是具足色身，大丈夫相，与一切常人不同；不但有三十二相，还有随之而来的八十种好，是普通人所没有的特点，这个叫作"具足色身"。当人成佛的时候，就要具备大丈夫相，佛经上很多地方赞叹大丈夫相之重要，等于佛经上很多地方说，女性要成佛的时候，必须先要转男身，转大丈夫相，才能成佛。但是，有几本大乘经典，佛都吃瘪了，碰到河上女，碰到胜鬘夫人，都是结过婚，而且生过孩子，但却即身成佛。她们把佛当面说了一顿，佛说："如是如是"，夫人啊，对的，没有什么分别相，女性也可立地成佛，也不须要转男身。所以，不要落在小乘知见上。

殃崛摩罗尊者

殃崛摩罗尊者，未出家时，外道受教，为娇尸迦。欲登王位，用千人拇指为花冠，已得九百九十九，唯欠一指，遂欲杀母取指。

时佛在灵山，以天眼观之，乃作沙门[1]在殃崛前，殃崛遂释母欲杀佛。佛徐行，殃崛急行，追之不及，乃唤曰："瞿昙[2]，住[3]！住！"佛告曰："我住久矣，是汝不住。"殃崛闻之，心忽开悟，遂弃刃，投佛出家。

【注释】

[1] 沙门：译为勤息，即勤修佛道和息诸烦恼的意思，为出家修道者的通称。

[2] 瞿昙：释尊俗家的古代族姓，华译为日，或甘蔗。

[3] 住：停住。

【概要】

殃崛摩罗尊者在没有开悟之前，可以说是一个杀人不眨眼的魔王，为了做一个花冠，杀了九百九十九人，最后为了凑数一千人，竟然要杀害自己的母亲，可以说是一个逆子。但这么一个人，佛陀也看到了他的佛性即将显露，于是就变成出家人到他家里，使他放弃杀母而追赶佛陀。佛陀虽然走得很慢，可殃崛摩罗尊者怎么也追不上，于是大喊"停住！"释尊这时就说"我停住很久了，是你停不住"，此话就激起了殃崛摩罗尊者的佛性。释尊所说"停住"，是停住自己的妄心乃至杀心，而殃崛摩罗尊者杀了九百九十九人，竟然还没有停止自己的杀心，还不知悔改，经佛陀这一棒喝，就激发了他本有的佛性。所谓"了即业障本来空，未了应须还宿债"，其意就在此吧！所以，殃崛摩罗尊者还能成为出家人，最后成为尊者，变成度众生的菩萨。

【参考文献】

《五灯严统》卷二；《五灯全书》卷二；《教外别传》卷十六。

宾头卢尊者

因阿育王内宫斋三万大阿罗汉，躬自行香[1]，见第一座无人，王问其故。海意尊者曰："此是宾头卢位，此人近见佛来。"王曰："今在何处？"者曰："且待须臾。"言讫，宾头卢从空而下。王请就座，礼敬，者不顾。王乃问："承闻尊者亲见佛来，是否？"者以手策起眉[2]曰："会么？"王曰："不会。"者曰："阿耨达池[3]龙王曾请佛斋，吾是时亦预其数。"

【注释】

[1] 躬自行香：亲自行香。行香：施主为僧众设斋食时，先以香分配予大众，而行烧香绕塔礼拜之仪式。

[2] 者以手策起眉：宾头卢尊者用手杖拈起眉毛。手策：手杖。

[3] 阿耨达池：相传为阎浮提四大河之发源地。意译清凉池、无热恼池。据《华严经·十地品》，从阿耨达池流出四条大河（恒伽河、私陀河、信度河、缚刍河），流通阎浮提而不涸竭，最后流入大海之中。《西域记》一："喜马拉亚山之佛母岭，高出海岸一万五千五百尺处，有一湖名玛那萨罗华，即阿耨达池也。"

【概要】

宾头卢尊者，佛弟子之一，十六罗汉之一。具称宾头卢颇罗堕誓、宾头卢颇罗堕略称宾头卢或宾头。此中，"宾头卢"为其名，意译不动；"颇罗堕"为其姓，意译利根、捷疾，或重瞳，为婆罗门十八姓之一。宾头卢永住于世，现白头长眉相。

根据《宾头卢突罗阇为优陀延王说法经》所载，宾头卢尊者原为跋蹉国拘舍弥城优陀延王辅相之子。自幼归依佛教，出家学道得具足果。后游行教化还拘舍弥城。优陀延王闻之，心怀敬仰，曾诣其住处，听受说法，忏悔罪过。佛成道后之第六年，有王舍城树提伽长者高悬旃檀钵于竿上，声言将钵送予能以神通取得者。时由宾头卢得之，然遭佛呵责为非法，以其妄弄神通。故令其不得住于阎浮提，而使之前往瞿耶尼洲弘化。后虽许其归返，然罚以不得入涅槃，令永住于南天摩梨山，以化度佛灭后之众生。因此，宾头卢又称住世阿罗汉。

宾头卢尊者在世神通自在，出神入化，在阿育王亲自行香即将斋僧时，宾头卢尊者的座位还是空的。正当阿育王问起时，宾头卢尊者从空而降。可阿育王对他见佛仍旧抱有怀疑（阿育王在世时，佛已去世一百年），宾头卢尊者就用手杖拈起眉毛，这个动作是否示意阿育王要用第三只眼看世界，然后就知道自己从哪里来。可国王不懂，于是宾头卢尊者就实说，刚才阿耨达池龙王请佛斋，我也在里面充数。

《禅宗颂古联珠通集》卷三有赞诗云：

拈起眉毛示育王，当时凡圣绝商量。从来对众难收拾，眼上依前两簇长。（佛印元）

一翳在眼空花乱坠，狭路相逢难为回避。大王还识老僧无，似雪眉毛长窣地。（佛慧泉）

我佛亲见宾头卢，眉长发短双眉粗。阿育王犹疑狐，唵摩呢哒哩悉哩苏嘘。（保宁勇）

【参考文献】

《宾头卢突罗阇为优陀延王说法经》；《杂阿含经》卷二十三、卷四十三；《阿罗汉具德经》；《贤愚经》卷六；《四分律》卷五十一；《大智度论》卷二十六；《入大乘论》卷下；《阿育王传》卷三；《付法藏因缘传》卷三。

金刚齐菩萨[1]

障蔽魔王领诸眷属一千年随金刚齐菩萨，觅起处不得[2]。忽一日得见，乃问曰："汝当依何而住[3]？我一千年觅汝起处不得。"齐曰："我不依有住而住，不依无住而住，如是而住。"

【注释】

[1] 金刚齐菩萨：原标题为"障蔽魔王"，但此一节标题为"西天东土应化圣贤"，而魔王自然不能作圣贤，根据下文内容，疑此标题应当改为"金刚齐菩萨"。

[2] 障蔽魔王领诸眷属一千年随金刚齐菩萨，觅起处不得：障蔽魔王带领他的

眷属一千年追寻金刚齐菩萨，找不到他的住处。旧译本"障蔽魔王领诸眷属一千年，随金刚齐菩萨寻找起处都未找到"，有误。

[3] 依何而住：你用什么做你的住所，你在什么地方住。

【概要】

障蔽魔王，时常率领其眷属向三界的修道者作种种的障碍和干扰。据说魔王，即欲界第六天之他化自在天主，其名为波旬。他率眷属追寻金刚齐菩萨，追了一千年也没找到金刚齐菩萨的住处。偶然有一天，金刚齐菩萨露出来给他看，魔王就问为何我找那么久都找不到你，你到底住在什么地方。金刚齐菩萨说"我不依有住而住，不依无住而住，如是而住"，也就是说三界众生都有正报与依报，那肯定就有自己生活的处所，可达到五蕴皆空的菩萨，空性就是他的住所，住在"空"中，你魔王即使有更大的本事，怎么能够找到呢？

《颂古十四首·魔王问金刚齐菩萨》（宋释可湘）赞云：

千年相逐太无知，你道金刚齐是谁。如是住时休说破，从教老汉自生疑。

【参考文献】

《景德传灯录·诸方杂举征拈代别语》；《联灯会要》卷一；《指月录》卷二；《教外别传》卷十六。

那吒太子

那吒太子[1]，析肉还母，析骨还父，然后现本身，运大神力，为父母说法。

【注释】

[1] 那（né）吒（zhā）太子：宝祐本作"那叱太子"有误，现纠正。那吒：现又作"哪吒"。

【概要】

那吒太子，梵名，为护持佛法、守护国界及国王之善神。又作那吒天王、那拏天、那罗鸠婆、那吒矩袜啰、那罗鸠钵罗、那吒鸠跋罗、那吒俱伐罗。系毗沙门天王五太子之一。那吒太子手执棒戟，以双眼观察四方，昼夜守护国王大臣、百官僚属，乃至比丘、比丘尼、优婆塞、优婆夷等，若人于彼等起不善心或杀害心，则那吒以金刚杖刺打恶人之头或心。那吒曾析肉还母，析骨还父，后现本身，运大神通，为父母说法；又尝授佛牙予道宣律师，并随侍其身。

"那吒析骨还父"是重要的禅宗公案。系唐代翠微无学之法嗣投子大同禅师与其他禅僧议论本来身之机缘问答。参见本书第五章"投子大同禅师"条："问：'那吒析骨还父，析肉还母，如何是那吒本来身？'师放下拂子。"那吒太子既以全身还报父母，则其自身乃呈无物无我状态之本来身，此一本来身始为那吒本来之自己。此则公案中，禅僧不解本来身之意义，犹问那吒太子自身到底为何，可见该僧非但不明了自己之究竟为何，亦丝毫未能明了本来身乃无物无我之实态。故投子大同仅以"放下拂子"之动作答之，而不予以任何文字言词之诠解。

【参考文献】

《最上秘密那拏天经》卷上；《北方毗沙门天王随军护法仪轨》；《大日经疏演奥钞》卷十六；《祖庭事苑》卷六。

秦跋陀禅师

秦跋陀禅师，问生法师讲何经论。生曰："《大般若经》。"师曰："作么生说色空义[1]？"曰："众微聚[2]曰色，众微无自性曰空。"师曰："众微未聚，唤作甚么？"生罔措。

师又问："别讲何经论[3]？"曰："《大涅槃经》。"师曰："如何说涅槃之义？"曰："涅而不生，槃而不灭，不生不灭，故曰涅槃。"师曰："这个是如来涅槃，那个[4]是法师涅槃？"曰："涅槃之义，岂有二邪？某甲只如此，未审禅师如何说涅槃？"师拈起如意曰："还见么？"曰："见。"师曰："见个甚么？"曰："见禅师手中如意[5]。"师将如意掷于地曰："见么？"曰："见。"师曰："见个甚么？"曰："见禅师手中如意堕地。"师斥曰："观公见解，未出常流，何得名喧宇宙？"拂衣而去。

其徒怀疑不已，乃追师扣问[6]："我师说色空涅槃不契，未审禅师如何说色空义？"师曰："不道汝师说得不是[7]，汝师只说得果上色空，不会说得因中色空。"其徒曰："如何是因中色空？"师曰："一微空故众微空，众微空故一微空。一微空中无众微，众微空中无一微。"

【注释】

[1] 作么生说色空义：色空义如何讲？作么生：禅林用语。作么：即"何"；

生，为接尾词。相当于"如何了""怎么样"。本为宋代俗语，禅宗多用于公案之感叹或疑问之词。又作么会，即"如何体会"之意。

[2] 众微聚：一切微小的物质聚合。众微：一切的微尘，如现在讲夸克、中子、质子、原子等看不见的物质，但基本的物质佛教只分为地水火风四类，名叫四大，这四大聚合起来就形成人的身体，叫正报，人所依靠生存的地球，就叫依报。

[3] 别讲何经论：另外还讲什么经论？

[4] 那个：哪个。那：本书频率最多，都是"哪"的意思。

[5] 如意：指说法及法会之际，讲师所持之器具。此物原为印度古时之爪杖，乃搔背止痒所用，以其能补手不能到之处，而搔抓如意，故称为如意，又称痒和子。然在我国及日本，又成为一般之持物，表示吉祥之意。在佛教中，法师于说法及法会时，亦持用之，犹如官吏之笏，用以备忘。

[6] 扣问：指询问、讨教。宋代魏了翁《跋杨司理德辅之父纪问辩历》："后生初学，哆然自是，耻于扣问者，视此亦可以少警矣。"

[7] 不道汝师说得不是：并非说你师父说得不对。旧译本"先不说你的老师说的对不对"，有误。

【拓展阅读】

秦跋陀禅师与道生法师（道生法师就是晋宋间的义学高僧，一般称为生公，享有"生公说法，顽石点头"的盛誉）对话的公案，元音老人《恒河大手印》讲到：

秦跋陀来看生公，问他："大师，你年纪这么大了还讲经，讲的什么经啊？"生公说："我讲《般若经》"。我们知道《大般若经》六百卷，是专门讲色与空的，它的缩本是《金刚经》，《金刚经》的缩本是《心经》。《心经》讲"色不异空，空不异色，色即是空，空即是色"，就是讲色空之义。

秦跋陀禅师问："哦！那么请问什么叫色呢？"（色是什么东西？）生公答："众微聚集叫色"。众微就是《金刚经》里佛问须菩提时所说的"三千大千世界所有微尘"，这个大世界都是微尘聚集而成的。现在我们看到的房子等也是微尘聚集的。为什么呢？砖瓦、木料、钢筋、水泥都是微尘。砖瓦不就是泥土吗？用泥做成坯子，放到窑里去烧制成。木头呢？是大树。大树是什么地方来的呢？大树是树种子从泥土里面吸取养分，日光照晒，慢慢长大，聚起来的。都是合起来的，众微相聚的。并不是"某某样的东西"本身就有的，本来都没有自体，都是"众微聚集"的。秦跋陀禅师又问："那么，什么叫空呢？"生公答："众微无自性叫空。"即微尘本身是没有的，是别的东西合成的。现在科学家说，一切物质都是由化学元素合成的（比如水就是由氧、氢两种元素合成的），化学元素是由原子组成的，原子是由原子核和电子组成的，原子核和电子是由更微小的基本粒子合成的。基本粒子也不"基本"，它是由更微细的东西合成的，一直分析到"波粒二象性"——既像波，又像粒子；既不是波，又不是粒子。其实，佛经里早就说过"邻虚尘"——邻近虚空的微尘。说到这里大家可能这样理解：没有合成东西之前，什么都没有就是空，即"众微聚集是色，众微未聚是空"。其实，佛教里讲的"空"并不是这个意思。生公不说"众微聚集是色，众微未聚是空"，他说得很好："众微无自性是空"。众微也没有本体——无自性。色就是空，空就是色，不是"空无所有"的空。"空无所有"的空就是"断灭空"啊。生公所说的"空"是自性空，就是我们的本性。一切色相都是我们的本性显现的。我们的本性就是佛性，就是一切色相的根本。

这时，秦跋陀进一步问他："众微未聚时如何呢？"因为生公说众微聚集是色，这是色吗？他没说到根本去。其实，这色就是我们的自性，因为没有自性是无能显色的。生公说"众微聚集是色"。那么众微未聚呢？还未聚集的时候是什么东西呢？生公罔措——生公到这里就答不出来了。可见，生公对色空之义未能究竟。

生公没有真正理解色空义，但他说"众微聚集叫色，众微无自性叫空"，比我们所理解的"离开色相而空"更进一步了。他不说空无所有，他说众微没有自性，就像房子没有自体，本身并没有，是钢筋、水泥、砖瓦和合成功的；沙发椅，本身也没有，是由弹簧、木板、皮革等，配合成功的。任何事物本身都没有本体，所以，无自性叫空，不是无相叫空。有人说空就不应该有相，有相就不是空。那是会错意了，我们说的空，是"妙有真空"。就是说，一切色相都是我们自性所显现，若没有这个性（就是若没有我们这个灵明真心），就不会有山河大地、日月星辰、男女老少了；今天之所以有，就是这个灵明真心所显现的。

生公的弟子很多，他们迷惑了：哎呀，这是什么缘故啊？难道我师父讲错了？于是，追上去问秦跋陀："法师，法师，你怎么解释这色和空啊？"秦跋陀答曰："你师父讲的也不能说是错的，只是他不会因中的色空义，只会果上的色空义。"弟子问："如何是因中色空？"秦跋陀禅师说："一微空故众微空，众微空故一微空；一微空中无众微，众微空中无一微。"一微空，一个微尘根本是空，没有自体，就是无自性。一个微尘空，其他的微尘当然也是空的了。依次类推，众微都空。众微空故一微空——众微都是空的，就是一切微尘都空，那么一个微尘也是空的了。一微空故无众微——连一个微尘都是空的，还有什么众微呢？众微空故无一微——既然众微都空，还能找得到一个微尘吗？他所讲的"众微空，一微空；一微空，众微空"是说一切事物统统不可得。

一切色相都是我们真心的妙用，所以要明白这个色空之义，我们能真正明白了，就在境界上见性，不须离开境界见性。如指树问：这是什么？说是树，着在上面了；说不是树，又违背离境了。这到底是什么呀？换句话讲："难瞒和尚"，一句话二面不着而显示这不能瞒的灵知就脱卸掉了。禅宗用的是脱卸法，不被彼色境捆住。他问你，就是看你是着有还是着空。你两面都不着，一句话就脱卸了。但又不能说"我不是空，也不是有"，那还是说道理，还是不行。须说一句字面上不着空有，而暗含空有的妙语，方合道妙。要证到这种境界，须时时刻刻观照，明白一切相都是自性所显现，不着相，也不离相。这即是宗下所谓的"不即不离"，明乎此，方能妙用圆融。

宝志禅师

初，金陵东阳民朱氏之妇，上巳日闻儿啼鹰巢中，梯树得之，举以为子。七岁依钟山大沙门僧俭出家，专修禅观。宋太始二年发而徒跣[1]，著锦袍往来皖山剑水之下，以翦尺、拂子挂杖头，负之而行[2]。

天鉴二年，梁武帝诏问："弟子烦惑未除，何以治之？"答曰："十二[3]。"帝问："其旨如何？"答曰："在书字时节刻漏中[4]。"帝益不晓。

帝尝诏画工张僧繇[5]写师像，僧繇下笔辄不自定。师遂以指㧣[6]面门，分披出十二面观音，妙相殊丽，或慈或威。僧繇竟不能写。

他日，与帝临江纵望，有物溯流而上。师以杖引之，随杖而至，乃紫旃檀也。即以属供奉官俞绍，令雕师像。顷刻而成，神采如生。

师问一梵僧："承闻尊者唤我作屠儿，曾见我杀生么？"曰："见。"师曰："有见见？无见见？不有不无见？若有见见是凡夫见，无见见是声闻见，不有不无见是外道见。未审尊者如何见？"梵僧曰："你有此等见邪（汾阳曰"不枉西来"）？"

师垂语曰："终日拈香择火，不知身是道场。"又曰："大道只在目前，要且目前难睹。欲识大道真体，不离声色言语。"又曰："京都邺都浩浩，还是菩提大道（法眼曰"京都邺都浩浩，不是菩提大道"）。"

【注释】

[1] 发而徒跣（xiǎn）：即被发徒跣，披散着头发，赤着脚走路。徒跣：赤脚步行。

[2] 以翦（jiǎn）尺、拂子挂杖头，负之而行：把剪尺、拂子挂在杖头，背着

走路。据河南省驻马店市汝南县南海禅寺现存《折叠志公碑》文"以翦尺拂子挂杖头，负之而行"，则宝祐本"拄杖头"有错，应将"拄"纠正为"挂"。另据《五灯全书》文"以翦尺、拂子悬杖头"，"悬"的意义与"挂"同，则说明宝祐本有错无疑。因为宝祐本有错，故旧译本在这里翻译亦出错。拂子：将兽毛、麻等扎成一束，再加一长柄，用以拂除蚊虫者，称为拂子。

[3] 十二：指十二因缘。又名十二有支，或十二缘起，是说明有情生死流转的过程。十二因缘是无明（贪嗔痴等烦恼为生死的根本）、行（造作诸业）、识（业识投胎）、名色（但有胎形六根未具）、六入（胎儿长成眼等六根的人形）、触（出胎与外境接触）、受（与外境接触生起苦乐的感受）、爱（对境生爱欲）、取（追求造作）、有（成业因能招感未来果报）、生（再受未来五蕴身）、老死（未来之身又渐老而死）。以上十二支，包括三世起惑、造业、受生等一切因果，周而复始，至于无穷。

[4] 在书字时节刻漏中：将十二因缘书写到十二时中时刻提醒自己。古代将一天分为十二时辰。刻漏：又称漏刻、漏壶，是中国古代的漏水计时器。

[5] 张僧繇（yóu）：吴郡吴中（今江苏苏州）人，南北朝时期梁朝大臣，著名画家。

[6] 劈（lí）：划开。

【概要】

宝志（418～514年），南朝僧。又作宝志、保志、保志。世称宝公、志公和尚。金城（陕西南郑，或江苏句容）人。俗姓朱。年少出家。师事道林寺僧俭，修习禅业。刘宋泰始年间（466～471年），往来于都邑，居无定所，时或赋诗，其言每似谶记，四民遂争就问福祸。齐武帝以其惑众，投之于狱。然日日见师游行于市里，若往狱中检视，却见师犹在狱中。帝闻之，乃迎入华林园供养，禁其出入。而师不为所拘，仍常游访龙光、阇宾、兴皇、净名等诸寺。至梁武帝建国，始解其禁。志公每与帝长谈，所言皆经论义。于天监十三年十二月示寂，世寿九十六。敕葬钟山独龙阜，于墓侧立开善寺。谥号"广济大师"。

梁武帝曾经让画家张僧繇画宝志禅师的像，僧繇无从下笔。宝志禅师于是用手划开自己脸面，立即化出十二个观音像，美丽的面容，美妙的面相，有的慈祥，有的威严，连僧繇这样一流的画家仍然无从下笔。有一次，宝志禅师与梁武帝在江边观景，有一物逆流而上，宝志禅师用手杖一指，那物就随手杖而来，原来是一块紫格檀木，梁武帝就命令供奉官俞绍雕刻宝志禅师的像，等雕刻完成，看那像就像活的一样。

【参考文献】

《梁高僧传》卷十；《佛祖统纪》卷三十六、卷三十七；《佛祖历代通载》卷十；《宝华山志·志公法师墓志铭》；《神僧传》卷四。

善慧大士

善慧大士者，婺州义乌县人也。齐建武四年丁丑五月八日，降于双林乡傅宣慈家，本名翕。年十六纳刘氏女，名妙光，生普建、普成二子。二十四，与里人稽亭浦漉鱼[1]，获已，沉笼水中，祝曰："去者适，止者留[2]。"人或谓之愚。

会有天竺僧嵩头陀曰："我与汝毗婆尸佛所发誓，今兜率宫衣钵见在，何日当还？"因命临水观影，见圆光宝盖[3]。大士笑谓之曰："炉鞴[4]之所多钝铁，良医之门足病人。度生为急，何思彼乐乎？"嵩指松山顶曰："此可栖矣。"

大士躬耕而居之。有人盗菽麦瓜果，大士即与篮笼盛去。日常营作，夜则行道。见释迦、金粟、定光三如来放光袭其体，大士乃曰："我得首楞严定[5]。"

天嘉二年，感七佛相随[6]。释迦引前，维摩接后。唯释尊数顾共语："为我补处也。"其山顶黄云盘旋若盖，因号"云黄山"。

梁武帝请讲《金刚经》，士才升座，以尺挥按一下，便下座。帝愕然。圣师曰："陛下还会么？"帝曰："不会。"圣师曰："大士讲经竟。"

又一日讲经次，帝至，大众皆起，唯士端坐不动。近臣报曰："圣驾在此，何不起？"士曰："法地若动，一切不安。"

大士一日披衲，顶冠，靸[7]履朝见。帝问："是僧邪？"士以手指冠。帝曰："是道邪？"士以手指靸履。帝曰："是俗邪？"士以手指衲衣。

大士《心王铭》曰：

观心空王，玄妙难测。无形无相，有大神力[8]。能灭千灾，成就万德。体性虽空，能施法则。观之无形，呼之有声。为大法将，心戒传经。水中盐味，色里胶青。决定是有，不见其形。心王亦尔，身内居停。面门出入，应物随情。自在无碍，所作皆成。了本识心，识心见佛。是心是佛，是佛是心。念念佛心，佛心念佛。欲得早成，戒心自律。净律净心，心即是佛。除此心王，更无别佛。欲求成佛，莫染一物。心性虽空，贪嗔体实。入此法门，端坐成佛。到彼岸已，得波罗蜜。慕道真士，自观自心。知佛在内，不向外寻。即心即佛，即佛即心。心明识佛，晓了识心。离心非佛，离佛非心。非佛莫测，无所堪任。执空滞寂，于此漂沉。诸佛菩萨，非此安心。明心大士，悟此玄音。身心性妙，用无更改。是故智者，放心自在。莫言心王，空无体性。能使色身，作邪作正。非有非无，隐显不定。心性离空，能凡能圣。是故相劝，好自防慎。刹那造作，还复漂沉。清净心智，如世黄金。般若法藏，并在身心。无为法宝，非浅非深。诸佛菩萨，了此本心。有缘遇者，非去来今。

有偈曰：

夜夜抱佛眠，朝朝还共起。起坐镇相随，语默同居止。纤毫不相离，如身影相似。欲识佛去处，只这语声是。

又曰：

空手把锄头，步行骑水牛。人从桥上过，桥流水不流。

又曰：

有物先天地，无形本寂寥。能为万象主，不逐四时凋。

《四相偈》：曰《生》，曰《老》，曰《病》，曰《死》。

识托浮泡起，生从爱欲来。昔时曾长大，今日复婴孩。星眼随人转，朱唇向乳开。为怜迷觉性，还却受轮回。

览镜容颜改，登阶气力衰。咄哉今已老，趋拜复还亏。身似临崖树，心如念水龟。尚犹耽有漏，不肯学无为。

忽染沉疴[9]疾，因成卧病身。妻儿愁不语，朋友厌相亲。楚痛抽千脉，呻吟彻四邻。不知前路险，犹尚恣贪嗔。

精魄随生路，游魂入死关。只闻千万去，不见一人还。宝马空嘶立，庭华永绝攀。早求无上道，应免四方山。

【注释】

[1] 漉（lù）鱼：捕鱼。

[2] 去者适，止者留：想走的就走，想留的就留。

[3] 临水观影，见圆光宝盖：靠近水边观察自己的影子，看见自己的头上有圆光宝盖等的祥瑞现象，于是就悟出了自己的前缘。

[4] 炉鞴（bài）：亦作"炉鞴"。①火炉与风囊，炼铁设备，喻指将僧人造就成法器的禅家法会。鞴：鼓风吹火、使火旺烈的皮革囊袋。《密庵语录》："入寺，上堂。僧问：'华藏海中张巨网，惯打鲲鲸；凌霄峰顶握钳锤，陶铸佛祖。而今炉鞴既开，一锤便就时如何？'"又："大炉鞴中，千炼万炼。"②指禅师启发引导学人。《密庵语录》卷末所附葛郯《塔铭》："自非有明眼宗师，见处分明，行处稳实，则何以倒用横拈，得大总持，炉鞴后学，皆成法器耶？"（摘自《禅宗大词典》）

[5] 我得首楞严定：这是善慧大士讲的话，而后文则是他得定后感应出来的境界。旧校本则将引号一直延伸到"为我补处也"，点校失误。旧译本翻译来自旧校本，所以翻译也有误。

[6] 感七佛相随："感"是感应的意思。"感"即感召，"应"是应现，谓我对佛菩萨有什么要求，如果心意至诚，便可以感召佛菩萨来应现。而旧译本将"感"翻译为"感谢"，有误。

[7] 靸（sǎ）：一种草制的拖鞋。

[8] 观心空王，玄妙难测。无形无相，有大神力：旧校本标点有误。《心王铭》是韵文，旧校本标点为："观心空王，玄妙难测，无形无相。"后文亦如此三句作一句号。如此则韵脚不显，亦层次混乱。（参见项楚《〈五灯会元〉点校献疑三百例》）

[9] 沉痾（kē）：久治不愈的病。

【概要】

傅翕（497～569年），南朝梁代禅宗著名之尊宿。东阳乌伤（浙江义乌）人。字玄风，号善慧。又称善慧大士、鱼行大士、傅大士、双林大士、东阳大士、乌伤居士。与宝志共称为梁代二大士。尝与里人共捕鱼，每得鱼则盛于竹笼，沉入深水，并谓："欲去者去，欲止者留。"时人以之为愚。后遇胡僧嵩头陀（名达磨），记前缘，遂弃鱼具，入乌伤县松山双梼树下结庵，自号"双林树下当来解脱善慧大士"，自称由兜率天宫来说法。日常营作，夜归行道，苦行七年，自谓得首楞严定。并能通儒道典籍，学徒渐集，众皆虔诚精进，不惜身命。

梁大通六年（534年）遣弟子傅暀上书致武帝，献上中下三善之策。闰十二月，帝召入禁阙，讲经于重云殿，帝亲临听之。众见帝至皆起，唯傅翕独坐不动，群臣诘之，傅翕言："法地若动，一切不安。"禅林传为佳话。大同元年（535年）四月，还松山，五年，重赴钟山，于寿光殿与帝论真谛，作偈颂呈之。六年（一说五年），营造松山双梼树间之佛殿、九重砖塔，并于该地写经律千余卷。此即双林寺。七年，自宣为贤劫千佛之一佛。十年，舍屋宇田地，设大施会。太清二年（549 年）欲焚身供养三宝，弟子坚留之，代师烧身者十九人，师乃止之。未久，乱起，梁亡。

傅翕家居徒众甚多，讲说不辍，每率徒众焚指燃臂以供佛。尝营斋转《法华经》二十一遍，屡设无遮会，并于会稽铸宝王像十尊。为便于读大藏经，建有轮藏，令众转之，可得大利益，故后世所作轮藏皆安置其父子三人之像。

傅氏以居士身立志广度众生，常念赈恤贫穷，操履峻严，自持不食之"上斋"，以期许一切众生得安乐。又倡导三观一心四运推检之说，可谓为天台学的先驱。

陈太建元年四月，集弟子告诫毕，趺坐入寂，世寿七十三。弟子葬之于双林山顶，号弥勒下生。

撰有《心王铭》《梁朝傅大士颂金刚经》（此或系后人托其名之伪作）、《语录》四卷（即《傅大士集》或《善慧大士语录》）、《还源诗》等。

【参考文献】

《双林寺善慧大士语录》；《续高僧传》卷二十五；《景德传灯录》卷二十七、卷三十；《神僧传》卷四；《辩正论》卷三；《释门正统》；《佛祖统纪》卷二十二；《释氏稽古略》卷二；忽滑谷快天《禅学思想史》上卷。

【拓展阅读】

南怀瑾先生著《禅话》说：

傅大士因受嵩山陀之教，临水照影而顿悟前缘，这与"释迦拈花，迦叶微笑"，同是"不立文字，教外别传"的宗门作略。但傅大士悟到前缘之后，便发大乘愿行，不走避世出家的高蹈路线，所以他说出"炉鞴之所多钝铁，良医之门多病人。度生为急，何思彼乐乎"的话。这话真如狮子吼，是参禅学佛的精要所在，不可等闲视之。以后，傅大士的作为，都依此愿而行，大家须于此处特别着眼。

他悟到前缘之后，便问嵩山陀哪个地方可以修道？嵩山陀指示嵩山山顶说："此可栖矣。"这便是后来的双林寺。山顶有黄云盘旋不散，因此便叫它为黄云山。从此，大士就偕同他的妻子"躬耕而居之"。有一天，有人来偷他种的菽麦瓜果，他便给他装满了篮子和笼子，叫他拿回去。他和妻子，白天耕作，夜里修行佛事。有时，也和妻子替人帮佣，昼出夜归。这样修炼苦行过了七年。有一天，他在定中，看见释迦、金粟、定光，三位先佛放光照到他的身上，他便明白自己已得首楞严的定境了。于是，他自号为"双林树下当来解脱善慧大士"，经常讲演佛法。从此"四众（僧尼男女）常集"，听他讲论佛法。因此，郡守王杰认为他有妖言惑众的嫌疑，就把他拘囚起来。他在狱中经过了几十天，不饮也不食，使人愈加钦仰，王杰只好放了他。还山以后，愈加精进，远近的人，都来师事大士。从此，他经常开建供养布施的法会。

历来从事教化的圣贤事业，都会遭逢无妄之灾的苦难，这几乎成为天经地义的事。俗语说："道高一尺，魔高一丈。"并非完全虚语。就以南北朝时代初期的祖师们来说，志公与傅大士，都遭遇到入狱的灾难。至于达磨大师，却遭人毒药的谋害。二祖神光，结果是受刑被戮。如果是不明因果、因缘的至理，不识偿业了债的至诚，谁能堪此？所以，宝王三昧论说："修行不求无魔，行无魔则誓愿不坚。"世出世间，同此一例。以此视苏格拉底、耶稣等的遭遇，也是"事有必至，理有固然"。又何悲哉！

南岳慧思禅师

南岳慧思禅师，武津李氏子。

因志公令人传语曰："何不下山教化众生，目视云汉[1]作甚么？"师曰："三世诸佛，被我一口吞尽，何处更有众生可化？"

示众曰："道源不远，性海非遥。但向己求，莫从他觅。觅即不得，得亦不真。"

偈曰："顿悟心源开宝藏，隐显灵通现真相。独行独坐常巍巍，百亿化身无数量。纵令畐塞[2]满虚空，看时不见微尘相。可笑物兮无比况，口吐明珠光晃晃。寻常见说不思议，一语标名言下当。"

又曰："天不能盖地不载，无去无来无障碍。无长无短无青黄，不在中间及内外。超群出众太虚玄，指物传心人不会。"

【注释】

[1] 云汉：高空。

[2] 畐（bì）塞：充满。即"逼塞"。

【概要】

慧思大师（515～577年）是南北朝时期的高僧，武津（河南上蔡）人，俗姓李。陈代光大二年（568年）入湖南衡山（南岳），悟三生行道之迹，讲筵益盛，居止十年，遂有"南岳尊者"之称。因倍受宣帝礼遇，尊称"大禅师"，故思大和尚又称思大禅师。因其弟子智𫖮创立天台宗而名声大震，后师追认其为天台宗第二祖，而师父的师父慧文则成为天台宗第一祖。又因将天台宗初祖追溯到印度的龙树，那么慧思大师则成为天台宗第三祖。

天台宗是中国佛教诸宗中成立较早的宗派，天台宗的师承关系以及宗派法系的形成，是智𫖮的弟子灌顶（561～632 年）提出来的。灌顶是临海章安（浙江临海）人，俗姓吴，字法云，名灌顶。世称章安大师，章安尊者。于南朝陈后主至德元年（583 年）至天台山修禅寺谒智𫖮，承习天台教观。此后，随侍智𫖮至示寂，将智𫖮的遗教大小部帙百余卷编辑出来，传之后世。他在《摩诃止观》前言中说："智者师事南岳。南岳德行不可思议，十年专诵，七载方等，九旬常坐一时圆证，大小法门朗然洞发。南岳事慧文禅师，当齐高之世独步河淮，法门非世所知，履地戴天莫知高厚，文师用心一依释论。论是龙树所说，付法藏中第十三师。智者《观心论》云，归命龙树师，验知龙树是高祖师也。"因为灌顶弘扬天台一宗的成绩，后世尊其为天台宗第五祖。

因为慧思大师所产生的深远影响，其被后世认定为天台宗的祖师自然无可非议。然而，中国早期的佛教没有宗派的概念，宗派都是后人尊重祖师传统体系而形成的。所以，作为中国南北朝时期的高僧慧思大师，其思想博大精深，并非天台一宗可以概括。纵观他的一生，持戒、修禅、求慧是他一生的追求，而追求修禅获得解脱，是他一生不变的宗旨。他特撰《立誓愿文》，叙述自己出家习禅以及在各地游化参禅屡遭诸异道扰乱毒害，因而发心写造金字经本的因缘，立誓修禅解脱法，以获得神通力，完成弘扬般若、广度众生的大愿。因此，将慧思大师称为思大禅师，才可谓名副其实。

《大乘止观法门》是慧思大师的重要著作，虽然有人提出真伪问题，但中国古代高僧从来没有这个疑问，怀疑其伪最早也是日本人提出来的。故《大乘止观法门》可以说是慧思大师的代表作。台湾圣严法师《大乘止观法门之研究》云："从本书所引经论次数之多少而言，则以《华严经》占第一位，其次为《起信论》，再次为《维摩经》及《楞伽经》，又次为《法华经》及《胜鬘经》。《华严经》与贤首宗、唯识宗有关联，《起信论》则与天台宗、贤首宗、禅宗有关联，《楞伽经》《维摩经》及《金刚经》与禅宗有殊缘，《法华经》则为天台宗的根本教典。而南岳大师本人，则为禅师，又是天台智者大师的法脉源流，由此可以想见，南岳大师对于中国佛教的源头开发，以及本书思想的形成，实应被尊为中国一大前所未见的功臣。"

因此，从《大乘止观法门》可以看出，慧思大师竟然与中国佛教诸宗皆有渊源。可我们不能因为他引用华严经最多，就认定他是华严宗的祖师。如果我们从禅修来看《大乘止观法门》，则整个一部书就是禅修的指南。与其说《大乘止观法门》是天台教学与性具思想的起源，不如说《大乘止观法门》是佛教禅修的指南，亦可说是中国佛教禅宗的起源。

止观是佛教禅定修习的重要法门，"止"即指精神统一而达无念无想的寂静状态，"观"指以智慧思维观察某一特定的理趣或事物。在戒定慧三学之中，"止"属于定学的领域，"观"则为慧学所概括。台湾圣严法师《大乘止观法门之研究》云："最后的'历事指点'即是将吾人的日常生活，礼佛、吃饭、饮水，乃至大小便利等的活动，全部纳入修行大乘止观法门的轨迹之中，各各分为止观二门，劝令奉行，此也正是后来中国禅宗所说，担柴搬水、吃喝拉撒，无不是禅的思想源流之一。因此，《大乘止观》一书，既是天台教学以及性具思想的滥觞，也是禅宗思想的先锋。所以，这是出自中国人之手的最早一部综合性的佛学巨著。可惜在我国佛教史上，重视这部巨著的人，并不太多。"

说慧思大师是中国禅宗思想的先锋，也是历史上所公认的。《景德传灯录》将慧思大师定位为"禅门达者虽不出世有名于时者"，共有十人见录。

慧思的禅来源于印度大乘佛法，又与中国的本土实际情况相结合，故可定位为中国特色的"慧思禅"。"慧思禅"以大乘止观为禅修指南，强调定慧双开，止观双修。这种禅的特点是把渐修和顿悟有机地结合起来，成为中国禅宗五祖弘忍以后南北禅宗所继承的重要内容。"慧思禅"因为有高尚的追求，故能将游戏神通与随缘度生有机地结合起来，而所谓神通显现亦纳入大乘佛教的范畴。"慧思禅"还强调修念佛三昧，求生净土，是中国最早提倡禅净双修的典范，为后世禅师指明了正确的修行道路。

【参考文献】

曾琦云《论慧思禅》（南岳佛协磨镜台文库《慧思大师与南岳佛教学术研讨会论文集》）；圣严法师《大乘止观法门之研究》；《摩诃止观》卷一；《佛祖统纪》卷六；《景德传灯录》卷二十七；《续高僧传》卷十七；《神僧传》卷四；《佛祖历代通载》卷十一；《历代编年释氏通鉴》卷六。

天台智者禅师

天台山修禅寺智者禅师，讳智顗。荆州华容陈氏子。在南岳诵《法华经》至"药王品"曰："是真精进，是名真法供养如来。"于是悟《法华》三昧，获旋陀罗尼[1]，见灵山一会俨然[2]未散。

【注释】

[1] 于是悟《法华》三昧，获旋陀罗尼：旧校本标点有误。"旋陀罗尼"不是书名，不能有书名号。"旋陀罗尼"是法华三陀罗尼之一，谓于法门得旋转自在之力也。《嘉祥法华义疏》十曰："旋陀罗尼，于法门中圆满具足，出没无碍。"旋陀罗尼，旋转凡夫心执着于诸法之有相，而达于空理之智力也。是故为空谛。其次，还有百千万亿旋陀罗尼，旋转空而出于假，通达于百千万亿法之智力也。是故为假谛。此外，法音方便陀罗尼，更一转而入中道，于法音说法得自在方便之智力也。是故为中谛。

[2] 俨（yǎn）然：仿佛，好像。

【概要】

智顗（538～597 年）为我国天台宗开宗祖师（一说三祖，即以慧文、慧思为初祖、二祖）。隋代荆州华容（湖南潜江西南）人，俗姓陈，字德安。世称智者大师、天台大师。陈天嘉元年（560 年），入光州大苏山，参谒慧思，慧思为示普贤道场，讲说四安乐行，大师遂居止之。一日，诵法华经药王品，豁然开悟。既而代慧思开讲筵，更受其付嘱入金陵弘传禅法。于瓦官寺开法华经题，从而树立新宗义，判释经教，奠定了天台宗教观之基础。开皇十七年，坐化于山中大石像前，世寿六十，戒腊四十。生前造大寺三十六所（一说三十五所），度僧无数，传业弟子三十二，其中著名者有灌顶、智越、智璪等。

智者大师修习法华三昧，唯诵《法华经》。到了二七日，诵到《药王品》"是真精进，是名真法供养如来"时，寂然入定，亲见灵山一会俨然未散，宿通开发，获得无碍辩才。智者大师把自己所证的境界告诉慧思大师，慧思赞叹说："非汝莫证，非我莫识。所入之定，是法华三昧旋陀罗尼，纵令文字之师千万，也不能穷你辩才。"

大师之思想，系将法华经精神与龙树教学，以中国独特之形式加以体系化而成。又将佛教经典分类为五种，将佛陀之教化方法与思想内容分为四种，此综合性之佛教体系的组织，被视为具有代表性之教判。依禅观而修之止观法门，为大师之最具独创性者。生平撰述宏富，少部分为亲自撰写，大部分由弟子灌顶随听随录整理成书。有《法华疏》《净名疏》《摩诃止观》《维摩经疏》《四教义》《金刚般若经疏》《禅门要略》《观心论》等数十种。其中《法华经玄义》《法华经文句》《摩诃止观》，世称为天台三大部；又《观音玄义》《观音义疏》《金光明经玄义》《金光明经文句》《观无量寿佛经疏》，称为天台五小部。其特点在于教观双运、解行并重。其学说影响中国佛教颇巨。

【参考文献】

《续高僧传》卷十七；《大唐内典录》卷十；《止观辅行传弘决》卷一；《天台九祖传》；《佛祖统纪》卷六、卷二十五、卷三十七、卷三十九、卷四十九；《智者大师别传注》；《隋天台智者大师别传》；《国清百录》卷三、卷四。

泗州僧伽大圣

或问："师何姓？"师曰："姓何。"曰："何国人？"师曰："何国人。"

【概要】

僧伽大圣（628～710 年），唐代西域僧。葱岭北何国人，一说碎叶人，俗姓何。唐龙朔（661～663 年）初年，来西凉府，又游历江淮之地，居止于楚州龙兴寺。后于泗州临淮县（安徽省）信义坊得金像一尊，上有古香积之铭记及普照王佛之铭，遂建临淮寺。大圣屡次显现神异，尝现十一面观音形，人益信重，世称观音大士化身。景龙二年（708 年），受中宗之诏入内道场，被尊为国师。未久，即住京师荐福寺，因治众病、祈雨有验，蒙赐"普光王寺"之额于临淮寺。景龙四年三月二日示寂于荐福寺，世寿八十三。中宗深为哀悼，送其遗骸还本处。弟子惠俨、木叉等为之建塔院。懿宗咸通二年（861 年）赐号"证圣大师"。宋真宗大中祥符六年（1013 年）敕赐"普照明觉大师"之谥号。

据《增补搜神记大全》卷三《泗州大圣》说，他是西域僧人，唐朝高宗时来到长安、洛阳等地教化，后来又去了江南，定居于泗州（今江苏泗县）。他常手拿杨柳枝，四处说法。有人问他："师父姓什么？"他说："姓何。"又问"师父何国人？"他答道："何国人。"

尽管中国有何姓，当时在西域的碎叶国以北也有何国，大圣亦俗传姓何，但是《五灯会元》所记载的这段话显然是禅宗公案，不是简单的实话实答。相传泗州僧伽大圣是观音菩萨的化身（见《宋高僧传·僧伽传》），那又怎么能够回答世间凡人何姓何国的问题？

北宋著名诗僧惠洪在《冷斋夜话》卷九《痴人说梦，梦中说梦》中写道：

僧伽，龙朔中游江淮间，其迹甚异。有问之曰："汝何姓？"答曰："何姓。"又问："何国人？"答曰："何国人。"唐李邕作碑，不晓其言，乃书传曰："大师姓何，何国人。"此正所谓对痴人说梦耳。

苏轼作泗州大圣像赞，说："泗州大士谁不见，而有熟视不见者。彼岂无眼业障故，以知见者皆希有。若能便作希有见，从此成佛如翻掌。"

2003 年 11 月，在中国的江苏省江阴市青阳镇悟空寺挖掘出一个地宫，据说是华藏塔地宫。地宫内出土一石函，其中藏有舍利若干，白色圆润，晶莹发亮。函盖上刻铭文："常州太平兴国寺僧善聪伏睹，江阴军江阴县悟空院僧应云同行者沈惟素募缘四众建造泗州大圣宝塔，以善聪收得众舍利特置石函银瓶，盛贮安藏于塔下永充供养。"此记证明安藏于塔下的确系僧伽大师舍利，真实可信。历经千年沧桑，如今重见天日。中国佛教协会会长一诚大和尚所说："僧伽大师舍利子在江阴市的出现，不光是佛教界的喜事，也是国泰民安的吉兆。"

【参考文献】

《增补搜神记大全》卷三；《宋高僧传》卷十八；《冷斋夜话》卷九；《太平广记》卷九十六；《全唐文》卷二六三。

天台山丰干禅师

天台山丰干禅师，因寒山问："古镜未磨[1]时如何照烛[2]？"师曰："冰壶无影像，猿猴探水月。"曰："此是不照烛也，更请道看。"师曰："万德不将来，教我道甚么？"寒山、拾得俱作礼而退。

师欲游五台，问寒山、拾得曰："汝共我去游五台，便是我同流。若不共我去游五台，不是我同流。"山曰："你去游五台作甚么？"师曰："礼文殊。"山曰："你不是我同流。"

师寻独入五台，逢一老人，便问："莫是文殊么？"曰："岂可有二文殊？"师作礼未起，忽然不见（赵州代曰："文殊！文殊！"）。

【注释】

[1] 古镜未磨：镜之功能，能映现一切万物，无有差别，故禅宗以之比喻佛性。《景德传灯录》卷十六"雪峰义存"条："普请往庄中，路逢猕猴，师曰：'遮畜生！一个背一面古镜，摘山僧稻禾。'僧曰：'旷劫无名，为什么彰为古镜？'"人人皆有的一面镜，可因为没有擦拭，被尘封了，所以常用"古镜未磨"比喻众生佛性长期被尘封而不能显露。

[2] 照烛：照耀，照亮，照见。

【概要】

丰干，唐代僧。又作封干。善作诗。与寒山、拾得并称"国清寺三隐"。剪发齐眉，穿布衣，身长七尺余。初居天台山国清寺，昼任春米之职，夜则吟咏，言语无准，多似预记。人或借问，则只答以"随时"二字，更无他语。曾口唱道歌，乘虎直入松门，众僧惊惧，自此遂为众所崇重。先天年间（712～713年），行化于京兆（长安），曾为太守闾丘胤治病。《景德传灯录》卷二十七："闾丘公入山访之，见寒、拾二人围炉语笑，闾丘不觉致拜，二人连声咄叱，寺僧惊愕曰：'大官何拜风狂汉耶？'寒山复执闾丘手笑而言曰：'丰干饶舌！'久而放之，自此寒、拾相携出松门，更不复入寺。"其余生平事迹及生卒年均不详。今存"丰干诗"数篇及丰干拾得诗一卷，附载于寒山子诗集中，收于四部丛刊第六〇四册

丰干禅师后来在天台山圆寂，在他禅房的墙壁上留有下面的诗偈："余自来天台，凡经几万回。一身如云水，悠游任去来。逍遥跑无闹，忘机隆佛道。世途岐路心，众生多烦恼。兀兀沉浪海，漂漂轮三界。可惜一灵物，无始被境埋。电光瞥然起，生死纷尘埃。寒山特相访，拾得罕期来。论心话明月，太虚廓无碍。法界即无边，一法普遍该。本来无一物，亦无尘可拂。若能了达此，不用坐兀兀。"

相传丰干禅师是阿弥陀佛化身，而寒山、拾得分别是文殊菩萨、普贤菩萨化身。

【参考文献】

《景德传灯录》卷二十七；《联灯会要》卷二十九；《禅苑蒙求》卷下；《宋高僧传》卷十九；《指月录》卷二。

天台寒山大士

天台山寒山子，因众僧炙茄次[1]，将茄串向一僧背上打一下。僧回首，山呈起茄串曰："是甚么？"僧曰："这风颠汉。"山向傍僧曰："你道这僧费却我多少盐醋？"

因赵州游天台，路次相逢。山见牛迹，问州曰："上座还识牛么？"州曰："不识。"山指牛迹曰："此是五百罗汉游山。"州曰："既是罗汉，为甚么却作牛去？"山曰："苍天[2]！苍天！"州呵呵大笑。山曰："作甚么？"州曰："苍天！苍天！"山曰："这厮儿宛有大人之作[3]。"

【注释】

[1] 因众僧炙茄次：与众僧人一起烤茄子的时候。

[2] 苍天：感叹语，或为哭喊语。常见重复使用。多用于感叹、讥刺对方不契禅机，亦用以示机、接机。

[3] 这厮儿宛有大人之作：你这小子好像有大人的作为。这厮儿：你这人，古时又指无身份或下贱的人。

【概要】

寒山，唐代隐士。居浙江天台始丰县西四十公里之寒岩幽窟中，因不详其姓氏，故以"寒山"称之，又称寒山子或贫子。寒山常至国清寺，时寺中有僧名拾得，任食堂之职，与寒山交友，每收拾众僧残食菜滓，藏于巨大之竹筒中，若寒山子来，二人即负之而去。

寒山之行为怪诞，迹近于颠狂，来至国清寺中，或于廊下徐行，或时叫躁凌人，或望空漫骂，寺僧不耐，以仗逼逐之，辄翻身抚掌，呵呵大笑而退。所著衣衫破败，形容枯槁，以桦皮为帽，履大木屐。好吟诗唱偈，发为辞气，常契于佛理。

台州刺史闾丘胤曾苦于头痛之症，蒙天台山国清寺僧丰干治疗，并自丰干处听闻"天台山有寒山文殊、拾得普贤贤者"，乃亲自登山至国清寺，参访寒山。然寒山见太守来，并不与之多作谈论，且即归寒岩，而消失踪迹。闾丘胤乃命僧人道翘寻其遗物，获得书写于林间树叶、村家屋壁上之诗颂三百余首，遂编录成书，题曰《寒山诗》。

寒山、拾得这两位继丰干以后的唐代高僧，于唐代贞观年间由天台山至苏州妙利普明塔院任住持，此院遂改名为闻名中外的苏州寒山寺。我国民间珍视他俩情同手足的情谊，便把他俩推崇为和睦友爱的民间爱神。至清代雍正年间，雍正皇帝正式封寒山为"和圣"、拾得为"合圣"，"和合二仙"从此名扬天下。

【参考文献】

《宋高僧传》卷十九；《景德传灯录》卷二十七；《佛祖统纪》卷三十九；《佛祖历代通载》卷二十；《释氏稽古略》卷三；《祖堂集》卷十六；《古尊宿语录》卷十四；《天台山国清禅寺三隐集记》。

天台拾得大士

天台山拾得子一日扫地，寺主问："汝名拾得，因丰干拾得汝归，汝毕竟姓个甚么？"拾得放下扫帚，叉手而立。主再问，拾得拈扫帚扫地而去。

寒山搥胸曰："苍天！苍天！"拾得曰："作甚么？"山曰："不见道，东家人死，西家人助哀。"二人作舞，笑哭而出国清寺。

半月，念戒众集，拾得拍手曰："聚头作想那事如何[1]？"维那[2]叱之，得曰："大德且住，无嗔即是戒，心净即出家，我性与你合，一切法无差。"

【注释】

[1] 聚头作想那事如何：聚集大众念戒后怎么办呢？

[2] 维那：维那二字，系梵汉兼举之词；维：纲维，统理之义；那：为梵语之略译，意译授事，即以诸杂事指授于人。为寺中统理僧众杂事之职僧。

【概要】

拾得，唐代天台山国清寺隐僧。姓氏籍贯不详。初，丰干禅师偶于赤城道中遇之，以为无家弃儿，遂携至国清寺付僧抚养。既长，任食堂香灯之职。一日，登座与诸佛像对盘而食，复呼憍陈如为小果声闻，旁若无人，执箸大笑，僧乃驱之，罢其职务，供役厨下。平素状类颠狂，与寒山为友，恒拾众僧残食菜滓，盛于竹筒，寒山来必负去。

寺有护伽蓝神庙，每日供食为鸟所食，拾得乃以杖击神像曰："汝食不能护，安护伽蓝呼？"是夕，神附梦与全寺僧众曰："拾得打我。"明日诸僧说梦相同，一寺纷然，始知其为非常之人。当其寺僧布萨时，拾得驱牛至僧堂前曰："我不放牛也，此群牛者多是此寺知僧事人也。"并呼亡僧法号，牛各应声而过，举众错愕。

台州刺史闾丘胤问丰干，天台国清寺是否有贤达，丰干答曰："寒山文殊，拾得普贤，当就见之。"闾丘胤乃入寺，拜二大士。二士走曰："丰干饶舌，弥陀不识，礼我何为？"二人连臂笑傲出寺，后不知所终。时当道翘集录寒山诗文，于寺内土地神庙壁，见师所题之诗偈，遂附于寒山集中。

【参考文献】

《宋高僧传》卷十九；《释氏稽古略》卷三；《景德传灯录》卷二十七；《神僧传》卷六；《佛祖历代通载》卷二十；《天台山国清禅寺三隐集记》。

明州布袋和尚

明州奉化县布袋和尚，自称契此[1]。形裁腲脮，蹙额皤腹[2]。出语无定，寝卧随处。常以杖荷一布囊并破席，凡供身之具，尽贮囊中。入廛肆[3]聚落，见物则乞。或醯醢鱼菹[4]，才接入口，分少许投囊中。时号"长汀子"。

一日，有僧在师前行，师乃拊其背。僧回首，师曰："乞我一文[5]钱。"曰："道得即与汝一文。"师放下布袋，叉手而立。

白鹿和尚问："如何是布袋？"师便放下布袋。曰："如何是布袋下事？"师负之而去。

先保福和尚问："如何是佛法大意？"师放下布袋，叉手。福曰："为只如此，为更有向上事？"师负之而去。

师在街衢立，有僧问："和尚在这里作甚么？"师曰："等个人。"曰："来也！来也！"（归宗柔和尚别曰"归去来"）师曰："汝不是这个人。"曰："如何是这个人？"师曰："乞我一文钱。"

师有歌曰：

只个心心心是佛，十方世界最灵物。纵横妙用可怜生，一切不如心真实。腾腾自在无所为，闲闲[6]究竟出家儿。若睹目前真大道，不见纤毫也大奇。万法何殊心何异？何劳更用寻经义？心王本自绝多知，智者只明无学地。非圣非凡复若何？不强分别圣情孤。无价心珠本圆净，凡是异相妄空呼。人能弘道道分明，无量清高称道情。携锡若登故国路，莫愁诸处不闻声。

又有偈曰：

是非憎爱世偏多，子细思量奈我何？宽却肚肠须忍辱，豁开心地任从他。若逢知己须依分，纵遇冤家也共和。若能了此心头事，自然证得六波罗[7]。

我有一布袋，虚空无挂碍。展开遍十方，入时观自在。吾有三宝堂，里空无色相。不高亦不低，无遮亦无障。学者体不如，来者难得样。智慧解安排，千中无一匠。四门[8]四果生，十方尽供养。吾有一躯佛，世人皆不识。不塑亦不装，不雕亦不刻。无一滴灰泥，无一点彩色。人画画不成，贼偷偷不得。体相本自然，清净非拂拭。虽然是一躯，分身千百亿。

又有偈曰：

一钵千家饭，孤身万里游。青目睹人少，问路白云头。

梁贞明三年丙子三月，师将示灭，于岳林寺东廊下端坐盘石，而说偈曰："弥勒真弥勒，分身千百亿。时时示时人，时人自不识。"偈毕，安然而化。其后复现于他州，亦负布袋而行。四众竞图其像。

【注释】

[1] 自称契此：自称契此。契此：布袋和尚的名字。旧译本"自称人与此名相符"，理解错误，所以翻译也错误。旧校本未将"契此"作为专有名词而划线，应是旧译本翻译失误的原因。

[2] 形裁腲（wěi）脮（něi），蹙（cù）额皤（pó）腹：体形肥胖，皱着眉头，大腹便便。腲脮：肥貌。蹙：皱，收缩。皤腹：大肚子，大腹便便的样子。

[3] 鄽（chán）肆（sì）：市肆店铺。

[4] 酰（xiān）醢（hǎi）鱼菹（zū）：用鱼肉等制成的酱。酰醢：用鱼肉等制成的酱，因调制肉酱必用盐醋等作料，故称。鱼菹：即鱼醢，鱼酱。

[5] 文：有的版本如《五灯严统》作"纹"，应纠正为"文"，量词，用于旧时的铜钱。

[6] 闲闲：寂静自得，不为外界所乱。

[7] 六波罗：即六波罗蜜，译为六度，即檀那（布施）、尸罗（持戒）、羼提（忍辱）、毗离耶（精进）、禅那（禅定）、般若（智慧）。

[8] 四门：天台宗所立之四种悟入佛教真理的门径：即有门、空门、亦有亦空门、非有非空门。此四门各各配于藏、通、别、圆四教，称为四教四门。

【概要】

布袋和尚，五代梁时僧。明州（浙江）奉化人，或谓四明人。姓氏、生卒年均不详。自称契此，又号长汀子。世传为弥勒菩萨之应化身。常以杖荷一布袋，见物则乞，故人称布袋和尚。其偈曰："一钵千家饭，孤身万里游。青目睹人少，问路白云头。"可为其一生之写照。布袋和尚身材肥胖，眉皱而腹大，出语无定，随处寝卧。常用杖荷一布囊，凡供身之具，均贮于囊中，时人称为长汀子布袋师。和尚能示人吉凶，颇能预知时雨。梁贞明二年（916 年）三月，师将示寂，于岳林寺东廊下端坐磐石，而说偈曰："弥勒真弥勒，分身千百亿。时时示时人，时人自不识。"偈毕，安然入寂。其后，有人于他州见师负布袋而行。世人以其为弥勒之化现，江浙之地多画其像流传之。

【参考文献】

《宋高僧传》卷二十一；《佛祖统纪》卷四十三；《佛祖历代通载》卷二十五；《释氏稽古略》卷三；《古今图书集成职方典》第九七九。

法华志言大士

法华志言大士，寿春许氏子。弱冠游东都，继得度于七俱胝院，留讲肆[1]久之。一日，读《云门录》，忽契悟。未几，宿命遂通[2]。独语笑，口吻嗫嚅[3]，日常不辍，世传诵《法华》，因以名之。

丞相吕许公问佛法大意，师曰："本来无一物，一味却成真。"

集仙王质问："如何是祖师西来意？"师曰："青山影里泼蓝起，宝塔高吟撼晓风。"又曰："请法华烧香。"师曰："未从斋戒觅，不向佛边求。"

国子助教徐岳问祖师西来意，师曰："街头东畔底。"徐曰："某甲未会。"师曰："三般人会不得。"

僧问："世有佛不？"师曰："寺里文殊。"

有问："师凡邪？圣邪？"[4]遂举手曰："我不在此住。"

庆历戊子十一月二十三日，将化，谓人曰："我从无量劫来，成就逝多国土，分身扬化，今南归矣。"言毕，右胁而逝。

【注释】

[1] 讲肆：讲舍，讲堂。讲说佛经、阐释经义之所。属禅宗以外的其他佛教宗派。《从容庵录》一·第一则·世尊升座："讲肆谓之升座，禅林号曰上堂。"《大慧宗门武库》："筠州黄檗泉禅师，初习《百法论》，讲肆有声。"（摘自《禅宗大词典》）

[2] 未几，宿命遂通：不久，就得到了宿命通。宿命通为佛教六神通之一，六神通即天眼通、天耳通、知他心通、宿命通、身如意通、六漏尽通。旧译本没有弄懂佛教有六神通，而将此句话翻译为"不久就与前世生命相通"，有误。

[3] 口吻嗫（niè）嚅（rú）：嘴唇动个不停，如在窃窃私语。嗫嚅：窃窃私语貌。

[4] 有问："师凡邪？圣邪？"：旧校本标点为：有问师："凡邪？圣邪？"根据上下文，如此标点有误，应纠正为：有问："师凡邪？圣邪？"又考证《教外别传》与《禅宗正脉》二书均如此断句。

【概要】

志言（？～1048年），宋代僧。寿春（安徽寿县）人，俗姓许。相貌非凡，双目直视不眨。年少曾游东都开宝寺，而于景德寺七俱胝院出家，故又称景德志言。一日，因读诵《云门录》而顿悟，得了宿命通。大士一生之行状颇富传奇性，灵异甚多，又常诵《法华经》，故俗称为法华志言、言法华、言风子。庆历八年示寂。仁宗曾遣内使置师之真身塑像于开宝寺，题以"显化禅师"之号。

【参考文献】

《禅林僧宝传》卷二十；《嘉泰普灯录》卷二十四；《禅林口实混名集》卷下。

【拓展阅读】

大士因得宿命通给吕丞相卜吉凶的故事如下：

吕丞相申公在休假期间，计划写个请贴，想请法华大士来吃斋饭，其实是有事求他。谁知言法华第二天就未请自到，已经坐在吕府的会客堂里了。申公在将要出来会见之际，自己掂算：礼拜他好呢？不礼拜他好呢？若礼拜他，我贵为宰相，一人之下、万人之上，怎能轻礼他人！若不礼拜他，看现下宫廷的局势，我还有求于他呢！怎么办好呢？

他一起念，法华大士就知道他在想什么，于是在客堂里大声嚷叫：姓吕的，你真不利索！你赶快出来吧。拜也行，不拜也行，你盘算个什么呀！

这一下把申公镇住了，哎呀！我想请他，他知道；我心里想啥，他也知道。不简单哪！于是就恭恭敬敬地礼拜。斋饭完毕，申公请问以后的吉凶，他想请法华大士就是为的这个事。大士说："拿笔来！"大士用笔写了"亳州"两个大字给他，不说吉，也不说凶。申公不明白，不知道这"亳州"是什么意思。

此后不久，申公的丞相被罢免了，降职到亳州去做知府。上任后整理以前的文字，发现了法华大士所写的"亳州"两个大字，这才明白了大士先前的预言。

扣冰澡先古佛

扣冰澡先古佛，建宁新丰翁氏子。母梦比丘，风神炯然，荷锡求宿[1]，人指谓曰："是辟支佛[2]。"已而孕。生于武宗会昌四年，香雾满室，弥日不散。年十三求出家，父母许之，依乌山兴福寺行全为师，咸通乙酉落发受具。初以讲说，为众所归。弃谒雪峰[3]，手携凫茈[4]一包、酱一器献之。

峰曰："包中是何物？"师曰："凫茈。"峰曰："何处得来？"师曰："泥中得。"峰曰："泥深多少？"师曰："无丈数。"峰曰："还更有么？"曰："转有转深。"

又问："器中何物？"曰："酱。"峰曰："何处得来？"曰："自合得[5]。"峰曰："还熟也未？"曰："不较多[6]。"峰异之，曰："子异日必为王者师。"

后自鹅湖归温岭结庵（今为永丰寺），继居将军岩。二虎侍侧，神人献地为瑞岩院，学者争集。

尝谓众曰："古圣修行，须凭苦节。吾今夏则衣褚，冬则扣冰而浴[7]。"故世人号为"扣冰古佛"[8]。

后住灵曜。上堂："四众云臻，教老僧说个甚么？"便下座。

有僧烧炭，积成火龛[9]，曰："请师入此修行。"曰："真玉不随流水化，琉璃争夺众星明。"曰："莫只这便是么？"曰："且莫认奴作郎。"曰："毕竟如何？"曰："梅华腊月开。"

天成戊子[10]，应闽主之召，延居内堂，敬拜曰："谢师远降。"赐茶次，师提起囊子[11]曰："大王会么？"曰："不会。"曰："人王法王，各自照了。"

留十日，以疾辞。至十二月二日，沐浴升堂，告众而逝。王与道俗备香薪苏油茶毗之，祥耀满山，获舍利五色。塔于瑞严正寝。谥曰"妙应法威慈济禅师"。

【注释】

[1] 荷锡求宿：挂着锡杖来求住宿。

[2] 辟支佛：梵语。意译作缘觉、独觉。又作贝支迦、辟支。为二乘之一，亦

为三乘之一。乃指无师而能自觉自悟之圣者。

[3] 弃谒雪峰：后来离开乌山去参访雪峰义存禅师。

[4] 凫（fú）茈（cí）：亦作"凫茨"。即荸荠。

[5] 自合得：自己调制得来。

[6] 不较多：差不多。

[7] 夏则衣楮，冬则扣冰而浴：夏天穿纸衣，冬天敲冰沐浴。楮（chǔ）：落叶乔木，叶似桑，树皮是制造桑皮纸和宣纸的原料，古时亦作纸的代称。

[8] 故世人号为"扣冰古佛"：旧校本标点有误。这句话是叙述语言，不能进入引号之内。

[9] 龛：原指掘凿岩崖为室，以安置佛像之所。传至后世，亦称以石或木为材料，建龛供奉佛像（或奉置开山祖师像）。或转称收纳死尸之棺舆为龛，另有龛子、龛椟、龛棺等别名。又，敛尸于龛，称为入龛或进龛；注以香油而锁之，称锁龛或封龛；移龛至佛堂或佛前，称为移龛；开龛茶毗，称为起龛；至于安置龛之堂舍，则称龛荐堂。此等仪式之作法，《敕修百丈清规》中均有所载。

[10] 天成戊子：年号。旧校本标点有误，"天成"不在引号之内，是叙述的年号，唐明宗年号。天成戊子，指天成三年（928 年）。

[11] 橐（tuó）子：袋子。

【概要】

扣冰古佛（844～928 年）五代梁僧。又称扣冰澡（藻）先。福建新丰人，俗姓翁，名乾度，河西节度使推官翁承钦之子，传说其母梦辟支佛感孕而生。出生时，香雾满室，弥日不散。年十三出家，师事乌山兴福寺行全，咸通六年（865 年）受具足戒。后往谒雪峰义存，雪峰与之交谈数语而谓异日必为王者师。后居于江西鹅湖山，又归温岭，结草庵而居，常有二虎侍于两侧。师夏穿纸衣，冬则割冰以资沐浴，世人故称之为"扣冰古佛"。后唐天成三年应闽王召请，居十日以疾辞归鼓山。同年十二月示寂。谥号"妙应法威慈济禅师"。

唐天成三年（928 年），闽王把八十五岁的古佛延请到福州，拜以国师。闽王招待古佛时，古佛提起茶橐子问闽王说："大王会茶道吗？"，闽王说："不会"。古佛说："人王和法王真是生活在不同的境界啊。"当时世风日下，处处物欲横流，在古佛眼里，茶已经不单单是一种饮品，而是衡量一个人内心世界和价值取向的尺度，这恬淡的言语也是古佛"我为法王，于法自在"（《法华经·譬喻品》）的自性流露。闽王极度崇佛，对国师言听计从，所以从此就倡导"吃茶"之道，主张"以茶净心，心净则国土净"，于是在建安（今福建建瓯）设"龙焙"，促使北苑茶迅速风行天下。

【参考文献】

《增订佛祖道影》卷四（虚云）；《禅林口实混名集》卷上。

千岁宝掌和尚

千岁宝掌和尚，中印度人也。周威烈十二年丁卯，降神受质，左手握拳，七岁祝发乃展[1]，因名"宝掌"。魏晋间东游此土，入蜀礼普贤。留大慈，常不食，日诵《般若》等经千余卷。有咏之者曰："劳劳玉齿寒，似迸岩泉急。有时中夜坐，阶前神鬼泣。"

一日，谓众曰："吾有愿住世千岁，今年六百二十有六。"故以"千岁"称之。

次游五台，徙居祝融峰之华严、黄梅之双峰、庐山之东林。寻抵建邺。会达磨入梁，师就扣其旨，开悟。武帝高其道腊[2]，延入内庭。未几如吴。

有偈曰："梁城遇导师，参禅了心地。瓢零二浙游，更尽佳山水。"

顺流东下，由千顷至天竺，往鄮峰，登太白，穿雁荡，盘礴[3]于翠峰七十二庵。回赤城，憩云门、法华、诸暨、渔浦、赤符、大岩等处。返飞来，栖止石窦。有"行尽支那[4]四百州，此中遍称道人游"之句。时贞观十五年也。

后居浦江之宝严，与朗禅师友善。每通问，遣白犬驰往，朗亦以青猿为使令。故题朗壁曰："白犬衔书至，青猿洗钵回。"师所经处，后皆成宝坊[5]。

显庆二年正旦，手塑一像，至九日像成，问其徒慧云曰："此肖谁?"云曰："与和尚无异。"即澡浴易衣趺坐，谓云曰："吾住世已一千七十二年，今将谢世。听吾偈曰：'本来无生死，今亦示生死。我得去住心，他生复来此。'"顷时，嘱曰："吾灭后六十年，有僧来取吾骨，勿拒。"言讫而逝。

入灭五十四年，有刺浮长老自云门至塔所，礼曰："冀塔洞开[6]!"少选，塔户果启，其骨连环若黄金。浮即持往秦望山，建窣堵波[7]奉藏。

以周威烈丁卯至唐高宗显庆丁巳考之，实一千七十二年。抵此土，岁历四百余，僧史皆失载。开元中，慧云门人宗一者，尝勒石识之。

【注释】

　　[1] 七岁祝发乃展：七岁剃发才展开手掌。祝发：断发、削发出家为僧。

　　[2] 高其道腊：敬重他修道的年数长。比丘有戒腊、法腊，为比丘受具足戒后之年数。比丘出家之年岁与世俗不同，系以受戒以后之夏安居数为年次，故有戒腊、夏腊、法腊、年腊等称。

　　[3] 盘礴（bó）：亦作"盘薄"。徘徊，逗留。

　　[4] 支那：古代印度、希腊和罗马等地人称中国为支那等音，或以为皆是秦国的"秦"之对音。佛教经籍中作支那。也写作至那、脂那等。唐代义净《南海寄归内法传·师资之道》："且如西国名大唐为支那者，直是其名，更无别义。"

　　[5] 宝坊：寺院之美称。

　　[6] 冀塔洞开：愿塔洞打开。

　　[7] 窣（sū）堵波：又作率都婆，舍利塔。在古代印度原为形如馒头之墓。释尊灭后，率都婆不止为坟墓之意，已有纪念物之性质，尤以孔雀王朝建设许多由炼瓦构筑之塔，埋有佛陀之遗骨、所持品、遗发等，故渐演变为圣地之标帜及庄严伽蓝之建筑。

【概要】

　　宝掌（？~657年），中印度人。世称宝掌千岁和尚、千岁宝掌。因出生时，左手握拳，至七岁剃发始展掌，故取名"宝掌"。据传魏晋间东游中土，入蜀地参礼普贤。师具大慈，常不食，日诵般若等经千余卷。一日向大众道："吾有愿住世千岁，今年六百二十有六。"故有千岁之称。

　　其后，参访五台、庐山等地，未久适逢达磨来华，师即向之请益，而得开悟。贞观十五年（641年）后，居止浦江之宝严寺。与朗禅师交游甚笃，每遣白犬通问，朗禅师则遣青猿回覆，故有"白犬衔书至，青猿洗钵回"之语。师于显庆二年示寂，传言世寿达千余岁。

　　此外，或谓师系于隋代开皇十七年（597年）来华，并创建天宁永祚寺，亦有谓师于贞观十五年创立永祚寺。

【参考文献】

　　《嘉泰普灯录》卷二十四；《佛祖统纪》卷四十；《大明一统志》卷三十八。

第三章　六祖大鉴禅师法嗣（怀让）
——南岳下二世

灵光独耀，迥脱根尘。体露真常，不拘文字。心性无染，本自圆成。但离妄缘，即如如佛。（百丈山怀海禅师）

第一节　六祖大鉴禅师法嗣

南岳怀让禅师

南岳怀让禅师者，姓杜氏。金州人也。于唐仪凤二年四月八日降诞，感白气应于玄象，在安康之分[1]。太史瞻见，奏闻高宗皇帝。帝乃问："是何祥瑞？"太史对曰："国之法器，不染世荣。"帝传敕金州太守韩偕亲往[2]，存慰其家。

家有三子，唯师最小，炳然殊异，性唯恩让，父乃安名怀让。年十岁时，唯乐佛书。时有三藏玄静过舍，告其父母曰："此子若出家，必获上乘，广度众生。"

至垂拱三年，方十五岁，辞亲，往荆州玉泉寺，依弘景律师出家。通天二年，受戒后习《毗尼藏》。

一日自叹曰："夫出家者为无为法，天上人间无有胜者！"时同学坦然，知师志气高迈，劝师谒嵩山安和尚。安启发之，乃直指诣曹溪参六祖。

祖问："甚么处来？"曰："嵩山来。"祖曰："甚么物恁么来[3]？"师无语。

遂经八载，忽然有省，乃白祖曰："某甲有个会处。"祖曰："作么生。"师曰："说似一物即不中。"祖曰："还假修证[4]否？"师曰："修证则不无，污染即不得。"祖曰："只此不污染，诸佛之所护念。汝既如是，吾亦如是。西天般若多罗谶[5]汝足下出一马驹，踏杀天下人。病在汝心，不须速说。"师执侍左右一十五年。

先天二年往衡岳居般若寺。开元中，有沙门道一（即马祖也），在衡岳山常习坐禅。师知是法器，往问曰："大德坐禅图甚么？"一曰："图作佛。"

师乃取一砖，于彼庵前石上磨。一曰："磨作甚么？"师曰："磨作镜。"一曰："磨砖岂得成镜邪？"师曰："磨砖既不成镜，坐禅岂得作佛？"一曰："如何即是？"师曰："如牛驾车，车若不行，打车即是，打牛即是。"一无对。

师又曰："汝学坐禅，为学坐佛。若学坐禅，禅非坐卧。若学坐佛，佛非定相。于无住法，不应取舍。汝若坐佛，即是杀佛。若执坐相，非达其理。"一闻示诲，如饮醍醐，礼拜。

问曰："如何用心，即合无相三昧？"师曰："汝学心地法门，如下种子。我说法要，譬彼天泽。汝缘合故，当见其道。"

又问："道非色相，云何能见？"师曰："心地法眼能见乎道，无相三昧亦复然矣。"

一曰："有成坏否？"师曰："若以成坏聚散而见道者，非见道也。听吾偈曰：'心地含诸种，遇泽悉皆萌。三昧华无相，何坏复何成？'"

一蒙开悟，心意超然。侍奉十秋，日益玄奥。

入室弟子总有六人，师各印可。曰："汝等六人同证吾身，各契其一。一人得吾眉，善威仪（常浩）。一人得吾眼，善顾眄[6]（智达）。一人得吾耳，善听理（坦然）。一人得吾鼻，善知气（神照）。一人得吾舌，善谭说（严峻）。一人得吾心，善古今（道一）。"又曰："一切法皆从心生，心无所生，法无所住。若达心地，所作无碍。非遇上根，宜慎辞哉。"

有一大德问："如镜铸像，像成后未审光向甚么处去？"师曰："如大德为童子时，相貌何在（法眼别云"阿那个是大德铸成底像"）？"曰："只如像成后，为甚么不鉴照？"师曰："虽然不鉴照，谩他一点不得[7]。"

后马大师阐化于江西，师问众曰："道一为众说法否？"众曰："已为众说法。"师曰："总未见人持个消息来。"众无对。

因遣一僧去，嘱曰："待伊上堂时，但问作么生，伊道底言语，记将来[8]。"僧去，一如师旨。回谓师曰："马师云：'自从胡乱[9]后，三十年不曾少盐酱。'"师然之。

天宝三年八月十一日，圆寂于衡岳。谥"大慧禅师""最胜轮"之塔。

【注释】

[1] 在安康之分：在陕西安康毗邻之处。即陕西汉阴县，今属安康市管辖。旧译本未弄清"安康"为地名，翻译为"正好在安和康的上空"，有误。

[2] 帝传敕金州太守韩偕亲往："敕"，旧校本作"来"，查无根据。

[3] 甚么物恁么来：什么东西如此而来？

[4] 修证：指修行与证悟。盖修行与证悟原本不二，宜应相辅相成；而一切众生本就是佛，以迷执颠倒而流转生死，若借修行与证悟之功，则众生亦可远离染污，趣向佛道。

[5] 谶（chèn）：指将要应验的预言、预兆。

[6] 顾盼（xì）：环视，左顾右盼，多形容自得。又，指回头看望。本书有善于回顾总结的意思。"盼"亦可读"pǎn"，《天圣广灯录》作"盼"。

[7] 虽然不鉴照，谩（màn）他一点不得：虽然不鉴识照察，但一点也不能轻慢它。鉴照：鉴识照察。鉴：镜子。照：光可鉴人，即观察，审察。谩：轻慢，没有礼貌。

[8] 待伊上堂时，但问作么生，伊道底言语，记将来：等他上堂说法时，只问他做什么，他说的言语，都记下带回来。伊：彼，他，她。

[9] 胡乱：指安史之乱。

【概要】

南岳怀让禅师（677～744 年），唐代禅僧。金州安康（陕西汉阴）人，俗姓杜。又称大慧禅师。十五岁出家，一度习律，后参曹溪，为六祖慧能之高足，留侍十五年。六祖示寂，始于唐玄宗先天二年（713 年）住于湖南南岳般若寺观音台，宣扬慧能学说，开南岳一系，世称南岳怀让。其法系相对于青原行思之法系（青原下），而称南岳下，同为南宗禅之二大法流。弟子马祖道一继其法流，其后发展成临济、沩仰等宗派。另有普化、黄檗等两宗亦属其法流系统。于天宝三年示寂，世寿六十八。敬宗时，追谥"大慧"。有《南岳大慧禅师语录》行世。

"磨砖作镜"这个公案出自怀让禅师。有一弟子名叫道一，他在般若寺时整天盘腿静坐着冥思，怀让禅师便问弟子："你这样盘腿而坐是为了什么？"道一答道："我想成佛。"怀让禅师听完后，就拿了一块砖在道一旁边用力地在地上磨。道一问："老师，你磨砖做什么？"怀让禅师答道："我想把砖磨成镜呀。"道一又问："砖怎么能磨成镜呢？"怀让就说："砖既不能磨成镜，那么你盘腿静坐又岂能成佛？"道一问道："要怎样才能成佛呢？"怀让答道："就像牛拉车子，如果车子不动，你是打车还是打牛呢？"抓住了自己的心，才能找到真正的修行方法。天天打坐冥思苦想，并非能够成佛。只要贴近生活，饥来吃饭睡来眠，过普通人的生活，在普通的生活中去观察那一颗活泼泼的心是善还是恶，才最终有开悟的一天。佛教偈语所说："阿赖耶识甚微细，一切种子如瀑流。"阿赖耶识就是深层次的意识（潜意识），是很不容易观察出来的。只要每天不断地反省自己，才能主宰自己的心，只有主宰了自己的心，才算真正主宰了自己的命运。

"磨砖作镜"这则故事涵意丰富，乃比喻修道有所欲求则终不能成就，透露自心是佛、顿悟成佛宗旨，体现了禅宗鼎盛时期对佛教的勇敢改革的精神。后世禅林常用此语。《黄龙语录》："念言念句，认光认影，犹如入海算沙，磨砖作镜。"

【参考文献】

《宋高僧传》卷九；《景德传灯录》卷五；《宗门统要续集》卷四。

第二节　南岳让禅师法嗣第一世

江西道一禅师

江西道一禅师，汉州什邡县人也。姓马氏。本邑罗汉寺出家。容貌奇异，牛行虎视，引舌过鼻，足下有二轮文。幼岁依资州唐和尚落发，受具于渝州圆律师。唐开元中，习禅定于衡岳山中，遇让和尚。同参六人，唯师密受心印。

（让之一，犹思之迁也[1]，同源而异派。故禅法之盛，始于二师。刘轲云："江西主大寂，湖南主石头，往来憧憧，不见二大士，为无知矣。"西天般若多罗记达磨云："震旦虽阔无别路，要假儿孙脚下行。金鸡解衔一粒粟，供养十方罗汉僧。"又六祖谓让和尚曰："向后佛法从汝边去，马驹蹋杀天下人。"厥后江西嗣法，布于天下，时号马祖。）

始自建阳佛迹岭，迁至临川，次至南康龚公山。大历中，隶名于钟陵开元寺。时连帅路嗣恭聆风景慕[2]，亲受宗旨。由是四方学者，云集座下。

一日谓众曰：“汝等诸人，各信自心是佛，此心即是佛心。达磨大师从南天竺国来至中华，传上乘一心之法，令汝等开悟。又引《楞伽经》文，以印众生心地，恐汝颠倒，不自信此一心之法，各各有之。故《楞伽经》以‘佛语心为宗，无门为法门’。夫求法者应无所求，心外无别佛，佛外无别心。不取善，不舍恶[3]。净秽两边，俱不依怙。达罪性空，念念不可得。无自性故，故三界唯心，森罗万象，一法之所印。凡所见色，皆是见心。心不自心，因色故有。汝但随时言说，即事即理，都无所碍。菩提道果，亦复如是。于心所生，即名为色。知色空故，生即不生。若了此意，乃可随时著衣吃饭，长养圣胎[4]。任运过时，更有何事？汝受吾教，听吾偈曰：‘心地随时说，菩提亦祇宁[5]。事理俱无碍，当生即不生。’”

僧问：“和尚为甚么说即心即佛？”师曰：“为止小儿啼。”曰：“啼止时如何？”师曰：“非心非佛。”曰：“除此二种人来，如何指示？”师曰：“向伊道不是物。”曰：“忽遇其中人来时如何？”师曰：“且教伊体会大道。”

问：“如何是西来意？”师曰：“即今是甚么意？”

庞居士问：“不昧本来人，请师高著眼。”师直下觑，士曰[6]：“一等没弦琴，唯师弹得妙。”师直上觑，士礼拜。师归方丈，居士随后，曰：“适来弄巧成拙。”又问：“如水无筋骨，能胜万斛舟，此理如何？”师曰：“这里无水亦无舟，说甚么筋骨。”

一夕，西堂、百丈、南泉随侍玩月[7]次。师问：“正恁么时如何？”堂曰：“正好供养。”丈曰：“正好修行。”泉拂袖便行。师曰：“经入藏，禅归海，唯有普愿，独超物外。”

百丈问：“如何是佛法旨趣？”师曰：“正是汝放身命处。”师问百丈：“汝以何法示人？”丈竖起拂子，师曰：“只这个，为当别有？”丈抛下拂子。

僧问：“如何得合道？”师曰：“我早不合道。”

问：“如何是西来意？”师便打曰：“我若不打汝，诸方笑我也。”

有小师耽源行脚回，于师前画个圆相，就上拜了立。师曰：“汝莫欲作佛否？”曰：“某甲不解揑目[8]。”师曰：“吾不如汝。”小师不对。

邓隐峰辞师。师曰："甚么处去？"曰："石头去。"师曰："石头路滑。"曰："竿木随身，逢场作戏[9]。"便去。才到石头，即绕禅床一匝，振锡一声，问："是何宗旨？"石头曰："苍天！苍天！"峰无语，却回举似师。师曰："汝更去问，待他有答，汝便嘘两声。"峰又去，依前问，石头乃嘘两声，峰又无语。回举似师，师曰："向汝道石头路滑。"

有僧于师前作四画，上一画长，下三画短，曰："不得道一画长、三画短，离此四字外，请和尚答[10]。"师乃画地一画曰："不得道长短，答汝了也。"

（忠国师闻，别云："何不问老僧？"）

有讲僧来，问曰："未审禅宗传持何法？"师却问曰："座主传持何法？"主曰："忝讲得经论二十余本。"师曰："莫是师子儿否[11]？"主曰："不敢。"师作嘘嘘声。主曰："此是法。"师曰："是甚么法？"主曰："师子出窟法。"师乃默然。主曰："此亦是法。"师曰："是甚么法？"主曰："师子在窟法。"师曰："不出不入，是甚么法。"主无对。（百丈代云："见么？"）遂辞出门，师召曰："座主！"主回首。师曰："是甚么？"主亦无对。师曰："这钝根阿师。"

洪州廉使问曰："吃酒肉即是？不吃即是？"师曰："若吃是中丞禄，不吃是中丞福。"

师入室弟子一百三十九人，各为一方宗主，转化无穷。

师于真元四年正月中，登建昌石门山，于林中经行，见洞壑平坦，谓侍者曰："吾之朽质，当于来月归兹地矣。"言讫而回。既而示疾，院主问："和尚近日尊候如何？"师曰："日面佛，月面佛[12]。"

二月一日沐浴，跏趺入灭。元和中，谥"大寂禅师"，塔曰"大庄严"。

【注释】

[1] 让之一，犹思之迁也：怀让有道一，就如行思有希迁。

[2] 时连帅路嗣恭聆风景慕：当时地方高级长官路嗣恭听到他的道风非常景慕。连帅：泛称地方高级长官，唐代多指观察使、按察使。

[3] 不取善，不舍恶：即若见一切人之恶与善，尽皆不取不舍。不执着于行善而求善报，也不抛弃恶人而不救。善恶两边都不执着，不思善，不思恶，只是知道

当下一念清净即是佛的净土。

  [4] 若了此意，乃可随时著衣吃饭，长养圣胎：旧校本标点有误，参见冯国栋《〈五灯会元〉校点疏失类举》。

  [5] 心地随时说，菩提亦祇宁：心里有什么就说什么，不受外界影响，穿衣吃饭该做什么就做什么，这样的境界，菩提大道也只是如此罢了。

  [6] 师直下觑。士曰：旧校本标点为"师直下觑士曰"，这样不断句，会使人理解下面说的话不是"庞居士"说的，而是"道一禅师"说的。

  [7] 玩月：赏月。

  [8] 揑目：夹住眼睛，看不清楚。禅师云："揑目横生空里华，妄将三界认为家。"揑，用拇指和其他手指夹住。

  [9] 竿木随身，逢场作戏：本指江湖艺人随身带着竹木道具等，遇上适合的场所便可随时演出。比喻悟道者随处作主，自在无碍之机用。

  [10] 不得道一画长、三画短，离此四字外，请和尚答：不能说一画长，三画短，离开这四字（四画）的长短，请和尚回答。

  [11] 莫是师子儿否：莫不是狮子儿？佛被比喻为"狮子吼"，喻佛威神，发大音声，震动世界。此问讲经座主是不是狮子的儿子，实则让讲经座主反省自己能否真正讲经。

  [12] 日面佛，月面佛：白天晚上都是佛，佛时刻在心中，指心地清净没有妄念。元音老人说："日面指白天，月面指晚上。白天晚上都是佛，就是说白天晚上都一样。"

【概要】

  马祖道一（709～788 年），唐代禅僧。南岳怀让之法嗣。汉州（四川广汉）人，俗姓马，世称马大师、马祖。名道一。容貌奇异，牛行虎视，引舌过鼻，足下有二轮纹。依资州唐和尚（即处寂）出家，就渝州圆律师受具足戒。开元年间，就怀让习曹溪禅法，言下领旨，密受心法。初止于建阳之佛迹岭，未久，迁至临川之南康、龚公二山。大历四年（769 年），驻锡钟陵（江西进贤）开元寺，是时学者云集，化缘大盛。

  马祖以"平常心是道""即心是佛"大弘禅风，入室弟子号称"八十八位善知识"，法嗣有一百三十九人，著名的弟子如百丈怀海、南泉普愿、大梅法常等。禅门甫启时，禅僧皆寄居律院，法制有限，不得别住而龃龉时生，皆以为苦。马祖乃创丛林，以安禅侣，由是宗门益盛，转化无穷。

  贞元四年正月，登建昌石门山，经行林中托付后事，于二月四日示寂，世寿八十。唐宪宗谥其号为"大寂禅师"。其派发展甚大，称为洪州宗。道一之于怀让，恰如希迁之于行思，于禅法之弘扬二者并称。马祖因于江西阐扬南岳系禅风，亦称江西禅，故以"江西马祖"闻名于世。其弟子百丈怀海门下开衍出临济宗、沩仰宗二宗。

出自马祖道一的著名公案有"赏月勘徒""石头路滑""说长道短""日面月面"等。

马祖门下，百丈怀海、南泉普愿、西堂智藏是其得意弟子。有一天傍晚，师徒四人在一起看月。师问："正在如此的光景怎么样？"西堂答："正好供养。"百丈答："正好修行。"南泉则拂袖而去。马祖说："智藏是参读经的主，怀海是位禅家，只有普愿超然物外。"普愿拂袖而去竟然境界最高，这就是因为他什么也不做，才是真正大丈夫来无牵挂，去也没有牵挂，正是"不取善，不舍恶"的殊胜境界，所以得到马祖的肯定。

马祖时的禅僧，有的人只有半桶水，却故弄玄虚。有僧于马祖前画一长三短，又令马祖不得说长道短。此是一个两难问题。若缄口沉默，则违背"请和尚答"的意。若开口言说，则违背"不得说长道短"之意。当如何是好？马祖"画地一画"，便回答了他的问题。一长三短，在长短对待之中，离一长三短四字而答，就是马祖画地之"一"画，此"一"画无有对待，更说什么长道什么短！此"一"画，没有相对，不落长短，正表"佛性"的殊胜境界。

关于"日面佛月面佛"这一公案，后世有很多解释，但只有元音老人说得最为精辟。他说：

马大师不安，就是生病了。诸位可能感到奇怪，像马祖这样了不起的大祖师，已经开悟成道了，怎么还会生病呢？其实，病都是夙障，是过去世久已造下的业，每个人或多或少都免不了要造点业。所以，纵是开悟的大祖师，也免不了要生点病。但是，开悟了，犹如大梦醒来，过去现在所作所为皆如梦幻，了不可得，即使身患重病，因心空不作病见故，亦不为病所苦。假设我们身体有了病，不要时时刻刻想着病，不为病所苦，业障即当下瓦解冰消。假如你时刻记着病，那就痛苦了，难过死了！开悟成道的人不把病摆在心上，你看着他病了，他自己可跟没病一样。宋朝的慈明禅师晚年中了风，嘴都歪了。他的侍者急得跺脚："这可怎么办？你平生呵佛骂祖，现在报应了不是？"禅师说："不要发愁，我给你弄正它就是了。"说着用手一推，嘴就正了，跟没病一样。业障到祖师身上，如热汤销冰。业障好比债务，在祖师那里，要还就还，要不还就不还，还也不作还想，不还也不作不还想。马祖是大祖师，别人看他生病了，他自己并不作病想，没什么痛苦，没什么不安。

院主问："和尚近日尊候如何？"

院主，就是寺院里的当家师。和尚，是梵文的音译，中文意思是亲教师，就是最亲最尊的老师。当家师来慰问马祖："您近来身体怎么样啊？"

大师云："日面佛，月面佛。"

日面指白天，月面指晚上。白天晚上都是佛，就是说白天晚上都一样。没病是这样，有病是这样，有病没病都一样。

佛者，觉也。须觉破一切事物，皆如梦幻泡影，了不可得。觉有照意，要时时用心观照，不可疏忽。我们平时说话、走路、工作，都是佛性的作用。须用功绵密，观照保护它。不能逐境生心，有所住着。须健康不作健康想，生病不作生病想，穿衣不作穿衣想，吃饭不作吃饭想，如此绵密用功，心里放下，空空净净、坦坦荡荡地，还怕不能成道吗？修净土的人一天要念数万佛号，心系阿弥陀佛，无暇生起妄想。参禅的人贵在起疑情，疑情一起，妄想自然不生。我们修心中心法的座上咒语不停，座下绵密观照，左右照顾着这个心，不令外驰，故皆有所证入。禅、密、净都是佛说的法，归元无二路，方便有多门，证到都是一样的。不能说这个法好，那个法不好。门户之见，分河饮水，害人害己呀！应该"日面佛，月面佛"才对。

【参考文献】

《宋高僧传》卷十；《景德传灯录》卷六；《传法正宗记》卷七；《教外别传》卷五；《八十八祖传赞》卷三；《指月录》卷五。

第三节　南岳下二世

马祖一禅师法嗣

洪州百丈山怀海禅师

洪州百丈山怀海禅师者，福州长乐人也。姓王氏。卯岁离尘，三学该练[1]。属大寂阐化江西，乃倾心依附。与西堂智藏、南泉普愿同号入室，时三大士为角立焉。

师侍马祖行次，见一群野鸭飞过。祖曰："是甚么？"师曰："野鸭子。"祖曰："甚处去也？"师曰："飞过去也。"祖遂把师鼻扭，负痛失声。祖曰："又道飞过去也。"师于言下有省。

却归侍者寮，哀哀大哭，同事问曰："汝忆父母邪？"师曰："无。"曰："被人骂邪？"师曰："无。"曰："哭作甚么？"师曰："我鼻孔被大师扭得痛彻。"同事曰："有甚因缘不契？"师曰："汝问取和尚去。"

同事问大师曰："海侍者有何因缘不契，在寮中哭告？和尚为某甲说。"大师曰："是伊会也，汝自问取他。"

同事归寮曰："和尚道汝会也，教我自问汝。"师乃呵呵大笑。同事曰："适来哭，如今为甚却笑？"师曰："适来哭，如今笑。"同事罔然。

次日，马祖升堂，众才集，师出，卷却席，祖便下座。师随至方丈。

祖曰："我适来未曾说话，汝为甚便卷却席？"师曰："昨日被和尚扭得鼻头痛。"祖曰："汝昨日向甚处留心？"师曰："鼻头今日又不痛也。"祖曰："汝深明昨日事。"师作礼而退。

师再参，侍立次，祖目视绳床角拂子。师曰："即此用，离此用。"祖曰："汝向后开两片皮，将何为人[2]？"师取拂子竖起。祖曰："即此用，离此用。"师挂拂子于旧处，祖振威一喝，师直得三日耳聋，自此雷音将震[3]。

檀信请于洪州新吴界住大雄山[4]。以居处岩峦峻极，故号"百丈"。既处之，未期月，参玄之宾四方麕至[5]，沩山黄檗当其首。

一日，师谓众曰："佛法不是小事，老僧昔被马大师一喝，直得三日耳聋。"黄檗闻举，不觉吐舌。

师曰："子已后莫承嗣马祖去么？"檗曰："不然。今日因和尚举，得见马祖大机之用，然且不识马祖。若嗣马祖，已后丧我儿孙。"师曰："如是！如是！见与师齐，减师半德。见过于师，方堪传授。子甚有超师之见。"檗便礼拜。

（沩山问仰山"百丈再参马祖"因缘："此二尊宿意旨如何？"仰云："此是显大机大用。"沩云："马祖出八十四人，善知识几人得大机？几人得大用？"仰云："百丈得大机，黄檗得大用，余者尽是唱导之师。"沩云："如是！如是！"）

有僧哭入法堂来。师曰："作么。"曰："父母俱丧，请师选日。"师曰："明日来，一时埋却。"

沩山、五峰、云岩侍立次，师问沩山："并却咽喉唇吻，作么生道?"山曰："却请和尚道?"师曰："不辞向汝道，恐已后丧我儿孙。"又问五峰，峰曰："和尚也须并却。"师曰："无人处斫额望汝[6]。"又问云岩，岩曰："和尚有也未。"师曰："丧我儿孙。"师谓众曰："我要一人传语西堂，阿谁去得?"五峰曰："某甲去。"师曰："汝作么生传语?"峰曰："待见西堂即道。"师曰："见后道甚么?"峰曰："却来说似和尚。"

师每上堂，有一老人随众听法。一日众退，唯老人不去。师问："汝是何人?"老人曰："某非人也。于过去迦叶佛时，曾住此山，因学人问：'大修行人还落因果也无?'某对云：'不落因果。'遂五百生堕野狐身。今请和尚代一转语，贵脱野狐身[7]。"师曰："汝问。"老人曰："大修行人还落因果也无?"师曰："不昧因果[8]。"老人于言下大悟，作礼曰："某已脱野狐身，住在山后，敢乞依亡僧津送。"师令维那[9]白椎告众："食后送亡僧。"大众聚议："一众皆安，涅槃堂[10]又无病人，何故如是?"食后师领众至山后岩下，以杖挑出一死野狐，乃依法火葬。师至晚上堂，举前因缘。

黄檗便问："古人错祗对[11]一转语，堕五百生野狐身。转转不错，合作个甚么?"师曰："近前来，向汝道。"檗近前，打师一掌。师拍手笑曰："将谓胡须赤，更有赤须胡。"

（沩山举问仰山，仰曰："黄檗常用此机。"沩曰："汝道天生得，从人得?"仰曰："亦是禀受师承，亦是自性宗通。"沩曰："如是!如是!"）

时沩山在会下作典座，司马头陀举野狐话问："典座作么生?"座撼门扇三下。司马曰："大粗生。"座曰："佛法不是这个道理?"

问："如何是奇特事?"师曰："独坐大雄峰。"僧礼拜，师便打。

上堂："灵光独耀，迥脱根尘。体露真常，不拘文字。心性无染，本自圆成。但离妄缘，即如如佛。"

问："如何是佛?"师曰："汝是阿谁?"曰："某甲。"师曰："汝识某甲否?"曰："分明个。"师乃举起拂子曰："汝还见么?"曰："见。"

师乃不语。

普请镢地[12]次，忽有一僧闻鼓鸣，举起镢头，大笑便归。师曰："俊哉！此是观音入理之门。"师归院，乃唤其僧问："适来见甚么道理便恁么[13]？"曰："适来肚饥，闻鼓声，归吃饭。"师乃笑。

问："'依经解义，三世佛冤，离经一字，如同魔说'时如何？"师曰："固守动静，三世佛冤。此外别求，即同魔说。"

因僧问西堂："有问有答即且置，无问无答时如何？"堂曰："怕烂却那？"师闻举，乃曰："从来疑这个老兄。"曰："请和尚道。"师曰："一合相不可得。"

师谓众曰："有一人长不吃饭不道饥，有一人终日吃饭不道饱。"众无对。

云岩问："和尚每日区区为阿谁[14]？"师曰："有一人要。"岩曰："因甚么不教伊自作。"师曰："他无家活[15]。"

问："如何是大乘顿悟法要？"师曰："汝等先歇诸缘，休息万事，善与不善，世出世间，一切诸法，莫记忆，莫缘念。放舍身心，令其自在。心如木石，无所辨别。心无所行，心地若空，慧日自现，如云开日出相似。但歇一切攀缘，贪嗔爱取，垢净情尽。对五欲八风不动，不被见闻觉知所缚，不被诸境所惑，自然具足神通妙用，是解脱人。对一切境，心无静乱，不摄不散，透过一切声色，无有滞碍，名为道人。善恶是非俱不运用，亦不爱一法，亦不舍一法，名为大乘人。不被一切善恶、空有、垢净、有为无为、世出世间、福德智慧之所拘系，名为佛慧。是非好丑、是理非理，诸知见情尽，不能系缚，处处自在，名为初发心菩萨，便登佛地。"

问："对一切境，如何得心如木石去？"

师曰："一切诸法本不自言空，不自言色，亦不言是非垢净，亦无心系缚人。但人自虚妄计着，作若干种解会，起若干种知见，生若干种爱畏。但了诸法不自生，皆从自己一念妄想颠倒，取相而有知[16]。心与境本不相到，当处解脱，一一诸法当处寂灭，当处道场。又本有之性不可名目，本来不是凡不是圣，不是垢净，亦非空有，亦非善恶，与诸染法相应，名人天二乘界。若垢净心尽，不住系缚，不住解脱，无一切有为无为缚脱心量处，于生死其心自在，毕竟不与诸妄虚幻、尘劳蕴界、生死诸人和合，迥然无寄，一切不拘，去留无碍，往来生死，如门开相似。

"夫学道人，若遇种种苦乐、称意不称意事，心无退屈，不念名闻利养衣食，不贪功德利益，不为世间诸法之所滞碍，无亲无爱，苦乐平怀，粗衣遮寒，粝食活命，兀兀如愚如聋，稍有相应分。若于心中广学知解，求福求智，皆是生死，于理无益，却被知解境风之所漂溺，还归生死海里。

"佛是无求人，求之即乖；理是无求理，求之即失[17]。若著无求，复同于有求。若著无为，复同于有为。故经云：'不取于法，不取非法，不取非非法。'又云：'如来所得法，此法无实无虚。'若能一生心如木石相似，不被阴界五欲八风之所漂溺，即生死因断，去住自由。不为一切有为因果所缚，不被有漏所拘。他时还以无因缚为因，同事利益，以无著心应一切物，以无碍慧解一切缚，亦云应病与药。"

问："如今受戒，身口清净，已具诸善，得解脱否？"师曰："少分解脱，未得心解脱，亦未得一切处解脱。"曰："如何是心解脱及一切处解脱？"师曰："不求佛法僧，乃至不求福智知解等，垢净情尽，亦不守此无求为是，亦不住尽处，亦不欣天堂、畏地狱，缚脱无碍，即身心及一切处皆名解脱。汝莫言有少分戒，身口意净，便以为了。不知河沙戒定慧门、无漏解脱，都未涉一毫在。努力向前，须猛究取。莫待耳聋眼暗，面皱发白，老苦及身，悲爱缠绵，眼中流泪，心里惶惶，一无所据，不知去处。到恁么时节，整理脚手不得也。纵有福智、名闻、利养，都不相救。为心眼未开，唯念诸境，不知返照，复不见佛道。一生所有善恶业缘，悉现于前。或忻或怖，六道五蕴，俱时现前。尽敷严好舍宅、舟船车舆[18]，光明显赫，皆从自心贪爱所现，一切恶境，皆变成殊胜之境。但随贪爱重处，业识所引，随着受生，都无自由分。龙畜良贱，亦总未定。"

问："如何得自由分？"师曰："如今得即解，或对五欲八风，情无取舍；悭嫉贪爱，我所情尽。垢净俱亡，如日月在空，不缘而照，心心如木石，念念如救头然。亦如香象渡河[19]，截流而过，更无疑滞。此人天堂、地狱所不能摄也。夫读经看教语言，皆须宛转归就自己。但是一切言教，只明如今鉴觉自性，但不被一切有无诸境转，是汝导师。能照破一切有无诸境，是金刚慧。即有自由独立分。若不能恁么会得，纵然诵得十二《韦陀[20]》典，只成增上慢[21]，却是谤佛，不是修行。但离一切声色，亦不住于离，亦不住于知解，是修行。读经看教，若准世间是好事[22]。若向明理人边数，此是壅塞人。十地之人脱不去，流入生死河[23]。但是三乘教，皆治贪瞋等病。只如今念念若有贪瞋等病，先须治之，不用求觅义句知解。知解属贪，贪变成病。只如今但离一切有无诸法，亦离于离，透过三句[24]外，自然与佛无差。既自是佛，何虑佛不解语？只恐不是佛，被有无诸法缚，不得自由。以理未立，先有福智，被福智载去，如贱使贵。不如先立理，后有福智。若要福智，临时作得。撮土成金，撮金为土，变海水为酥酪，破须弥为微尘，摄四大海水入一毛孔。于一义作无量义，于无量义作一义。伏惟珍重[25]！"

师有时说法竟，大众下堂，乃召之，大众回首，师曰："是甚么？"

（药山目之为百丈下堂句[26]）

师儿时随母入寺拜佛，指佛像问母："此是何物？"母曰："是佛。"师曰："形容似人无异，我后亦当作焉。"

师凡作务执劳，必先于众。主者不忍，密收作具而请息之。师曰："吾无德，争合劳于人[27]？"既遍求作具不获，而亦忘餐。故有"一日不作，一日不食"之语流播寰宇矣。

唐元和九年正月十七日归寂。谥"大智禅师"，塔曰"大宝胜轮"。

【注释】

[1] 三学该练：亦作"该练三学"。博通熟习戒学、定学、慧学。该练：博通熟习。三学：戒学、定学、慧学。

[2] 为人：指接引学人、教化众生。本书大都是这个意思。佛教有"为人悉檀"，四悉檀之一。佛化导众生之教法可分四个范畴（即四悉檀），为人悉檀乃佛应众生之根机与能力不同，而说各种出世实践法，令众生生起善根，故又称生善悉檀。又，指人的性格、脾气、身材等。本书第十九章"白云守端"条："所以山僧尝有偈云：'他人住处我不住，他人行处我不行。不是为人难共聚，大都缁素要分明。'"本书第十八章"丞相张商英居士"条："悦为人短小。"今一般指为人处世接物。

［3］自此雷音将震：旧校本标点有误。"自此雷音将震"必须断句，并且为句号。旧校本却标点为"自此雷音将震檀信"，将下句的主语"檀信"提上来了。

［4］檀信请于洪州新吴界住大雄山：施主信众们请师到洪州新吴界主持大雄山道场。檀信，施主信众。旧校本"檀信"二字属上有误。

［5］麇（jūn）至：如大群獐子一起赶过来，比喻人来得多，来得快。麇：古同"麕"，指獐子。

［6］无人处斫额望汝：没人的地方，眺望远方，看所期盼的人是否归来。禅林指明眼人就在眼前，却当面错过，却在顾盼与自性不相干的人。参见本书"斫额"注释。

［7］贵脱野狐身：想要摆脱野狐身。贵：指欲、想要。宋代刘斧《青琐高议后集·隋炀帝海山记下》："帝乃泣下曰：'卿为我陈成败之理，朕贵知也。'"

［8］不昧因果：不忘因果报应，因果不爽，这个道理要清清楚楚、明明白白。不昧，不忘。

［9］维那：僧职，参见本书"维那"注释。旧校本标点有误，"维那"不是专有名词，不应下画线。

［10］涅槃堂：又作延寿堂、延寿院、延寿寮、重病间（阁）、省行堂（院）、无常院、将息寮。收容慰抚老病者之堂宇。古时丛林送老者至安乐堂，送病者至延寿堂，俾使老病者养生送死而无憾。旧校本标点有误，"涅槃堂"不是专有名词，不要下划线。

［11］祗对：回答，应对。祗：同"祇""敬"的意思。祗对，用于禅林，是机锋应对，在敬意中更有针锋相对，在自我担当时毫不相让。丛林祗对，禅家的机语应对，虽奇特洒脱，但仍未超离言句之意。

［12］镢（jué）地：挖地。镢：镢头，挖地的工具。

［13］适来见甚么道理便怎么：刚才知道了什么道理便如此？

［14］和尚每日区区为阿谁：和尚每天忙忙碌碌是为了谁？区：通"驱"，奔走尽力，忙忙碌碌。阿：语气词，无意义。

［15］他无家活：他连日用工具也没有。家活：指日用器具物品。

［16］但了诸法不自生，皆从自己一念妄想颠倒，取相而有知：只要明白一切境界都不会自然产生，都是从自己心中一念妄想而产生，正邪颠倒，执着于外相而有个人知见，所以就有了六道不同的各种相状。旧校本如此标点："但了诸法不自生，皆从自己一念妄想、颠倒取相而有知。"有误。

［17］佛是无求人，求之即乖；理是无求理，求之即失：旧校本标点为："佛是无求人，求之即乖理。是无求理，求之即失。"把此处的对偶句弄得很混乱，含

义亦令人费解。

[18] 尽敷严好舍宅、舟船车舆：一切装饰庄严的好豪宅、舟船车轿。

[19] 如日月在空，不缘而照，心心如木石，念念如救头然。亦如香象渡河：旧校本标点为："如日月在空，不缘而照心，心如木石，念念如救头。然亦如香象渡河。"把"心心""头然"分裂，弯曲了原意。"头然"即"头燃"，"念念如救头燃"是佛教常用语。谓头发为火所燃，比喻事情急迫。经中常借此语比喻不顾他事，一心勤行精进之情态。

[20] 韦陀：婆罗门所传经典之名。亦名吠陀，此云智论，知此生智，即邪智论。

[21] 增上慢：宝祐本作"憎上慢"，续藏本亦作"憎上慢"，均刻错，今更正。增上慢，即对于教理或修行境地尚未有所得、有所悟，却起高傲自大之心。未得上圣之法，自谓已得；未证上圣之理，自谓已证。旧校本校勘有误，其校勘记："憎，原作'僧'，据清藏本、续藏本改。"佛教术语没有"僧上慢"。

[22] 但离一切声色，亦不住于离，亦不住于知解，是修行。读经看教，若准世间是好事：只是远离一切声色，又不停留在离，也不停留在理论，才是真正修行。读经看教，若有条件，自然是世上的好事。旧校本"读经看教"与上文连接在一起，变成"亦不住于知解，是修行读经看教"，那么，什么是世间的好事呢？无着落。而且连接上文文义，前面已经说了什么不是修行，这里说什么是真正修行，才前后呼应。故旧校本标点错误。

[23] 若向明理人边数，此是壅塞人。十地之人脱不去，流入生死河：如果因为读经看教，就视为明理开悟的人，这就不对了。菩萨没有修到十地，不能解脱，仍旧会进入生死轮回之中。十地：谓菩萨所证之地位，一切佛法依此发生也。然地位有浅深，故始自欢喜地，终于法云地。

[24] 三句：禅宗诸家为表现禅之宗旨而用以开示接引学人之语。如云门三句、德山三句、巴陵三句、岩头三句、汾阳三句、临济三句。

[25] 珍重：珍重有两个含义，一是道别语，有时相当于"保重"。二是道别，告辞，作动词用。此处属于第一个含义。丁福保《佛学大辞典》说："劝自重自爱之词也。《僧史略》曰：'临去辞曰'珍重'者何？此则相见既毕情意已通，嘱曰珍重犹言善加保重，请加自爱。好将息，宜保惜，同也。'《释氏要览》中曰：'释氏相见将退，即口云'珍重'，如此方俗云安置也。言'珍重'即是嘱云善加保重也。'"

[26] 药山目之为百丈下堂句：药山把它看作百丈下堂的警句。

[27] 争合劳于人：怎么敢有劳于别人呢？

【概要】

怀海禅师（720～814 年），唐代禅宗高僧，我国禅宗丛林清规之制定者。俗姓王氏，福州长乐人。幼年出家，初依潮阳西山慧照和尚，后依衡山法朗和尚受具足戒。往庐江（今安徽庐江县）浮槎寺阅读藏经多年，具备了深厚的经、律、论佛学功底。时值马祖道一在江西弘法，天下向风，怀海前往参学，与智藏、普愿同称入室，各有擅长，成为鼎足而立的马祖门下三大士。开悟后，因住持百丈山，故世称百丈怀海。

唐代宗大历年间（766～779 年），奉新人甘贞在洪州新吴（江西奉新）大雄山（俗称百丈山）建庵。听说入住小雄山普化院的怀海禅法精深，于是"请施家山，愿为乡导，庵庐环绕"，将怀海迎入所建庵中，并将庵改名"百丈寺"。怀海在此开山说法，自立禅院，制订清规，率众修持，实行僧团之农禅生活，尝曰："一日不作，一日不食"。禅师所订清规，世称百丈清规，天下丛林无不奉行，为禅宗史上划时代之功绩。宋儒仿效而创立书院，元明清三朝，更以书院为乡学，充作养士之所，皆禅师之赐。

元和九年入寂，世寿九十五。另据《全唐文》卷四四六《唐洪州百丈山故怀海禅师塔铭并序》所载，禅师之生年为天宝八年（749 年），故世寿六十六。此与《宋高僧传》卷十、《景德传灯录》卷六、《天圣广灯录》卷八等书所记之"春秋九十五"不一致，故通常采取"世寿九十五"一说。师示寂后，长庆元年（821 年）谥号为"大智禅师"，塔名"大胜宝轮"。座下以黄檗希运、沩山灵祐居首。其后，宋、元诸帝又谥号"觉照禅师""弘宗妙行禅师"。

禅师语录，据陈诩塔铭："门人神行梵云结集微言，纂成语本，凡今学者，不践门阈，奉以为师法焉。初闽越灵蔼律师，一川教宗，三学归仰，尝以佛性有无，响风发问，大师寓书以释之，今与语本并流于后学。"《祖堂集》亦载师有语录行世。可知当时门人编集语录一事，当属实情。现存之百丈语录有《百丈怀海禅师语要》二卷、《百丈怀海禅师语录》一卷、《百丈怀海禅师广录》一卷，收在《续藏经》第一一九册四家语录之卷二、卷三及《古尊宿语录》卷一。又《天圣广灯录》卷八、卷九，载有师之全部语录。此等语录与《祖堂集》卷十四、《景德传灯录》卷六"百丈"条，及《宗镜录》卷九十八之语合观，当可得见百丈语录之全貌。禅宗语录，最古者为《六祖坛经》与神会语录，其次为马祖与百丈之语录。

怀海禅学的主要特点，是主张众生心性本来圆满成就，只要不被妄想所系缚，就和诸佛无异。他有一段很著名的语句："灵光独耀，迥脱根尘。体露真常，不拘文字。心性无染，本自圆成。但离妄缘，即如如佛。"这些语句显示心性本自寂照与随事即用显体的禅宗心要，较道一所说更为具体。他的修行法门，就是根据这个思想，他说："汝等先歇诸缘，休息万事，善与不善，世出世间，一切诸法，莫记忆，莫缘念。放舍身心，令其自在。心如木石，无所辨别。心无所行，心地若空，慧日自现，如云开日出相似。"

怀海的作略，如打、笑、喝、举拂等，和道一相似。他每逢说法下堂，大众已经出去，却呼唤大众，等到大众回过头来，他又问："是什么？"他这种提醒学人反省的方法，诸方称为"百丈下堂句"。

怀海并运用禅学于劳动实践中，实行"一日不作，一日不食"的规制，他本人就是"作务执劳，必先于众"。他还在《禅门规式》里规定实行"普请"（集众作务）法，上下协力劳动。

怀海禅师公案，较著名者，有"野鸭子""独坐大雄峰""并却咽喉""百丈野狐""卷席""再参马祖"等数则。其中"野狐禅"公案在后世常常提起。野狐禅是禅宗对一些妄称开悟而流入邪僻者的讥刺语。用以比喻似是而非之禅。谓所为不契合禅之真义，然却自许为契合。惯用小聪明和主观见解曲解佛法，喜欢在黑山鬼窟里做活计。后以"野狐禅"泛指歪门邪道。但其典故即起源于百丈禅师在江西的百丈山开堂说法，点化一野狐而得。

百丈老人有一天上堂，下座后，各人都已散去。独有一位老人没有跑。百丈问他做什么。他说："我不是人，实是野狐精，前生本是这里的堂头。因有个学人问我：'大修行人还落因果否。'我说：'不落因果。'便因此堕落，做了五百生野狐精，没法脱身。请和尚慈悲开示。"百丈说："你来问我。"那老人便道："请问和尚，大修行人还落因果否？"百丈答道："不昧因果。"那老人言下大悟，即礼谢道："今承和尚代语，令我超脱狐身。我在后山岩下，祈和尚以亡僧礼送。"第二天百丈在后山石岩以杖拨出一头死狐，便用亡僧礼将它化葬。

当代禅师虚云大和尚曾讲"琉璃王诛释种"以及"百丈度野狐"的故事，告诫学人要相信因果，千万不要以为万法本空，因果亦空，而胡作非为，他说："我们听了这两段故事，便确知因果可畏。虽成佛也难免头痛之报，报应丝毫不爽，定业实在难逃。我们宜时加警惕，慎勿造因。"

【参考文献】

《宋高僧传》卷十；《景德传灯录》卷六；《天圣广灯录》卷八；《唐洪州百丈山故怀海禅师塔铭》（《全唐文》卷四四六）；《古尊宿语录》卷一；《祖堂集》卷十四；《宗镜录》卷九十八；《碧岩录》第二十六则、第五十三则、第七十则、第七十一则；《无门关》第二则。

池州南泉普愿禅师

池州南泉普愿禅师者，郑州新郑人也。姓王氏。幼慕空宗。唐至德二年，依大隗山大慧禅师受业，诣嵩岳受具足戒。初习相部旧章，究《毗尼》篇聚。次游诸讲肆，历听《楞伽》《华严》。入《中》《百》《门》观[1]，精练玄义。后扣[2]大寂之室，顿然忘筌，得游戏三昧。

一日，为众僧行粥次，马祖问："桶里是甚么？"师曰："这老汉合取口，作恁么语话[3]？"祖便休。自是，同参之流无敢诘问[4]。

贞元十一年憩锡于池阳[5]，自建禅斋，不下南泉三十余载。大和初，宣城廉使陆公亘向师道风，遂与监军同请下山，伸弟子之礼，大振玄纲。自此学徒不下数百，言满诸方，目为郢匠[6]。

上堂："然灯佛道了也。若心相所思，出生诸法，虚假不实。何以故？心尚无有，云何出生诸法？犹如形影，分别虚空。如人取声，安置箧中。亦如吹网，欲令气满。故老宿[7]云：'不是心，不是佛，不是物。'且教你兄弟行履。据说十地菩萨住首楞严三昧[8]，得诸佛秘密法藏，自然得一切禅定解脱神通妙用。至一切世界，普现色身，或示现成等正觉，转大法轮，入涅槃，使无量入毛孔。演一句，经无量劫，其义不尽。教化无量亿千众生得无生法忍，尚唤作所知愚、极微细所知愚，与道全乖。大难！大难！珍重[9]！"

上堂曰："王老师[10]自小养一头水牯牛[11]，拟向溪东牧，不免食他国王水草。拟向溪西牧，亦不免食他国王水草。不如随分纳些些，总不见得[12]！"

师问僧曰："夜来好风。"曰："夜来好风。"师曰："吹折门前一枝松。"曰："吹折门前一枝松。"

次问一僧曰："夜来好风。"曰："是甚么风？"师曰："吹折门前一枝松。"曰："是甚么松？"师曰："一得一失。"

师有书与茱萸曰："理随事变，宽廓非外。事得理融，寂寥非内。"僧达书了，便问萸："如何是宽廓非外？"萸曰："问一答百也无妨。"曰："如何是寂寥非内？"萸曰："睹对声色，不是好手。"僧又问长沙，沙瞪目视之。僧又进后语，沙乃闭目示之。僧又问赵州，州作吃饭势。僧又进后语，州以手作拭口势。后僧举似师，师曰："此三人不谬为吾弟子[13]。"

南泉山下有一庵主，人谓曰："近日南泉和尚出世，何不去礼见？"主曰："非但南泉出世，直饶千佛出兴，我亦不去。"师闻，乃令赵州去勘。州去便设拜，主不顾。州从西过东，又从东过西，主亦不顾。州曰："草贼大败。"遂拽下帘子，便归举似师。师曰："我从来疑着这汉。"次日，师与沙弥携茶一瓶、盏三只，到庵掷向地上，乃曰："昨日底，昨日底。"主曰："昨日底是甚么？"师于沙弥背上拍一下曰："赚我来[14]，赚我来。"拂袖便回。

上堂："道个如如[15]，早是变了也。今时师僧须向异类中行[16]。"归宗[17]曰："虽行畜生行，不得畜生报。"师曰："孟八郎[18]汉又恁么去也。"

上堂："文殊、普贤昨夜三更相打，每人与二十棒，趁出院去也[19]。"赵州曰："和尚棒教谁吃？"师曰："且道王老师过在甚处？"州礼拜而出。

师因至庄所，庄主预备迎奉。师曰："老僧居常出入，不与人知，何得排办如此？"庄主曰："昨夜土地报道，和尚今日来。"师曰："王老师修行无力，被鬼神觑见。"侍者便问："和尚既是善知识，为甚么被鬼神觑见？"师曰："土地前更下一分饭[20]。"

（玄觉云："甚么处是土地前更下一分饭？"云居锡云："是赏伊罚伊？只如土地前见，是南泉不是南泉？"）

师有时曰："江西马祖说'即心即佛'，王老师不恁么道。'不是心，不是佛，不是物'，恁么道还有过么？"赵州礼拜而出。时有一僧随问赵州曰："上座礼拜便出，意作么生？"州曰："汝却问取和尚。"僧乃问："适来谂[21]上座意作么生？"师曰："他却领得老僧意旨。"

黄檗与师为首座[22]。一日，捧钵向师位上坐。师入堂见，乃问曰："长老[23]甚么年中行道？"檗曰："威音王已前[24]。"师曰："犹是王老师儿孙在，下去。"檗便过第二位坐，师便休。

师一日问黄檗："黄金为世界，白银为壁落，此是甚么人居处？"檗曰："是圣人居处。"师曰："更有一人居何国土？"檗乃叉手立。师曰：

"道不得，何不问王老师？"檗却问："更有一人居何国土？"师曰："可惜许[25]！"

师问黄檗[26]："定慧等学，明见佛性，此理如何？"檗曰："十二时中不依倚一物。"师曰："莫是长老见处么？"檗曰："不敢。"师曰："浆水钱且置，草鞋钱教阿谁还[27]？"

师见僧斫木次，师乃击木三下，僧放下斧子，归僧堂。师归法堂。良久却入僧堂，见僧在衣钵下坐。师曰："赚杀人[28]。"

问："师归丈室，将何指南？"师曰："昨夜三更失却牛，天明起来失却火。"

师因东西两堂争猫儿，师遇之，白众曰："道得即救取猫儿，道不得即斩却也。"众无对，师便斩之。赵州自外归，师举前语示之，州乃脱履安头上而出。师曰："子若在，即救得猫儿也。"

师在方丈，与杉山向火[29]次，师曰："不用指东指西，直下本分事道来。"山插火箸[30]，叉手。师曰："虽然如是，犹较王老师一线道[31]。"

有僧问讯，叉手而立。师曰："太俗生[32]。"其僧便合掌，师曰："太僧生[33]。"僧无对。

一僧洗钵次，师乃夺却钵，其僧空手而立。师曰："钵在我手里，汝口喃喃作么[34]？"僧无对。

师因入菜园，见一僧，师乃将瓦子打之。其僧回顾，师乃翘足。僧无语，师便归方丈。僧随后入，问讯曰："和尚适来掷瓦子打某甲，岂不是警觉某甲？"师曰："翘足又作么生？"僧无对。

（后有僧问石霜云："南泉翘足，意作么生？"霜举手云："还恁么无[35]？"）

上堂："王老师卖身去也，还有人买么？"一僧出曰："某甲买。"师曰："不作贵，不作贱，汝作么生买[36]？"僧无对。

（卧龙代云："属某甲去也[37]。"禾山代云："是何道理？"赵州代云："明年与和尚缝一领布衫。"）

师与归宗、麻谷同去参礼南阳国师。师于路上画一圆相曰："道得即去。"宗便于圆相中坐，谷作女人拜[38]。师曰："恁么则不去也。"宗曰："是甚么心行？"师乃相唤便回，更不去礼国师。

（玄觉云："只如南泉怎么道，是肯语是不肯语[39]？"云居锡云："比来去礼拜国师，南泉为甚么却相唤回，且道古人意作么生[40]？"）

师在山上作务。僧问："南泉路向甚么处去？"师拈起镰子曰："我这苶镰[41]子，三十钱买得。"曰："不问苶镰子，南泉路向甚么处去？"师曰："我使得正快。"

有一座主辞师。师问："甚么处去？"对曰："山下去。"师曰："第一不得谤王老师？"对曰："争敢谤和尚？"师乃喷嚏曰："多少？"主便出去。

（云居膺云："非师本意。"先曹山云："赖也[42]。"石霜云："不为人斟酌。"长庆云："请领话。"云居锡云："座主当时出去，是会不会？"）

师一日掩方丈门，将灰围却门外，曰："若有人道得，即开。"或有祗对，多未惬师意。赵州曰："苍天！"师便开门。

师玩月次，僧问："几时得似这个去？"师曰："王老师二十年前，亦恁么来。"曰："即今作么生？"师便归方丈。

陆亘[43]大夫问："弟子从六合来，彼中还更有身否[44]？"师曰："分明记取，举似作家[45]。"曰："和尚不可思议，到处世界成就。"师曰："适来总是大夫分上事[46]。"陆异日谓师曰："弟子亦薄会佛法[47]。"师便问："大夫十二时中作么生[48]？"曰："寸丝不挂[49]。"师曰："犹是阶下汉[50]。"师又曰："不见道，有道君王不纳有智之臣[51]。"

上堂次，陆大夫曰："请和尚为众说法。"师曰："教老僧作么生说？"曰："和尚岂无方便？"师曰："道他欠少甚么？"曰："为甚么有六道四生[52]？"师曰："老僧不教他。"

陆大夫与师见人双陆[53]，指骰子[54]曰："'恁么、不恁么、正恁么，信彩去时如何[55]？'"师拈起骰子曰："臭骨头十八[56]。"又问："弟子家中有一片石，或时坐，或时卧，如今拟镌作佛，还得否？"师曰："得。"陆曰："莫不得否？"师曰："不得。"

（云岩云："坐即佛，不坐即非佛。"洞山云："不坐即佛，坐即非佛。"）

赵州问："道非物外，物外非道，如何是物外道？"师便打，州捉住棒曰："已后莫错打人去。"师曰："龙蛇易辨，衲子难谩[57]。"

师唤院主，主应诺。师曰："佛九十日在忉利天为母说法，时优填王[58]思佛，请目连运神通三转[59]，摄匠人往彼雕佛像，只雕得三十一相，为甚么梵音相[60]雕不得？"主问："如何是梵音相？"师曰："赚杀人。"

师问维那："今日普请[61]作甚么？"对曰："拽磨[62]。"师曰："磨从你拽，不得动着磨中心树子[63]。"那无语。

（保福代云："比来拽磨，如今却不成。"法眼代云："恁么即不拽也。"）

一日，有大德问师曰："即心是佛又不得，非心非佛又不得，师意如何？"师曰："大德且信即心是佛便了，更说甚么得与不得？只如大德吃饭了，从东廊上西廊下，不可总问人得与不得也[64]。"

师住庵时，有一僧到庵，师向伊道："我上山去作务，待斋时作饭自吃了，送一分上来[65]。"少时，其僧自作饭吃了，却一时打破家事就床卧[66]。师待不见来，便归庵。见僧卧，师亦就伊边卧，僧便起去。师住后曰："我往前住庵时，有个灵利道者[67]，直至如今不见。"

师拈起球子问僧："那个何似这个[68]？"对曰："不似。"师曰："甚么处见那个，便道不似？"曰："若问某甲见处，和尚放下手中物。"师曰："许你具一只眼[69]。"

陆大夫向师道："肇法师也甚奇怪，解道'天地与我同根，万物与我一体'。"师指庭前牡丹花曰："大夫，时人见此一株花，如梦相似。"陆罔测。又问："天王居何地位？"师曰："若是天王，即非地位。"曰："弟子闻说天王是居初地。"师曰："应以天王身得度者，即现天王身而为说法。"

陆辞归宣城治所。师问："大夫去彼，将何治民？"曰："以智慧治民。"师曰："恁么则彼处生灵尽遭涂炭去也。"

师入宣州。陆大夫出迎接，指城门曰："人人尽唤作雍门，未审和尚唤作甚么门？"师曰："老僧若道，恐辱大夫风化。"曰："忽然贼来时作么生。"师曰："王老师罪过。"陆又问："大悲菩萨用许多手眼作甚么？"师曰："只如国家，又用大夫作甚么[70]？"

师洗衣次，僧问："和尚犹有这个在？"师拈起衣曰："争奈这个何[71]？"

（玄觉云："且道是一个，是两个？"）

师问僧良钦："空劫中还有佛否？"对曰："有。"师曰："是阿谁？"对曰："良钦。"师曰："居何国土？"钦无语。

问："祖祖相传，合传何事？"师曰："一二三四五。"

问："如何是古人底？"师曰："待有即道。"曰："和尚为甚么妄语？"师曰："我不妄语，卢行者却妄语。"

问："十二时中以何为境？"师曰："何不问王老师？"曰："问了也。"师曰："还曾与汝为境么。"

问："青莲不随风火散时是甚么[72]？"师曰："无风火不随是甚么？"僧无对。

师问："不思善，不思恶，思总不生时，还我本来面目来。"曰："无容止可露。"

（洞山云："还曾将示人么？"）

师问座主："你与我讲经得么？"曰："某甲与和尚讲经，和尚须与某甲说禅始得。"师曰："不可将金弹子博银弹子去[73]。"曰："某甲不会。"师曰："汝道空中一片云，为复钉钉住？为复藤缠着？"

问："空中有一珠，如何取得？"师曰："斫竹布梯空中取。"曰："空中如何布梯？"师曰："汝拟作么生取[74]？"

僧辞。问曰："学人到诸方，有人问：'和尚近日作么生？'未审如何祗对[75]？"师曰："但向道近日解相扑[76]。"曰："作么生？"师曰："一拍双泯[77]。"

问："父母未生时，鼻孔[78]在甚么处？"师曰："父母已生了，鼻孔在甚么处？"

师将顺世[79]，第一座问："和尚百年后向甚么处去？"师曰："山下作一头水牯牛去。"座曰："某甲随和尚去还得也无[80]？"师曰："汝若随我，即须衔取一茎草来。"

师乃示疾，告门人曰："星翳灯幻亦久矣[81]，勿谓吾有去来也。"言讫而逝。

【注释】

[1] 入《中》《百》《门》观：研究《中论》《百论》《十二门论》的观点。"中百门"是三本书，但旧校本却作为两本书标点"《中》《百门》"，而旧译本则作为一本书"《中百门》"翻译，《〈景德传灯录〉译注》亦如此，均错。

[2] 扣：同"叩"。指求教、探问。

[3] 这老汉合取口，作怎么语话：你这个老头啊，把嘴巴给我闭上吧，说的什么胡话？合取口，闭上你的嘴巴，禅宗还说"合取狗口"，意思是闭上你的狗嘴。怎么，如此，这样。这句话，旧校本中间均无逗号，有误。

[4] 自是，同参之流无敢诘问：宝祐本作"自余同参之流无敢诘问"，查阅《指月录》作"自是同参无敢诘问"，故"自余"应更正为"自是"，更正后才好正确解释。这句话的意思是：从此以后，普泉的那些同学再也没有哪个敢与他较量了。诘问：追问，责问，质问。

[5] 池阳：安徽池阳南泉山，所以世称南泉普愿禅师。

[6] 郢匠：典出《庄子集释》卷八中《杂篇·徐无鬼》。楚郢中的巧匠，名石。后以"郢匠"喻指文学巨匠。此处指南泉成为远近闻名的大师。

[7] 老宿：老成宿德之人。禅林多指德高望重之长者，修行有成。

[8] 十地菩萨住首楞严三昧：十地菩萨停住在首楞严大定中。十地菩萨，上文已经解释。首楞严三昧，梵语首楞严，译为健相分别；梵语三昧，译为正受，亦云正定。谓菩萨住是三昧，则于诸三昧行相、多少、浅深，悉能分别了知；而一切魔恼，不能破坏，是名首楞严三昧。

[9] 珍重：珍重有两个含义，一是道别语，有时相当于"保重"。二是道别，告辞，作动词用。此处属于第一个含义。

[10] 王老师：南泉禅师自称。南泉俗姓王，故称"王老师"。"老师"取其修行年久日深之意，和今义稍有差异。《史记·孟子荀卿列传》："田骈之属皆已死，齐襄王时，而荀卿最为老师。"

[11] 水牯牛：公水牛。它在禅林有着丰富的象征含义。一般来说用牛唯求水草不向外攀缘，没有其他杂念，启示修行人也要如此，什么也不想，甚至不知道有三世诸佛，如牛一样只知道水草，饥来吃草，渴来饮水，不愁不成就。《禅林僧宝传》卷一"曹山本寂"条："鸳奴白牯修行却快，不是有禅有道，如汝种种驰求，觅佛觅祖，乃至菩提涅槃，几时休歇成办乎？皆是生灭心。所以，不如鸳奴白牯兀兀无知，不知佛不知祖……但饥来吃草，渴来饮水。若能怎么，不愁不成办。"

[12] 不如随分纳些些，总不见得：不如随缘放一放取一点儿，总不见得有什

么错吧！些些，少许，一点儿。不见得，《心经》说："以无所得故，菩提萨埵。"

[13] 此三人不谬为吾弟子：旧校本标点有误，断句为"此三人不谬，为吾弟子"，错解其意。这句话不能断句，意思是"这三个人不枉为我弟子"。

[14] 赚我来：骗我来。赚：欺骗。

[15] 如如：不变不异，真如之理也。谓由前正智，观察名相，皆悉如幻，非有非无，名相本空，即真如理。理因智明，智因理发；以智如理，以理如智；是为如如也。

[16] 异类中行：异类，指属于佛果位以外之因位，如菩萨、众生之类。异类中行，指行于异类之中。发愿利生之菩萨，于悟道后，为救度众生，不住涅槃菩提之本城，而出入生死之迷界，自愿处于六道众生之中，以济度一切有情。

[17] 归宗：指归宗智常，马祖弟子，事迹见本章后文。

[18] 孟八郎：指不依道理行事者。孟：孟浪；八郎：乃排行之次序。禅林中，常以孟八郎形容强横暴戾之粗汉。典出《庄子·齐物论》："夫子以为孟浪之言，而我以为妙道之行也。"孟浪：指言语轻率不当。

[19] 文殊、普贤昨夜三更相打，每人与二十棒，趁出院去也：文殊、普贤昨夜三更互相打架，我每人给二十棒，赶出院子去了。趁：逐，追赶。

[20] 土地前更下一分饭：在土地神面前再放上（供奉）一份饭。土地：为专司土地之神。正称为福德正神，为道教及民俗所奉之神祇。于古代神话中，称为社神，为管理一小地面之神。后转变为祭祀之神，与地上一切生产物、牲畜、农作物等年丰岁熟有密切关系。乃民间奉为福禄财神者。不论农人、商人、渔矿、金融界、木匠等，皆有祀奉之者。此外，又被视为守墓神，或称为后土。相传善人君子死后可由城隍爷任命为各地方之土地公。于道教中，太社神、太稷神、土翁神、土母神等均为司掌土地之神。然此等神祇，并非出自佛典所载者。

[21] 谂（shěn）：从谂禅师，即赵州和尚。

[22] 首座：僧堂内的六头首之一，为一会大众的上首。也称为第一座、座元、禅头、首众等。由于他是坐在僧堂前板东北击的首位，因此也称为前堂首座；相对于此，坐在后板西北床的首位者，称为后堂首座；坐在立僧板（西南床）者，称为立僧首座；坐在西堂板（东南床）者，称为名德首座。关于这个名称的由来，《释氏要览》卷上："首座之名，即上座也。居席之端，处僧之上故也。即唐宣宗署僧辩章，为三教首座，此为始也。今则以经论学署首座也。"关于首座的各种异名，意义如下：所谓第一座，系指位于僧堂前板的第一位；座元，系指僧堂座位的元首；禅头，乃僧堂举行坐禅时，由首座号令而不由住持号令；首众，意即大众之首。

[23] 长老：指年龄长而法腊高，智德俱优之大比丘。又称上座、上首、首座、耆年、耆宿、耆旧、老宿、长宿、住位。

[24] 威音王已前：即威音王以前。又作威音王佛出世已前。乃禅林常用以指点学人自己本来面目之语句，意同"父母未生以前""天地未开以前""空劫以前"等语。盖威音王佛乃过去庄严劫最初之佛名，故以之表示无量无边的久远之前。

[25] 可惜许：可惜啊！你还差那么一点点。许：语气助词。

[26] 师问黄檗：旧校本作"许师问黄檗"，将上句语气助词"许"移入此句前，有误。

[27] 浆水钱且置，草鞋钱教阿谁还：茶饭钱且放到一边，草鞋钱你叫谁来还？

[28] 赚（zuàn）杀人：又作"赚煞人"。欺骗人的意思。赚：欺骗。杀：助词。

[29] 向火：坐在火炉边取暖的时候。禅家于寒月时，坐于僧堂之炉边取暖，称为向火。据《敕修百丈清规》卷六大众章日用规范条载，向火时，应先坐于炉圈上，然后转身正坐，揖上下肩，不得使弄香匙火箸，不得拨火飞灰，不得聚头说话，亦不得煨点心等物，及烘鞋、焙屩（juē，草鞋）、烘衣裳等，更不得揽起衣服露出裤口，或吐唾及丢弹垢物于火内。由此可知向火时之规定。

[30] 火箸（zhù）：火筷子，拨动炭火的铁筷子。

[31] 一线道：禅林用语常作"放一线道"或"开一线道"。谓禅法固密难入，禅师以方便法门，放开一线之道，让学人有路可循。系禅家接引学人时的方便法门。

[32] 太俗生：太俗人气了。

[33] 太僧生：太僧人气了。

[34] 汝口喃（nán）喃作么：你口里动个不停干嘛。喃喃：即低语声。夺了钵子，心中应空，可洗碗僧没觉悟，口里念念不停，心中杂念更多。

[35] 还恁么无：还是什么也没有？

[36] 不作贵，不作贱，汝作么生买：不卖贵了，也不卖便宜了，你怎么买？不贵不贱，无大无小，不生不灭，这是佛性，无价之宝，你怎么能买呢？一旦悟了，自身就有，何必要买。

[37] 属某甲去也：属于我的了。

[38] 女人拜：女子立拜屈膝之状。一说以两手当胸前，身体微曲为礼。

[39] 只如南泉恁么道，是肯语是不肯语：如果像南泉这么说，到底是认同的话还是不认同的话？肯，推许某人、相信某人已省悟或者赞同某禅机作略都称作"肯"。

[40] 比来去礼拜国师，南泉为甚么却相唤回，且道古人意作么生：原来说去礼拜国师，南泉却为什么又要喊他们回来，这古人说话到底是什么意思？比来，原来。

[41] 茆镰：茅镰，收割谷物或割草的农具。茆：同"茅"。

[42] 赖也：耍赖。

[43] 陆亘（764～834年）：吴郡吴县（今江苏苏州）人，曾历任兖州、蔡州、虢州、越州、宣州刺史，享年七十一岁，追赠礼部尚书。南泉禅师晚年在池州传法的时候，与陆亘大夫的关系非常密切。陆亘大夫曾迎请南泉禅师入宣州治所供养、亲近、问法。在南泉禅师的不断点拨下，陆亘大夫后来得以悟明心性。

[44] 弟子从六合来，彼中还更有身否：弟子从六合（江苏一个地名）来，那里还有我的身体吗？

[45] 分明记取，举似作家：用心记住，说给行家听。记取：指记住，记得。取，助词，可表示完成，获得结果。作家：佛教禅宗对善用机锋者之称，指行家、高手。

[46] 适来总是大夫分上事：往来总是大夫份上的事。大夫：古代为一般任官职之称。

[47] 弟子亦薄会佛法：弟子也稍微懂得一点佛法。

[48] 大夫十二时中作么生：陆大夫每天十二时辰做什么？

[49] 寸丝不挂：全身一丝不挂，说明自己整天没有一点杂念，也算修行不错了。

[50] 阶下汉：比喻对某门学问尚未入门的人。

[51] 不见道，有道君王不纳有智之臣：不见有人说，有道的君王不接受有智之臣。意思仍旧停留在知解上，即理论上，与真正的开悟尚有距离。

[52] 六道四生：六道指地狱、饿鬼、畜生、阿修罗、人间、天上六种世界。又依六道众生出生之形态，可分胎生、卵生、湿生、化生四类，并称六道四生。其中，人趣与畜生趣各具四生，鬼趣通胎、化二生，一切地狱、诸天及中有，唯为化生。

[53] 双陆：古代博戏用具，同时也是一种棋盘游戏。棋子的移动以掷骰子的点数决定，首位把所有棋子移离棋盘的玩者可获得胜利。旧校本标点有误，不知道有"双陆"这个词，把"双陆"分开标点，变成"陆大夫与师见人双，陆指骰子曰"，又在"陆"下画线，以为"陆"是人名。

[54] 骰（tóu）子：古代中国民间娱乐用来投掷的博具。

[55] 怎么、不怎么、正怎么，信彩去时如何：如此，不如此，正如此，彩头

失去时如何？

[56] 臭骨头十八：臭骨头十八点。意思是变来变去，总是为数所限，不得解脱。

[57] 龙蛇易辨，衲子难谩（mán）：是龙是蛇容易分辨，禅僧不是那么好欺骗的。衲子：又叫作衲僧，是禅僧的别称，因禅僧多穿一衲衣而游方各处。

[58] 优填王：梵名，译为日子王、出爱王。为佛世时憍赏弥国之王。因王后笃信佛法，遂成为佛陀之大外护。据《增一阿含经卷》二十八载，佛陀曾升至三十三天，为生母说法，彼时，优填王未能礼佛，忧苦愁病，群臣遂以牛头栴檀（牛头山所产之香木）造一尊五尺佛像，王乃痊愈。此为印度造佛像之开始。

[59] 请目连运神通三转，摄匠人往彼雕佛像：请目连运用神通上天三次转达自己的思念，目连以神通带着工匠到佛说法处雕刻佛像。

[60] 梵音相：又作梵声相、梵音深远相、得梵音声相、声如梵王相、弘雅梵声相。佛三十二相之一。佛清净之梵音，声洪圆满，如鸣天鼓，微妙最胜；又如迦陵频伽之音，闻者爱乐，得益无量。此乃佛于因位时，无量世中不恶口、说实言美语、教善语、不谤正法，所感得之妙相。即表示令闻者随其器得益，皆生善心无杂乱，大小权实皆能解了，断惑消疑，而常欲闻爱乐之德。

[61] 普请：指禅寺中普请大众从事集体劳动。今俗称出坡。

[62] 拽磨：拉磨。

[63] 磨从你拽，不得动着磨中心树子：磨随你拉，但不能让磨的中心轴转动。此公案与"心动、幡动、仁者心动"相似。即磨本来不会转动，但仁者心动则磨就会转动。心动则一切不动，心不动则一切都不动。

[64] 只如大德吃饭了，从东廊上西廊下，不可总问人得与不得也：只如大德要吃饭了，从东廊上西廊下，就可吃到饭了，不可总问别人行与不行。意思就是说食不饱，只管从一门深入，能够吃到饭就行了。旧译本"比如大德吃饭以后……"，没有弄清原文意思，故译错。

[65] 我上山去作务，待斋时作饭自吃了，送一分上来：我上山去劳动了，等到吃饭的时候你自己做饭先自己吃了，然后给我送一份上山来。

[66] 其僧自作饭吃了，却一时打破家事就床卧：那个僧人自己做饭吃了，不仅不送饭上山去，还把做饭的家伙都打坏了，然后就上床呼呼大睡。家事：指家什、器具。禅宗悟道，先破后立，破家散宅，不留一物，然后才能悟出空性。

[67] 灵利道者：机灵，有悟性的参禅人。禅家称根器好、悟性高者为灵利人、灵利衲僧等。如本书第二十章"乾元宗颖"条："上堂，卓拄杖曰：'性燥汉祇在一槌。'靠拄杖曰：'灵利人不劳再举。而今莫有灵利底么？'良久曰：'比拟张麟，

兔亦不遇。'"又，本书第二十章"龙翔士珪"条："灵利衲僧，只消一个。"

[68] 那个何似这个：那个像不像这个？

[69] 许你具一只眼：可以承认你已经具备一只眼。一只眼，指法眼，即能够观照事物真相，认识禅法真理的智慧眼光。又，指不够全面、深刻的眼光，与"两只眼"相对。

[70] 只如国家，又用大夫作甚么：比如国家，又任用您大夫（古职官名）做什么？国家就如观音身体，各个部门的大夫就如千手千眼。

[71] 争奈这个何：对它怎么办？

[72] 青莲不随风火散时是甚：佛教以青莲为清净之像，"不随风火散"，经得起环境考验，出淤泥而不染。

[73] 不可将金弹子博银弹子去：不能拿金弹子换走银弹子。

[74] 汝拟作么生取：你打算怎么取？

[75] 未审如何祇对：不知道怎么回答？回答，应对。祇：同"祇""敬"的意思。祇对：用于禅林，是机锋应对，在敬意中更有针锋相对，在自我担当时毫不相让。丛林祇对，禅家的机语应对，虽奇特洒脱，但仍未超离言句之意。

[76] 相扑：一种类似摔跤的体育活动，原产于我国，秦汉时期叫角抵，南北朝到南宋时期叫相扑，现为一种流行于日本的摔跤运动。此相扑者，比喻在争执中解脱。

[77] 一拍双泯：一拍双双消失。

[78] 鼻孔：喻指人人自有的、平常自然的本来面目，即本性、佛性。如《黄龙语录》："上堂，喝一喝，云：'尽大地被同安一喝，瓦解冰消。汝等诸人，向什么处著衣吃饭？若未得个著衣吃饭处，须得个著衣吃饭处。若识得个著衣吃饭处，识取鼻孔好。'下座。"

[79] 顺世：佛教称僧人逝世。

[80] 某甲随和尚去还得也无：我跟随和尚去行不？

[81] 星翳灯幻亦久矣：如同星与灯的幻影，我在世也很久了。

【概要】

南泉普愿（748～834年），唐代禅僧。郑州新郑（河南开封新郑）人，俗姓王。十岁，受业于大隗山大慧，苦节笃励，勤勉奋发。大历七年（772年），就嵩山会善寺皓律师受具足戒，研习法砺律师所唱创之相部律宗。未久，游诸讲肆，听《楞伽》《华严》等经，又通达《中论》《百论》《十二门论》等之玄义。后参谒江西马祖道一，有所省悟。贞元十一年（795年），于池阳南泉山建禅宇，三十余年不出山。太和（827～835年）初年，应众请出山。由是，学徒云集，法道大扬。太和八年十二月二十五日示寂，世寿八十七。世称"南泉普愿"。有语录一卷。法嗣有赵州从谂、长沙景岑、子湖利踪等人。

南泉普愿有很多公案，一贯以来脍炙人口的有"南泉斩猫"。以南泉普愿斩猫，示截断有、无相对之执见。古来此公案颇著名，又称难关。《碧岩录》第六十三则《雪窦重显之颂》："两堂俱是杜禅和，（中略）拨动烟尘奈何不得；（中略）赖得南泉能举令，一刀两段任偏颇。"圆悟克勤评之曰："此事轩知，如此分明，不在情尘意见上讨。若向情尘意见上讨，则辜负南泉去。但向当锋剑刃上看，是有也得，无也得，不有不无也得。"

【参考文献】

《宋高僧传》卷十一；《景德传灯录》卷八；《联灯会要》卷四；《佛祖历代通载》卷二十二；《禅宗正脉》卷三；《祖堂集》卷十六；忽滑谷快天《禅学思想史》上卷。

【拓展阅读】

"南泉斩猫"的启示

（摘自曾琦云著《般若禅》，文化艺术出版社，2009年）

寺庙里面来了一只漂亮的猫，引起东西两堂僧人争夺，想得到这只猫。

南泉看见后，就用一把刀架在猫身上，冲大家喊："你们想得到什么，有人说得出来，猫就可以活命，无人说得出来，猫就当死。"

大家都没有反应过来，一时没有人回答。南泉就挥手一刀，把猫斩为两断。

赵州从谂（shěn）和尚从外面回来，南泉告知此事，赵州便将脚上草鞋脱下，顶在头上而出。

南泉感叹地说："如果他白天在的话，那只猫就不会死了。"

对于这个故事，有人赞叹，有人反对，有人怀疑，众说纷纭，莫衷一是。有人说南泉斩猫乃虚幌一刀，实未真斩。有人说南泉有神通，斩了也等于没有斩。有人说南泉斩猫是寓言，历史上没有真正发生这件事情。还有人说，南泉斩猫不管他是什么目的，反正已经杀死了一只猫，就是杀生，就是错的。

《心经》说"五蕴皆空"，一切存在的现象，都是自心的幻象，一切众生的本性是"不生不灭"的，它的本性是空的。因此，哪里有一个什么"我"能够得到猫呢？不仅没有猫可得，"猫"的本身也是不存在的，它也是四大（物质）合成的假象，其本性也是空的。因此，南泉斩猫，既斩了众人的自私占有之心，也斩了猫的四大假象。斩猫是真的，没有斩也是真的。本无生灭和来去，又有谁在斩猫呢？

赵州回来后，把鞋子脱下放到头上去，南泉禅师夸奖他。这本来是违背常规的荒唐之举，鞋子是穿在脚上，才能走路，怎么能够穿到头上去呢？可从空的本性来看，众生的一切行为都是《心经》所说的"颠倒梦想"，因为众生执着一切现象是实的，才有我执和分别心，所以生起了"颠倒梦想"。从空的本性来看，若能够反过来，就可以明心见性。鞋子为何要穿在脚上才能走路？那是因为众生执着有一个"我"的存在。如果脱下了鞋子，去掉了我执，还有谁在穿鞋走路呢？因此，赵州把鞋子穿到头上去，实际就是说自性本空，没有谁在穿鞋子，之所以有人穿鞋子，那么因为我们的"颠倒梦想"在作怪。没有人穿鞋子，说明本性"不生不灭"，既然不生不灭，又有"谁"杀死了猫呢？猫又怎么会死了呢？

本性是不生不灭的，猫杀了也等于没有杀。所以，南泉说赵州若在可以救猫，也并非真的救猫，而是救了猫的本性和一切众生的本性。

把鞋子穿在头上，与南朝傅大士的诗"空手把锄头，步行骑水牛，人在桥上走，桥流水不流"相似。

杭州盐官海昌院齐安国师

杭州盐官海昌院齐安国师，海门郡人也。姓李氏。生时神光照室。后有异僧谓之曰："建无胜幢[1]，使佛日回照者，岂非汝乎？"遂依本郡云琮禅师落发受具[2]。后闻大寂行化于龚公山，乃振锡而造焉。师有奇相，大寂一见深器之。乃令入室，密示正法。

僧问："如何是本身卢舍那[3]？"师曰："与老僧过净瓶来。"僧将净瓶至。师曰："却安旧处着。"僧送至本处，复来诘问。师曰："古佛过去久矣。"

有讲僧来参，师问座主："蕴何事业[4]？"对曰："讲《华严经》。"师曰："有几种法界？"曰："广说则重重无尽，略说有四种。"师竖起拂子曰："这个是第几种法界？"主沉吟，师曰："思而知，虑而解，是鬼家活计[5]。日下孤灯，果然失照。"

（保福闻云："若礼拜即吃和尚棒。"禾山代云："某甲不烦，和尚莫怪。"法眼代拊掌三下。）

僧问大梅："如何是西来意？"大梅曰："西来无意。"师闻乃曰："一个棺材，两个死汉。"

（玄沙云："盐官是作家[6]。"）

师一日唤侍者曰："将犀牛扇子来。"者曰："破也。"师曰："扇子既破，还我犀牛儿来。"者无对。

（投子代云："不辞将出，恐头角不全。"资福代作圆相，心中书"牛"字。石霜代云："若还和尚即无也。"保福云："和尚年尊，别请人好。"）

师一日谓众曰："虚空为鼓，须弥为椎，甚么人打得?"众无对。

（有人举似南泉，泉云："王老师不打这破鼓。"法眼别云："王老师不打。"）

有法空禅师到，请问经中诸义，师一一答了，却曰："自禅师到来，贫道总未得作主人。"法空曰："请和尚便作主人。"师曰："今日夜也，且归本位安置，明日却来。"法空下去。

至明旦，师令沙弥屈法空禅师[7]。法空至。师顾沙弥曰："咄! 这沙弥不了事[8]，教屈法空禅师，屈得个守堂家人来[9]。"法空无语。

法昕院主来参，师问："汝是谁?"对曰："法昕。"师曰："我不识汝。"昕无语。

师后不疾，宴坐示灭，谥"悟空禅师"。

【注释】

[1] 建无胜幢：建起无比殊胜的法幢。幢：旗的一种，即附有种种丝帛，用以庄严佛菩萨及道场的旗帜。幢原用于王者之仪卫，或作为猛将之指挥旗；由于佛为法王，能降伏一切魔军，故称佛说法为建法幢，并视幢为庄严具，用来赞叹佛菩萨及庄严道场。

[2] 遂依本郡云琮禅师落发受具：宝祐本"少"作"长"，作"长依本郡云琮禅师落发受具"，疑误刻。查阅《景德传灯录》此处作"遂"，即"遂依本郡云琮禅师落发受具"。

[3] 卢舍那：佛有三身，分别是：毗卢遮那佛（法身佛）、卢舍那佛（报身佛）和释迦牟尼佛（应身佛）。毗卢遮那佛（即大日如来），为即是中道之理体也，佛以法为身，故称法身，法身处于常寂光净土。卢舍那佛，义曰"光明遍照"，又作"净满"。报身佛是表示证得了绝对真理获得佛果而显示了佛的智慧的佛身。是行六度万行功德而显佛之实智也。对于初地以上菩萨应现之报身，报身处于实报庄

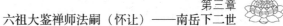

严土。释迦牟尼佛，是表示随缘教化，度脱世间众生而现的佛身，特指释迦牟尼的生身。

[4] 蕴何事业：积蓄了一些什么家业？比喻讲经僧讲了一些什么经，并以之作为自己的家业。

[5] 鬼家活计：指陷于意想知解，俗情妄念。亦作"鬼趣里作活计"。《碧岩录》卷一："凡出一言半句，不是心机、意识、思量、鬼窟里作活计，直是超群拔萃，坐断古今，不容拟议。"鬼窟里，又作假解脱坑。幽鬼所栖之处，即阗黑之处；比喻拘泥于情识，盲昧无所见之境界。或指习禅求悟之过程，陷入空之一端而执之为悟，滞碍不通，反成邪见。活计，本谋生行当，禅录中多比喻禅法或种种机用作略。又指干活的工具、家产，比喻俗情妄念。

[6] 盐官是作家：盐官海昌院齐安国师是大家。作家：佛教禅宗对善用机锋者之称。行家；高手。

[7] 令沙弥屈法空禅师：派沙弥邀请法空禅师。屈：委屈大驾，邀请人的敬辞。

[8] 这沙弥不了事：这沙弥不懂事，糊涂。表面上批评沙弥糊涂，实际上是批评法空不明事理。

[9] 屈得个守堂家人来：只请了一个守屋堂的家人来。屋堂比喻四大组合的身体，四大本空，可凡人却守住四大组合的身体就是自己，始终不觉悟五蕴皆空。

【概要】

齐安国师（？~842年），唐代禅僧。海门郡（位于江苏）人，一作海汀郡人，俗姓李。生时神光照室。少依本郡云琮出家，并从南岳智严受具足戒。后闻马祖道一行化于龚公山，乃往参诣。道一见而器之，密示正法，得其钳槌而悟道，嗣其法。四出游化，元和（806~820年）末年，年逾七十，重修荒废已久的萧山（今属浙江）法乐寺。时盐官（今浙江海宁西南）法昕创建海昌院，请齐安居之，世称"盐官齐安"。一时四方参学者翕然聚集，大扬马祖禅风。会昌二年（842年），宴坐而终，卒年九十余。宣宗敕谥"悟空大师"，并作御诗追悼。卢简求撰塔铭。武宗毁佛后，宣宗受齐安感化，再兴佛法。

《从容录》第二十五则"盐官犀扇"之公案中，充分流露师之禅风。此公案中，盐官假托犀牛扇子，以表现宗门向上之事。资福于空中画一"圆相"，复于其中书一"牛"字，其意盖谓此犀牛扇子系指宇宙之实体，而非指实物之扇。

此外，盐官接待法空禅师，回答了他很多读经不明白的问题，但都不能使之开悟。于是就说"自禅师到来，贫道总未得作主人"，启发法空去寻找自己的真正主人——自身佛性，不要再执着在"文字禅"上。法空于是说"请和尚便作主人"，可其口中所说主人，即指与客人相对的主人，而未明白盐官"主人"之意。盐官再次启示他说"今日夜也，且归本位安置，明日却来"，"归本位安置"，找到自己真正安身立命的地方。本位者，自己当下。即安住当下，好好体察，待有消息，明日再来呈报。可法空禅师不识"归本位安置"之意，却以寮房为本位，故归寮房休息去。第二天，令沙弥请法空。法空被请，依然不会"当下事"。法空不悟诸法本空，著相逐境，故谓之"守堂家人"。守堂者，守"四大色身"。盐官曰："咄！这沙弥不了事，教屈法空禅师，却屈得个守堂家人来。"如此否定，如同棒喝。棒喝断妄想，妄断心常在。此心是何物，诸人须亲证。法空依然不会，只能哑口无言。

【参考文献】

《宋高僧传》卷十一；《佛祖统纪》卷四十二；《景德传灯录》卷七；《宗门统要续集》卷四；《禅宗正脉》卷四；《祖堂集》卷十五；《全唐文》卷七三三。

卢山归宗寺智常禅师

上堂："从上古德不是无知解，他高尚之士不同常流[1]。今时不能自成自立，虚度时光。诸子莫错用心，无人替汝，亦无汝用心处，莫就他觅[2]。从前只是依他解，发言皆滞，光不透脱[3]，只为目前有物。"

僧问："如何是玄旨？"师曰："无人能会。"曰："向者如何[4]？"师曰："有向即乖。"曰："不向者如何？"师曰："谁求玄旨？"又曰："去！无汝用心处。"曰："岂无方便门，令学人得入？"师曰："观音妙智力，能救世间苦。"曰："如何是观音妙智力？"师敲鼎盖三下，曰："子还闻否？"曰："闻。"师曰："我何不闻？"僧无语，师以棒趁下[5]。

师尝与南泉同行，后忽一日相别，煎茶次，南泉问曰："从来与师兄商量语句彼此已知，此后或有人问毕竟事作么生[6]？"师曰："这一片地大好卓庵[7]。"泉曰："卓庵且置，毕竟事作么生？"师乃打翻茶铫[8]，便起。泉曰："师兄吃茶了，普愿未吃茶[9]。"师曰："作这个语话，滴水也难销[10]。"

僧问："此事久远，又如何用心？"师曰："牛皮鞔露柱[11]，露柱啾啾叫。凡耳听不闻，诸圣呵呵笑。"

师因官人[12]来，乃拈起帽子两带曰："还会么？"曰："不会。"师曰："莫怪！老僧头风，不卸帽子[13]。"

师入园取菜次，乃画圆相，围却一株，语众曰："辄不得动着这个。"众不敢动。少顷，师复来，见菜犹在，便以棒趁众僧曰："这一队汉，无一个有智慧底。"

师问："新到甚么处来？"曰："凤翔来。"师曰："还将得那个来否？"曰："将得来。"师曰："在甚么处？"僧以手从顶擎捧呈之，师即举手作接势，抛向背后。僧无语。师曰："这野狐儿。"

师划草[14]次，有讲僧来参，忽有一蛇过，师以锄断之。僧曰："久向[15]归宗，元来是个粗行沙门。"师曰："你粗？我粗？"曰："如何是粗？"师竖起锄头。曰："如何是细？"师作斩蛇势。曰："与么，则依而行之。"师曰："依而行之且置，你甚处见我斩蛇[16]？"僧无对。

云岩来参，师作挽弓势。岩良久，作拔剑势。师曰："来太迟生。"

上堂："吾今欲说禅，诸子总近前。"大众近前。师曰："汝听观音行，善应诸方所。"问："如何是观音行？"师乃弹指曰："诸人还闻否？"曰："闻。"师曰："一队汉向这里觅甚么？"以棒趁出，大笑归方丈。

僧辞，师问："甚么处去？"曰："诸方学五味禅去。"师曰："诸方有五味禅，我这里只有一味禅。"曰："如何是一味禅？"师便打。僧曰："会也！会也！"师曰："道！道！"僧拟开口，师又打。僧后到黄檗，与前话，檗上堂曰："马大师出八十四人善知识，问着个个屙漉漉地，只有归宗较些子[17]。"

江州刺史李渤[18]问："教中所言，须弥纳芥子，渤即不疑。芥子纳须弥，莫是妄谭否？"师曰："人传使君读万卷书籍，还是否？"曰："然。"师曰："摩顶至踵如椰子大，万卷书向何处着[19]？"李俯首而已。

李异日又问："一大藏教，明得个甚么边事[20]？"师举拳示之，曰："还会么？"曰："不会。"师曰："这个措大[21]，拳头也不识。"曰："请师指示。"师曰："遇人即途中授与，不遇即世谛流布。"

师以目有重瞳，遂将药手按摩，以致两目俱赤，世号赤眼归宗焉。后示灭，谥"至真禅师"。

【注释】

[1] 从上古德不是无知解，他高尚之士不同常流：过去的高僧大德不是没有知

识与见解，他们是高尚之士，不同于一般人。

[2] 亦无汝用心处，莫就他觅：离开自心就没有用功的地方，不要从其他地方求佛，即心外求佛。《〈景德传灯录〉译注》将"莫就他觅"译为"不要从他人身上去寻找"，有误。

[3] 从前只是依他解，发言皆滞，光不透脱：旧校本标点为"从前只是依他解发，言皆滞光不透脱"，有误。

[4] 向者如何：接近它如何？向，接近的意思。旧译本"向往他的人怎么样"，有误。

[5] 师以棒趁下：禅师用棒子把他赶出去了。

[6] 从来与师兄商量语句彼此已知，此后或有人问毕竟事作么生：过去我与师兄商量的话互相都知道，今后如果有人问最后开悟的事怎么办？毕竟：又作究竟、至竟。即究极、至极、最终之意。远离烦恼污染之绝对清净真理。

[7] 这一片地大好卓庵：这一片地太好建庙了。卓：建立。

[8] 茶铫（diào）：烧茶的器具。铫：煮开水熬东西用的器具。

[9] 师兄吃茶了，普愿未吃茶：旧校本标点有误。"普愿未吃茶"不是叙述语言，因为前文已经说到"师乃打翻茶铫"，所以我普愿就吃不到茶了。旧校本把"普愿未吃茶"移出引号之外作叙述语言，有误。

[10] 作这个语话，滴水也难销：你说出这样的话，一滴水你也消受不了。

[11] 牛皮鞔（mán）露柱：此指用牛皮蒙在露柱上。鞔：把皮革蒙在鼓框上，钉成鼓面。露柱：古代用以旌表门第的龙柱。

[12] 官人：对男子的敬称。据清代赵翼《陔余丛考》卷三七载，唐以前唯有官者方称官人，至宋已为时俗通称，明代以后遍及士庶，奴仆称主及尊长呼幼，皆可称某官人。

[13] 莫怪！老僧头风，不卸帽子：莫怪！老僧得了头风病，不能脱下帽子。头风，病症名，经久难愈之头痛。旧校本标点为"莫怪老僧头风，不卸帽子"，李艳琴《中华本〈祖堂集〉点校辨正》与旧校本相同，均有误，因为莫怪的是"不卸帽子"这件事。聊城大学任连明、孙祥愉《中华本〈五灯会元〉句读疑误类举》提出要作"莫怪老僧，头风不卸帽子"，虽然说明了莫怪的不是"头风"，但仍旧没有使人明白莫怪的是"不卸帽子"这件事。《万松老人评唱天童觉和尚颂古从容庵录》卷六："宗曰：'老僧病头风，莫怪不卸帽子。'"明确说明莫怪的是"不卸帽子"这件事。此外，"头风"指病。旧译本："不要怪老僧头怕风吹，不脱下帽子"，把"头风"翻译为"头怕风吹"，望文生义，有误。

[14] 划（chǎn）草：除草。划：铲除，灭除。

[15] 久向：很久就向往，长久以来向往。

[16] 依而行之且置，你甚处见我斩蛇：宝祐本"且置"作"且致"，续藏本则作"且置"，显然是"且置"才正确。旧校本依宝祐本，有误。并且旧校本标点亦有误，作"依而行之，且置你甚处见我斩蛇"，把"且置"与前句分开，成为后句的开头，这是不熟悉《五灯会元》语言风格引起的错误。"……且置"：指先把某问题放下不论，单提另外一个问题，是《五灯会元》禅师对话常用的风格。

[17] 马大师出八十四人善知识，问着个个屙漉漉地，只有归宗较些子：马大师门下出了八十四位善知识，问他们时个个都机灵圆转，只有归宗还说得过去。屙漉漉：又作"阿辘辘"，形容灵利者或悟道者机用圆转。较些子：好一些，马马虎虎，说得过去，禅林中，常用于以一方面贬低之逆说方式来作肯定而赞叹之评语。旧译本"马祖大师门下出了八十四个人，被有道的禅师诘问时，个个都软绵绵的，只有归宗还差不多"有误，除标点来自旧校本有误外，意义上的理解也有错误。

[18] 李渤（772~831年）：唐代大臣。字浚之，成纪（今甘肃泰安）人，一说洛阳人。博学多才，有"李万卷"之称。元和初年受韩愈劝请，出仕谏议大夫，并历任诸职。宝历年中（825~827年）任江州（江西九江）刺史。后复至白鹿洞，世称白鹿先生。

[19] 摩顶至踵如椰子大，万卷书向何处着：从头到脚只如椰子般大，万卷书籍放在哪里呢？

[20] 一大藏教，明得个甚么边事：释迦牟尼佛的所有教法，能使人明白哪些事？一大藏教，指以释迦佛所说之经、律、论三藏教法，为全佛教之教说，故称一大藏教。

[21] 措大：旧指贫寒失意的读书人。

【概要】

智常禅师（约8世纪下半叶到9世纪上半叶在世），唐代禅僧。江陵（今属湖北省）人，俗姓陈。出家后，得法于马祖道一禅师。元和年间（806~820年）住庐山归宗寺。他目有重瞳，曾用药去除，致双目皆赤，故人称"赤眼归宗"。白居易贬江州司马时，素重智常。圆寂后唐文宗谥号"至真禅师"。

与"南泉斩猫"故事相似，智常禅师有"归宗斩蛇"公案。于此公案中，前来参学之讲僧乃"教宗"之学人，习于经典文义之教学，久之陷于学理探究、依文解义等义解习性之束缚而犹不自知，遂以此分别粗细、是非等之对立见解诘问智常；智常则借斩蛇、竖锄头、作斩蛇势，乃至否认先前言行之"你甚么处见我斩蛇"等，而表现出佛道之行乃超越是非、善恶、粗细等相对见解之绝对境地，显示自在无碍机法。

　　智常住持栖贤寺时，江州刺史李渤常前往问法。曾以"须弥入芥子"之问题向智常请示一尘法界、万物相关之理，此即"李渤怀疑"之公案。小小的芥子，怎么能容纳那么大的一座须弥山呢？智常禅师反问李渤，你"读书破万卷"，这些书都藏在哪里了？难道我们脑袋乃至整个身体能藏万卷书吗？李渤恍然大悟。

【参考文献】

　　《宋高僧传》卷十七；《景德传灯录》卷七；《祖堂集》卷十五；《联灯会要》卷四；《五灯严统》卷三；《指月录》卷九；《教外别传》卷五。

明州大梅山法常禅师

　　明州大梅山[1]法常禅师者，襄阳人也。姓郑氏。幼岁从师于荆州玉泉寺。

　　初参大寂[2]，问："如何是佛？"寂曰："即心是佛。"师即大悟，遂之四明梅子真旧隐缚茆宴处[3]。唐真元中，盐官会下有僧因采拄杖[4]，迷路至庵所。

　　问："和尚在此多少时？"师曰："只见四山青又黄。"又问："出山路向甚么处去？"师曰："随流去。"

　　僧归举似[5]盐官，官曰："我在江西时曾见一僧，自后不知消息，莫是此僧否？"遂令僧去招之，师答以偈曰[6]：

　　摧残枯木倚寒林，几度逢春不变心。樵客遇之犹不顾，郢人[7]那得苦追寻？

　　一池荷叶衣无尽，数树松花食有余。刚被世人知住处，又移茅舍入深居。

　　大寂闻师住山，乃令僧问："和尚见马大师得个甚么，便住此山？"师曰："大师向我道'即心是佛'，我便向这里住。"僧曰："大师近日佛法又别。"师曰："作么生。"曰："又道'非心非佛'。"师曰："这老汉惑乱人未有了日！任他非心非佛，我只管即心即佛。"其僧回，举似马祖，祖曰："梅子熟也。"

　　（僧问禾山："大梅恁么道，意作么生？"禾山云："真师子儿。"）

　　庞居士闻之，欲验师实，特去相访。才相见，士便问："久向大梅，未审梅子熟也未？"师曰："熟也，你向甚么处下口？"士曰："百杂碎[8]。"师伸手曰："还我核子来。"士无语。自此学者渐臻，师道弥著。

上堂："汝等诸人，各自回心达本，莫逐其末。但得其本，其末自至。若欲识本，唯了自心。此心元是一切世间、出世间法根本，故心生种种法生，心灭种种法灭。心且不附一切善恶而生，万法本自如如。"

问："如何是佛法大意？"师曰："蒲花柳絮，竹针麻线。"

夹山与定山同行，言话次，定山曰："生死中无佛，即无生死。"夹山曰："生死中有佛，即不迷生死。"互相不肯，同上山见师。

夹山便举问："未审二人见处那个较亲？"师曰："一亲一疏。"夹山复问："那个亲？"师曰："且去，明日来。"夹山明日再上问，师曰："亲者不问，问者不亲。"

（夹山住后自云："当时失一只眼。"）

新罗僧参。师问："发足甚处[9]？"曰："欲通来处，恐遭怪责[10]。"师曰："不可无来处也。"曰："新罗。"师曰："争怪得汝[11]？"僧作礼。师曰："是与不是，知与不知，只是新罗国里人。"

忽一日谓其徒曰："来莫可抑，往莫可追[12]。"从容间，闻鼯鼠声[13]，乃曰："即此物，非他物。汝等诸人，善自护持，吾今逝矣！"言讫示灭。

永明寿禅师赞曰："师初得道，即心是佛。最后示徒，物非他物。穷万法源，彻千圣骨。真化不移，何妨出没？"

【注释】

[1] 明州大梅山：浙江宁波鄞州区横溪镇境内。

[2] 大寂：即马祖道一，唐宪宗谥其号为"大寂禅师"。

[3] 遂之四明梅子真旧隐缚茆燕处：于是就到四明梅子真隐居处结庵静居。梅福，字子真，典出《汉书》卷六十七。为郡文学，补南昌尉。王莽篡权，梅福弃妻子隐居于江西宜丰山中，传以为仙。缚茆：即缚茅，建茅蓬。燕处，本指闲居，此指禅师静居入定。传说余姚南七十里是梅子真旧隐居，就是大梅山，在浙江宁波鄞州区横溪镇境内。

[4] 盐官会下有僧因采拄杖：盐官齐安国师法会中有个僧人因为采伐拄杖木材。

[5] 举似：告诉，奉告。

　　[6] 师答以偈曰：下面是两首偈，每首四句，旧校本标点有误，没有划分为两首偈。

　　[7] 郢（yǐng）人：喻知己。典出《庄子·徐无鬼》。

　　[8] 百杂碎：粉碎。丁福保《佛学大辞典》：“细碎其物也。《传灯录》七‘大梅章’曰：‘庞居士因问大梅常和尚，久闻大梅，未审梅子熟未也？师云：何处着嘴？居士云：百杂碎。师展手云：还我核子来。居士无语。’”《禅宗大词典》：“粉碎。《祖堂集》卷六，石霜：‘三世诸佛不能唱，十二分教载不起。三乘教外别传，十方老僧口，到这里百杂碎。’《景德传灯录》卷九，沩山灵祐：‘大小沩山，被那僧一问得百杂碎。’亦作‘百碎’。”

　　[9] 发足甚处：从什么地方出发到这里？

　　[10] 欲通来处，恐遭怪责：想要通报来处，恐怕遭到禅师怪罪。

　　[11] 争怪得汝：怎么能怪你？

　　[12] 来莫可抑，往莫可追：将要来的不可阻止，已经过去的不可追回。

　　[13] 从容间，闻鼯（wú）鼠声：休息的时候，听到鼯鼠的声音。从容：休息。

【概要】

　　法常禅师（752～839年），唐代禅僧。湖北襄阳人，俗姓郑。幼年出家，住于玉泉寺，凡百经书，一览即能谙诵不忘。二十岁受具足戒于龙兴寺。志于禅，初于马祖道一之处参学。于马祖“即心是佛”言下大悟。后隐于大梅山（浙江鄞县）静修。一日，一僧奉马祖之令，至大梅山对师道：“近日又道非心非佛。”禅师云：“这老汉惑乱人未有了日！任他非心非佛，我只管即心即佛。”马祖闻之而谓：“梅子熟也！”自此法誉大彰，学人四至。开成四年某日言讫而化，世寿八十八，法腊六十九。

【参考文献】

　　《宋高僧传》卷十一；《联灯会要》卷四；《指月录》卷九；《教外别传》卷五；《禅宗正脉》卷二。

洛京佛光如满禅师

　　洛京佛光如满禅师，曾住五台山金阁寺。

唐顺宗问："佛从何方来，灭向何方去？既言常住世，佛今在何处？"

师答曰："佛从无为来，灭向无为去。法身等虚空，常住无心处。有念归无念，有住归无住。来为众生来，去为众生去。清净真如海，湛然体常住。智者善思惟，更勿生疑虑。"

帝又问："佛向王宫生，灭向双林灭。住世四十九，又言无法说。山河与大海，天地及日月，时至皆归尽，谁言不生灭？疑情犹若斯，智者善分别。"

师答曰："佛体本无为，迷情妄分别。法身等虚空，未曾有生灭。有缘佛出世，无缘佛入灭。处处化众生，犹如水中月。非常亦非断，非生亦非灭。生亦未曾生，灭亦未曾灭。了见无心处，自然无法说。"

帝闻大悦，益重禅宗。

【概要】

如满禅师（752～845年），唐代禅僧。俗姓陆，号如满，此处列为禅宗南岳门下第二世法嗣。师事马祖道一得法。初居五台山金阁寺，后至洛阳，与唐顺宗语禅宗法要，帝闻大悦，益重禅宗。在历史上比较出名的唐代大诗人白居易，传说就是如满禅师的弟子。据学者考证，唐贞元十九年（803年），白居易就已经在佛光寺从如满僧斋戒。细算起来，到会昌五年如满禅师故去，二人的友谊长达四十余年。

史上关于这个如满禅师记载甚少，更无诗文传世。《五灯会元》这段记录，也就是禅宗历史上很著名的一段"皇帝与和尚"的机锋。

两问两答中，可见如满禅师是深得禅宗心印的人。提问的顺宗皇帝，在唐朝皇帝中也是一个极有善根的皇帝，他虽然当了二十多年的太子，在位时间不到两百天，就被奉为太上皇帝，是史上最短命的皇帝之一，但他两问得到禅师两答之后，豁然开悟，从而能够看清世间权力与名利。

白居易一向被认为是正宗佛门弟子，因为他就是如满禅师的弟子。《传法正宗记》记载："大鉴之四世，曰洛京佛光寺如满禅师，其所出法嗣一人，曰太子少傅白居易者。"再看《旧唐书》中记有"与香山僧如满结香火社间，每肩舆往来，白衣鸠杖，自称香山居士。""遗命不归下邽，可葬于香山如满师塔之侧，家人从命而葬焉。"遗嘱中白居易强调自己要葬于如满师塔侧，而不是归葬祖坟，这大抵是后人认定如满僧与白居易两者师徒关系最有力的证明。

【参考文献】

《景德传灯录》卷六；《传法正宗记》卷七；《联灯会要》卷五；《居士分灯

录·白居易》；《禅宗正脉》卷二。

婺州五泄山灵默禅师

婺州五泄山[1]灵默禅师，毗陵人也。姓宣氏。初谒马祖，遂得披剃受具。后远谒石头，便问："一言相契即住，不契即去。"石头据坐[2]，师便行。头随后召曰："阇黎[3]！"师回首。头曰："从生至死，只是这个，回头转脑作么？"师言下大悟，乃拗折拄杖而栖止焉[4]。

（洞山云："当时若不是五泄先师，大难承当。然虽如此，犹涉在途[5]。"长庆云："险。"玄觉云："那个是涉在途处？"有僧云："为伊三寸途中荐得，所以在途[6]。"玄觉云："为复荐得自己？为复荐得三寸？若是自己，为甚么成三寸？若是三寸，为甚么悟去？且道洞山意作么生？莫乱说，子细[7]好。"）

唐贞元初，住白沙道场，复居五泄。

僧问："何物大于天地？"师曰："无人识得伊。"曰："还可雕琢也无？"师曰："汝试下手看[8]。"

问："此个门中始终事如何[9]？"师曰。"汝道目前底成来得多少时也[10]？"曰："学人不会。"师曰："我此间无汝问底[11]。"曰："和尚岂无接人处？"师曰："待汝求接，我即接。"曰："便请和尚接。"师曰："汝少欠个甚么[12]？"

问："如何得无心去？"师曰："倾山覆海晏然静，地动安眠岂采伊！"

元和十三年三月二十三日，沐浴焚香端坐，告众曰："法身圆寂，示有去来。千圣同源，万灵归一。吾今沤散，胡假兴哀[13]？无自劳神，须存正念。若遵此命，真报吾恩。傥固违言，非吾之子。"时有僧问："和尚向甚么处去？"师曰："无处去。"曰："某甲何不见？"师曰："非眼所睹。"（洞山云："作家。"）言毕，奄然顺化。

【注释】

［1］五泄山：今浙江诸暨市西北。

［2］据坐：①谓禅师坐于法座。《临济语录》："师临迁化时，据坐云：'吾灭后不得灭却吾正法眼藏。'三圣出云：'争敢灭却和尚正法眼藏。'师云：'已后有人问尔，向他道什么？'三圣便喝。师云：'谁知吾正法眼藏，向这瞎驴边灭却。'

言讫端然示寂。"《圆悟语录》卷二十《真了禅人请赞》："丹青有神貌活，圆悟据坐俨如。"《密庵语录·禅人请赞》："水墨染成，恰似真个。据坐胡床，胡挥乱做。"②一种机锋施设，坐于法座之禅师对僧人提问不用言句作答，也无其他动作。《临济语录》："师行脚时到龙光。光上堂，师出问云：'不展锋铓，如何得胜？'光据坐。师云：'大善知识岂无方便？'光瞪目云：'嗄。'师以手指云：'这老汉今日败阙也！'"《洞山语录》："五泄默禅师到石头处云：'一言相契即住，不契即去。'头据坐，泄便行。"《大慧语录》卷四："到启霞，请上堂：'适来，蒙堂头法叔禅师举临济访龙光因缘。客听主裁，敢不依严命。略与诸人，下个注脚。龙光据坐，虽然无语，其声如雷。'"（摘自《禅宗大词典》）

　　[3] 阇（shé）黎："阿阇黎"的简称，亦作"阇梨"。本书出现"阇黎"较多，一般都是尊称对方。梵语"阿阇黎"，译为正行。以能纠正弟子之行，即教授得戒等师也。因自身又堪为弟子楷模之师，故又称导师。亦泛指僧人、和尚。因依此戒得生禅定智慧，其恩实重，人能供养恭敬，即获福利，故名阇黎田。"阇"有两个读音"dū"与"shé"，对比其他译音，如"阿舍梨""阿遮利耶"，可以推测"阇"读"shé"，而不是"dū"。参见本书第十四章"怀安军云顶海鹏禅师"条"毕钵岩"的注释。

　　[4] 乃拗折拄杖而栖止焉：于是就折断拄杖留下了。

　　[5] 然虽如此，犹涉在途：虽然如此，但仍在路上，没有到家。意思是灵默禅师到这个时候还没有彻底开悟，仍旧走在悟道的路上。

　　[6] 为伊三寸途中荐得，所以在途：因为他只是在语言上领会，所以说还在路上。三寸：舌头，指语言上。荐得：领会，领悟。

　　[7] 子细：认真，细致，细心，小心，留神。

　　[8] 看：禅林用语。本指不出声音之注视，或谓默读，如看经、看书等。于禅宗语录之对话中，常以"看"字为语尾助词，置于动词之后，含有奖励对方之意味，如此处"汝试下手看。"又，"看取"一词，或作语尾助词，为领会、理解之意。如本书第五章"邓州丹霞天然禅师"条："若识得释迦即老凡夫是，阿你须自看取，莫一盲引众盲，相将入火坑。"或作语首动词，为留意、持守不二之意，如"看取令行时"一语，即谓留意遵守祖师之金玉良言，而不可等闲视之。此外，于语录中，以"看"为语首动词之同类用语，尚有"看方便"一词，亦为提醒对方用心注意之指示语。又，有看话禅，与"默照禅"相对称。为临济宗大慧宗杲之宗风。看者，见也；话者，公案也。即专就一则古人之话头，历久真实参究终于获得开悟，此种禅风称为看话禅。此禅风先慧后定，与默照禅之先定后慧大异其趣。看话禅之起源可追溯至唐代赵州从谂之"狗子无佛性"为始，而于唐末五代，拈提古

则公案以摧破知觉情识之风极为兴盛。至宋代大慧宗杲则极力主张专门参看一则话头，后之临济宗皆奉为圭臬。

[9] 此个门中始终事如何：这个门中始终贯穿的事是什么？

[10] 汝道目前底成来得多少时也：你说说目前的事成了多少？

[11] 我此间无汝问底：我这里没有你问的。

[12] 汝少欠个甚么：你还缺少个什么？

[13] 吾今沤（ōu）散，胡假兴哀：我这个身体如水泡一样灭了，哪里还用得着你们悲哀呢？沤：水泡。

【概要】

灵默禅师（747～818 年），唐代禅僧。江苏毗陵人，俗姓宣。初习儒业，偶遇马祖道一，言下契心，遂得披剃受具。后又参石头希迁，豁然省悟，随任侍者二十年。贞元（785～804 年）初年，住天台山白沙道场。二年后，住浦阳。后移住婺州（浙江金华）五泄山，四方学众云集，而清简无比。元和十三年示寂，世寿七十二，法腊四十一。志闲为撰碑文。

【参考文献】

《宋高僧传》卷十；《祖堂集》卷十五；《景德传灯录》卷七。

幽州盘山宝积禅师

幽州盘山宝积禅师，因于市肆行，见一客人买猪肉，语屠家曰："精底割一斤来。"屠家放下刀，叉手曰："长史！那个不是精底？"师于此有省。

又一日出门，见人舁丧，歌郎振铃云："红轮决定沉西去，未委魂灵往那方？"幕下孝子哭曰："哀！哀！"

师忽身心踊跃，归举似马祖，祖印可之。

住后，僧问"如何是道"，师便"咄"。僧曰："学人未领旨。"师曰："去。"

上堂："心若无事，万法不生。意绝玄机，纤尘何立？道本无体，因体而立名。道本无名，因名而得号。若言即心即佛，今时未入玄微。若言非心非佛，犹是指踪极则。向上一路，千圣不传[1]。学者劳形，如猿捉影。"

上堂："夫大道无中，复谁先后？长空绝际，何用称量？空既如斯，道复何说？"

上堂："夫心月孤圆，光吞万象。光非照境，境亦非存。光境俱亡，复是何物？禅德！譬如掷剑挥空，莫论及之不及。斯乃空轮无迹，剑刃无亏。若能如是，心心无知，全心即佛，全佛即人，人佛无异，始为道矣。"

上堂："禅德[2]！可中[3]学道，似地擎山，不知山之孤峻；如石含玉，不知玉之无瑕。若如此者，是名出家。故导师云：'法本不相碍，三际亦复然。无为无事人，犹是金锁难。'所以灵源独耀，道绝无生。大智非明，真空无迹。真如凡圣，皆是梦言。佛及涅槃，并为增语。禅德！直须自看，无人替代。"

上堂："三界无法，何处求心？四大本空，佛依何住？璇玑[4]不动，寂尔无言。觌[5]面相呈，更无余事。珍重！"

师将顺世[6]，告众曰："有人邈得吾真否[7]？"众将所写真呈，皆不契师意。普化出曰："某甲邈得。"师曰："何不呈似老僧？"化乃打筋斗而出，师曰："这汉向后掣风狂去在[8]。"师乃奄化，谥"凝寂大师"。

【注释】

[1] 向上一路，千圣不传：意谓无上至真之禅道非佛祖可用言语传授，必须亲自体会领悟。

[2] 禅德：禅宗大德的简称，用以尊称禅师。旧校本标点有误，将"禅德""可中"连成一句，将这句话标点为"禅德可中，学道似地擎山"，后文标点亦有误。

[3] 可中：禅林用语。意指假若、恰好，或谓纵使、纵然、犹若等。乃唐宋时代之方言，禅林亦习用之，为禅僧言谈中之惯用语。

[4] 璇（xuán）玑（jī）：又作旋机。为古代之天文观测仪器。以其随星之运行而回转，故用以比喻：人心即随着烦恼而辗转不息；禅林中，师家接引学人之方法自由无碍。此外，师家为适应修行者之根机及能力，而转其化导之方法，称为旋机电转。又一念不生以前、父母未生以前，称为璇玑不动。

[5] 觌（dí）：见，相见，观察，察看，显示，显现。

[6] 顺世：指僧人去世。

[7] 有人邈（miáo）得吾真否：有人画得我像吗？邈：同"描"，用同"貌"，描绘、摹写。真：肖像，摹画的人像。

[8] 这汉向后掣风狂去在：《佛祖历代通载》作"这汉向后如风狂接人去在"，意思是这家伙今后外表如疯子，但内心有智慧，疯疯癫癫就接引众生进入了解脱门。表面上骂，实际上是赞赏他远离颠倒梦想，把众生颠倒世界再颠倒过来。

【概要】

宝积禅师，唐代僧。马祖道一之法嗣，居于幽州（河北）盘山，宣扬宗风，故世称盘山宝积。籍贯、生卒年均不详。谥号"凝寂大师"。

"盘山精底肉"，又作盘山肉案，为盘山宝积省悟之因缘。有一天，宝积禅师从市场上经过，看见有一位客官正在买猪肉，客官告诉屠家说："精底（瘦肉），割一斤来！"屠家把刀啪地一声放在肉案上，又着手说道："长史！那（哪）个不是精的？"宝积禅师一听，忽然有省悟。所谓悟，即契入本具佛性之理；亦即求之于一切生活常理中，无一不是佛性，无处不含佛理。

"盘山三界无法"，为盘山宝积提撕学人之垂语。"三界无法，何处求心？四大本空，佛依何住？璇玑（本指北斗七星，此处喻自性）不动，寂尔无言。觌面相呈，更无余事。珍重！"此三界无法之"无法"，与"无心""无事"同义，谓三界之事象，从根源之立场而言，乃不存在者。此公案即指示无念无想之存在方式，即真实的存在。

【参考文献】

《祖堂集》卷十五；《景德传灯录》卷七；《联灯会要》卷四。

蒲州麻谷山宝彻禅师

蒲州麻谷山宝彻禅师，侍马祖行次，问："如何是大涅槃？"祖曰："急。"师曰："急个甚么？"祖曰："看水。"

师使扇次，僧问："风性常住，无处不周，和尚为甚么却摇扇？"师曰："你只知风性常住，且不知无处不周。"曰："作么生是无处不周底道理？"师却摇扇，僧作礼，师曰："无用处师僧，著得一千个，有甚么益[1]？"

问僧："甚处来？"僧："不审[2]。"师又问："甚处来？"僧："珍重[3]。"师下床擒住曰："这个师僧，问着便作佛法祗对[4]。"曰："大似无眼[5]。"师放手曰："放汝命，通汝气。"僧作礼，师欲扭住，僧拂袖便行。师曰："休将三岁竹，拟比万年松。"

师同南泉二三人去谒径山，路逢一婆。乃问："径山路向甚处去？"婆曰："蓦直去。"师曰："前头水深过得否？"婆曰："不湿脚。"师又问："上岸稻得与么好，下岸稻得与么怯[6]？"婆曰："总被螃蟹吃却也。"师曰："禾好香。"婆曰："没气息。"师又问："婆住在甚处？"婆曰："只在这里。"

三人至店，婆煎茶一瓶，携盏三只至，谓曰："和尚有神通者即吃茶。"三人相顾间，婆曰："看老朽自逞神通去也。"于是拈盏倾茶便行。

僧问："如何是佛法大意？"师默然。僧又问石霜："此意如何？"霜曰："主人擎拳带累，阇黎拖泥涉水。"

【注释】

[1] 无用处师僧，著得一千个，有甚么益：没有用的师僧，即使有一千个，又有什么益处？师僧：即僧人，堪为人师之僧。著：纵有，即使有。旧校本标点有误，"无用处"后句号，"师僧著得一千个"连成一句，如此标点无法解释原意。

[2] 不审："不审"原与"未审"同为"不知道"义，后"不审"渐演变为禅林的问候语。此处即僧人的见面问候语。不审，问讯，是禅林敬礼法之一。即向尊宿长者等合掌曲躬而请问其安否。在后世中国佛教界，问讯之时，口中仅称"不审"二字，而略去"少病少恼"等语。《大宋僧史略》卷上："又如比丘相见，曲躬合掌，口云不审者何？此三业归仰也，谓之问讯。其或卑问尊，则不审少病少恼、起居轻利不？……后人省其辞，止云不审也。大如歇后语乎。"然至近世，则仅以合掌低头为问讯，连"不审"二字亦告省略。在禅林中，亦有行问讯礼者。但依时宜而有各种不同的称呼。《佛光大辞典》："不审：比丘相见问讯之礼话。如'不审尊候如何'等语。依《大宋僧史略》卷上载，比丘相见时，曲躬合掌及口称不审，是为身、口、意三业归仰，称为问讯。"

[3] 珍重：旧校本没有引号，那么禅师所问，则无应答的内容，下文禅师的批评"这个师僧，问着便作佛法"就没有着落，所以这里应当加上引号，"珍重"是僧人回答的内容。"珍重"是禅林告别语言，相当于今天说的"再见"。参见本书"珍重"注释。

[4] 这个师僧，问着便作佛法祗对：这个僧人，一问就只是佛法应对。回答，

应对。祗：同"祇""敬"的意思。祗对，用于禅林，是机锋应对，在敬意中更有针锋相对，在自我担当时毫不相让。丛林祗对，禅家的机语应对，虽奇特洒脱，但仍未超离言句之意。旧校本标点为"这个师僧！问着，便作佛法"，把"祗对"移入下一句开头，即"祗对曰"，失误大多，使原意完全费解。

[5] 大似无眼：旧校本作"大似无眼师"标点有误，这样，"师"就成了下文主语，下文即"师放手曰"，如此无法理解原意。

[6] 上岸稻得与么好，下岸稻得与么怯：上岸稻谷怎么那么好，下岸稻谷怎么那么差？怯：中医指虚劳症，此处指稻谷长的差劲。

【概要】

麻谷宝彻禅师，唐代禅僧。籍贯、俗姓、生卒年均不详。法号宝彻。出家后参谒马祖道一，并嗣其法。后居于蒲州（山西）麻谷山（又称麻浴山）举扬禅风，世称"麻谷彻"。有"麻谷振锡""麻谷手巾""风性常住"等公案流传禅林。

"麻谷振锡"为麻谷宝彻与章敬怀恽、南泉普愿间之机缘问答。又作麻谷持锡、麻谷两处振锡、麻谷振锡绕床。《碧岩录》第三十一则："麻谷持锡到章敬，绕禅床三匝，振锡一下，卓然而立。敬云：'是！是！'谷又到南泉，绕禅床三匝，振锡一下，卓然而立。泉云：'不是！不是！'谷云：'章敬道是，和尚为甚么道不是？'泉云：'章敬即是，是汝不是。此是风力所转，终成败坏。'"

麻谷、章敬、南泉三人皆为马祖道一之弟子，此则公案乃麻谷尚未彻悟之前，希望获得法兄章敬、南泉之印可而产生之故事。于公案中，章敬对麻谷之振锡、卓然而立等之机用，虽予以"是"之肯定，实则是章敬立于更高之立场而以"放行"之接引机法给予同情之肯定，亦即以放任自由、因应随顺之态度及手法来引导麻谷开悟。然南泉对麻谷同样的动作之反应，则以严格的"把住"机法否定之，亦即以严峻的手法及态度来祛除麻谷心中之妄见、执着。麻谷对章敬之肯定回答认为已得到印可，对南泉之喝以"不是"遂生迷惑。若麻谷机缘纯熟，于南泉之"不是不是"，言下当得大悟。故南泉遂言"此是风力所转，终成败坏"，概谓绕床振锡、卓然而立等仅是肉体之运动而已，而肉体亦无非地、水、火、风等四大所构成之色法，终有落谢败坏之日，而丝毫无关乎开悟解脱之宏旨，故欲以严厉手法提撕麻谷，期以超越是与不是，而体会真正之禅旨与机用。

【参考文献】

《祖堂集》卷十五；《景德传灯录》卷七；《从容录》第十六则。

湖南东寺如会禅师

湖南东寺如会禅师，始兴曲江人也。初谒径山，后参大寂。学徒既众，僧堂床榻为之陷折，时称"折床会"也。自大寂去世，师常患门徒以"即心即佛"之谭诵忆不已，且谓："佛于何住，而曰即心？心如画师，而云即佛[1]？"遂示众曰："心不是佛，智不是道。剑去远矣，尔方刻舟。"时号东寺为"禅窟"焉。

相国崔公群出为湖南观察使[2]，见师问曰："师以何得？"师曰："见性得。"师方病眼，公讥曰："既云见性，其奈眼何[3]？"师曰："见性非眼，眼病何害[4]？"公稽首谢之。

（法眼别云："是相公眼。"）

公见鸟雀于佛头上放粪，乃问："鸟雀还有佛性也无？"师曰："有。"公曰："为甚么向佛头上放粪？"师曰："是伊为甚么不向鹞子头上放[5]？"

仰山参，师问："汝是甚处人？"仰曰："广南人。"师曰："我闻广南有镇海明珠，是否？"仰曰："是。"师曰："此珠如何？"仰曰："黑月即隐，白月即现[6]。"师曰："还将得来也无[7]？"仰曰："将得来。"师曰："何不呈似老僧？"仰叉手近前曰："昨到沩山，亦被索此珠，直得无言可对，无理可伸。"师曰："真师子儿，善能哮吼。"

仰礼拜了，却入客位，具威仪，再上人事[8]。师才见，乃曰："已相见了也[9]！"仰曰："恁么相见，莫不当否[10]？"师归方丈，闭却门。仰归，举似沩山。沩曰："寂子是甚么心行[11]？"仰曰："若不恁么，争识得他[12]？"

后复有人问师[13]曰："某甲拟请和尚开堂，得否？"师曰："待将物裹石头暖即得。"彼无语。

（药山代云："石头暖也。"）

唐长庆癸卯岁归寂，谥"传明大师"。

【注释】

[1] 佛于何住，而曰即心？心如画师，而云即佛：佛在什么地方停住，就说此心？心如画师，就说即佛？

[2] 相国崔公群出为湖南观察使：宰相崔群被贬为湖南观察使。崔群（772～

五灯会元》校注（一）

832），字敦诗，号养浩，唐朝宰相。因反对用皇甫镈为相，出为湖南观察使。

[3] 既云见性，其奈眼何：既然说见性，怎么对眼病仍旧无可奈何？

[4] 见性非眼，眼病何害：见性并非肉眼见，眼病有什么妨害呢？

[5] 是伊为甚么不向鹞（yào）子头上放：它为什么不敢在鹞子头上拉屎？鹞子：一种凶猛的鸟，样子像鹰，比鹰小，捕食小鸟。

[6] 黑月即隐，白月即现：月亮不出时就隐没了，月亮出来了就显现了。

[7] 还将得来也无：还能带过来吗？

[8] 仰礼拜了，却入客位，具威仪，再上人事：仰山礼拜后，就走到客位处，整肃仪容，再送上礼物。人事：馈赠的礼物。

[9] 已相见了也：已经见过了啊！言下之意为什么还这么客气。

[10] 怎么相见，莫不当否：如此相见，莫非不妥当吗？言下之意，以世间礼节相见难道不妥当吗？即有出世间法也不能废世间法。

[11] 寂子是甚么心行：大寂的徒儿达到了什么心境？心行：心为念念迁流者，故曰心行。又善恶之所念，谓之心行。

[12] 若不恁么，争识得他：如果不如此做，怎么能够知道他的境界？

[13] 后复有人问师曰：旧校本标点有误。"后复有人问师曰"进入了前面的引号之内，变成了仰山回话的内容"争识得他后复有人问师"。"后复有人问师"是叙述语言，与前文仰山、沩山对话没有联系。

【概要】

如会禅师（744～823年），唐代禅僧。韶州（广东）始兴人。幼即出家。大历八年（773年）参谒径山道钦，后又参访马祖道一，为其法嗣。于马祖处时，因来参者众多，僧堂禅床为之而折，故有"折床会"之称，后以"折床"形容与会僧众之多。其后，入主湖南长沙东寺，法门鼎盛，时号东寺"禅窟"。穆宗长庆三年示寂，世寿八十。谥号"传明大师"。

【参考文献】

《宋高僧传》卷十一；《景德传灯录》卷七；《释氏稽古略》卷二。

虔州西堂智藏禅师

虔州西堂智藏禅师，虔化廖氏子。八岁从师，二十五具戒。有相者睹其殊表，谓之曰："骨气非凡，当为法王之辅佐也。"师遂参礼大寂，与百丈海禅师同为入室，皆承印记。

一日，大寂遣师诣长安，奉书于忠国师。国师问曰："汝师说甚么法？"师从东过西而立。国师曰："只这个更别有？"师却从西过东边立。国师曰："这个是马师底，仁者作么生[1]？"师曰："早个呈似和尚了也。"寻又送书上径山。

（语在国一章[2]。）

属连帅路嗣恭延请大寂居府[3]，应期盛化。师回郡，得大寂付授衲袈裟，令学者亲近。

僧问马祖[4]："离四句，绝百非，请师直指西来意。"祖曰："我今日劳倦，不能为汝说得，问取智藏[5]。"

其僧乃来问师。师曰："汝何不问和尚？"僧曰："和尚令某甲来问上座？"师曰："我今日头痛，不能为汝说得，问取海兄去[6]。"

僧又去问海百丈和尚。海曰："我到这里，却不会。"

僧乃举似马祖。祖曰："藏头白，海头黑。[7]"

马祖一日问师曰："子何不看经？"师曰："经岂异邪[8]？"祖曰："然虽如此，汝向后为人也须得[9]。"曰："智藏病思自养，敢言为人[10]？"祖曰："子末年必兴于世。"师便礼拜。

马祖灭后，师唐贞元七年，众请开堂。

李尚书尝问僧："马大师有甚么言教？"僧曰："大师或说即心即佛，或说非心非佛。"李曰："总过这边。"

李却问师："马大师有甚么言教？"师呼李翱，李应诺。师曰："鼓角动也。"

师普请次，曰："因果历然，争奈何？争奈何？"时有僧出，以手托地。师曰："作甚么？"曰："相救！相救！"师曰："大众！这个师僧犹较些子[11]。"僧拂袖便走。师曰："师子身中虫，自食师子肉。"

僧问："有问有答，宾主历然，无问无答时如何？"师曰："怕烂却那。"

（后有僧举问长庆，庆云："相逢尽道休官去，林下何曾见一人？"）

制空禅师谓师曰："日出太早生。"师曰："正是时。"

师住西堂，后有一俗士问："有天堂地狱否？"师曰："有。"曰：

"有佛法僧宝否？"师曰："有。"更有多问，尽答言"有"[12]。曰："和尚怎么道莫错否？"师曰："汝曾见尊宿来邪[13]？"曰："某甲曾参径山和尚来。"师曰："径山向汝作么生道？"曰："他道一切总无。"师曰："汝有妻否？"曰："有。"师曰："径山和尚有妻否？"曰："无。"师曰："径山和尚道无即得。"俗士礼谢而去。

师元和九年四月八日归寂。宪宗谥"大宣教禅师"，穆宗重谥"大觉禅师"。

【注释】

[1] 这个是马师底，仁者作么生：这个是马大师的，仁者您的是什么？

[2] 语在国一章：有关文字记载在国一禅师那一章，即本书第二章"杭州径山道钦禅师"，唐代宗慕其为人，赐"国一禅师"之号。旧译本"语在国师一章"翻译出错。

[3] 属连帅路嗣恭延请大寂居府：恰好连帅路嗣恭延请大寂禅师（马祖道一，谥大寂禅师）住在府上。属：恰好，适逢。连帅，泛称地方高级长官，唐代多指观察使、按察使。路嗣恭（约710~780年）：字懿范，唐朝大臣，唐玄宗认为他可以嗣汉代良吏鲁恭，因赐名"嗣恭"。

[4] 僧问马祖：旧校本将"马祖"作为僧提问的内容，标点为：僧问："马祖离四句，绝百非，请师直指西来意。"那么僧问的对象是谁呢？

[5] 不能为汝说得，问取智藏：旧校本标点为"不能为汝说，得问取智藏"有误，"得"是助词，用在句尾。

[6] 不能为汝说得，问取海兄去：旧校本标点错误同上。

[7] 藏头白，海头黑：智藏禅师虽然委婉却还拖泥带水，百丈怀海岁虽则无情却是干净利落。典故出自白帽、黑帽两强盗的故事，详见本条"概要"。

[8] 经岂异邪：经书与祖师所证有什么不同吗？

[9] 然虽如此，汝向后为人也须得：尽管没有什么不同，但你今后教化别人也需要。为人：接引学人，教化众生。

[10] 智藏病思自养，敢言为人：我智藏也只想为自己治病罢了，怎么敢去教化别人？

[11] 较些子：禅林用语。些子：即些少、些细、仅有之意。较些子：意谓倒是那样有几分对。禅林中，常用于以一方面贬低之逆说方式来作肯定而赞叹之评语。

[12] 更有多问，尽答言"有"：其他的所有提问，都回答"有"。旧校本标点有误。"尽答言'有'"分开成为两句，"尽答言"后是句号，"有曰"是叙述语言。

[13] 汝曾见尊宿来邪：你见过德高望重的僧人吗？尊宿：德尊年长者。

【概要】

西堂智藏禅师（735~814年），唐代禅僧。虔化（江西）人，俗姓廖。八岁出家，二十五岁受具足戒。于建阳佛迹岩参礼马祖道一，受心印及袈裟。于马祖道一示寂后，唐贞元七年（791年），依众请开堂，后住锡于虔州西堂，宣扬马祖禅风。与百丈怀海、南泉普愿共称马祖门下之三大士。元和九年示寂，世寿八十，法腊五十五。穆宗敕谥"大觉禅师"。嗣法弟子有虔州处微，及新罗僧鸡林道义、本如、洪涉、慧彻等。师之禅风盛行于新罗。其弟子中，道义返国后住于迦智山创派，洪涉亦于实相寺创派，皆为朝鲜曹溪宗九山之一。

智藏禅师著名的公案有"藏头白，海头黑"。僧人问马祖，指明要"离四句绝百非"来说明达磨西来意，西来意为佛法第一义，即如来佛性，不可言说，而此僧偏要马祖说。马祖若说，便会落在相对的境界之中，怎么能够"离四句绝百非"呢？所以，马祖实在是无话可说，但他又想考验一下智藏，便推说"今日劳倦"，叫他去问智藏，那是考验智藏。

智藏见马祖不说，就说"今日头痛，不能为汝说得"。头痛只是托词，所以他又顺手推给百丈怀海。

到了怀海那里，怀海直说不会，那僧人便只好回来告诉马祖，马祖这时应该很开心，因为那僧人替他考验了两位弟子。

马祖就总结了"藏头白，海头黑"。藏指西堂智藏，海指百丈怀海。所谓白与黑，指白帽与黑帽，本系典故。传说有二盗，一戴白帽，一戴黑帽，黑帽强盗施诡计抢去白帽强盗夺得之物，故黑帽强盗较白帽强盗更显无情而透彻。此则公案中，僧所问之"祖师西来意"，乃超越肯定与否定，非言语所能表达者，故马祖推委不答，西堂智藏亦推说头痛，意下似谓若非生病，可能有确切之答案。相形之下，百丈以"我到这里却不会"断然拒绝回答，尤显干脆，故马祖谓："藏头白，海头黑。"即谓百丈较西堂更为无情、透彻。

这"头"不是"头颅"，而是指智藏这头，"白"，是明明白白的意思，他明明白白告诉你头痛，不能说，可你还是不知道。而怀海那头，直接说自己不会，并非真不会，而是暗中告诉你无话可说，可你也不明白。所以，无论显说，还是隐说，你都不明白，没救了。

智藏禅师与俗人的"空有对话"，也是一个充满智慧的故事。

一个俗人问智藏禅师，智藏禅师回答他什么都有，但这个俗人却告诉智藏禅师，为什么我到径山禅师那里问，都回答无呢？智藏禅师听了，就说："我问你，你有老婆吗？"俗人回答："有！"那么，俗人有老婆、有儿女、有田产房屋等，而径山禅师都没有，于是智藏禅师就总结："径山禅师讲'无'，是讲他的境界，我回答你'有'，是讲你的世界。"俗人听后恍然大悟。

　　这里两个禅师，不同的回答，实际是给俗人不同的启示。径山禅师说的是"空"的境界，"空"的境界自然是一切都不存在。智藏禅师说的是"有"的世界，"有"的世界，因果报应，六道众生等，一切都存在。智藏禅师启示俗人，他回答"不"，是他禅师的境界，而不是俗人你的境界，你要是以为一切皆空，就可以为所欲为，那就完全错了。你没有悟"五蕴皆空"，你所做的一切就都在因果的约束之中，因此你要处处提防自己不要做错了事。

【参考文献】

　　《宋高僧传》卷十；《祖堂集》卷十五；《景德传灯录》卷七；《联灯会要》卷五；《朝鲜禅教考》；《朝鲜金石总览》上。

京兆府章敬寺怀晖禅师

　　京兆府章敬寺怀晖禅师[1]，泉州谢氏子。

　　上堂："至理亡言，时人不悉。强习他事，以为功能。不知自性元[2]非尘境，是个微妙大解脱门。所有鉴觉，不染不碍。如是光明，未曾休废。曩劫至今[3]，固无变易。犹如日轮，远近斯照。虽及众色，不与一切和合。灵烛妙明，非假锻炼。为不了故，取于物象。但如揑目，妄起空华。徒自疲劳，枉经劫数。若能返照，无第二人。举措施为，不亏实相。"

　　僧问："心法双亡，指归何所？"师曰："郢人无污，徒劳运斤[4]。"曰："请师不返之言。"师曰："即无返句。"

　　（后僧举问洞山，山云："道即甚易，罕遇作家[5]。"）

　　百丈和尚令僧来候，师上堂次，展坐具[6]，礼拜了，起来掭师一只靸鞋，以衫袖拂却尘了[7]，倒覆向下。师曰："老僧罪过。"

　　或问："祖师传心地法门，为是真如心、妄想心、非真非妄心？为是三乘教外别立心？"师曰："汝见目前处空么？"曰："信知常在目前，人自不见[8]。"师曰："汝莫认影像。"曰："和尚作么生[9]？"师以手拨空三下。曰："作么生即是。"师曰："汝向后会去在[10]。"

有僧来，绕师三匝，振锡而立。师曰："是！是！"

（长庆代云："和尚佛法身心何在？"）

其僧又到南泉，亦绕南泉三匝，振锡而立。泉曰："不是！不是！此是风力所转，终成败坏。"

僧曰："章敬道是，和尚为甚么道不是？"泉曰："章敬即是，是汝不是。"

（长庆代云："和尚是甚么心行[11]？"云居锡云："章敬未必道是，南泉未必道不是。"又云言："僧当初但持锡出去，恰好。"）

小师行脚回。师问曰："汝离此间多少年邪？"曰："离和尚左右将及八年。"师曰："办得个甚么[12]？"小师于地画一圆相。师曰："只这个，更别有？"小师乃画破圆相，便礼拜。师曰："不是！不是！"

僧问："四大五蕴[13]身中，阿那个是本来佛性？"师乃呼僧名，僧应诺。师良久曰："汝无佛性。"

唐元和十三年示灭，谥"大觉禅师"。

【注释】

[1] 京兆府章敬寺怀晖（huī）禅师：宝祐本作"晖"，但《景德传灯录》"晖"作"恽（yùn）"，《五灯严统》"晖"作"腪（yùn）"，故有可能原本错误。一些佛教词典作"怀恽"。

[2] 元：原，原来。

[3] 曩（nǎng）劫至今：过去无量时间至今现在。曩：以往，从前，过去的。劫，梵语劫簸的简称，译为时分或大时，即通常年月日所不能计算的极长时间。

[4] 郢人无污，徒劳运斤：郢人指楚国人。出自《庄子·徐无鬼》："有个郢人（楚国人）把白垩泥涂抹在他自己的鼻尖，白色的泥土好像苍蝇的翅膀那么薄，让一个叫'石'的匠人用斧子砍削掉这一小白点。石匠人挥动锛子好像疾风一样掠过，郢人听任他砍削白点，最后鼻尖上的白泥完全除去，而鼻子却一点也没有受伤，郢人站在那里也不改变脸色。"

[5] 道即甚易，罕遇作家：宝祐本作"道即甚道"，依据《景德传灯录》改。这句话的意思，说起来很容易，但很少遇到行家高手。

[6] 坐具：僧人随身所带的用具，一般以布制成，长宽有一定规格，坐禅或礼拜时展开垫在身下。有时亦称蒲团为坐具。

[7] 起来拈师一只靸鞋，以衫袖拂却尘了：起来拿起禅师一只拖鞋，用自己的衣衫袖子把灰尘拂试干净。靸鞋，一种草制的拖鞋。

[8] 信知常在目前，人自不见：我确知常在眼前，只是一般人看不见。信知：指深知，确知。

[9] 和尚作么生：和尚怎么样？

[10] 汝向后会去在：你今后会领悟的。

[11] 和尚是甚么心行：和尚是什么心行？心为念念迁流者，故曰心行。又善恶之所念，谓之心行。

[12] 办得个甚么：你能做成什么了？

[13] 四大五蕴：四大：即地水火风，组成人身的基本物质。五蕴：即色受想行识，色指物质，后四者指精神现象。

【概要】

怀晖禅师（756～816年），唐代禅僧。姓谢氏，泉州人。于贞元初年礼马祖道一禅师，嗣法传教。后隐于岨峡山，寓居济州（山东）灵岩寺。在太行山百岩寺卓锡，又称百岩禅师。苦于禅僧请问繁杂，不得静修，遂上中条山禅隐。学者循迹而至，如影附形。元和三年（808年）奉召入长安，于章敬寺毗卢遮那院安置，故称"章敬和尚"。为人说禅要，朝廷名士日来参问。常入大内，居于上座。元和十年十二月十一日示寂于长安章敬寺，春秋六十，立碑于寺门，岳阳司仓贾岛为文述德焉。敕谥"大觉禅师"，后又追谥"大宣教禅师"。

在北方各地以及长安期间，怀晖禅师弘扬禅法，对于南宗，尤其是马祖禅在北方地区之传播贡献极大。有学者如此评价怀晖在禅宗史上之地位："章敬怀晖在南宗禅，尤其是马祖禅的昌明上，确实是一大功臣。……元和年间，怀晖、惟宽双双进入长安，并住于著名的大章敬寺与大兴善寺，更标志着马祖道一的禅法的胜利，也使这两个禅师在当时成了洪州宗的代表人物。"

"章敬拨空"是著名的公案，本则公案《禅苑蒙求》有详解，为章敬禅师接化学人时，被问及"祖师心地法门"之故事。此则公案，章敬初以"目前虚空"回答"心地法门"之问，概谓祖师之心地法门并非局囿于言语思辨，而系遍满法界，犹如虚空，无处不在，又无所不包。该僧闻言，即自以为领解，遂谓"常在目前，人自不见"，未料章敬不予认可，谓其不识实体而仅知执着实体之影像。由是该僧大为迷惑，再三追问"作么生"，章敬乃拨空三下。此"拨空三下"乃本则公案之关键。盖章敬以手拨空，乃一种表示否定之"直接语言"，意谓欲求取顿悟法门，则首先必须止息叩求顿悟法门之心，若一味执着于"空即悟境""虚空即心地法门"等思量计度，则一如误认影像为实体，皆非诸法真实之样态，更非祖师所传之心地法门。三度之拨空，则表示无数次之否定，盖欲速速止息该僧妄想妄见之故。无奈该僧愈加迷昧，犹追问不舍，至此章敬亦不欲强藉言语来诠解，而仅答以日后或自有颖悟之日。

【参考文献】

《宋高僧传》卷十；《景德传灯录》卷七；《禅苑蒙求）卷上。

越州大珠慧海禅师

越州大珠慧海禅师，建州朱氏子。依越州大云寺智和尚受业。

初参马祖，祖问："从何处来？"曰："越州大云寺来。"祖曰："来此拟须何事？"曰："来求佛法。"祖曰："我这里一物也无，求甚么佛法？自家宝藏不顾，抛家散走作么？"曰："阿那个是慧海宝藏？"祖曰："即今问我者，是汝宝藏，一切具足，更无欠少，使用自在，何假外求？"师于言下，自识本心，不由知觉，踊跃礼谢。

师事六载后，以受业师老，遽归奉养。乃晦迹藏用，外示痴讷。

自撰《顿悟入道要门论》一卷，法侄[1]玄晏窃出江外，呈马祖。祖览讫，告众曰："越州有大珠，圆明光透自在，无遮障处也。"

众中有知师姓朱者，相推来越寻访依附（时号"大珠和尚"）。师谓曰："禅客！我不会禅，并无一法可示于人，不劳久立，且自歇去。"时学侣渐多，日夜叩激[2]。事不得已，随问随答，其辞无碍。

时有法师数人来谒，曰："拟伸一问，师还对否？"师曰："深潭月影，任意撮摩[3]。"

问："如何是佛？"师曰："清谭对面，非佛而谁？"众皆茫然。

（法眼云："是即没交涉[4]。"）

僧良久，又问："师说何法度人？"师曰："贫道未曾有一法度人。"曰："禅师家浑如此[5]？"

师却问："大德说何法度人？"曰："讲《金刚经》。"师曰："讲几座来。"曰："二十余座。"

师曰："此经是阿谁说？"僧抗声曰："禅师相弄，岂不知是佛说邪？"师曰："若言如来有所说法，则为谤佛，是人不解我所说义。若言此经不是佛说，则是谤经，请大德说看。"僧无对。

师少顷，又问："经云'若以色见我，以音声求我，是人行邪道，不能见如来'，大德且道，阿那个是如来？"曰："某甲到此却迷去。"师曰："从来未悟，说甚却迷？"曰："请禅师为说。"师曰："大德讲经二十余座，却不识如来。"僧礼拜曰："愿垂开示。"

师曰："如来者，是诸法如义[6]，何得忘却？"曰："是诸法如义。"师曰："大德，是亦未是？"曰："经文分明，那得未是？"师曰："大德如否？"曰："如。"师曰："木石如否？"曰："如。"师曰："大德如同木石，如否？"曰："无二。"师曰："大德与木石何别？"僧无对。

良久，却问："如何得大涅槃？"师曰："不造生死业。"

曰："如何是生死业？"师曰："求大涅槃，是生死业。舍垢取净，是生死业。有得有证，是生死业。不脱对治门，是生死业[7]。"

曰："云何即得解脱？"师曰："本自无缚，不用求解。直用直行，是无等等。"

曰："禅师如和尚者，实谓希有。"礼谢而去。

有行者问："即心即佛，那个是佛？"师曰："汝疑那个不是佛？指出看。"者无对。师曰："达即遍境是，不悟永乖疏。"

律师法明谓师曰："禅师家多落空[8]。"师曰："却是座主家落空。"

明大惊曰："何得落空？"师曰："经论是纸墨文字，纸墨文字者，俱是空设，于声上建立名句等法，无非是空。座主执滞教体，岂不落空？"

明曰："禅师落空否？"师曰："不落空。"

明曰："何得却不落空？"师曰："文字等皆从智能而生，大用现前，那得落空？"

明曰："故知一法不达，不名悉达。"师曰："律师不唯落空，兼乃错会名言。"

明作色曰："何处是错处？"师曰："未辨华竺之音，如何讲说？"

明曰："请禅师指出错处。"师曰："岂不知悉达是梵语邪[9]？"

（梵语具云"萨婆曷剌他悉陀[10]"，中国翻云"一切义成"，旧云

"悉达多"，犹是讹略梵语也。）

明虽省过，而心犹愤然。

又曰："夫经律论是佛语，读诵依教奉行，何故不见性?"师曰："如狂狗趁块，师子咬人[11]。经律论是性用，读诵者是性法。"

明曰："阿弥陀佛有父母及姓否?"师曰："阿弥陀姓憍尸迦，父名月上，母名殊胜妙颜。"

明曰："出何教文?"师曰："出《鼓音王经》。"

法明礼谢，赞叹而退。

有三藏法师问："真如有变易否[12]?"师曰："有变易。"藏曰："禅师错也。"

师却问三藏："有真如否?"曰："有。"师曰："若无变易，决定是凡僧也。岂不闻善知识者，能回三毒为三聚净戒，回六识为六神通，回烦恼作菩提，回无明为大智? 真如若无变易，三藏真是自然外道也。"

藏曰："若尔者，真如即有变易也?"师曰："若执真如有变易，亦是外道。"

曰："禅师适来说真如有变易，如今又道不变易，如何即是的当?"师曰："若了了见性者，如摩尼珠现色，说变亦得，说不变亦得。若不见性人，闻说真如变易，便作变易解会。说不变易，便作不变易解会。"藏曰："故知南宗实不可测。"

有道流问："世间还有法过于自然否[13]?"师曰："有。"

曰："何法过得?"师曰："能知自然者。"

曰："元气是道不?"师曰："元气自元气，道自道。"

曰："若如是者，则应有二也。"师曰："知无两人。"

又问："云何为邪? 云何为正?"师曰："心逐物为邪，物从心为正。"

源律师问："和尚修道，还用功否?"师曰："用功。"

曰："如何用功?"师曰："饥来吃饭，困来即眠。"

曰："一切人总如是，同师用功否?"师曰："不同。"

曰："何故不同?"师曰："他吃饭时不肯吃饭，百种须索。睡时不肯睡，千般计较。所以，不同也。"

律师杜口。

韫光大德问："禅师自知生处否？"师曰："未曾死，何用论生？知生即是无生。法无离生，法有无生。祖师曰[14]：'当生即不生。'"

曰："不见性人，亦得如此否？"师曰："自不见性，不是无性。何以故？见即是性，无性不能见。识即是性，故名识性。了即是性，唤作了性。能生万法，唤作法性，亦名法身。马鸣祖师云：'所言法者，谓众生心。'若心生故，一切法生。若心无生，法无从生，亦无名字。迷人不知法身无象，应物现形。遂唤青青翠竹，总是法身；郁郁黄华，无非般若。黄华若是般若，般若即同无情。翠竹若是法身，法身即同草木。如人吃笋，应总吃法身也。如此之言，宁堪齿录。对面迷佛，长劫希求。全体法中，迷而外觅。是以解道者，行住坐卧，无非是道。悟法者，纵横自在，无非是法。"

光又问："太虚能生灵智否？真心缘于善恶否？贪欲人是道否？执是执非人向后心通否？触境生心人有定否？住寂寞人有慧否？怀傲物人有我否？执空孰有人有智否？寻文取证人、苦行求佛人、离心求佛人、执心是佛人，此智称道否？请禅师一一为说。"

师曰："太虚不生灵智，真心不缘善恶，嗜欲深者机浅，是非交争者未通，触境生心者少定，寂寞忘机者慧沉，傲物高心者我壮，执空执有者皆愚，寻文取证者益滞[15]，苦行求佛者俱迷，离心求佛者外道，执心是佛者为魔。"

曰："若如是，毕竟无所有也。"师曰："毕竟是大德，不是毕竟无所有。"

光踊跃礼谢而去。

问："儒、释、道三教同异如何？"师曰："大量者用之即同，小机者执之即异。总从一性上起用，机见差别成三。迷悟由人，不在教之同异也。"

【注释】

[1] 法侄：出家人的眷属。

[2] 叩激：叩问争辩。慧律法师认为"激"就是互相论辩。

[3] 任意撮摩：任意切磋。慧律法师说："简单讲这个'撮摩'是比喻互相切磋的意思，这个'撮'本来是摘取，'撮摩'是比喻互相切磋。"

[4]　没交涉：不相干。再如本书第九章"沩山灵祐禅师"条："正是汝心，正是汝佛。若向外得一知一解，将为禅道，且没交涉。"如此等等，均是这个意思。

[5]　禅师家浑如此：禅师这一类人都是这样吗？

[6]　如来者，是诸法如义：如来的意思，就一切现象包括物质的还是精神的（诸法）都是空的，而空中又不妨碍妙有。故《金刚经》曰："如来所得法，此法无实无虚。"如来所得之法者菩提也，其法体空寂，无相可得，故云无实，其中具恒沙之性德，故云无虚。

[7]　不脱对治门，是生死业：不离开对症下药的方法是生死轮回之业。因为万法本空，有所求则不空，不空即是生死业。

[8]　禅师家多落空：禅师这一类人最后都落空。

[9]　岂不知悉达是梵语邪：难道不知道悉达是梵语吗？悉达：乃释尊为净饭王太子时之名，又作萨婆悉达多。译作一切义成、一切事成、财吉、吉财、成利、验事、验义。

[10]　萨婆曷剌他悉陀：宝祐本作"婆曷剌他悉陀"，丢了"萨"字。丁福保《佛学大辞典》："萨婆曷剌他悉陀：又作萨婆悉达多、萨婆頞他悉陀、萨缚頞他悉地。悉达太子之具名。译曰：'一切义成就，一切事成。'《西域记》七曰：'萨婆曷剌他悉陀，唐言一切义成，旧曰悉达多，讹略也。'""梵语具云……讹略也"，这一段旧校本标点有误，均纠正。

[11]　狂狗趁块，师子咬人：狂狗丢块石头它也会追赶，狮子见人就会乱咬。言外之意，读经论要能分辨是非，并且要运用到修行实践中去分辨是非，光停留在语言文字里面是不能明心见性的。

[12]　真如有变易否：真如有变化吗？真如，离妄曰真，不异曰如。即诸佛所证真实无妄之德，以其无灭无生，不迁不变，是为常住果。

[13]　世间还有法过于自然否：世间还有没有超过自然的法？

[14]　祖师曰：这是大珠慧海禅师引用祖师的话，所以后面这句"当生即不生"应当在引号内，使用单引号。而旧校本将此"祖师曰"单独列出，可大珠慧海禅与韫光大德对话怎么突然冒出了"祖师"说话呢？显然属于标点错误。

[15]　寻文取证者益滞：依据慧律法师解释："寻文就是依于文章、文字，而想要取证佛性；取证就是取证不生不灭的佛性，你想要从文字上取证不生不灭的佛性，益滞。益就是更加，滞就是不通，更不可能。"

【概要】

大珠慧海禅师，唐代禅僧。建州（今福建建瓯）人，俗姓朱。生卒年不详。世称大珠和尚、大珠慧海。依越州（浙江绍兴）大云寺道智法师出家，初学经教即有所悟。后游诸方，参谒马祖道一，马祖曰："自家宝藏不顾，抛家散走作什么？"师于言下自识本性，遂事马祖六载。撰有《顿悟入道要门》一卷。被窃呈马祖，祖赞曰："越州有大珠，圆明光透，自在无遮障。"此即"大珠和尚"名之由来。悟道之后，归返越州阐扬禅旨。另著有《诸方门人参门语录》一卷。

慧海禅师反对钻在故纸经堆讲经的做法。有一天，有位讲《金刚经》的法师带着数人前来礼谒慧海禅师。大珠慧海禅师针对知解宗徒进行敲打，这些人一心钻在故纸堆里，终日寻文求义，而于自己的本分智慧和解脱，竟毫无作为。修行首先要对治的就是分别心、取舍心。而依文解义正是学道人分别心重的一个主要表现。慧海禅师在这则语录中对"如何是生死业"的开示，可谓力透纸背。若能从此悟入，在修行上必得大用，所谓"得力处省心，省心处得力"是也。

慧海禅师从"真空妙有"的观点出发，反对真如不变易，亦反对真如变易。有三藏法师问："真如有变易否？"人们在理解这个概念的时候，往往杂入外道知见，也就是从变与不变的二边出发，对真如作出非此即彼的判断。在这里，慧海禅师的开示对于我们准确地理解真如的概念是非常有帮助的。

戒律是死的，修行是活的，慧海禅师明确地开示了什么才是真正的用功方法。源律师（专门研究佛教戒律的僧人）问："和尚修道，还用功否？"慧海禅师开示真正的用功方法，禅不在别处，就在日常起居当中。在日常生活中，若能做到安住当下，心行到位（合一），不分别取舍，道即在其中矣。"饥来吃饭，困来即眠"这段精彩的开示，千百年来，一直被人们当作禅宗修行最主要的特色而传颂着。

【参考文献】

《祖堂集》卷十四；《景德传灯录》卷六；《联灯会要》卷五；《佛祖历代通载》卷十四。

洪州百丈山惟政禅师[1]

有老宿见日影透窗，问师："为复窗就日，日就窗？"师曰："长老房中有客，归去好[2]！"

师问南泉："诸方善知识还有不说似人底法也无[3]？"曰："有。"师曰："作么生？"曰："不是心，不是佛，不是物。"师曰："恁么则说似人了也[4]。"曰："某甲即恁么，和尚作么生[5]？"师曰："我又不是善知识，争知有说不说底法[6]？"曰："某甲不会，请和尚说。"师曰："我太煞与汝说了也[7]。"

僧问："如何是佛佛道齐？"师曰："定也。"

师因入京，路逢官人吃饭，忽见驴鸣，官人召曰："头陀。"师举头，官人却指驴，师却指官人。

（法眼别云："但作驴鸣。"）

【注释】

[1] 洪州百丈山惟政禅师：《景德传灯录》认为该条应在百丈山海和尚下，并在卷九"洪州百丈怀海禅师法嗣"有校勘记："此传，旧在第六卷马祖法嗣中大珠和尚之次，今以机缘推之，即移入此卷百丈海禅师法嗣中，作百丈涅槃和尚机缘也。按唐柳公权书、武翊黄所撰《涅槃和尚碑》云：'师讳法正，以其善讲《涅槃经》，故以涅槃为称。'今师本章中有云：'汝与我开田，吾为汝说大义，则知其为涅槃和尚明矣。又称南泉为师伯，则知其嗣百丈海公亦明矣。虽然惟政、法正二名不同，盖传写之讹耳。又觉范《林间录》亦谓旧本之误，及观《正宗记》则有惟政、法正之名。然百丈第代可数，明教但见其名不同，不能辨而俱存之。今当以碑为正也。而又《卿公事苑》乃云：'百丈涅槃和尚是沩山嗣子，而海公之孙。'此尤大谬也，不足取矣。"（参见本书第四章"百丈山涅槃和尚"条）

[2] 长老房中有客，归去好：长老房中有客人，你回去吧！长老：通称道高腊长之比丘。

[3] 诸方善知识还有不说似人底法也无：各地善知识有没有不说给人听的法呢？善知识，"恶知识"之对称。指教示佛法之正道，令得胜益之师友。又作知识、善友、亲友、善亲友、胜友。旧译本将善知识翻译为"得道高僧"，有误。

[4] 恁么则说似人了也：如此就是说给人听的法了。

[5] 某甲即恁么，和尚作么生：我只能如此，和尚你怎么看？

[6] 争知有说不说底法：怎么知道说的与不说的法？知有：知，知道。

[7] 我太煞（shà）与汝说了也：我已经竭尽全力给你说了。旧校本标点有误，"太煞"后不能断句加逗号。太煞：同"太杀"。指太过分、太厉害。又指太、实在，作程度副词。本书第二十章"石亭祖璇"条："吃粥了也未？赵州无忌讳。更令洗钵去，太煞没巴鼻！"

【概要】

惟政禅师，唐代僧，传说善讲《涅槃经》，故又称涅槃和尚。对于百丈怀海的名字人们早已熟知，但除了怀海之外，尚有住锡百丈山的怀海弟子惟正。据《景德传灯录》校勘，则"惟政"与"法正"是一人，也就是本书第四章"百丈山涅槃和尚"。本书第四章"百丈山涅槃和尚"条引用洪觉范《林间录》资料佐证此"涅槃和尚"就是法正。请参考本书第四章"百丈山涅槃和尚"注释。

百丈与驴鸣值得我们深思。惟政禅师入京路上，遇到官人（唐朝称当官的人）吃饭，突然看见驴鸣，官人喊道："头陀！"俗称行脚乞食的僧人为头陀，禅师当然以为是喊自己，可禅师才抬头一看，官人却指着驴。难道是官人把禅师当驴了，还是官人的驴本来就叫头陀，或者官人把自己的驴叫头陀来侮辱禅师，可禅师众生平等，看不出他有丝毫恼怒。《普庵印肃禅师语录》云："且道，官人指，与百丈指，是同是别，不妨法眼全收。"

【参考文献】

《景德传灯录》卷九；《五灯严统》卷三；《禅宗正脉》卷二。

洪州泐潭法会禅师

洪州泐潭[1]法会禅师问马祖："如何是祖师西来意？"祖曰："低声，近前来，向汝道。"师便近前，祖打一掴曰[2]："六耳不同谋[3]，且去，来日来。"

师至来日，独入法堂曰："请和尚道。"祖曰："且去，待老汉上堂出来问，与汝证明。"师忽有省，遂曰："谢大众证明。"乃绕法堂一匝，便去。

【注释】

[1] 泐（lè）潭：今江西高安县洞山。

[2] 祖打一掴曰：马祖打了他一记耳光。

[3] 六耳不同谋：原意是三个人知道就不能保守秘密，后也比喻轻信传闻的话没有益处。佛教指不能当着第三者传道。

【概要】

法会禅师，马祖道一禅师之法嗣，生平不详。《五灯会元》和《景德传灯录》均记载了他参问马祖的悟道经过。

法会禅师向马祖问道，马祖的回答完全出乎他的意料，第一次不能当着大众说，第二次却要当着大众说，佛法到底是有秘诀还是没有秘诀？实际上，马祖已经告诉他，道在眼前，说有秘诀，那是凡夫看不见，如果驱除妄想，则道就在眼前。正是这出乎意料的回答，将他的希求心彻底地给打死了，所以法会禅师忽然有省，道不远求，佛就在心里，于是他叩谢马祖道："谢大众证明。"

【参考文献】

《景德传灯录》卷六；《江西马祖道一禅师语录》（《卍新纂大日本续藏经》第六十九册）；《联灯会要》卷五。

池州杉山智坚禅师

池州杉山智坚禅师，初与归宗、南泉行脚时，路逢一虎。各从虎边过了，泉问归宗："适来见虎似个甚么？"宗曰："似个猫儿。"宗却问师，师曰："似个狗子。"又问南泉，泉曰："我见是个大虫。"

师吃饭次，南泉收生饭[1]，乃曰："生聻[2]？"师曰："无生。"泉曰："无生犹是末[3]。"

泉行数步，师召曰："长老！"泉回头曰："作么？"师曰："莫道是末。"

普请择蕨次[4]，南泉拈起一茎曰："这个大好供养。"师曰："非但这个，百味珍羞，他亦不顾。"泉曰："虽然如是，个个须尝过始得。"

（玄觉云："是相见语不是相见语？"）

僧问："如何是本来身？"师曰："举世无相似。"

【注释】

[1] 师吃饭次，南泉收生饭：智坚禅师吃饭时，南泉禅师亲自收生饭。禅门开饭前取少许食物布施旷野鬼神，叫生饭，又叫出生。查阅《禅宗颂古联珠通集》记载："南泉一日因斋次，乃自将生盘去首座前出生。时杉山坚和尚为首座，乃曰无生。"这个事说的是当时智坚禅师担任首座，南泉禅师在吃饭的时候拿出生盘去首座前出生，首座（智坚）说没有生饭。但旧译本与《〈景德传灯录〉译注》都把"生饭"理解为没有煮熟的饭。

[2] 生聻（nǐ）：生饭呢？聻：句末语气词，相当于"呢""哩"。旧校本标点有误，未使用问号。

[3] 无生犹是末：无生还是最后的事。即是次要的事，还有更重要的事，南泉未说。

[4] 普请择蕨次：集体劳动采蕨菜之际。普请：禅门集体劳动，后世称为出坡。

【概要】

智坚禅师，生卒年及其籍贯不详，马祖道一弟子。与南泉普愿同来池阳，挂锡杉山（今安徽石台县境内）。杉山早已是一个佛门重地。唐开元（713～741年）初，国清禅师义安于此开创道场。义安被累召入朝而不赴，唐玄宗为他割三乡租赋以膳僧众，置仓输纳。智坚禅师来到杉山，人以山显，山以人彰。他给杉山带来了又一次繁荣。智坚与南泉普愿交往甚密，其禅法不及普愿，留下的语录也不多。除此处记载外，还有《祖堂集》亦有专篇记载。

池州的杉山智坚禅师从前与庐山归宗禅师、池州南泉普愿禅师一起行脚时，在路上遇到一只虎。三人各从虎的身旁安然走过。南泉普愿禅师问归宗禅师，刚才见到的那只虎像个什么？归宗说，我看像只猫。但归宗又问杉山智坚，智坚说，像只狗。智坚又问普愿，普愿说，我见到的就是一只虎。各人所见不同，即个人境界虽不同，但本体只有一个，不管是什么，最后都是佛。

春天，普愿请大家上山去采蕨菜。杉山智坚举起一根很大的蕨菜说，这么好的蕨菜正好可以供养您。普愿说，不要说是这个，就是百味珍馐，我也无所谓。杉山智坚说，虽然这样，但每一样东西还是要认真地尝一尝（否则怎么知道它们是什么味道呢）。

【参考文献】

《景德传灯录》卷六；《联灯会要》卷五；《指月录》卷九。

洪州泐潭惟建禅师

洪州泐潭惟建禅师，一日在法堂后坐禅。马祖见，乃吹师耳，两吹师起。见是祖，却复入定。祖归方丈，令侍者持一碗茶与师，师不顾，便自归堂。

【概要】

惟建禅师，唐代禅僧。师事马祖道一。马祖考验惟建禅师的禅定，先是吹耳，然后就是送茶，惟建禅师都不顾，于是只好退堂。后出居洪州（今江西南昌）渤潭，法化大行。

有人统计，《景德传灯录》三十卷中言及茶者，总计有一百三十多处，僧徒传承之间以茶传法的事例，不下六七十条。其中最早出现者，是马祖道一以茶试渤潭惟建。

【参考文献】

《景德传灯录》卷六；《江西马祖道一禅师语录》（《卍新纂大日本续藏经》第六十九册）；《五灯严统》卷三；《教外别传》卷五。

澧州茗溪道行禅师

澧州茗溪[1]道行禅师尝曰："吾有大病，非世所医。"

（后僧问曹山："古人曰，吾有大病，非世所医，未审是甚么病？"山曰："攒簇不得底病。"曰："一切众生还有此病也无？"山曰："人人尽有。"曰："和尚还有此病也无？"山曰："正觅起处不得。"曰："一切众生为甚么不病？"山曰："一切众生若病，即非众生。"曰："未审诸佛还有此病也无？"山曰："有。"曰："既有，为甚么不病？"山曰："为伊惺惺[2]。"）

僧问："如何修行？"师曰："好个阿师，莫客作[3]。"曰："毕竟如何。"师曰："安置即不堪[4]。"

问："如何是正修行路？"师曰："涅槃后有。"曰："如何是涅槃后有？"师曰："不洗面。"曰："学人不会。"师曰："无面得洗。"

【注释】

[1] 澧（lǐ）州茗溪：今属湖南常德市，以澧水得名。

[2] 为伊惺（xīng）惺（xīng）：因为他清醒。惺惺：清醒，聪明，此处作清醒解释为宜。因为佛为觉悟之义，即清醒，众生迷而不觉，故沉睡。旧译本翻译为"聪明"，有误。

[3] 好个阿师，莫客作：好个师僧，莫为他做雇工。阿：语气词，无意义。师：指师僧，即僧人为三宝之一，堪为人天之师。客作：雇工，佣保。这句话的意思，修行人不要为假我（四大组合之我）劳心劳力，变成自己的雇工，其结果是万

般带不去，唯有业随身。

［4］安置即不堪：安置他，我不能胜任。言外之意，到底如何修行，那是你自己的事，外人没法帮你，一切善恶都是你自心所为，不要心外求法。

【概要】

道行禅师（752～820年），唐代禅僧。桂阳（湖南）人，俗姓杨。十二岁学于南岳般若道场，又参谒马祖道一，彻悟生死大事。住于澧阳西南，后以太守召请，住持茗溪开元寺。元和十五年示寂，世寿六十九。

【参考文献】

《宋高僧传》卷二十；《景德传灯录》卷六；《联灯会要》卷五。

抚州石巩慧藏禅师

抚州[1]石巩慧藏禅师，本以弋猎为务，恶见沙门[2]。因逐鹿从马祖庵前过，祖乃逆之[3]。师遂问："还见鹿过否？"祖曰："汝是何人？"曰："猎者。"祖曰："汝解射否？"曰："解射。"祖曰："汝一箭射几个？"曰："一箭射一个。"祖曰："汝不解射。"曰："和尚解射否？"祖曰："解射。"曰："一箭射几个？"祖曰："一箭射一群。"曰："彼此生命，何用射他一群？"祖曰："汝既知如是，何不自射？"曰："若教某甲自射，直是无下手处。"祖曰："这汉旷劫无明烦恼，今日顿息。"师掷下弓箭，投祖出家。

一日，在厨作务次，祖问："作甚么？"曰："牧牛。"祖曰："作么生牧？"曰："一回入草去，蓦鼻拽将回。"祖曰："子真牧牛。"师便休。

师住后，常以弓箭接机（载三平章[4]）。

师问西堂："汝还解捉得虚空么？"堂曰："捉得。"师曰："作么生捉。"堂以手撮虚空。师曰："汝不解捉。"堂却问："师兄作么生捉？"师把西堂鼻孔拽，堂作忍痛声曰："太煞拽人鼻孔[5]，直欲脱去。"师曰："直须恁么捉虚空始得[6]？"

众参次，师曰："适来底甚么处去也[7]？"有僧曰："在。"师曰："在甚么处？"

僧弹指一声，问："如何免得生死？"师曰："用免作甚么？"曰：

"如何免得？"师曰："这底不生死。"

【注释】

[1] 抚州：今江西抚州。

[2] 本以弋（yì）猎为务，恶见沙门：本来以射猎为生，讨厌见到出家人。沙门，译勤息，即勤修佛道和息诸烦恼的意思，为出家修道者的通称。旧译本将"沙门"翻译为"沙弥"，有误。

[3] 祖乃逆之：马祖就迎着他走过来。

[4] 载三平章：有关文字记载见本书第五章"三平义忠禅师"注释。

[5] 太煞拽人鼻孔：太用力拽人鼻孔。旧校本标点有误，"太煞"后不能断句加逗号。太煞：同"太杀"。指太过分、太厉害。又指太、实在，作程度副词。本书第二十章"石亭祖璇"条："吃粥了也未？赵州无忌讳。更令洗钵去，太煞没巴鼻！"

[6] 直须怎么捉虚空始得：应当这样你才能捉到虚空。直须：应当，应。

[7] 适来底甚么处去也：刚来的到什么地方去了？

【概要】

慧藏禅师，唐代禅僧。马祖道一禅师之法嗣，生平姓氏不详。抚州（今属江西）人。原本是个猎户，以射猎为生，讨厌见到出家人。大历（766～779年）年间，马祖道一居龚公山，慧藏逐鹿从其庵前过，马祖接以禅机，当下顿悟，折毁弓矢，自截其发，依马祖出家，终获心印。后入石巩山结茅而居，世称"石巩和尚"。领徒四百，住山三十年，常以弓箭接机。时大旱，禅师于岩下掘土得泉，可救旱蠲痾（蠲痾，指治愈疾病），唐肃宗朝，敕封"义泉禅院"。

石巩慧藏和西堂智藏，都是马祖的入室弟子。慧藏禅师的名气虽不及西堂，但其机锋峻辩，却不让于西堂。有一天，慧藏问西堂："汝还解捉得虚空么（你还懂得把捉虚空吗）？"西堂道："捉得。"慧藏道："作么生捉（如何把捉）？"西堂伸手，作出撮虚空的样子。慧藏禅师道："汝不解捉。"西堂于是问道："师兄怎么捉？"慧藏禅师突然捏着西堂的鼻孔，使劲地拽，西堂疼不可忍，道："太煞拽人鼻孔，直欲脱去。"慧藏禅师道："直须怎么捉虚空始得（必须这样你才能捉到虚空）。"

这里的虚空喻指人的自性，自性无形无相，不可捉摸，犹如虚空。但是，它跟虚空不一样的地方是，它具有灵觉之作用，非是死寂之顽空。自性虽然不是眼耳等见闻觉知，但是欲识自性，却不可脱离见闻觉知。若离开当下之见闻觉知，向外驰求所谓的自性，则永无到家之日。

出自慧藏禅师的著名公案有"慧藏逐鹿""石巩张弓三平受箭"，后者记载见本书第五章"三平义忠禅师"注释。

【参考文献】

《景德传灯录》卷六；《联灯会要》卷五；清同治十年《宜黄县志》。

江西北兰让禅师

湖塘亮长老问："承闻师兄画得先师真[1]，暂请瞻礼。"师以两手擘胸开示之[2]，亮便礼拜。师曰："莫礼！莫礼！"亮曰："师兄错也，某甲不礼师兄。"师曰："汝礼先师真那？"亮曰："因甚么教莫礼？"师曰："何曾错？"

【注释】

[1] 承闻师兄画得先师真：听说师兄画了先师真容。

[2] 师以两手擘（bāi）胸开示之：禅师用两手做掰开胸膛动作开示他。擘：同"掰"。旧译本"北兰让禅师用两手擘开胸膛让他看"，将"开示"译为"给他看"，有误。

【概要】

江西北兰让禅师是湖塘亮长老的师兄，他听说师兄画了先师真容，就请求暂时送给他去供养礼拜。江西北兰让禅师看到他著相，就用两手做掰开胸膛动作开示他，即先师在心里，应当用心供养他，而不要执着外面的相。可亮长老没明白师兄的意思，就跪地礼拜。禅师让他不要礼拜，亮长老却说师兄错了，认为自己要礼的是先师真容，而不是师兄。亮长老只看到表面的相，而没有得到先师心传，在心上用功。最后禅师对亮长老说何曾有错，从外在的相，到内在的心，你到底错在哪里，让亮长老去分辨。

袁州南源道明禅师

上堂："快马一鞭，快人一言[1]，有事何不出头来？无事各自珍重。"

僧问："一言作么生?"师乃吐舌云："待我有广长舌相[2]，即向汝道。"

洞山参，方上法堂，师曰："已相见了也。"山便下去。

明日却上，问曰："昨日已蒙和尚慈悲，不知甚么处是与某甲已相见处?"师曰："心心无间断，流入于性海。"山曰："几合放过[3]?"山辞。师曰："多学佛法，广作利益。"山曰："多学佛法即不问，如何是广作利益?"师曰："一物莫违[4]。"

僧问："如何是佛?"师曰："不可道你是也[5]。"

【注释】

[1] 快人一言：爽快的人只需说一句话他就明白。

[2] 广长舌相：三十二相之一，略名广长舌，指佛等之舌软薄广长之相。此相乃"语必真实"与"辩才无碍"之表征。据佛典所载，有此德相是因行十善业、十波罗蜜等，慎言说，无粗恶语所致。

[3] 几合放过：差点儿放过去了。

[4] 一物莫违：万物都不违逆。言下之意，让万物随其自然生长，我们要做的是觉悟自性，善恶皆不思，才是真正广作利益，若有所图，则落入轮回。

[5] 不可道你是也：不可说你就是。

【概要】

道明禅师，唐代禅僧。参马祖道一得法。出居袁州（今江西宜春）南源。洞山参问："如何是广作利益?"答："一物莫违。"其生平不详，但记载可见其境界不浅。据元朝学者揭傒斯《揭文安公文集》中《袁州宜春县逢溪山圣寿寺记》记载"圣寿即逢溪禅师所建也，名与萍乡之杨岐、南源相伯仲。初马祖以佛法振江西，逢溪禅师与杨岐甄叔、南源道明同事之，于八十四人之中，故归皆建坛场以阐其师之道"，从以上记载可知，南源道明禅师、杨岐甄叔禅师都是马祖道一的得意弟子。

2017 年 7 月，江西萍乡发现了千年古寺"南源寺"。南源广利万安寺，在佛教禅宗史上是一个很重要的庙宇。洞山良价禅师到南源参访，道明禅师对洞山良价禅师说："以学佛法，广作利益"，所以寺名"广利"。因为古时江西萍乡属于袁州管辖，文献记载将袁州府萍乡县的南源广利寺简称为"袁州南源广利寺"，从上述石碑内容可以断定南源寺其实就是属于萍乡上栗的。

【参考文献】

《景德传灯录》卷六；《袁州宜春县逢溪山圣寿寺记》；《联灯会要》卷一。

忻州[1]郦村自满禅师

上堂："古今不异，法尔如然，更复何也？虽然如此，这个事大有人罔措在[2]。"

僧问："不落古今，请师直道。"师曰："情知汝罔措[3]？"僧欲进语。师曰："将谓老僧落伊古今[4]？"曰："如何即是[5]？"师曰："鱼腾碧汉，阶级难飞[6]。"曰："如何免得此过？"师曰："若是龙形，谁论高下[7]？"僧礼拜，师曰："苦哉！屈哉！谁人似我？"

上堂："除却日明夜暗，更说甚么即得？珍重[8]！"

问："如何是无诤之句？"师曰："喧天动地。"

【注释】

[1] 忻州：今属山西。

[2] 这个事大有人罔措在：这个事大有人无所适从，不知所措。罔措：无所适从，不知所措。

[3] 情知汝罔措：我明知你无所适从。

[4] 将谓老僧落伊古今：原以为老僧已经落入古今的话头。将谓，只说是，原以为。唐代刘商《胡笳十八拍·第一拍》："纱窗对镜未经事，将谓珠帘能蔽身。"

[5] 如何即是：怎样才对？

[6] 鱼腾碧汉，阶级难飞：鱼儿在水里可以腾飞在天空，但是它要是上岸了就一个台阶也飞不上。碧汉：天空。阶级：台阶。

[7] 若是龙形，谁论高下：如果变成了龙形，谁还敢比高低？

[8] 更说甚么即得？珍重：再说什么才好？各位保重！旧校本标点为"更说甚么！即得珍重"，有误。

【概要】

自满禅师，唐代禅僧。生平不详。参马祖道一得法。住忻州（今属山西）。一日上堂曰："除却日明夜暗，更说甚么即得，珍重！"遂归室。其机用多如此。

【参考文献】

《景德传灯录》卷六；《五灯严统》卷三；《五灯全书》卷六。

朗州中邑洪恩禅师

朗州中邑洪恩禅师，每见僧来，拍口作和和声。

仰山谢戒[1]，师亦拍口作和和声。仰从西过东，师又拍口作和和声。仰从东过西，师又拍口作和和声。仰当中而立，然后谢戒。

师曰："甚么处得此三昧？"仰曰："于曹溪印子上脱来[2]。"师曰："汝道曹溪用此三昧接甚么人？"仰曰："接'一宿觉'[3]。"

仰曰："和尚甚处得此三昧？"师曰："我于马大师处得此三昧。"

仰问："如何得见佛性义？"师曰："我与汝说个譬喻。如一室有六窗，内有一猕猴。外有猕猴从东边唤猩猩，猩猩即应，如是六窗俱唤俱应。"仰山礼谢，起曰："适蒙和尚譬喻，无不了知。更有一事，只如内猕猴睡着，外猕猴欲与相见，又且如何？"师下绳床，执仰山手作舞曰："猩猩与汝相见了。譬如蟭螟虫，在蚊子眼睫上作窠，向十字街头叫云：'土旷人稀，相逢者少。'"

（云居锡云："中邑当时若不得仰山这一句语，何处有中邑也？"崇寿稠云："还有人定得此道理么？若定不得，只是个弄精魂[4]脚手，佛性义在甚么处？"玄觉云："若不是仰山，争得见中邑？且道甚么处是仰山得见中邑处？"）

【注释】

［1］谢戒：禅林有沙弥得度受戒后，至师所拜谢之礼，名为谢戒。

［2］于曹溪印子上脱来：从曹溪六祖印子上脱出而来。

［3］接"一宿觉"：接引"一宿觉"那样的人。一宿觉，为唐代永嘉禅师求法得悟之故事。一宿，即一夜之意。永嘉玄觉参访六祖慧能，一宿之间，论说三千威仪、八万细行，因而彻底大悟，遂蒙授心印，禅林中传称为"一宿觉"。详见第二章"永嘉真觉禅师"条有关记载。旧译本将"一宿觉"翻译为"一个先觉者"，是没有弄清"一宿觉"这个典故而望文生义。

［4］弄精魂：弄玄虚，虚妄施为。常指禅家示机应机之作略，因多系接人之方

便法门，非真实大法，故用例多含贬义。

【概要】

洪恩禅师，唐代禅僧。生平不详。师事马祖道一，得其密传。出居朗州（今湖南常德）中邑，人称"中邑恩"。每见僧来，拍口作和和声。

"猕猴公案"出自洪恩禅师。

仰山禅师有一次请示洪恩禅师道："怎么才能明心见性？"

洪恩禅师回答道："我给你说个譬喻，如一室有六窗，室内有一猕猴，跳个不停，另有外面的猕猴从东西南北窗边呼唤，室内猕猴即回应。如是共有六窗，俱唤俱应。"

我们这个身体好比一个房子，我们的六识（眼耳鼻舌身意）犹如四壁上的六扇窗户，总是追逐外面的六尘（色声香味触法）。里面的猕猴好比我们能知的心，通过六识（眼耳鼻舌身意）与外面的猕猴发生关系。外面的猕猴好比六尘（色声香味触法），我们能知的心就是通过这六扇窗户与外面的六尘发生认知关系的。

这是一般的常识，大家都能理解。仰山的问题是，如果能知的心，处于睡眠或闷绝的状态下，根尘纵然相接，亦不能产生认识，这个时候，被称为"常寂光"的"常觉不昧"的佛性体现在哪里呢？若在睡眠、或闷绝的状态下，佛性的灵知之用不能现前，那我们又如何去体证佛性呢？这个问题告诉我们如果参禅变成死禅，什么都不闻不问了，那么就不是真正在参禅。佛性不受外界所干扰，但对外界是分分秒秒能够觉知的，参禅在这一步棋上走活，那才是真正上升到了涅槃的境界。中邑禅师不愧为老前辈，不愧为马祖座下一员战将。他自然能收放自如，转身自在。若不是他，几被沩山座下这头水牯牛顶死矣！

仰山禅师和中邑洪恩禅师，都是一代明眼宗师，他们在为学人共演一出戏。仰山禅师所提出的这个问题，恰恰是针对普通学人在对佛性认识上所患的一个通病，即对佛性的理解落在"知"的一面，强调佛性的"了了常知"这一面，从根本上来讲，并没有离开能所二边分别的凡夫见。基于这种凡夫见，必然会产生在睡眠或闷绝的状态下，能知能觉没有现行，那个时候，佛性还在不在的问题，佛性究竟在哪里的问题，我们如何与佛性打照面的问题。一大堆的问题，都随之而来了。

祖师慈悲，一句"与你相见了也"，终于向学人亮出了底牌。洪恩禅师便下绳床，拉着仰山禅师，手舞足蹈地说道："猩猩和你相见了。就好比蟭螟虫（传说中极微小的虫子）在蚊子的眼睫毛上做巢，向着十字街头叫唤道：'土旷人稀，相逢者少'。"请问，洪恩禅师说"与你相见了也"，究竟是在什么处相见？这个公案大为值得参究。若能知他落处，自然脱得生死；若不知落处，不唯平时七颠八倒，临命终时终不免随业流转也。

【参考文献】

《景德传灯录》卷六；《联灯会要》卷五；《指月录》卷九。

洪州泐潭常兴禅师

僧问："如何是曹溪门下客？"师曰："南来燕。"曰："学人不会。"师曰："养羽候秋风[1]。"

问："如何是宗乘极则事[2]？"师曰："秋雨草离披[3]。"

南泉至，见师面壁，乃拊师背。师问："汝是阿谁？"曰："普愿。"师曰："如何？"曰："也寻常。"师曰："汝何多事？"

【注释】

[1] 养羽候秋风：养到羽翼丰满的时候，等到秋风季节可以一飞千里。养羽：生长羽毛。传说东汉杨宝九岁时，至华阴山北，见一黄雀为鸱枭所搏，坠于树下，宝取雀以归，置巾箱中，食以黄花，百馀日毛羽成，乃飞去。是夜有黄衣童子以白环四枚赠宝。

[2] 宗乘极则事：宗乘：各宗所弘之宗义及教典云宗乘，多为禅门及净土门标称自家之语。极则：犹言最高准则、最高境界。极则事：禅林指明心悟性、超越生死之事。

[3] 秋雨草离披：在秋雨中衰草散乱凋零。离披：衰败。

【概论】

常兴禅师，唐代禅僧。生平不详。参马祖道一得法，居洪州（今江西南昌）泐潭。一日僧问："如何是曹溪门下客？"答曰："南来燕。"曰："学人不会。"答曰："养羽候秋风。"

【参考文献】

《景德传灯录》卷七；《联灯会要》卷五；《禅宗正脉》卷二。

汾州无业禅师

汾州[1]无业禅师，商州上洛杜氏子。母李氏闻空中言："寄居得否？"

乃觉有娠。诞生之夕，神光满室。甫及丱岁[2]，行必直视，坐即跏趺。九岁，依开元寺志本禅师受大乘经，五行俱下[3]，讽诵无遗。十二落发。二十受具戒于襄州幽律师，习《四分律疏》。才终，便能敷演。每为众僧讲《涅槃》大部，冬夏无废。后闻马大师禅门鼎盛，特往瞻礼。

祖睹其状貌奇伟，语音如钟，乃曰："巍巍佛堂，其中无佛。"师礼跪而问曰："三乘文学，粗穷其旨[4]。常闻禅门即心是佛，实未能了。"祖曰："只未了底心即是，更无别物[5]。"

师曰："如何是祖师西来密传心印？"祖曰："大德正闹在[6]，且去，别时来。"师才出，祖召曰："大德！"师回首。祖曰："是甚么？"师便领悟，乃礼拜。祖曰："这钝汉[7]，礼拜作么！"

（云居锡云："甚么处是汾州正闹？"）

自得旨后，诣曹溪礼祖塔，及庐岳天台，遍寻圣迹。后住开元精舍，学者致问，多答之曰"莫妄想"。

唐宪宗屡召，师皆辞疾不赴。暨穆宗即位，思一瞻礼，乃命两街僧录[8]灵阜等赍诏迎请。至彼作礼曰："皇上此度恩旨，不同常时，愿和尚且顺天心，不可言疾也。"师微笑曰："贫道何德，累烦世王？且请前行，吾从别道去矣。"

乃澡身剃发，至中夜告弟子惠愔等曰："汝等见闻觉知之性，与太虚同寿，不生不灭。一切境界，本自空寂，无一法可得。迷者不了，即为境惑。一为境惑，流转不穷。汝等当知，心性本自有之，非因造作，犹如金刚不可破坏。一切诸法，如影如响，无有实者。经云：'唯此一事实，余二则非真[9]。'常了一切空，无一物当情。是诸佛用心处，汝等勤而行之。"

言讫，跏趺而逝。茶毗日，祥云五色，异香四彻，所获舍利璨若珠玉。弟子等贮以金瓶，葬于石塔。当长庆三年，谥"大达国师"。

【注释】

[1] 汾州：今山西汾阳。

[2] 甫（fǔ）及丱（guàn）岁：才到幼年。甫：刚刚，才。丱岁：幼年。

[3] 五行俱下：看书一目五行。

[4] 三乘文学，粗穷其旨：大中小三乘（声闻乘、缘觉乘、菩萨乘）经文义

学，已经初步推究了其中的旨意。

[5] 只未了底心即是，更无别物：只那没有了悟的心就是佛，此外更无其他东西。

[6] 大德正闹在：大德正在闹腾着。言外之意，虽然心即是佛，可你的心妄念多得很，正闹腾着，等明白了再来问我。

[7] 钝汉：愚蠢的人。

[8] 两街僧录：即左右街僧录司，为唐宋时代掌理僧尼名籍、僧官补任等事宜之僧职。

[9] 唯此一事实，余二则非真：出自《妙法莲华经》卷一。后两句"常了一切空，无一物当情"非《法华经》经文，而旧校本均引用在内，有误。

【概要】

无业禅师，唐代禅僧，马祖道一禅师之法嗣。商州上洛（治今陕西商县）人，俗姓杜。九岁依本郡开元寺志本禅师受大乘经，十二岁落发，二十岁受具足戒于襄州（今湖北襄樊）幽律师，习《四分律疏》，兼为僧众讲《涅槃经》，法筵长开。后谒马祖道一，得传心印。游方京师，众仰其名，欲举为两街大德，无业曰："亲近国王大臣，非予志也。"至汾州（今山西汾阳）住开元寺。唐宪宗屡召，皆辞疾不赴。卒谥"大达国师"。

"佛堂无佛"公案出自无业禅师。无业禅师听说洪州马大师禅门鼎盛，特地前往瞻礼。无业禅师生得身材高大，站立如山，声如洪钟。马祖一见，便觉得他不同寻常，于是笑而戏之曰："好一座巍巍佛堂，只可惜其中无佛！"这就是禅宗著名的"佛堂无佛"公案。

本是一句玩笑话，却有深刻含义。马祖把无业禅师高大威武的身躯比作为佛堂，只是很遗憾这高大身材里面的心仍旧被妄想主宰，所以说"佛堂无佛"。正因为此时"佛堂无佛"，所以无业禅师仍旧执着于他的经文学识，他说大中小三乘（声闻乘、缘觉乘、菩萨乘）经文义学，已经初步推究了其中的旨意。这话自然有点傲视群雄的味道，不过他也感叹自己还不能了悟什么是"即心是佛"。于是请求马祖指点。

马祖曰："大德正闹在，且去，别时来。"佛就在心中，可无业禅师找不到，还在向马祖请求传授"祖师西来密传心印"，正是"自家宝藏不顾，抛家散走向外求"，所以马祖就不客气了，说你大德正在闹腾着，下了逐客令。言外之意，虽然心即是佛，可你的心妄念多得很，正闹腾着，等明白了再来问我。

也许一般人到这里就结束了，然后回客房，第二天再来问师父秘诀。可马祖正在无业禅师出去的时候大喊一声"大德"，也算一声棒喝吧，竟然不到几秒无业禅师就豁然开悟。

在马祖与无业禅师的这段禅机问答中，马祖两次指点无业禅师，无业禅师皆未能相应。第一次告诉他，"只那没有了悟的心就是佛，此外更无其他东西"。第二次告诉他："大德正闹在，息下闹心，返观自心吧。"可惜，无业禅师均错失良机。只待无业禅师出门时，马祖唤他一声："大德！"无业禅师闻声回首。马祖反问他："你这闻声即响应的心是什么？"此时，无业禅师豁然开朗。外在的声尘与内在的佛性辩证统一起来了，这样就是开悟了。正如虚云老和尚偈所云："杯子扑落地，响声明历历。虚空粉碎也，狂心当下歇。"

【参考文献】

《宋高僧传》卷十；《景德传灯录》；《江西马祖道一禅师语录》（《卍新纂大日本续藏经》第六十九册）；《五灯严统》卷三；《教外别传》卷五。

澧州大同广澄禅师

僧问："如何得六根[1]灭去？"师曰："轮剑掷空，无伤于物。"

问："如何是本来人？"师曰[2]："共坐不相识。"曰："恁么则学人礼谢去也。"师曰："暗写愁肠寄与谁。"

【注释】

[1] 六根：眼、耳、鼻、舌、身、意。

[2] 师曰：原刻为"祖曰"，根据上下文，这里没出现祖师，应当为"师曰"，查阅《景德传灯录》亦为"师曰"，故更正。

【拓展阅读】

星云法师禅话：

有一位年轻的学僧问大同广澄禅师说："六根的修行，眼睛要瞻仰佛像，耳朵要听闻佛声，鼻孔要通达佛境，口中要讲说佛语，手中要广行佛事，心中要思惟佛法；但是，假如学人眼不看外境，耳不听声音，鼻不通空气，舌不尝咸淡，心也无分别，请问禅师，这个是什么时候呢？"

广澄禅师说："那是成佛的时候了！"

学僧不明白，再问："那会是什么样的境界呢？"

广澄禅师回答说："就像一个射箭的人，一箭射上云端，白云照常飘飘，没有妨碍！"

学僧说："但是学生并没有成佛啊！"

广澄禅师回答："所以你还没有到时候。"

学僧不死心，再问禅师："一箭射到云端，射中了什么？"

禅师说："射中了虚空。"

学僧也是不简单，反问："虚空能中箭吗？"

广澄禅师说："虚空中不中箭，就看这箭有射中你的心中吗？"

学僧豁然于言下有悟。

"到时候"这一句话，是指世间凡是一切事情，"时间"是很重要的因素。所谓饭未煮熟，不能妄自一掀；蛋未孵熟，不能妄自一啄，都是要等待机缘的成熟。所以，一个修道者，不可以只贪图一时的境界，他也要等待众缘成熟。

不听而闻，不说而言，不看而明，到了那个时候，虽不天天说佛曰、佛曰，但与佛也已经是一鼻孔出气了！

射箭都是有目标的，要射中红心、要射中圆心，即所谓的"一箭中的"。现在，这位学僧问箭射到云端里，云端里有什么呢？云端里只有虚空，所以禅师回答说射中了虚空。虚空在那里？虚空就在心里。所以射到虚空里，不就等于射中心中了吗？

不过，若说一箭射中心中，这就等于我们看经，经文有看到心中吗？我们听佛声，佛声能入我们心中吗？如果六根还是与六尘交往，不能让佛祖心中坐，心中没有佛，当然，再多发的箭射来，也不能射中心中啊！

信州鹅湖大义禅师

信州鹅湖大义禅师，衢州须江徐氏子。唐宪宗尝诏入内，于麟德殿论义。

有法师问："如何是四谛？"师曰："圣上一帝，三帝何在[1]？"

又问："欲界无禅，禅居色界，此土凭何而立？"禅师曰："法师只知欲界无禅，不知禅界无欲。"曰："如何是禅？"师以手点空，法师无对。

帝曰："法师讲无穷经论，只这一点，尚不奈何！"

师却问诸硕德曰："行住坐卧，毕竟以何为道？"有对："知者是道。"

师曰："不可以智知，不可以识识，安得知者是乎？"有对："无分别者是。"

师曰："善能分别诸法相，于第一义而不动，安得无分别是乎？"有对："四禅八定是。"

师曰："佛身无为，不堕诸数[2]，安在四禅八定邪？"众皆杜口。

师却举："顺宗问尸利禅师：'大地众生如何得见性成佛？'利曰：'佛性犹如水中月，可见不可取。'"因谓帝曰："佛性非见必见，水中月如何攫取？"帝乃问："何者是佛性？"师对曰："不离陛下所问。"帝默契真宗[3]，益加钦重。

有一僧乞置塔，李翱尚书问曰："教中不许将尸塔下过，又作么生？"僧无对。僧却问师，师曰："他得大阐提[4]。"

元和十三年归寂，谥"慧觉禅师"。

【注释】

[1] 圣上一帝，三帝何在：此"帝"与"谛"谐音，故禅师说有圣上一帝在这里，其他三谛还能存在吗？表面是奉承皇上，实际上在说明禅宗万法归一的道理，没有分说的四谛，四谛只是小乘佛法，而禅宗不立文字，见性成佛。四谛即苦集灭道四谛，谛谓真实不虚，如来亲证。佛成道后，至鹿野苑为五贤者始说此法，是为佛转法轮之初，故称初法轮。后世虽以四谛为声闻（小乘）之法，然除小乘教中有此生死解脱之说外，于大乘经典中亦有此四谛之说。

[2] 不堕诸数：不被定数所约束，即佛不入六道轮回，不受命运主宰。数：气数，命运。

[3] 帝默契真宗：皇上与佛法默契。真宗：谓真实道理之宗旨。对儒教而言，佛教谓真宗；又佛教各宗均称其自宗为真宗。

[4] 大阐提：断善的大恶人。阐提：一阐提迦的简称，是极难成佛的意思。他是不信因果，造五逆十恶，断诸善根，坠入阿鼻地狱的人，此种人极难成佛，名断善阐提。

【概要】

大义禅师（745～818年），唐代禅僧。衢州须江（今浙江江山）人，俗姓徐。二十岁出家，受具足戒。参谒洪州马祖道一，嗣其法。后住于鹅湖山，故称"鹅湖大义"。曾为德宗、顺宗说法。宪宗时，尝诏入内，于麟德殿论议，对答四谛禅道，众法师皆杜口心服。师并举"顺宗问尸利禅师：'大地众生如何得见性成佛？'利曰：'佛性犹如水中月，可见不可取。'"一事，而谓帝曰："佛性非见必见，水中月如何攫取?”帝乃问：“何者是佛性?”师对曰：“不离陛下所问。”帝默契，由是益重禅宗。元和十三年示寂，寿七十四。敕谥“慧觉大师”。著有《鹅湖大义禅师坐禅铭》遗世。

大义禅师的著名公案有“鹅湖点空”。唐宪宗一日召请鹅湖禅师入皇宫，与诸大法师当面讨论法义。有禅师云：“欲界并无色界之禅定，禅定境界居于色界，此娑婆世界人间国土怎么能有禅定呢?”鹅湖禅师听后却不针对他的错误加以辨正，只就禅定境界加以说明：“法师你只知道欲界无禅，却不知道禅界无欲的道理。”那禅师便追问：“如何是你所说的禅呢?”鹅湖禅师口中不言，却伸出手来，往空中一点，更无二话。那禅师见状，根本不知鹅湖禅师的境界，因此无话可说。唐宪宗见状便道：“法师平时讲得无穷无尽的经论，只是对鹅湖禅师这一点，那是没有办法了啊!”

【参考文献】

《释氏稽古略》卷三；《景德传灯录》卷七；《全唐文》卷七一五。

伊阙伏牛山自在禅师

伊阙伏牛山自在禅师，吴兴李氏子。初依国一禅师，受具后参马祖发明心地[1]，祖令送书与忠国师。

国师曰：“马大师以何法示徒?”曰：“即心即佛。”国师曰：“是甚么语话?”

良久又问曰：“此外更有何言教?”师曰：“非心非佛，或曰不是心，不是佛，不是物。”国师曰：“犹较些子[2]。”

师曰：“马大师即恁么，未审和尚此间如何?”国师曰：“三点如流水，曲似刈禾镰[3]。”

师后居伏牛山。

上堂曰：“即心即佛，是无病求药句。非心非佛，是药病对治句。”

僧问：“如何是脱洒底句?”师曰：“伏牛山下古今传。”

示灭于随州开元寺。

【注释】

[1] 发明心地：启发自己的觉悟。发明：启发，阐发。心地：在禅宗，达磨所

传之菩提即称"心地"。

　　[2] 犹较些子：还算不错，说得过去。前文已经注释。

　　[3] 曲似刈（yì）禾镰：弯曲如一把割稻的镰刀。刈：割。

【概要】

　　自在禅师（741~821年），唐代临济宗僧。俗姓李，吴兴（今浙江湖州）人。初投径山（浙江省）国一禅师出家，于新定登戒。后参学诸方，曾谒南康（江西省）马祖道一，发明心地。元和（806~820年）年中居洛下香山，与丹霞天然成为莫逆之交。曾游龙门、玉屋山、嵩山等地，后住洛阳伏牛山（河南省）。长庆元年，寂于随州（湖北省）开元寺，年八十一。著有《三伤歌》《不归颂》等书。

　　马祖道一，无论"即心即佛"还是"非心非佛"，都是因人而设的教学思想，目的都是为使禅者达到自悟。这种因人而异的施设，后来成为禅宗教学的一大特点。伊阙伏牛山自在禅师，他的观点是："即心即佛，是无病求病句；非心非佛，是药病对治句。"以为两者都不是究竟，但稍偏于"非心非佛"。相对于"即心即佛"来说，"非心非佛"的提倡，更容易使洪州禅在"平常心是道"的基础上，发展其狂放恣肆、放浪不羁的性格。若按百丈怀海的看法，则更别有趣旨。

【参考文献】

　　《祖堂集》卷十五；《宋高僧传》卷十一；《景德传灯录》卷七；《联灯会要》卷五。

京兆兴善寺惟宽禅师

　　京兆兴善寺惟宽禅师，衢州信安祝氏子。年十三，见杀生者，蠲然[1]不忍食，乃求出家。初习毗尼[2]，修止观。后参大寂，乃得心要。唐贞元六年，始行化于吴越间。八年至鄱阳，山神求受八戒。十三年，止嵩山少林寺。

　　僧问："如何是道？"师曰："大好山。"曰："学人问道，师何言好山？"师曰："汝只识好山，何曾达道？"

　　问："狗子还有佛性否？"师曰："有。"曰："和尚还有否？"师曰："我无。"曰："一切众生皆有佛性，和尚因何独无？"师曰："我非一切众生。"曰："既非众生，莫是佛否？"师曰："不是佛。"曰："究竟是何物？"师曰："亦不是物。"曰："可见可思否？"师曰："思之不及，议之不得，故曰不可思议。"

元和四年宪宗诏至阙下。侍郎白居易尝问曰："既曰禅师，何以说法？"

师曰："无上菩提者，被于身为律，说于口为法，行于心为禅。应用者三，其致一也。譬如江湖淮汉，在处立名，名虽不一，水性无二。律即是法，法不离禅，云何于中妄起分别？"

曰："既无分别，何以修心？"师曰："心本无损伤，云何要修理？无论垢与净，一切勿念起。"

曰："垢即不可念，净无念可乎？"师曰："如人眼睛上，一物不可住。金屑虽珍宝，在眼亦为病。"

曰："无修无念，又何异凡夫邪？"师曰："凡夫无明，二乘执着[3]。离此二病，是曰真修。真修者不得勤，不得忘。勤即近执着，忘即落无明。此为心要云尔。"

僧问："道在何处？"师曰："只在目前。"曰："我何不见？"师曰："汝有我故，所以不见。"曰："我有我故即不见，和尚还见否？"师曰："有汝有我，展转不见。"曰："无我无汝还见否？"师曰："无汝无我，阿谁求见？"

元和十二年二月晦日[4]，升堂说法讫，就化。谥"大彻禅师"。

【注释】

[1] 盡（xì）然：悲伤痛苦的样子。

[2] 毗尼：律藏之梵名也，经律论三藏之一。《楞严经》曰："严净毗尼，弘范三界。"疏曰："毗尼，此云善治，亦即云律。"

[3] 凡夫无明，二乘执着：凡夫被无明烦恼覆盖，二乘人也还有所执着。二乘指声闻乘与缘觉乘，自大乘立场而言，声闻、缘觉二乘是不究竟的。因此，大乘家多将声闻、缘觉一齐视之为小乘。旧译本"凡夫虚妄愚痴，对二乘教法执着拘泥"，翻译错误。

[4] 晦日：农历每月最后的一天。

【概要】

惟宽禅师（？～817年），唐代禅僧。俗姓祝。衢州（今属浙江）人。初习

《毗尼》，修止观，后参马祖道一，乃得心要。贞元六年始行化于闽越间，岁余而回心改服者百数。七年伏猛虎于会稽，作滕家道场。八年与山神受归戒于鄱阳，作回向道场。十三年感非人于少林寺。二十一年作有为功德于卫国寺，明年施无为功德于天宫寺。元和四年（809年），唐宪宗诏至安国寺，问道于麟德殿。公卿名流，争往参叩，白居易事以师礼。十二年（817年）二月晦，大说于传法堂讫，奄然而化。报龄六十三，僧夏三十九。诏谥曰"大彻禅师"，塔号"元和正真"。弟子千余，得法者三十九人，主要有义崇、圆照等人。

惟宽禅师一次著名的说法就是在京城与大诗人白居易相遇，为白居易说法。

元和四年（809年），唐宪宗李纯请惟宽禅师进京，住持皇家寺庙兴善寺。其时，"诗名动天下，文章冠九州"的白居易，也刚刚得到天子的赏识。一次相遇，白居易在惟宽禅师面前说："禅宗号称'不立文字'，你是禅师，为什么还要说法？"

面对这无理的问难，惟宽禅师说："佛的最高智慧，体现于身，是为'律'；讲说于口，则为'法'；作用于心，就是'禅'。律，法，禅，这三者之间是三而一，一而三，应用虽有三种，其源流却是一致的。这就如同江、河、淮、汉，四条江河的名称虽然不同，但水的性质并无多大的差别。因此，在悟道的人看来，律就是法，法不离禅。白翰林你何必在它们中间妄加分别呢？"

白居易说："既然没有分别，那么用什么来修心呢？"

禅师说："心，本无损伤，原不必修。说修，是要人无论垢净，都不起念头而已。"

白居易又问："垢念不起是对的，怎么连净念也不能起呢？"

禅师说："这就好比人的眼睛，不能有沙尘。金子虽是珍贵的东西，但金屑落入眼睛也不舒服。你看看天空的云吧，乌云能遮蔽青天，白云也一样遮蔽青天呀！"

白居易追问："如果心中不起垢，也不起净，无修无念，这和凡夫有什么不同？"

禅师说："凡夫被无明烦恼覆盖，二乘人也还有所执着。离开这两种病，就叫作真修。真修者不要太精进，也不能丧失心志。太精进就会接近执着（走火入魔），丧失心志就又会被无明烦恼所覆盖。这是修行心要。"

【参考文献】

《宋高僧传》卷十；《景德传灯录》卷七；《联灯会要》卷五；《禅宗正脉》卷二。

鄂州无等禅师

鄂州无等禅师，尉氏人也。出家于龚公山，密受心要。出住随州土门。一日，谒州牧王常侍，辞退将出门，牧召曰："和尚！"师回顾，牧敲柱三下，师以手作圆相，复三拨之，便行。

后住武昌大寂寺。一日大众晚参，师见人人上来师前道"不审"[1]，乃谓众曰："大众！适来声向甚么处去也[2]？"有一僧竖起指头，师曰："珍重。"

其僧至来朝上参，师乃转身面壁而卧，佯作呻吟声曰："老僧三两日来，不多安乐，大德身边有甚么药物？与老僧些小[3]。"

僧以手拍净瓶曰："这个净瓶甚么处得来？"师曰："这个是老僧底，大德底在甚么处？"曰："亦是和尚底，亦是某甲底。"

【注释】

[1] 师见人人上来师前道"不审"：禅师见人人都上前来说"不审"。"不审"是僧人见面时的问候语。"不审"在禅宗语录中演化为问候语，是有口语背景的。唐宋时代的问候语句，常用"不审……"的格式，例如："今将眷属来瞻礼，不审师兄万福无？（《敦煌变文集》卷五《维摩诘经讲经文》，将，率领）句意大抵是："不知师兄可好？"这种格式问候语句的使用极其普遍，就单独用"不审"取代后面的意思，使之成为问候语。旧校本标点有误，"不审"二字没有引号。

[2] 大众！适来声向甚么处去也：诸位！刚才说"不审"的声音到哪里去了？旧校本标点有误。"大众"是称呼大家，必须有标点符合，并有感情色彩，一般加感叹号，逗号亦可。旧校本"大众"二字后没有标点，作"大众适来，声向甚么处去也"，后边断句亦错。

[3] 与老僧些小：稍微给老僧一点儿。些小，意思是指稍许，略微。旧校本标点为"与老僧些"，而"小"则移入下文变成"小僧以手拍净瓶曰"，点校错误。因为点校错误，依据旧校本而来的旧译本也翻译错误，翻译为"那个年轻的僧人用手拍拍净瓶说"，有误。

【概要】

无等禅师，唐代禅僧。生卒不详。俗姓李，尉氏（今属河南）人。于龚公山出家，参马祖道一得法，密受心要。出住随州（今属湖北）土门，后至武昌黄鹤山结茅而居。巴蜀荆襄尚玄理者云集。牛僧孺以其事奏闻，遂命所居立大寂院，以安住弘化。

大寂寺，一日大众晚参。晚参，"朝参"之对称。指晚间时，住持开示法要、参禅或念诵。这天晚参，大家与往常一样纷纷到无等禅师面前问候请安。对于这一俗世礼节，无等禅师不便破除，但也想要大家觉悟修行才是最重要的。于是，他就说："诸位！刚才说'不审'的声音到哪里去了？"问候只是一时的声音，而佛性却是常住不变的，有谁明白这天籁之音呢？唯独一僧人举起指头会意。然后，他第二天，其僧又来参，无等禅师假装有病要药。此僧却拍拍净瓶说"这个净瓶是哪里来的"，无等禅师说："这个是老僧的，大德的在哪里？"这是启发僧人寻找自性，僧人也有慧根，即回答："既是和尚的，也是我的。"无论什么人，无论地位高低，其佛性都是一样的，这就是众生平等的道理。

【参考文献】

《宋高僧传》卷十一；《景德传灯录》卷七；《五灯严统》卷三；《五灯全书》卷六。

潭州三角山总印禅师

僧问："如何是三宝？"师曰："禾、麦、豆。"曰："学人不会。"师曰："大众欣然奉持。"

上堂："若论此事，眨上眉毛，早已蹉过也。"[1] 麻谷便问："眨上眉毛即不问，如何是此事？"师曰："蹉过也。"谷乃掀倒禅床，师便打。

（长庆代云："悄然。"）

【注释】

[1] 师曰："大众欣然奉持。"上堂："若论此事，眨上眉毛，早已蹉过也。"：旧校本标点有误，作"大众欣然，奉持上堂。若论此事，眨上眉毛，早已蹉过也。"本来从"上堂"二字开始就要另起一段了，可旧校本与前面引号内容连在一起，层次混乱，原意完全打乱。

【概要】

总印禅师，生平不详。三宝，佛门尽人皆知指佛法僧，而三角山总印禅师却偏不这样理解，说出三种粮食（禾、麦、豆）为三宝。这样就使提问的人很疑惑，禅师就回答，怎么不是呢？大家天天奉持它，都很喜欢它啊！

对于这个回答，有人说这反映的是于粮食之外，别无他求的一种"自由"。这个理解没看到问题的本质，什么是自由？凡人在世上是没有自由的，因为总是向外求，时时受约束，哪里有自由呢？虽然佛法僧是三宝，但世间人也把供养三宝作为求福的手段罢了，如此而求功德，均是有相的功德。如果人人像每天吃饭一样，天天奉持禾、麦、豆，去追求自性的三宝，那么就能得到绝对的自由，解脱的日子也就来到了。

池州鲁祖山宝云禅师

僧问："如何是诸佛师？"师曰："头上有宝冠者不是？"曰："如何即是。"师曰："头上无宝冠。"

洞山来参，礼拜，起，侍立。少顷而出，却再入来。师曰："只恁么！只恁么！所以如此[1]。"山曰："大有人不肯[2]。"师曰："作么取汝口辩[3]？"山便礼拜。

僧问："如何是不言言？"师曰："汝口在甚么处？"曰："无口。"师曰："将甚么吃饭？"僧无对。

（洞山代云："他不饥，吃甚么饭？"）

师寻常见僧来，便面壁。南泉闻曰："我寻常向师僧道，'向佛未出世时会取'，尚不得一个半个，他恁么，驴年去。"[4]

（玄觉云："为复唱和语，不肯语[5]？"保福问长庆："只如鲁祖，节文在甚么处[6]？被南泉恁么道。"长庆云："退己让于人，万中无一个。"罗山云："陈老师当时若见，背上与五火抄。何故？为伊解放不解收[7]。"玄沙云："我当时若见，也与五火抄。"云居锡云："罗山、玄沙总恁么道，为复一般，别有道理[8]？若择得出，许上座佛法有去处[9]。"玄觉云："且道玄沙五火抄，打伊著不著[10]？"）

【注释】

[1] 只恁么！只恁么！所以如此：只这样！只这样，所以如此。

[2] 大有人不肯：大有人不认同。

[3] 作么取汝口辩：你干吗要口辩？

[4] "我寻常向师僧道，'向佛未出世时会取'，尚不得一个半个，他恁么，驴

<u>年去。</u>"：我平常对僧人们说"向佛没有出世时领会"，尚且得不到一个半个醒悟，他这样启发学人，驴年马月会出现一个开悟的。驴年，禅林用语。十二地支中各有所属之生肖，其中无驴，即无驴年，故以之譬喻永无可期之日。此处旧校本标点错误多，详见项楚《五灯会元点校献疑续补一百例》。要补充的是，"向佛未出世时会取"宜加单引号，属于禅师平时常开示的话。

〔5〕为复唱和语，不肯语：是唱和的话，还是不赞同的话？这是选择问句，旧校本标点有误，没有问号。

〔6〕只如鲁祖，节文在甚么处：鲁祖这么说，省略未说的文字在什么地方？节文：减省文字，省略了文字。旧译本"只是鲁祖有什么破绽，被南泉这样说"，翻译有误。

〔7〕<u>陈老师当时若见，背上与五火抄。何故？为伊解放不解收</u>：陈老师当时若看见，就在鲁祖背上打他五下火抄。为什么呢？因为他只懂得放，不懂得收。此处旧校本标点错误多，详见项楚《五灯会元点校献疑续补一百例》。

〔8〕<u>罗山、玄沙总怎么道，为复一般，别有道理</u>：这是选择问句，旧校本标点有误，没有问号。

〔9〕若择得出，许上座佛法有去处：若分辨得出，我就同意上座您的佛法到家了。

〔10〕且道玄沙五火抄，打伊著不著：且说玄沙打五下火钳，打他鲁祖，打得著吗？这也是问句，旧校本标点有误，没有问号。

【概要】

宝云禅师，中唐时代禅僧。生卒年不详。为马祖道一禅师的法嗣弟子。得法后，他于池州鲁祖山（今安徽贵池）开山，教化学人，常以面壁不语的方式启悟学人，行不言之言、不教之教，一时成为禅林奇事。另有若干机缘语句等传世，其余生平行迹则不详。

有僧人来问："什么是不能说的话？"鲁祖说"你的口在哪里？"僧人回答没有口，言外之意，我已经达到无我境界，无眼耳鼻舌身了，不被外界所干扰了。可鲁祖突然一个反问"那你拿什么吃饭"，使僧人防不胜防，哑口无言。后来，洞山禅师就代替作答："他永远不会饥饿，吃什么饭？"这是从人的佛性来说的，佛性不生不灭，所以永远也不会饥饿，有饥饿的只是六道众生，因六道众生向外求，所以就有饥饿，而佛性的宝藏来自内心，不向外求，却可以制造一切，一切唯心造，其饥饿从哪里来呢？所以，饥饿是属于众生的事情，不生不灭的佛性就从来不会饥饿的。这就是鲁祖伟大的"不言之教"！

"师寻常见僧来，便面壁"，这就是鲁祖平时接引学人的方式，这种方式太高峻，一般人不能企及，也难以模仿，所以引起后来高僧大德们的评论，成为"鲁祖面壁""鲁祖家风""古德火抄"为名的禅宗公案。此公案体现禅法超越言句诠解，后世禅林常见拈举。

首先是著名的南泉普愿禅师，他以批评的口吻来评价鲁祖。《五灯会元》的记载与《古尊宿语录》稍有区别，查阅《古尊宿语录》云："我寻常不欲向师僧道'未具胞胎已前会取'，尚不得一个半个，鲁祖与么，驴年去。""未具胞胎已前会取"与"向佛未出世时会取"，大体含义差不多，但"未具胞胎已前会取"则更加使人明白，如果知道自己还没有入胎的时候是什么？那就是开悟的人了。还没入胎以前就知道自己是谁了，怎么还会堕落于六道轮回呢？就根本不会入胎受苦了。但这样的人有几个呢？所以，南泉普愿说，这样的话轻易不能说，说了也只有一个半个懂。可你鲁祖倒好，连这句话也不说，只管自己打坐面壁，闭口不言，你这样去传法，驴年马月才会遇到一个懂你的。透过南泉普愿禅师的批评，也同时可以看见南泉普愿对鲁祖境界的首肯，只是他接引学人的方式曲高和寡罢了，所以就引起了后来很多大德口诛笔伐。当然，真正的大德是懂鲁祖的苦心的，即使是批评，暗地里也是在赞扬。

【参考文献】

《景德传灯录》卷七；《祖堂集》卷十四；《古尊宿语录》卷二十五。

常州芙蓉山太毓禅师

常州芙蓉山太毓禅师，金陵范氏子。

因行食到庞居士前，士拟接，师乃缩手曰："生心受施，净名早诃[1]。去此一机，居士还甘否[2]？"士曰："当时善现，岂不作家[3]？"师曰："非关他事。"士曰："食到口边，被他夺却。"师乃下食，士曰："不消一句。"

士又问："马大师著实为人处[4]，还分付吾师否？"师曰："某甲尚未见他，作么生知他著实处？"士曰："只此见知，也无讨处[5]。"师曰："居士也不得一向言说。"士曰："一向言说，师又失宗。若作两向三向，师还开得口否？"师曰："直是开口不得，可谓实也。"士抚掌而出。

宝历中，归齐云入灭。谥"大宝禅师"。

《五灯会元》校注（一）

【注释】

[1] 生心受施，净名早诃：如果不能以平等心乞食，生贪嗔痴心受食，维摩诘大居士早就呵斥了。《维摩诘所说经》云："佛告须菩提：'汝行诣维摩诘问疾。'须菩提白佛言：'世尊！我不堪任诣彼问疾。所以者何？忆念我昔，入其舍，从乞食，时维摩诘取我钵，盛满饭，谓我言：唯须菩提，若能于食等者，诸法亦等，诸法等者，于食亦等。如是行乞，乃可取食……'"净名，是维摩诘居士名字，旧校本未加专有名词线，标点有误。

[2] 去此一机，居士还甘否：如果错过这一次布施的机会，居士您还甘心吗？

[3] 当时善现，岂不作家：当时的须菩提；岂能不是高手吗？善现，须菩提的译名，旧校本未加专有名词线，标点有误。

[4] 马大师着实为人处：马大师尽力接引人之处。着实：表示肯定，尽力，有力量。

[5] 只此见知，也无讨处：只此就知道，也没有讨取的地方。

【概要】

太毓禅师，唐代禅僧。俗姓范，金陵（今江苏南京）人。幼年出家，师事牛头山慧忠禅师，勇猛精进，求其玄旨。往雍京安国寺，受具足戒。谒马祖道一得法，顿成大道。元和十三年（818年），止于义兴（今江苏宜兴）芙蓉山，四远向化，从此江南多悟禅理者。顺命宝历元年至于宛陵禅定寺，所以随顺而扬教也。至明年告归齐云山，九月合朔色相不动而示灭于山之院。享年八十，僧腊五十八。卒谥"大宝禅师"。

【参考文献】

《宋高僧传》卷十一；《景德传灯录》卷七；《五灯全书》卷六。

唐州紫玉山道通禅师

唐州紫玉山道通禅师，卢江何氏子。随父守官泉南，因而出家。诣建阳，谒马祖。祖寻迁龚公山，师亦随之。祖将归寂，谓师曰："夫玉石润山秀丽，益汝道业，遇可居之。"师不晓其言。是秋游洛，回至唐州，西见一山，四面悬绝，峰峦秀异，因询乡人，曰"紫玉山"。师乃陟山顶，见石方正，莹然紫色，叹曰："此其紫玉也，先师之言悬记耳。"遂

— 364 —

剪茅构舍而居焉。后学徒四集。

僧问："如何出得三界去?"师曰："汝在里许得多少时也[1]?"曰："如何出离?"师曰："青山不碍白云飞。"

于頔[2]相公问："如何是'黑风吹其船舫，漂堕罗刹鬼国[3]'?"师曰："于頔客作汉，问恁么事作么[4]?"于公失色，师乃指曰："这个便是'漂堕罗刹鬼国'。"

公又问："如何是佛?"师唤相公，公应诺，师曰："更莫别求。"

（药山闻曰："噫！可惜于家汉，生埋向紫玉山中[5]。"公闻，乃谒见药山，山问曰："闻相公在紫玉山中大作佛事，是否?"公曰："不敢。"乃曰："承闻有语相救，今日特来。"山曰："有疑但问。"公曰："如何是佛?"山召于頔，公应诺，山曰："是甚么?"公于此有省。）

元和八年，弟子金藏参百丈回，师曰："汝其来矣，此山有主也。"于是嘱付讫，策[6]杖径去襄州，道俗迎之，至七月十五日，无疾而终。

【注释】

[1] 汝在里许得多少时也：你在里面待了多少时间?《祖堂集》卷十四为"你在里许多少时"，更便于理解。里许：里面，里头。许：助词。

[2] 于頔（dí）（?~818年）：字允元，河南洛阳人，唐朝宰相，北周太师于谨七世孙。頔：美好，古人名用字。

[3] 黑风吹其船舫，漂堕罗刹鬼国：出自《妙法莲华经·观世音菩萨普门品》。

[4] 于頔客作汉，问恁么事作么：于頔你就甘心做贱人吗，问这样的事干吗?客作汉，客于他家作业之贱人也，即本来回到富厚之家，但仍旧以为自己是客，甘心在这个家里做佣工。为《法华经》穷子喻中之语，穷子已还父家，虽受种种厚遇，尚自谓客作之贱人，无高尚之志。以喻须菩提等声闻，虽耳闻大乘之法，尚未发大乘心也。《法华经·信解品》曰："尔时穷子，虽欣此遇，犹故自谓客作贱人。由是之故，于二十年中常令除粪。"《法华义疏》七曰："未识大乘为客作，尚守小分为贱人也。"

[5] 可惜于家汉，生埋向紫玉山中：可惜了啊这位于家汉，活生生埋在紫玉山中。"于家汉"仍旧从"客作汉"转变而来，仍旧是指不识自家宝的汉子，却在外面穷游荡。

[6] 筞：同"策"。

【概要】

道通禅师（731～813年），唐代禅僧。庐江（安徽）人，俗姓何。幼年出家，至建阳（今属福建）谒马祖道一，又随其迁龚公山，不辞辛劳，唯法是务。马祖示寂后，往谒石头希迁，并与伏牛自在（741～821年）游历京师，至唐州（今河南泌阳）紫玉山，结庵而居，誉闻遐迩，僧众云集，遂成禅居。元和八年（813年），传法予金藏，避居襄阳（今属湖北）。同年示寂，世寿八十三。

唐朝宰相于頔，北周太师于谨七世孙。他就《妙法莲华经·观世音菩萨普门品》一句经文请教道通禅师，禅师直接贬他为贱人。因为"黑风吹其船舫，漂堕罗刹鬼国"是众生堕落到了鬼道，就要被罗刹恶鬼吃掉，这个时候如果一心呼唤观世音菩萨就能得救。禅师之意就是，你于頔身为宰相，还没有堕落三恶道（地狱、饿鬼、畜生），就想着三恶道的事情了，你不是自己作贱自己吗？所以禅师喊他"于頔客作汉"。本来自己家很富有，却仍旧在外穷游，即使回家了，仍旧把自己当成家里的佣工，这就是客作汉，客于自家作业之贱人。这个家，禅师比喻为自己的佛性，佛性人人都有，有无穷的宝藏，可世人不知道，仍旧向外追求，而不知道一切宝藏自家都有。

【参考文献】

《宋高僧传》卷十；《景德传灯录》卷六；《联灯会要》卷五。

五台山隐峰禅师

五台山隐峰禅师，邵武军邓氏子（时称邓隐峰）。幼若不慧，父母听其出家。初游马祖之门，而未能睹奥。复来往石头，虽两番不捷（语见马祖章）。而后于马祖言下相契。

师问石头："如何得合道去？"头曰："我亦不合道。"师曰："毕竟如何？"头曰："汝被这个得多少时邪[1]？"

石头划草[2]次，师在左侧，叉手而立。头飞划子，向师前划一株草。师曰："和尚只划得这个，不划得那个。"头提起划子，师接得，便作划草势。头曰："汝只划得那个，不解划得这个。"师无对。

（洞山云："还有堆阜[3]么？"）

师一日推车次，马祖展脚在路上坐。师曰："请师收足。"祖曰："已展不缩。"师曰："已进不退。"乃推车碾损祖脚，祖归法堂，执斧子曰：

"适来碾损老僧脚底出来？"师便出于祖前，引颈，祖乃置斧。

师到南泉，睹众僧参次，泉指净瓶曰："铜瓶是境，瓶中有水，不得动着境，与老僧将水来。"师拈起净瓶，向泉面前泻，泉便休。

师后到沩山，便入堂，于上板头解放衣钵。沩闻师叔到，先具威仪，下堂内相看。师见来，便作卧势。沩便归方丈，师乃发去。

少间，沩山问侍者："师叔在否？"曰："已去。"沩曰："去时有甚么语？"曰："无语。"沩曰："莫道无语，其声如雷。"

师冬居衡岳，夏止清凉。

唐元和中荐登五台，路出淮西。属吴元济阻兵违拒王命，官军与贼军交锋，未决胜负。师曰："吾当去解其患。"乃掷锡空中，飞身而过。两军将士仰观，事符预梦，斗心顿息。

师既显神异，虑成惑众，遂入五台，于金刚窟前将示灭。

先问众曰："诸方迁化，坐去卧去，吾尝见之，还有立化也无？"曰："有。"

师曰："还有倒立者否？"曰："未尝见有。"

师乃倒立而化，亭亭然其衣顺体。时众议异就荼毗，屹然不动。远近瞻睹，惊叹无已。师有妹为尼，时亦在彼，乃拊而咄曰："老兄！畴昔不循法律，死更荧惑于人[4]。"于是以手推之，偾然而踣[5]。遂就阇维[6]，收舍利建塔。

【注释】

[1] 汝被这个得多少时邪：你被这个困扰了多少时间呢？

[2] 刬（chǎn）草：铲草。刬：同"铲"。

[3] 堆阜（fù）：小丘。

[4] 畴（chóu）昔不循法律，死更荧惑于人：生前不依循佛法与戒律，死后还要迷惑人。畴昔：往昔，日前，以前。荧惑：古指火星。因隐现不定，令人迷惑，故名。

[5] 偾（fèn）然而踣（bó）：一下子就倒地了。偾：仆倒。踣：跌倒。

[6] 阇（dū）维：梵语，火葬。丁福保《佛学大辞典》："阇维：梵语，一作荼毗，亦作荼毗，又作阇鼻多，谓僧死而焚之也。""阇"有两个读音"dū"与"shé"，对比其他译音，如"荼毗""阇鼻多"，可以推测"阇"读"dū"，而不是

"shé"。参见本书第十四章"怀安军云顶海鹏禅师"条"毕钵岩"的注释。

【概要】

隐峰禅师，唐代禅僧。生卒年不详。南岳之门下。福建邵武人，俗姓邓。世称邓隐峰。初参谒马祖道一，不能得其奥旨，复从学于石头希迁，后于马祖道一言下开悟，并为其法嗣。后与南泉、沩山交游频繁，冬留衡岳，夏住清凉。元和年间（806～820年），欲登五台山，于淮西出发途中，受阻于叛军吴元济与官军交战，遂掷锡空中，飞身而过。两军将兵见之，战意顿息。师既显神异，虑成惑众，遂入五台山，于金刚窟前倒立而寂。

因隐峰禅师而留下的著名公案有"隐峰推车""隐峰飞锡""隐峰倒化"。

"隐峰推车"显示马祖化导学人之机略，及隐峰悬命求道之风貌。若一个人修道到不怕死，也算是考验的时候到了，开悟的机会也就来了，但没有马祖这样的师父，也就没有隐峰这样的徒弟。

"隐峰飞锡"，说的是唐元和年间，邓隐峰禅师拟登五台，路出淮西，途中正好遇上官军同叛军吴元济交锋，未决胜负。邓隐峰禅师见双方互相残杀，顿生怜悯，说道："吾当去解其患。"说完，便将锡杖掷向空中，然后飞身而过。两军将士仰头观看，发现眼前的这一幕与前天晚上所梦见的预兆一般无二，于是斗心顿息，各自回营。此则事迹可显示隐峰之神通力与慈悲心。

"隐峰倒化"，说的是隐峰禅师大显神通之后，就必须离世了，因担心被人理解为有惑众之嫌，于佛法不利。故来到五台山之后，即决定在金刚窟前示灭。他先问信众："诸方迁化，坐去卧去，吾尝见之，还有立化也无？"信众道："有。"邓隐峰禅师道："还有倒立者否（还有倒立而化的吗）？"信众道："未尝见有。"邓隐峰禅师于是倒立而化。奇怪的是，他的衣服居然整整齐齐地顺着身体，没有倒挂下来。后来，众人商量着把他的尸体抬到火化窑里荼毗，却发现无论怎么用力，他的身体却屹然不动地倒立在那里。远近前来看热闹的人，都惊叹不已。当时，邓隐峰禅师有个妹妹，是个比丘尼，也在场。她看到哥哥这个样子，于是上前拍着他的尸体，呵斥道："老兄，你生前不依循佛法与戒律，死后还要迷惑人。"隐峰立即倒地。倒立而死，虽是一种对生死自由无碍之表现，但易流于神异奇迹之谈，因得其妹之一转语，始打破此弊。

对于"隐峰倒化"等神通显现，南怀瑾先生曾经说：

马祖的弟子邓隐峰禅师，俗姓邓，他是大彻大悟了的，解脱逍遥非常自在，常常玩些神通。你们同学供舍利子，有时长了一颗出来就大惊小怪，如果碰到隐峰禅师，非被他刮耳光不可。他听见有人求舍利子，就拿把梳子在头上刮两下，就有舍利子掉下来。他临死时还表演了一招，倒立起来涅槃了，而衣袍竟然还贴着身上不会垂下来。他有个妹妹，成就比他还要高，听到哥哥涅槃的怪相，就跑来骂他，生前已经不正经了，走了还要玩把戏，给我站起来！那隐峰禅师居然就倒转回来，站起来再死。

【参考文献】

《宋高僧传》卷二十一；《景德传灯录》卷八；《祖堂集》卷十五。

潭州石霜[1]（亦作龙）大善禅师

僧问：“如何是佛法大意？”师曰：“春日鸡鸣。”曰：“学人不会。”师曰：“中秋犬吠。”

上堂：“大众！出来！出来！老汉有个法要，百年后不累汝。”众曰：“便请和尚说。”师曰：“不消一堆火。”

【注释】

[1] 石霜：潭州（今属湖南湘潭）石霜寺，现在湖南省长沙市浏阳市金刚镇石庄村霜华山上。据碑文和《石霜寺略》载：寺始由唐僖宗李儇（874～888年）下旨，宰相裴休监建。中国佛教禅宗五家七宗，有两宗发源于石霜寺。有楚圆，住石霜崇胜寺行化，其下有慧南、方会，开黄龙、杨岐二派，合前五家，号为七宗。其中，楚圆是闻名全国影响深远的人物。石霜寺之所以得名，就是从他开始。

【概要】

大善禅师，唐代禅僧。参马祖道一得法。居潭州（今湖南长沙）石霜山。禅师用“鸡鸣犬吠”，回答僧人什么是佛法大意。“鸡鸣犬吠”与佛法大意有关系吗？但禅师开示学人就是这样，经常把毫无关系的事情联系到一起，我们必须抛开事物的外在联系去寻找其内在的象征或比喻或其他逻辑关系，才能明白禅师所说的意义。

【参考文献】

《景德传灯录》卷八；《五灯严统》卷三；《五灯全书》卷六。

泉州龟洋无了禅师

泉州龟洋无了禅师，本郡沈氏子。年七岁。父携入白重院，视之如家，因而舍爱。至十八，剃度受具于灵岩寺。后参大寂，了达祖乘，即还[1]。本院之北，樵采路绝[2]，师一日策杖披榛而行，遇六眸巨龟，斯须而失[3]，乃庵此峰，因号"龟洋"。

一日，有虎逐鹿入庵。师以杖格虎，遂存鹿命[4]。

洎将示化，乃述偈曰："八十年来辨西东，如今不要白头翁。非长非短非大小，还与诸人性相同。无来无去兼无住，了却本来自性空。"偈毕，俨然告寂。

瘗[5]于正堂，垂二十载，为山泉淹没。门人发塔，见全身水中而浮。闽王闻之，遣使舁入府庭供养，忽臭气远闻，王焚香祝之曰："可还龟洋旧址建塔。"言讫，异香普熏，倾城瞻礼。本道奏谥"真寂大师"，塔曰"灵觉"。

后弟子慧忠葬于塔左，今龟洋二真身存焉，忠得法于草庵义和尚。

【注释】

[1] 了达祖乘，即还：彻底理解了历代祖师所传禅宗心印，就回来了。了达，彻底理解之意，即对一切事理皆能了悟通达。旧译本"知晓祖史"，有误。旧校本标点有误，其在"即还"后未有句号，与后句连，标点为"了达祖乘，即还本院之北"，有误。

[2] 本院之北，樵采路绝：本寺院北面，樵夫也无路可走的绝壁上。

[3] 师一日策杖披榛（zhēn）而行，遇六眸巨龟，斯须而失：禅师有一天拄杖，砍去丛生之草木，艰难前行，遇到一只六眼巨龟，一会儿就不见了。披榛：指砍去丛生之草木。

[4] 师以杖格虎，遂存鹿命：禅师用拄杖与老虎搏斗，就救了鹿的命。

[5] 瘗（yì）：掩埋，埋葬。

【概要】

无了禅师（？～867年），俗姓沈，莆田县（今福建莆田市莆田县，唐朝隶属泉州）人。无了七岁出家，十八岁剃度受具于灵岩寺（今福建莆田广化寺）。后参马祖道一，了达祖乘，得悟心源，便回到闽中。于唐长庆二年创建"龟洋庵"传法，人称"龟洋和尚"。署号"真寂大师"。卒于咸通八年（867年）。为六祖下四世马祖道一禅师法嗣，其弟子曹洞宗法嗣、名僧慧忠发扬光大。

【参考文献】

《景德传灯录》卷八；《福建通志》卷二六三；《五灯严统》卷三；《五灯全书》卷六；《指月录》卷九。

南岳西园兰若昙藏禅师

南岳西园兰若昙藏禅师，受心印于大寂。后谒石头，莹然明彻。出住西园，禅侣日盛。

师一日自烧浴次，僧问："何不使沙弥？"师抚掌三下。

（僧举似曹山，山云："一等是拍手抚掌，就中西园奇怪[1]。俱胝一指头禅，盖为承当处不谛当[2]。"僧却问曹山："西园抚掌，岂不是奴儿婢子边事？"山云："是。"云："向上更有事也无？"山云："有。"云："如何是向上事？"山叱云："这奴儿婢子。"）

师养一犬，常夜经行时，其犬衔师衣[3]。师即归方丈，又常于门侧伏守。忽一夜频吠，奋身作猛噬之势。诘旦，东厨有一大蟒，长数丈，张口呀气，毒餤[4]炽然，侍者请避之。

师曰："死可逃乎？彼以毒来，我以慈受。毒无实性，激发则强。慈苟无缘，冤亲一揆[5]。"言讫，其蟒按首徐行，倏然不见[6]。

复一夕，有群盗至，犬亦衔衣，师语盗曰："茅舍有可意物，一任将去，终无所吝[7]。"盗感其言，皆稽首而散。

【注释】

[1]一等是拍手抚掌，就中西园奇怪：一样是拍手抚掌，可其中就西园最奇怪。一等：一样，相同。

[2]俱胝一指头禅，盖为承当处不谛当：俱胝和尚一指头禅，是因为承当处不恰当。谛当：指确当、恰当、精当、妥帖。"俱胝一指"典故见本书第四章"金华俱胝和尚"注释。

[3]师养一犬，常夜经行时，其犬衔师衣：禅师养了一条狗，他常在晚上修行散步，这条狗就为禅师衔着衣服。经行：意指在一定的场所中往复回旋之行走。通常在食后、疲倦时，或坐禅昏沉瞌睡时，即起而经行，为一种调剂身心之安静散步。旧译本"禅师养了一条狗，经常在夜晚出行时带着它"，没有正确理解"经

行"的意义，翻译失误。

[4] 燄（yàn）：同"焰"。

[5] 慈苟无缘，冤亲一揆（kuí）：若以慈接受也无缘的话，那么冤仇和亲人都是一个道理。言下之意，我没有害过它，就不怕以慈接受它，如果它不接受而施毒，就是曾经有过冤仇，有恩报恩，有仇报仇，道理都是一样的。一揆：同一道理，一个模样。旧译本"枉自亲近同样的道理"，是没有弄清"冤亲"二字的含义，故翻译失误。

[6] 其蟒按首徐行，倏（shū）然不见：这条大蟒蛇低头慢慢地爬行，突然之间就不见了。倏然：极快地，忽然。

[7] 茅舍有可意物，一任将去，终无所吝：茅舍中有什么喜欢的东西，可任意拿走，绝对不会有什么舍不得的。

【概要】

　　昙藏禅师，唐代禅僧。初得禅诀于马祖道一之门，后谒石头希迁，受其心印。贞元二年（786年），入衡山峰顶隐居，因脚疾日重，移至西园精舍。禅侣闻名来归，参请叩答，成就者众。太和元年终于岳中，享龄七十。

　　西园和尚行持绵密，修行非常认真，有一次，一位参禅者见他亲自到伙房去烧洗澡水，就对他说："这种杂活你就交给小和尚们办吧。"西园和尚听后默不作声，只管拍掌。西园和尚这种事必躬亲的修行风格，与百丈和尚"一日不作，一日不食"何其相似！

　　对待毒蛇，西园和尚亦不是以毒攻毒，而是作冤亲平等的慈悲观。冤亲平等心，谓于一切众生，无冤无亲，起慈悲心。无彼我相，平等救度，当以此心，普为忏悔也。

【参考文献】

　　《宋高僧传》卷十一；《景德传灯录》卷八；《教外别传》卷五。

袁州杨岐山甄叔禅师

　　上堂："群灵一源，假名为佛。体竭形销而不灭，金流朴散而常存。性海无风，金波自涌。心灵绝非，万象齐照。体斯理者，不言而遍历沙界，不用而功益玄化。如何背觉，反合尘劳，于阴界中，妄自囚执[1]？"

　　禅月问："如何是祖师西来意？"师呈起数珠，月罔措。师曰："会么。"曰："不会。"师曰："某甲参见石头来。"曰："见石头得何意旨?"师指庭前鹿曰："会么。"曰："不会。"师曰："渠侬得自由[2]。"

唐元和十五年归寂，荼毗获舍利七百粒，于东峰下建塔。

【注释】

[1] 于阴界中，妄自囚执：在五阴十八界中，白白地受苦，把自己关在牢狱里。五阴，指我们人身都是物质（色）与精神（受想行识）的结合体，因人各具五阴而诸苦炽盛，例如生、老、病、死、忧悲恼、怨憎会、恩爱别离、所欲不得等，均属之。合眼、耳、鼻、舌、身、意之六根，色、声、香、味、触、法之六尘，眼识、耳识、鼻识、舌识、身识、意识之六识，名为十八界。此中因根对尘，中间发识，以了别境界。如眼根为能发，眼识为所发，色尘为助发。眼根如是，余根可类推。每一根的根境识，必须同时具备，才会发生效用。

[2] 渠（qú）侬（nóng）得自由：他得到了自由。渠侬：方言，他、她。

【概要】

甄叔禅师，唐代禅僧。少习儒业，壮始入道，谒马祖道一得法。游方至萍乡（今属江西省萍乡市）杨岐山，结茅而居，四十余年，足不出户，所居室中，金光常满。好道之士，闻风而至，渐成丛林。是杨岐"广利禅寺"的第二位住持。唐元和十五年（820年）正月十三日归寂荼毗，获舍利七百粒，于东峰下建塔。历届县志、府志也都有甄叔的记载。甄叔禅师塔于唐大和元年（832年）建，坐落在上栗镇杨岐村。塔左原有大和六年（832年）僧至闲撰、元幽书《大唐袁州萍乡杨岐山故甄叔禅师塔铭并序》。

历代禅僧回答祖师西来意，各有不同的方法和开示，或说法，或棒喝，或随手指示，或就近譬喻，都是水到渠成，只看对象慧根深浅不同，亦有不同领悟。这里有僧人问甄叔禅师西来意，甄叔禅师只是举起手中的念珠，而僧人却不知所措。甄叔禅师告知我曾参石头希迁，僧人即问有什么旨意。甄叔禅师即顺手指庭前一头鹿，告诉僧人他得到了自由。这里甄叔禅师以鹿比喻为心，凡人的心就如野鹿，狂放不羁，不受约束，于是到处游荡，做了很多坏事，只能六道轮回，不得自由，而一旦将自己的心约束起来，不被外界引诱，那么就能随心所欲，自心宝藏无穷无尽，随处可得，这就获得了绝对自由。正如有人作偈云：

一串数珠几十秋，亦无欢喜亦无忧。

有人问我西来意，但指渠侬得自由。

【参考文献】

《大唐袁州萍乡杨岐山故甄叔禅师塔铭并序》；《宋高僧传》卷十；《景德传灯录》卷八。

磁州[1]马头峰神藏禅师

上堂："知而无知，不是无知，而说无知。"便下座。

（南泉云："恁么依师道，始道得一半。"黄檗云："不是南泉驳他，要圆前话。"）

【注释】

[1] 磁州：今属河北省邯郸市。

【概要】

马头峰神藏禅师的"知而无知"来自僧肇（384～414年）《般若无知论》。僧肇写了《肇论》，他把体用、动静、有无等问题辩证联系起来分析，阐述了诸法实相，被鸠摩罗什誉为解空第一的中国人。清朝雍正皇帝《御选语录》把他排在第一位，赞叹说："以此讲经，正是不立文字！"

僧肇《般若无知论》说："真般若者，清净如虚空，无知无见，无作无缘，斯则知自无知矣。"又说："岂唯无知名无知，知自无知矣。是以圣人以无知之般若，照彼无相之真谛。"

知在这里指般若智慧，般若智慧就是圣人的智慧，或者说最高的智慧，这种智慧本身是无知的，所以说"知自无知"。无知之知是一切之知，无所知而无所不知，无为而无所不为。无知的知，即是无分别，无执着，不取相，与世俗认识完全不同，是真谛，是圣人于究竟处所体会到事物的真实情况。真谛是不受时空限制的宇宙本体，不能成为"知"的认识对象，即真谛是无知的。这种超越于文字之上的智慧，已经不同于世俗的知识，所以僧肇的《般若无知论》为禅宗不立文字，见性成佛提供了理论依据。此外，他所说的"行净则众生净，众生净则佛土净"，也为禅宗"惟心净土"提供了理论依据。

但是，圣人的无知，并非像草木石头一样没有知觉，而是大大优于有知有觉，只有否定世俗的知觉，才能达到这种境界。所以，般若的"无知"，更确切一点就是无世俗之知。世俗知觉根本不可能把握真谛，世俗的知觉是俗谛。于是，存在两个世界：一个是世俗所认识的世界，是妄心派生的，完全虚假，由此而引出的知识，也全部荒谬。一个是般若无知所认识的世界，它不以人心为转移，是最真实的存在，所以叫作真谛。由于它在我们的心中不能形成任何形象，所以叫作无相。两个世界虽然水火不相容，但仍旧可以统一。排除了世俗之知，即可看透假象世界的无相真谛。无知之知即是用否定世俗之知的办法，以达到破除世界的假象，把握世界真谛的目的；反过来，再用把握了世界的真谛去观察万有，才能解脱众生，至于涅槃。

《般若无知论》一开论则肯定确有一种"无知知"，超越于"有知知"并与之对立起来："夫有所知则有所不知。以圣心无知，故无所不知。不知之知，乃曰一切知。故经云：圣心无所知，无所不知。"此中的"有所知"，或简名"知"，或称"惑智"，是指人的世俗认识而言；所谓"无知""不知之知"，或简称"智"，或"圣智"，系指佛教的般若智慧。因此，"知"与"无知"的对立，就成了两种认识论的对立。僧肇的《般若无知论》中，分析出般若（圣智）和通常人的认识（惑智）不同。通常人所讲的认识，只限于对现象世界作片断的、虚幻的认识。而且这个现象世界本身就是虚幻不真实的，是由人们主观意识所造成的假象。凡"知"都是有限的，所以说"有所知则有所不知"。

【参考文献】

《肇论·般若无知论》（大正藏第四十五册）；释元康撰《肇论疏》（大正藏第四十五册）；五台大万佑国寺开山住持释源大白马寺宗主赠邦国公海印开法大师长讲沙门文才述《肇论新疏》（大正藏第四十五册）。

潭州华林善觉禅师

潭州[1]华林善觉禅师，常持锡杖，夜出林麓间，七步一振锡，一称观音名号。

夹山问："远闻和尚念观音，是否？"师曰："然。"山曰："骑却头时如何[2]？"师曰："出头即从汝骑，不出头骑甚么[3]？"山无对。

僧参，方展坐具，师曰："缓！缓！"曰："和尚见甚么？"师曰："可惜许，磕破钟楼[4]。"其僧从此悟入。

观察使裴休[5]访之，问曰："还有侍者否？"师曰："有一两个，只是不可见客。"裴曰："在甚么处？"师乃唤"大空、小空"，时二虎自庵后而出，裴睹之惊悸。师语二虎曰："有客，且去。"二虎哮吼而去。

裴问曰："师作何行业，感得如斯[6]？"师乃良久曰："会么？"曰："不会。"师曰："山僧常念观音。"

【注释】

[1] 潭州：今属湖南长沙市。

[2] 骑却头时如何：骑在头上时如何？

[3] 出头即从汝骑，不出头骑甚么：出得头来任凭你骑，不能出头你骑什么？

[4] 可惜许，磕破钟楼：可惜了啊，把钟楼磕破了。许：语气词。

[5] 裴休：有关介绍详见本书第四章"相国裴休居士"注释。

[6] 师作何行业，感得如斯：大师做了什么功德，得到如此感应？行业：可以召感乐苦果的善恶行为。

【概要】

善觉禅师，唐代禅僧。师事马祖道一得法，其常修行的方式是常念观音名号。出居潭州（今湖南长沙）华林寺。常持锡杖，夜出林麓间，七步一振锡。收二虎为侍者，裴休问之："师作何行业？"答曰："山僧常念观音。"这就是著名的"华林二虎"公案。

【参考文献】

《景德传灯录》卷八；《禅苑蒙求》卷上；《联灯会要》卷五。

汀州水塘和尚

汀州水塘和尚问归宗："甚么人？"宗曰："陈州人。"师曰："年多少？"宗曰："二十二。"师曰："阇黎未生时，老僧去来[1]。"

宗曰："和尚几时生？"师竖起拂子，宗曰："这个岂有生邪？"师曰："会得即无生[2]。"曰："未会在。"师无语。

【注释】

[1] 阇黎未生时，老僧去来：阿阇黎您还没出生时，老僧去过。阇黎：即阿阇梨，意即教授弟子，使之行为端正合宜，而自身又堪为弟子楷模之师，故又称导师。本书多是禅师对学人的尊称。

[2] 会得即无生：领悟了就无生。

【概要】

马祖道一入闽在建阳佛迹岭传法，将南岳怀让禅系传入闽中。虽然不久马祖道一移锡江西，但由于其得法弟子水塘和尚、惟宽禅师的入闽传法，使得南岳禅系在闽中得以延续。水塘和尚传法于汀州（今福建闽西一带）水塘，因称"汀州水塘和尚"。

水塘和尚与归宗和尚对话中，自称老僧，并且归宗未出生时，他就去过归宗家乡，说明水塘和尚在福建传法之久，其传法年代大约在德宗朝至宪宗朝。

蒙溪和尚

僧问："一念不生时如何？"师良久，僧便礼拜。师曰："汝作么生会？"曰："某甲终不敢无惭愧。"师曰："汝却信得及。"

问："本分事如何体悉？"[1]师曰："汝何不问。"曰："请师答话。"师曰："汝却问得好。"僧大笑而出，师曰："只有这僧灵利。"

有僧从外来，师便喝。僧曰："好个来由[2]？"师曰："犹要棒在。"僧珍重便出，师曰："得能自在。"

【注释】

[1]"汝却信得及。"问："本分事如何体悉？"：旧校本标点有误。"及"移出了问号，变成了叙述语言"及问"。从"问"开始，已经与上文没有关系，实际上是另外的问答了，要另起一段。

[2]来由：指对禅法的体悟。

【概要】

蒙溪和尚，马祖道一法嗣，生平不详。

因为有个僧人问："一念不生时如何？"蒙溪和尚沉默良久都不说话，那僧人就礼拜致谢。和尚问："你干吗就领会了呢？"僧人回答："我不敢做个无惭愧之人。"和尚赞赏道："这就是真信了，信的及时。"

对于僧人提问，若不是蒙溪和尚，面对"一念不生时如何"这个问题，恐怕就要好好开示一番了。蒙溪和尚高明就在沉默不答，既然你问一念不生，那我不管怎么回答都是有念的，而真正的一念不生是不可用语言说出来的，言语道断。这僧人也有慧根，就在蒙溪和尚沉默这一会儿就自己找到了答案，既然要一念不生，为何还要问呢？有问就是多念了。所以，僧人为自己的提问惭愧。蒙溪和尚这时赞叹，你这才是真信了，不是信别人，信师父，而是信自己，信自己佛性本来如如不动，因为攀缘外境，才妄念纷生。如果一念不生，以至于连"一"也不去追求了，心不被物转，那么不就是佛了吗？

温州佛嶴和尚

温州佛嶴[1]和尚，寻常见人来，以柱杖卓地曰："前佛也恁么，后佛也恁么。"

问："正恁么时作么生？"师画一圆相，僧作女人拜，师便打。

问："如何是佛法大意？"师曰："贼也！贼也！"

问："如何是异类？"师敲碗曰："花奴[2]，花奴，吃饭来！"

【注释】

[1] 嶴（ào）：同"岙"字。

[2] 花奴：猫。

【概要】

温州佛嶴和尚，生平不详。他平常接引学人的方式就是拄着杖站在地上说："前佛也这样，后佛也这样。"别人于是问："正如此时怎么办？"师画一圆相，指真理之圆满与绝对，这是禅师最常用的说法动作，僧人不以为奇，就作女人拜，师便打。佛嶴和尚一句话大家都能听懂，实际上大家又听不懂。佛佛都如此，那就是佛的法身只有一个，怎么还能有两佛呢？如果说佛到了一个什么境界，那就是谤佛。所以，"正如此时怎么办"是一个不能回答的问题，而僧人因为习惯于禅门的画一圆相的说法，也就不觉新鲜，到这个时候，佛嶴和尚只能棒喝了。

又有人问："如何是异类？"异类已经是堕落于三恶道的众生，正如于頔就《妙法莲华经·观世音菩萨普门品》一句经文请教道通禅师，禅师直接贬他为贱人。因为"黑风吹其船舫，漂堕罗刹鬼国"是众生堕落到了鬼道，就要被罗刹恶鬼吃掉，这个时候如果一心呼唤观世音菩萨就能得救。禅师之意就是，你于頔身为宰相，还没有堕落三恶道（地狱、饿鬼、畜生），就想着三恶道的事情了，你不是自己作贱自己吗？在这里，温州佛嶴和尚对于提问者直接不予理睬，而是去唤猫吃饭了："花奴，花奴，吃饭来！"花奴就是猫，唤猫为花奴，而众生不也是五蕴之身的奴隶吗？不知道心有宝藏，却天天为满足自身，向外攀缘追求，成为了物质的奴隶，而不知衣食之外，还别有洞天。

乌臼和尚

玄、绍二上座参。师乃问："二禅客发足甚么处？"玄曰："江西。"师便打。玄曰："久知和尚有此机要[1]。"师曰："汝既不会，后面个师僧祇对看[2]。"绍拟近前，师便打，曰："信知同坑无异土，参堂去[3]。"

问僧："近离甚处？"曰："定州。"师曰："定州法道何似这里？"曰："不别。"师曰："若不别，更转彼中去。"便打，僧曰："棒头[4]有眼，不得草草打人。"师曰："今日打着一个也。"又打三下，僧便出去。师曰："屈棒元来有人吃在。"曰："争奈杓柄在和尚手里。"师曰："汝若要，山僧回与汝。"僧近前夺棒，打师三下。师曰："屈棒！屈棒！"曰："有人吃在。"师曰："草草打着个汉。"僧礼拜，师曰："却与么去也[5]？"僧大笑而出，师曰："消得恁么，消得恁么。"

【注释】

[1] 久知和尚有此机要：很久就知道和尚有这样一个手段。机要：计策，手段。

[2] 汝既不会，后面个师僧祇对看：你既然不会，就让后面那位僧人应对看。

[3] 信知同坑无异土，参堂去：这回我相信了同一个坑里没有不同的泥土，参堂去！参堂：禅林中，沙弥新加入为僧堂之一员，称为参堂，意即"初入堂"。

[4] 棒头：指棍子、棍棒。

[5] 却与么去也：就这么去了。与么：这么，如此。《碧岩录》第七十五则作"和尚却恁么去也"，意义大体相似。

【概要】

乌臼和尚，唐代之禅僧，乃马祖道一之法嗣。其著名的公案是"乌臼屈棒"，屈棒，毫无理由地棒打之意。此公案以乌臼和一僧之问答，来表示受化学人自在无碍之机境。

【参考文献】

《景德传灯录》卷八；《碧岩录》第七十五则；《联灯会要》卷五。

【拓展阅读】

元音老人对"乌臼屈棒"公案有详细解读，如下（元音老人解读原文来自《碧岩录》）：

乌臼和尚是马大师的弟子。神秀大师和六祖大师都是五祖弘忍大师的弟子。依禅宗的法脉传承，这定州来僧和乌臼和尚是辈份相当的。北宗迅速衰落，禅宗就几乎全是南宗的传承了。然而，神秀所传的也是禅宗法脉，北宗也出人才，本公案中的定州来僧就是北宗所出的人才。只有顿悟没有渐修也不行啊，顿悟才登初地，还须上上升进，二地、三地直至十地满心。何止悟前的念佛、参禅、修密等修行是渐修，悟后真修不也是渐修吗？所以有人说，神秀大师是双眼明亮，六祖大师是摩醯首罗一只眼。

乌臼和尚问这僧，定州和尚说什么法？和这里是不是一样？这僧回答："不别。"和这里没有区别。定州和尚也是禅宗传人啊，禅宗的宗旨没有什么差别。乍听起来，这答语很好，其实已经有落处了——还有一个"不别"在！

定州来僧答了"不别"，乌臼和尚说：如果没有区别，你就不必到我这里来，那就还回原来的地方去。说完举棒就打。乌臼和尚正是在关键时行棒，若非这僧就很难转身了。这僧却是个明眼人，他自有转身处。他说："棒头有眼，不得草草打人。"祖师手里的棒不是轻易用的，要长眼睛看清对方啊，不能马马虎虎、举棒就打。言外之意：我是开悟的人，你怎么能轻易地举棒就打呢？不能瞎打人啊。

乌臼和尚说：我今天正好打着了一个。说完又打了三下。你不是说"不得草草打人"么，我今天打你并非草草，正好打准了。乌臼和尚这是"一向行令"，所谓"千里万里一条铁"。你说打你不能瞎打，你是个有道的人啊！有道还是有东西在，我今天就是要把你这个有道打掉。"金翅鸟王当宇宙，个中谁是出头人！"这里是触犯不得的。

这僧至此便走出去，这正是明眼人的作略，走出去是表示"放过"。你以为我落在开悟、成道等概念里，你要"一向行令"啊，我已知道你是明眼祖师了，我若再纠缠，不正是被你言中了么？这时走出去"放过"，正当其时。这个公案到这里也可以圆满结束，可是乌臼和尚却还是不放过他。

乌臼和尚还要再检验检验他，便说："原来冤枉棒也有人吃啊！"只有懵懵懂懂的汉才吃屈棒，挨了棒还不知道是怎么回事。这僧若没有下文，就说明他不是明眼人。他若有下文，也就把他引回来了。这僧善能转身吐气，也不与乌臼和尚争论，只是轻轻地转身说："争奈杓柄在和尚手里。"因为你是这里的祖师，纵夺、杀活的权柄在你手里，所以任你摆布啊。言外之意：若我们俩换换位置，你也不得不吃屈棒。

乌白和尚是"大作家"，敢向虎口里横身，敢于横身让他咬，便说："你如果想要杓柄，我就把这根棒回送给你。"你不是说因为杓柄在我手里，你才不得不吃屈棒吗。那好，我就把杓柄送给你，看你如何处置。这僧倒也不客气，你送给我，我也善用。便夺过乌白手中的棒，打了乌白三下。这叫"宾主互换"，本来乌白和尚是主、定州来僧是宾，现在来僧是主、乌白是宾了。若不是乌白和尚这样的大作家，也不敢轻易地把棒送给客人。若不是定州来僧这样的明眼人，也不敢贸然地夺棒打山主。

乌白和尚挨了棒，便说："屈棒！屈棒！"你这是棒头无眼瞎打人，你行棒行的是屈棒。定州来僧说："有人吃在。"你说屈棒，就有落处，有落处就该吃棒。打你打得正好，并不冤枉。

乌白和尚说："草草打着个汉。"今天碰上了一个汉子，打中了一个明眼人。这是说乌白打来僧打中了，还是来僧打乌白打中了呢？无论谁打中谁，都是乌白和尚自己赞扬自己。我若无眼，岂能打中你这个明眼人吗？你若是个懵懂汉，我纵然道眼通明，也是"双失"。幸好你不是懵懂汉，敢于夺棒打我，你也是打中了一个明眼人。

定州来僧的礼拜却并非"平展"、并非"放过"，这一招最毒，所谓"陷虎之机"者是也。你是个能打中明眼人的大善知识啊，这就有落处了，你露出这么明显的破绽，我正好在这痒处挠一挠：你是善知识，我向你礼拜了。这时乌白和尚若"据坐"——稳稳地坐着受礼，那就被这僧顶死了。不要忘了现在杓柄在这僧手里。

白云："和尚却怎么去也。"僧大笑而出。

乌白和尚自有转身之处，却称这僧为"和尚"。在丛林里，和尚这个称呼不是随便谁都能承当的，只有主持道场的大祖师才担当得起。你向我礼拜，想藉机顶死我啊，我能识破你的机锋。现在杓柄还在你手里，你却向我礼拜，就怎么去了么？

定州来僧大笑而出，这才是"平展"、才是"放过"。你的机锋我知道，我的机锋你也知道，这多么好笑啊！这个道场是你的，正应该你坐，你当之无愧。现在我把杓柄还给你，我还是出去的好。大笑而出，正好圆了这个公案。

白云："消得怎么！消得怎么！"

《证道歌》云："四事供养敢辞劳，万两黄金亦消得"。消得，就是消受得了。若消受得了，"了则业障本来空"；若消受不了，"未了应须还宿债"！大祖师可不是轻易能打的，若"消不得"，打大祖师罪过弥天！

古寺和尚

丹霞来参，经宿。明旦粥熟，行者[1]只盛一钵与师，又盛一碗自吃，殊不顾丹霞。霞亦自盛粥吃。者曰："五更侵早起，更有夜行人[2]。"霞问："师何不教训行者，得恁么无礼！"师曰："净地上不要点污人家男女。"霞曰："几不问过这老汉。"

【注释】

[1] 行者：禅林中，行者乃指未出家而住于寺内帮忙杂务者。有剃发者，亦有未剃发而携家带眷者。

[2] 五更侵早起，更有夜行人：自认为天不明就起床已经很早了，哪知路上还有连夜赶路的人。指自认为很勤快了，可还有更勤快的。五更：黎明前的一个更次。侵早：天刚亮，拂晓。

【概要】

古寺和尚，《佛祖纲目》卷三十二亦有记载，为马祖法嗣，生平不详。

丹霞禅师来参，这位丹霞禅师是极有名气的一位大师，其最著名的公案就是"丹霞烧佛"，连佛祖都敢烧掉，不是一般人。他遇到了古寺和尚，却算遇到了对手。就其言语来看，此时丹霞年轻，而古寺和尚已经是一位老修行了。

丹霞来到古寺和尚的庙里，住了一宿。第二天早晨粥熟了，行者给古寺和尚盛了一碗，然后盛一碗自己吃，竟然就不管新来的客人丹霞了。不过，丹霞也不要紧，就自己盛了吃。

不管客人不要紧，客人自己盛了粥那也至少道个歉，可这行者却说"五更侵早起，更有夜行人"，这话什么意思呢？本该我干的事情已被别人抢先下手了，意思本该我给客人盛粥的，可客人自己抢先了。你不干，我自己已经干了，却还这样说风凉话，丹霞就忍不住了："寺主您怎么也不教训行者，这样也太无礼了！"

这就正中古寺和尚的靶子了，古寺和尚说："佛门净地，你不要玷污了人家子弟。"

饥来吃饭困来眠，对外无求，这是禅者的生活，丹霞吃早餐，古寺和尚不尽地主之谊，也许就是他吩咐行者故意为之。其目的是启发丹霞饭要自己吃，佛也是自己修，靠别人是不行的。另一方面，打掉丹霞的傲慢之心。所以，让行者说话激起他的脾气，本来就是行者不招待他，却还说他把自己的工作做了。

丹霞到这时终于醒悟上当了，感叹自己差点儿就走不过这个坎了，差一点错失了与这老汉应对的机会。

石臼和尚

石臼和尚，初参马祖。

祖问："甚么处来？"师曰："乌臼来。"

祖曰："乌臼近日有何言句？"师曰："几人于此茫然。"

祖曰："茫然且置，悄然一句作么生[1]？"师乃近前三步，祖曰："我有七棒寄打乌臼，你还甘否[2]？"师曰："和尚先吃，某甲后甘。"

【注释】

[1] 茫然且置，悄然一句作么生：茫然先放到一边，悄然一句怎么说？"悄然一句"，无声无息，静止的绝对状态，无法用语言表达的境界。

[2] 我有七棒寄打乌臼，你还甘否：我有七棒寄打乌臼，你还甘心接受吗？

【概要】

石臼和尚，唐代禅僧，为乌臼禅师之法嗣，与之共居唐县马耳山甘露寺。曾往马祖道一处参问。

本文记载与《景德传灯录》卷八记载相同，只是《景德传灯录》卷八最后多一句"却回乌臼"。

乌臼禅师就是上文"草草打着个汉"的大作家。师父是马祖的法嗣，可其徒弟在师父的师父面前却不客气。马祖问石臼"乌臼近日有何开示"，石臼回答，大家很茫然，因为师父没说话。马祖接着说，茫然先放到一边，悄然一句怎么说？这个时候若石臼有所回话，就中马祖计了。石臼毕竟是石臼，他不说话，只是悄悄上前三步。马祖就说，我有七棒寄打乌臼，你还甘心接受吗？表面是替石臼抱不平，你师父不开示，我替你出气，实际上是考验石臼的火候。而石臼没有上当，回答："和尚你要先打自己，然后我才甘心接受。"这下马祖才知道石臼火候到了，第一义谛，无言无说，为什么要打我师父呢？你要打我师父，你自己先错了，所以应当先打自己。最后的结局，石臼赢了，所以"却回乌臼"。

本溪和尚

本溪和尚因庞居士问[1]："丹霞打侍者，意在何所？"师曰："大老翁见人长短在[2]。"士曰："为我与师同参，方敢借问。"师曰："若恁么从头举来，共你商量。"士曰："大老翁不可共你说人是非。"师曰："念翁年老。"士曰："罪过！罪过！"

【注释】

[1] 因庞居士问：《庞居士语录》卷上作"居士问本溪和尚"，可见这段话是庞蕴大居士与本溪和尚的对话。

[2] 大老翁见人长短在：一大把年纪的老头了，也还有时间说别人长短。在：助词。

【概要】

提问者庞居士，被誉称为达磨东来开立禅宗之后"白衣居士第一人"，素有"东土维摩"之称。所说"丹霞打侍者，意在何所"，并不是丹霞打了侍者，而是因为丹霞侍者被打。说的是丹霞见慧忠国师，因国师睡觉被其侍者挡在门外没见到，等慧忠国师睡觉起来之后，侍者就把情况告诉了他，国师就打了侍者三十大棒，并把他赶了出去。

庞居士向本溪和尚提出这个话头，就是要研究：侍者因为丹霞挨打了，还被赶出了师门，到底是丹霞的错，国师的错，还是侍者本人的错呢？

本溪和尚不回答庞居士的问题，只是说居士您一大把年纪的人了，也还有时间说别人长短。

庞居士可不是一般居士，他这本就是试探本溪和尚的境界，怎么肯就此罢休，于是便说："因为我与禅师同参马大师，是师兄弟，我才敢问您。"这好像是与本溪和尚套近乎。

本溪和尚一听，似乎就要上当了，说："若这样的话，你就从头说来，我们一起商量研究。"

居士这就正好反击了："我一大把年纪的老头，可不能与你一起说人是非。"

本溪和尚也知道庞居士心里想什么，就说念您年老，意思是不与你计较了。

最后的结局是庞居士道歉："罪过！罪过！"两人打个平手。

这个公案告诉我们：参禅不议是非，议是非就不是禅了。

石林和尚

石林和尚见庞居士来，乃竖起拂子曰："不落丹霞机，试道一句子[1]。"士夺却拂子，却自竖起拳。师曰："正是丹霞机！"

士曰："与我不落看？"师曰："丹霞患哑，庞公患聋。"士曰："恰是。"师无语，士曰："向道偶尔[2]。"

又一日问士："某甲有个借问，居士莫惜言语。"士曰："便请举来。"师曰："元来惜言语。"士曰："这个问讯，不觉落他便宜[3]。"师乃掩耳，士曰："作家！作家！"

【注释】

[1] 不落丹霞机，试道一句子：不落丹霞的圈套，试说一句话。机：机锋，这里可理解为设的局，即圈套。

[2] 向道偶尔：刚才只是偶然说说。

[3] 这个问讯，不觉落他便宜：这个只是问候，却不觉察被你得了便宜。

【概要】

石林和尚，马祖法嗣，生平不详。此处记载他与庞居士斗法。

石林和尚请庞居士不落丹霞的圈套，试说一句话。丹霞可是打倒一切的大作家，其扫荡一切的作风无人能及，所以往往使人甘拜下风。庞居士也不等闲之辈，所以他不说话，只是夺走了石林和尚的拂子，另外树立起了自己的拳头，这叫作一破一立。手里拿着佛子是实的，而庞居士的拳头是空的，似乎庞居士获胜了。可石林和尚却说："正好落入丹霞圈套了！"丹霞扫荡一空，可你还握着拳头，追求"空"也是一种执着。庞居士就说："那你给我试试怎么不落丹霞圈套？"石林和尚说"丹霞得了哑病，庞公您得了聋病。"这句话有毛病吗？丹霞是哑巴，庞居士是聋子，表面上是骂人，实际是讲丹霞无言说法，你庞居士却听不到。这一局，表面上石林和尚赢了。可庞居士马上接着说："你说的正是，恰到好处。"为什么呢？听不到法才是真正懂法了，凡人正因为耳根跟着声尘跑，所以心被物转，六根不净，沉沦轮回。若能屏绝六尘，不为物转，不就变成如来了吗？最后的结局庞居士赢了。不过，庞居士也很谦虚，说"刚才只是偶尔与和尚说说"，言下之意这种境界不是天天都有的。

下面石林和尚再向庞居士挑战，这次则落入石林和尚圈套，庞居士只好说"作家"，盛赞石林是高手。

《禅宗颂古联珠通集》卷十三说：

担东过西，移前作后，马首千差，佛面百丑。（月堂昌）

作家相见别无道理，彼既摇头此亦摆尾，头尾相应须存终始，多少杜撰禅和，一向拨波求水。（佛鉴勤）

西山亮座主

亮座主，蜀人也。颇讲经论[1]。

因参马祖，祖问："见说座主大讲得经论，是否？"师曰："不敢。"

祖曰："将甚么讲？"师曰："将心讲。"

祖曰："心如工伎儿，意如和伎者，争解讲得[2]？"师抗声曰："心既讲不得，虚空莫讲得么？"

祖曰："却是虚空讲得。"师不肯，便出，将下阶，祖召曰："座主！"师回首，祖曰："是甚？"师豁然大悟，便礼拜。

祖曰："这钝根阿师，礼拜作么？"师曰："某甲所讲经论，将谓无人及得，今日被大师一问，平生功业，一时冰释。"礼谢而退。

乃隐于洪州西山，更无消息。

【注释】

[1] 颇讲经论：很能讲经说法。

[2] 心如工伎儿，意如和伎者，争解讲得：心如工伎，意如和伎的，怎么讲得？工伎儿，随着锣鼓等乐器之节拍，表演各种杂技动作的演艺者。和伎者，调弄音乐以配合演艺者进行表演的伴奏者。出自《楞伽经》卷四："心如工伎儿，意如和伎者，五识为伴侣，妄想观伎众。"整个心理进程犹如演戏，心（阿赖耶识）、意（末那）、前五识为合作演出者，第六意识的分别思维为观众。

【概要】

满腹经纶的亮座主遇到马祖大师，平生讲经说法的功业如冰化水，一去不复返。他回去后还与自己的徒弟有一番交代："其座主却回本寺，语学徒言：'某一生学业，将谓天下无人敌者，今日被开元寺老宿，一唾净尽。我尔许多时，皆是诳謼汝。'遂散学徒，一入西山，更无消息。"（《宗镜录》卷九十二）

《智证传》云："尝作渔父词，歌其标韵曰：'讲处天花随玉麈，波心月在那能取？旁舍老师偷指注，回头觑，虚空特地能言语。归对学徒重自诉，从前见解都欺汝，隔岸有山横暮雨，翻然去，千岩万壑无寻处。'"

黑眼和尚

僧问："如何是不出世师？"师曰："善财拄杖子。"

问："如何是佛法大意？"师曰："十年卖炭汉，不知秤畔星。"

【概要】

黑眼和尚的禅意，怎么参？出世的导师是释迦牟尼，那么不出世的导师是谁呢？黑眼和尚回答"善财童子拄杖子"。善财童子师父可最多了，他五十三参，哪都是佛祖菩萨。连善财童子这样有慧根的人都要参访那么多导师才能最终解脱，那么我们一般人怎么能不寻师访道呢？所以，如果说没有导师的指引，那么善财童子也要拄着拐杖走路了。

僧人再问"如何是佛法大意"，黑眼和尚回答："卖了十年炭的汉子，不认识秤杆上的刻星。"意思是卖炭翁虽然是文盲，但妨碍他卖炭了吗？卖了十年炭，不认识秤上的刻星，他不一样活得好好的。这是告诉僧人，文字仅仅指月，看到了月亮，还需要文字干吗？佛法大意来自佛经，它是指路明灯，走到了彼岸，我们还需要这些文字干吗？

米岭和尚

僧问："如何是衲衣下事？"师曰："丑陋任君嫌，不挂云霞色。"

师将示灭，遗偈曰："祖祖不思议，不许常住世。大众审思惟，毕竟只这是。"言讫而寂。

【概要】

什么是穿了僧衣之后的事？米岭和尚回答："不管多么丑陋，不管你多少嫌弃我，我也不会去追求云霞一样的灿烂。"衲衣，云粪扫衣，即拾取人家弃之不用与粪扫一样的贱物来缝纳而成的法衣，故名粪扫衣。僧人一旦出家，就要全身心放下自己，所以要穿粪扫衣，没有任何尘世的追求，这就是一个僧人的本分，就是穿了这件僧衣之后的事。

齐峰和尚

庞居士来，师曰："俗人频频入僧院，讨个甚么？"士回顾两边曰："谁恁么道？"师乃咄之，士曰："在这里！"师曰："莫是当阳道么[1]？"士曰："背后底聻[2]？"师回首曰："看看。"士曰："草贼大败。"

士却问："此去峰顶有几里？"师曰："甚么处去来[3]？"士曰："可谓峻硬，不得问者。"师曰："是多少？"士曰："一二三。"师曰："四五六。"士曰："何不道七？"师曰："才道七，便有八。"士曰："住得也。"师曰："一任添取。"士喝，便出去，师随后亦喝。

【注释】

[1] 莫是当阳道么：莫是指当面说话的人吗？当阳：当面。

[2] 聻（nǐ）：句末语气词，相当于"呢""哩"。

[3] 甚么处去来：从哪里来的？

【概要】

庞居士来到了齐峰和尚的寺院，齐峰和尚看见后就说："一个俗人总是经常出入寺庙，不知道想讨要什么？"居士故作没有看见，回顾左右说："谁在哪里胡说？"齐峰和尚就斥责他，居士就说："原来在这里！"齐峰和尚问莫是指当面说话的人吗？居士说："背后的呢。"齐峰和尚上当了，往背后看，居士说"草寇大败"。

这一场机锋，是庞居士赢了吗？显然是齐峰和尚上了居士的圈套。首先是齐峰和尚亮出靶子，俗人肯定就是没有觉悟的凡人，却要去清净的寺庙，也不拿镜子照照自己，这是看不起居士。对于来自寺庙的这一批评者，居士假装没有看见，只管找这说话的人，如果齐峰和尚不出来打照面，就算赢了。可和尚对居士目中无人却很气愤，明明知道我在说，却看不见我，于是就当面斥责居士，居士好像突然发现，原来在这里。即居士眼里看见的寺庙都是清净的世界，僧人更是清净的象征，现在却来了不清净的杂音，到底是谁呢？你和尚不站出来则罢了，现在站出来不就自己承认了吗？可齐峰和尚还没明白"在这里"指谁，就问莫是指当面说话的人吗？居士就说那背后的呢？齐峰和尚又上当了，当面都不敢承认，还去看背后，敢做不敢当啊！

这一公案，庞居士拿齐峰和尚骂人的话比喻妄念，而齐峰和尚本身则是清净的象征，比作佛性，可齐峰和尚虽然有佛性，却没有觉悟，看不到世间本来就是清净的，于是才在这一场斗法中失败。心净则一切都干净，心不净则眼前不管什么人都不清净。

大阳和尚

大阳和尚因伊禅师相见[1]，乃问伊禅："近日有一般知识，向目前指教人，了取目前事。作这个为人，还会文彩未兆时也无[2]？"曰："拟向这里致一问，不知可否？"师曰："答汝已了，莫道可否？"曰："还识得目前也未？"师曰："若是目前，作么生识[3]？"曰："要且遭人检点[4]。"师曰："谁？"曰："某甲。"师便喝，伊退步而立。师曰："汝只解瞻前，不解顾后。"曰："雪上更加霜。"师曰："彼此无便宜。"

【注释】

[1] 大阳和尚因伊禅师相见：伊禅师可能是禅师名，"伊"表示第三人称，相当于"她""他""彼"，但这里似乎不作代词解释。查阅《景德传灯录》云："伊禅师参次，师云：'伊禅！近日一般禅师……'"此处直接称呼伊禅师，故可能是禅师名。

[2] 还会文彩未兆时也无：还能在事物未出现预兆时去领会吗？文彩未兆时，即龟的纹理没有显示时。文彩：指龟的纹理，古人用龟的纹理预测未来。龟兆原意为占卜时龟甲受炙灼所呈现的坼裂之纹。古人占卜用龟甲，视其出现的裂纹，作出种种解释，以判断人事吉凶祸福。《续刊古尊宿语要集》第四云："明明锥破卦文，直下更无少剩。只如灵龟未兆，文彩未生，还有这个消息也无？"

[3] 若是目前，作么生识：若是目前，要怎么认？

[4] 检点：指说，指责。如《禅宗颂古联珠通集》卷一六"普岸禅师"条："若非和尚，不免诸方检点。"

【概要】

太阳和尚向伊禅师提出了一个问题：近日有所谓的善知识，就眼前指教人，领会眼前的事，就眼前指教人，不知道他还能在事物未出现预兆时去领会吗？太阳和尚这个问题实际上就"活在当下"提出了问题，强调眼前的一念，强调眼前的事，那么这个人难道就能开悟吗？就能知道父母未生我前，哪个是我本来面目吗？但是若跳过眼前，就能知道事物未出现预兆时的结果吗？除非是有宿命通的人能够做到。而宿命通，即使是出轮回的阿罗汉也只知道八万大劫的事，那于开悟又有什么帮助呢？对于这个提问，古人有评论。

宝昙曰：文彩未兆时事，今人推堕滉漾而甘心寂默窈冥之中，更与安名？曰威音王已前，空劫郍（同"那"）畔（边），殊不知正是黑山下鬼窟里。所谓文彩未兆时，三生六十劫也未梦见在。伊曰拟向这里致一问，问取和尚，不知得否。阳曰，答汝已了，莫道得否，谓之目前事可乎？文彩未兆时，决定悟了方见。见后和悟并却，方始一如大阳、伊禅共享此事。今人不是弄潮手，劝汝莫入洪涛中，洪涛

无情坏汝性命。（《大光明藏》中卷）

宝昙在这里明确反对去追求所谓"文彩未兆时事"，还是需要从当下一念修起。悟了业障本来空，未悟还须还宿债。莫好高骛远，跳到六道洪涛之中，丢了性命。

幽州红螺山和尚

幽州红螺山和尚有颂示门人曰："红螺山子近边夷[1]，度得之流半是奚[2]。共语问酬都不会，可怜只解那斯祁[3]。"

【注释】

[1] 夷（yí）：少数民族的称呼，后来蔑指中原以外的各部落。

[2] 奚：中国北方古代民族名。本称库莫奚，后简称奚。奚和契丹并强于东北地区，被唐并称"两蕃"。唐中叶后契丹日强，奚族为其所控制。唐末，部分奚人在酋长来诸的率领下叛契丹西迁妫州（今河北怀来县）北山，内附于唐，史称西奚。奚遂有东奚、西奚之分。

[3] 可怜只解那斯祁：虽然连语言也不能沟通，但是他们理解那自性比汉人还多。祁：盛大，众多的样子。

【概要】

红螺寺，位于北京怀柔县城北七千米的红螺山南麓。始建于唐代，原名大明寺。是北京地区现存寺庙中历史较早、规模较大、保存较完整的寺庙之一。据史料记载，红螺寺曾是各地僧人游方、参学、讲经之地。寺建筑规整，布局严谨，有山门、天王殿、大雄宝殿、藏经阁、东西配殿与禅房等殿宇。除大雄宝殿在文革期间被毁外，其余均保持原貌。

红螺山和尚，是红螺寺哪位和尚，不可考，但他留下这首颂说明了当时红螺山信众的状况。红螺山周边都是中原以外的少数民族，其中有一半奚人得度。虽然汉人与少数民族连共同说话或问候都不会，但是对于佛性的理解都一样的。这就说明众生都有佛性，不管是先进的民族，还是落后的民族，都能得度成佛。

百灵和尚

百灵和尚一日与庞居士路次相逢，问曰："南岳得力句，还曾举向人也无？"士曰："曾举来。"师曰："举向甚么人？"士以手自指曰："庞公。"师曰："真是妙德、空生也赞叹不及[1]。"

士却问："阿师得力句，是谁得知？"师戴笠子便行，士曰："善为道路[2]！"师更不回首。

【注释】

[1] 真是妙德、空生也赞叹不及：真是连文殊菩萨、须菩提也赞叹不及。妙德、空生：妙德，文殊师利菩萨的译名。空生，须菩提的译名。"真是"宝祐本作"直是"，续藏本作"真是"，意义相同。旧校本标点有误。"妙德"与"空生"中间用逗号，并且作为专有名词，下面没有画线。

[2] 善为道路：路途保重，途中小心。对临行者的叮嘱语。就如今天所说："好走，一路平安！"

【概要】

百灵和尚与庞居士的对话，在《庞居士语录》一书中还有更多。两人相遇常常斗法，这次又是狭路相逢。百灵和尚首先挑起战火，问庞居士："南岳得力句，还向别人说吗？"南岳指禅宗南宗，强调顿悟，当下即是菩提，那么最得力句子应是第一义谛，这第一义谛是不能说的，所以庞居士要是回答说了，就不是第一谛了，就要落入百灵和尚设的局。可庞居士偏偏就要回答"曾向人说起"，百灵和尚就问是什么人，庞居士回答就是我自己。这回庞居士又赢了，第一义谛，如人饮水，冷暖自知，自己去领悟第一义谛，百灵和尚自然无话可说，于是只能说"连文殊菩萨、须菩提也赞叹不及"。而庞居士并不就此止步，反戈一击："那么大师您的得力句，是谁得知了呢？"百灵和尚无话可对，只好戴笠子便行。

镇州金牛和尚

镇州金牛和尚每自做饭，供养众僧。至斋时，舁饭桶到堂前作舞，呵呵大笑曰："菩萨子，吃饭来！"

（僧问长庆："古人抚掌唤僧吃饭，意旨如何？"庆云："大似因斋庆赞。"僧问大光："未审庆赞个甚？"光作舞，僧礼拜，光云："这野狐精。"东禅齐云："古人自出手作饭，舞了唤人来吃，意作么生？还会么？只如长庆与大光，是明古人意？别为他分析？今问上座，每日持钵掌盂时，迎来送去时，为当与古人一般？别有道理？若道别，且作么生得别来？若一般，恰到他舞，又被唤作野狐精。有会处么？若未会，行脚眼在甚处？"）

【概要】

很简单的一件事，镇州金牛和尚亲自做饭，到吃斋饭时，他与别人抬着饭桶到堂前就跳舞，大笑喊道："菩萨子，吃饭来！"这就告诉我们，吃饭也能参禅。

【拓展阅读】

镇州金牛和尚每日自做饭供养众僧，至斋时抬饭桶到堂前作舞，呵呵大笑曰："菩萨子，吃饭来。"僧问云门："如何是超佛越祖之谈？"门曰："胡饼（烧饼）。"后人有诗曰："云门胡饼赵州茶，信手拈来奉作家；细嚼清风还有味，饱餐明月更无渣。"这是祖师在一举一动处点破你，使你明白一切处都是佛法。（虚云老和尚云居山开示）

洛京黑涧和尚

僧问："如何是密室[1]？"师曰："截耳卧街[2]。"曰："如何是密室中人？"师乃换手槌胸[3]。

【注释】

[1] 密室：指四面关闭之室。在禅门是一种比喻，如密室吹风，以譬禅定。《止观》五曰："若能修定，如密室中灯，能破巨闇。"此外，密室比喻绝对之境界。《景德传灯录》卷十六云："问：'如何是密室？'师曰：'紧不就。'曰：'如何是密室中人？'师曰：'不坐上牛。'"禅林中亦有以"密室不通风"一语，表示无有禅的活泼运作之境界，或比喻师徒之间亲密无间。《人天眼目》卷六："门云：'密室不通风，独自归家坐。'"

[2] 截耳卧街：此处洛京黑涧和尚回答僧人所问，说密室就是"截耳卧街"。截耳，可以理解为割掉耳朵，或者堵住耳朵。我们想想，堵住耳朵，躺在喧闹的街上，什么也听不到，那样是不是就不受外界的干扰了？这实际上是一种掩耳盗铃的做法，自己欺骗自己罢了。堵住耳朵不听喧闹的声音没有用，关键是自己的心不闹才有用，心能清净，外面怎么闹也没有用。心不清净，就是变成聋子，也不能修成佛。所以，禅师这是开示我们，真正的修行不是把自己关在密室里面，只有关住向外攀缘的心，才是真修行。

[3] 师乃换手槌胸：黑涧和尚就两手交换捶打胸口。胸口里面是什么？就是我们的心，密室中人就好比被关闭的心，如果把心关在密室里，那么它就不胡思乱想

了吗？可我们越控制它，它就越反抗得厉害，就好像黑洞和尚拼命捶打，虽然两手都不空，但还是控制不了杂念纷纷的心。所以，禅宗观心，提倡用疏通的方法，而不是用禁闭的方法。疏通就是观察自己心中善恶，不去控制，只是分辨善恶，达到不思善、不思恶的境界，这样才能觉悟成佛。

利山和尚

僧问："众色归空，空归何所。"师曰："舌头不出口。"曰："为甚么不出口？"师曰："内外一如故。"

问："不历僧祇获法身[1]，请师直指。"师曰："子承父业。"曰："如何领会？"师曰："贬剥[2]不施。"曰："恁么则大众有赖去也[3]。"师曰："大众且置，作么生是法身[4]？"僧无对。师曰："汝问，我与汝道。"僧问："如何是法身？"师曰："空华阳焰[5]。"

问："如何是西来意？"师曰："不见'如何'。"曰："为甚么如此？"师曰："只为如此。"

【注释】

[1] 不历僧祇获法身：不用经过无量百千万亿年就能获得法身。出自《楞严经》。僧祇，即阿僧祇，指阿僧祇劫，无法统计的时间。梵语之音译，为印度数目之一，无量数或极大数之意。据称一阿僧祇有一千万万万万万万万万万兆（万万为亿，万亿为兆），于印度六十种数目单位中，阿僧祇为第五十二数。

[2] 贬剥：贬斥批驳。剥：通"驳"。《临济语录》："一切时中，莫乱斟酌。会与不会，都来是错。分明与么道，一任天下人贬剥。"《大慧宗门武库》："真净和尚退洞山，游浙至滁州琅琊起和尚处。因众请小参，真净贬剥诸方异见邪解，无所忌惮。"又指贬官削职。《武王伐纣平话》卷下："贬剥忠臣，宠信谗佞。"

[3] 恁么则大众有赖去也：这样的话大众就有依赖了。

[4] 大众且置，作么生是法身：大众且放到一边不说，什么是法身？

[5] 空华阳焰：空花与阳焰。空花：好比眼睛有病，看见空中很多花，实际上空中本没有花，比喻虚幻不实。阳焰：指浮尘为日光所照时呈现的一种远望似水如雾的自然景象，佛经中常用以比喻事物之虚幻不实者。

【概要】

《心经》说"色即是空"，有僧人就问那么空又归何处呢？利山和尚回答舌头不出口，因为舌头若出口了，就说不成话，也吃不进食，内外就不平衡了。和尚言外之意，虽然色归于空，但是空即是色，空与色是不二的，所以法师就说"内外一如也"。就好比镜子本来是空的，但并不妨碍它照见万物，虽然镜子装下了万物，但实际上万物并非在镜子里面。这就是色即是空、空即是色的道理，所以《心经》又说"色不异空，空不异色"，两种是相互统一的。

【拓展阅读】

铃木大拙答胡适：禅必须先从内在来领会。

一个和尚问利山和尚："如何是达磨西来意？"

利山和尚回答："我看不到'如何'。"

和尚问："为什么如此？"

利山和尚答道："只为如此。"

"只如此""只么"和"只这是"——所有这些都是禅师们用来表示那越乎语言文字之物或不可用观念传达之物的。

当他们想更进一步表达时，他们说"如石上栽花"或"疑老汉担雪埋井"或"无底篮子盛菜"。

他们越是想表达自己的意思，就越是变得像谜一般令人不解。他们这样做，并不是出于特别的教育法方面。他们只是想去表达他们心中的东西。

再者，他们也不是不可知论的唱合者。他们只是有话想对同胞说的平实禅师而已。不论我们把禅放入何种历史背景，也不论历史学家如何处理它——说它是革命性的，或破坏偶像的或反传统的——我们都必须记得，这一种讨论禅的方式永不能说明禅的自性（svabhava 或 svalaksana）。

用历史的方式去探讨禅，用不能超乎它与其他所谓历史材料的客观关系。但这一点做完了之后，不论是何等聪明的历史学家，也无法对禅的其他可能层面做了解。

事实是，如果我们想了解禅本身是什么，就必须从内在去掌握它。不幸的是胡适似乎忽略了这一点。

（出自 1953 年 4 月号夏威夷大学出版社出版的《Philosophy East and West》）

韶州乳源和尚

上堂："西来的的意不妨难道，众中莫有道得者[1]？出来试道看。"

时有僧出礼拜，师便打，曰"是甚么时节，出头来？"便归方丈。

（僧举似长庆，庆云："不妨！不妨！"资福代云："为和尚不惜身命。"）

仰山作沙弥时，念经声高，师咄曰："这沙弥念经恰似哭。"曰："慧寂[2]只恁么，未审和尚如何？"师乃顾视，仰曰："若恁么，与哭何异？"师便休。

【注释】

[1] 西来的（dí）的（dí）意不妨难道，众中莫有道得者：西来真实旨意非常难说出来，诸位中有人能说得出来吗？的的：的确，实在，真实，确实。不妨：很，非常。"难道"属上，旧校本标点有误，未弄清"不妨"的意义，标点为"西来的的意不妨，难道众中莫有道得者"，有误。

[2] 慧寂：即仰山禅师，因居仰山，故世称仰山慧寂。

【概要】

慧寂与沩山灵祐同为沩仰宗之祖，他作沙弥时，念经的声音有点高，乳源和尚就诃斥他，这沙弥念经就像哭一样。慧寂说，我只会这样，不知和尚您怎么要这样说？乳源乃顾视，慧寂说，和尚您如此顾盼与哭又有什么不同呢？乳源无话可说。这就是说，和尚您不要产生任何的分别心。念经如哭，那只是和尚一时的分别心作怪。就像哭声一样，乳源和尚顾视即是分辨，那念经声高与顾视有什么区别呢？与哭何异？这也就是说，众生在未见性以前，见长道短，都只是自己的妄念罢了，都只是自己的分别执着罢了，若心清净，则见一切众生平等。

松山和尚

松山和尚同庞居士吃茶，士举橐子[1]曰："人人尽有分，为甚么道不得？"师曰："只为人人尽有，所以道不得。"士曰："阿兄为甚么却道得？"师曰："不可无言也！"士曰："灼然[2]！灼然！"

师便吃茶，士曰："阿兄吃茶，为甚么不揖客[3]？"师曰："谁？"士曰："庞公。"师曰："何须更揖？"

后丹霞闻，乃曰："若不是松山，几被个老翁惑乱一上[4]。"士闻之，乃令人传语霞曰："何不会取未举橐子时？"

【注释】

[1] 橐（tuó）子：茶杯依附在上的茶托子。橐：通"托"，依附。

[2] 灼（zhuó）然：明显貌。本书一般指确实、实在、显然。

[3] 揖客：指向客拱手为礼。

[4] 一上：一场，一番，一次。

【概要】

庞大居士与松山和尚的机锋，平海里面有波澜。两人吃茶，居士举起茶托子说："人人都有份，为什么说不出来？"松山和尚回答："正因为人人有份，所以不能说。"居士马上反击："怎么和尚您却能说呢？"松山和尚回答："总不能不说话吧！"居士说"明白！明白！"这一局谁赢了？没看出来。显然，这是针对人人都有佛性来论战的。

然后，松山和尚就只顾自己吃茶去了，居士就说："老兄您怎么只管自己吃茶呢？为什么不招呼一下客人？"松山和尚还没明白过来，问招呼谁呢？居士就说："庞公我啊！"松山和尚回答："何必再招呼呢？"这是第二局，开始是庞居士赢了，最后打成平手。

既然人人都有份，人人平等，那么客人来了就要以平等心待之，为什么客人来了，就只顾自己吃茶，有客人在场也忘了，也不招呼，也不作礼，这不是太不把客人当一回事了吗？不过，松山和尚也不是一般人，他回答何必再招呼呢？意思是我们已经平起平坐了，那就是平等了，如果再作礼，那岂不是不平等了吗？

《禅宗颂古联珠通集》卷十四颂曰：

未提橐子已前，衲子难为下嘴。识得这个灵苗，不向黄泉作鬼。不作鬼何准拟，一拳拳倒黄鹤楼，一踢踢翻大海水。（南堂兴）

七碗清风生两腋，一回举着便惺惺。相逢不用轻相揖，须要当头道姓名。（正觉显）

则川和尚

则川和尚，蜀人也。

庞居士相看次，师曰："还记得见石头时道理否？"士曰："犹得阿师重举在。[1]"

师曰："情知久参事慢[2]。"士曰："阿师老耄，不啻庞公[3]。"

师曰：“二彼同时，又争几许[4]？”士曰："庞公鲜健，且胜阿师。"

师曰：“不是胜我，只欠汝个幞头[5]。”士拈下幞头曰："恰与师相似!"师大笑而已。

师摘茶次，士曰："法界不容身，师还见我否？"师曰："不是老师，洎答公话[6]。"

士曰："有问有答，盖是寻常。"师乃摘茶不听。

士曰："莫怪适来容易借问[7]。"师亦不顾。

士喝曰："这无礼仪老汉，待我一一举向明眼人[8]。"师乃抛却茶篮，便归方丈。

【注释】

[1] 犹得阿师重举在：还待禅师重新说说。

[2] 情知久参事慢：知道你久参松懈，做事也就慢慢怠慢了。

[3] 阿师老耄（mào），不啻（chì）庞公：禅师衰老，不亚于庞公我。老耄：七八十岁的老人，亦指衰老。不啻：不亚于。

[4] 二彼同时，又争几许：你我年龄一样大，还争什么呢？

[5] 不是胜我，只欠汝个幞（fú）头：不是你胜我，只是我还欠你一顶高帽子。世俗谓吹捧人为戴高帽子。幞头：幞头，又名折上巾、软裹，是一种包裹头部的纱罗软巾。因幞头所用纱罗通常为青黑色，也称"乌纱"，俗称为"乌纱帽"。幞头是中国隋唐时期男子的普遍服饰。

[6] 不是老师，洎（jì）答公话：不是老僧的话，差点就回答您的话了。洎：几，几乎。

[7] 莫怪适来容易借问：莫怪刚才轻易提问。容易：指轻慢、轻率、糊涂、鲁莽。

[8] 这无礼仪老汉，待我一一举向明眼人：这个无礼老汉，等着瞧，我一一向明眼人揭发。举：揭发。

【概要】

庞居士去看则川和尚，引起一场机锋。两人曾经同参石头希迁，则川和尚就问还记得石头给我们讲的道理吗？居士假装忘记了，还待禅师重新说说。这一开头，则川和尚就输了。因为不管石头讲了什么高明的道理，若还记在心里，就是执着，就没有开悟。但则川和尚转念而说："知道你久参松懈，做事也就慢慢怠慢了。"则川和尚反而批评庞居士不精进，年老昏花，忘了师父的教导。居士则说禅师衰老，不亚于庞公我。则川和尚说你我年龄一样大，还争什么呢？庞居士却说："庞公年轻体健，胜过禅师。"两人就年龄引起一场争论，则川和尚又输了。因为人的年龄有增加，而佛性没有增减。我庞居士虽然年老了，但佛性仍旧一样年轻体健，从来就没有生老病死之分。不过，则川和尚也是老修行了，他找到了台阶，说："不是你胜我，只是我还欠你一顶高帽子。"我们两人佛性不异，既然居士亮出了本来面目，我也没有忘记，遗憾的是忘记给你一顶高帽子了。表面是玩笑话，实际上是用高帽子比喻至高无上的佛性。庞居士这时就把自己的幞头摘下来说："看看，恰好与禅师的一样！"趁机给则川和尚一个台阶下，言下之意，既然你我本来面目都是一样的，那就不欠我一顶高帽子了。

《禅宗颂古联珠通集》卷十四颂曰：

初见石头久参事慢，阿师老耄庞公鲜健。一顶幞头机锋互换，大笑呵呵风和日暖。（正觉显）

忻州打地和尚

忻州[1]打地和尚，自江西领旨，常晦其名[2]。凡学者致问，唯以棒打地示之，时谓之"打地和尚"。

一日被僧藏却棒，然后致问，师但张其口。僧问门人曰："只如和尚每日有人问，便打地，意旨如何？"门人即于灶内取柴一片，掷在釜中。

【注释】

[1] 忻州：今属山西。

[2] 自江西领旨，常晦其名：自从江西马祖那里领会旨意之后，回来就常常隐姓埋名。

【概要】

打地和尚自从江西马祖那里领会旨意之后，回来就常常隐姓埋名。凡是有学人问他，他只是用棒打地示意，因此大家都叫他打地和尚。

有一天僧人把他的棒藏了，然后提问，打地和尚只张开口，仍旧没有说话。

于是，僧人就问其门徒，你们和尚每天有人提问，就打地，到底是什么意思？

门人就在灶内取柴火一片抛在锅内。

这个公案说明什么呢？打地打地打心地，心地不明枉费力。棒棒打开心地门，无穷宝藏出心地。若不牢牢抓住心地法门，即使经过阿僧祇劫还在六道里沉沦。就好比柴火是用来烧锅的，如果锅里的饭不熟，到底是给锅下加柴，还是往锅内加柴呢？这是告诉学人不要走错了方向。

打地的施设隐含禅法不可用语言表说之义，也体现了禅悟如人饮水，冷暖自知。后世禅林常拈提此公案。《汾阳语录》卷中："打地和尚凡见僧来，打地一下。颂：紫府山前真正士，主丈常擎在手中。南北问津无限众，唯将打地报盲聋。"

《禅宗颂古联珠通集》卷十三颂曰：

请问吾师皆打地，问处虽殊理不殊。古人总在斯门入，早是慈悲曲为渠。（般若柔）

紫府山前真正事，拄杖常擎在手中。南北问津无限众，唯将打地报盲聋。（汾阳昭）

棒棒打着地，始信无虚弃。只见凿头方，失却锥头利。（慈受深）

端坐似无为，逢人却打地。吓得虚空神，走入波斯鼻。（福州宝寿乐）

潭州秀溪和尚

谷山问："声色纯真，如何是道？"师曰："乱道作么？"

山却从东过西立，师曰："若不恁么，即祸事也。"

山又从西过东立，师乃下禅床，方行两步，被谷山捉住，曰："声色纯真，事作么生？"

师便打一掌，山曰："三十年后，要个人下茶也无在。"

师曰："要谷山这汉作甚么？"山呵呵大笑。

【概要】

潭州秀溪和尚对谷山的一次说法，谷山提出"声色纯真"是不是就是道了？秀溪和尚予以诃斥。追求声色纯真，虽然与声色犬马有本质的区别，因为完全是相反的追求，但是纯真的声色是不是就是道了，显然不是。虽然离开红尘，来到深山古寺，晨钟暮鼓，面对一片美好的自然景色，心灵暂时获得宁静，但这就是道的境界吗？宋朝绍昙法师有偈曰："赤脚走红尘，全身入荒草。费了几精神，不若居山好。一坞闲云，千峰啼鸟。声色纯真，是非不到。"这确实也是一些人所追求的境界，可到这种景象只提供了修道的条件，最多可以接近大道，若说如此就是道了，则还是痴人说梦。六道里面有三善道，使自己的心灵不受污染，最多就是进入三善道的境界，仍旧没有出轮回，随时可能堕落到三恶道里去。

谷山得到了警示，于是就从东转到西，站住，意思是我要怎么走？至少意识到自己的说法不对了。秀溪和尚于是说："若不如此，就是祸事了。"意思是亡羊补牢，未为晚矣。然而，谷山继续不知道怎么走，又从西走到东，秀溪和尚见状走下禅床，才走两步，就被谷山捉住，继续问："声色纯真，这个事要怎么看？"秀溪和尚看他还不觉悟，就打了他一掌，谷山就抗议说："三十年后，你要个人倒茶也找不到？"意思是你要不管我，我今后就不管你了。秀溪和尚说："要你这没用的汉子做什么？"一句话让他去寻找自己的本来面目，才是自己真正的家，你跟着我又有什么用呢？

江西椑树和尚

江西椑树和尚卧次，道吾近前，牵被覆之。师曰："作么？"吾曰："盖覆。"师曰："卧底是？坐底是[1]？"吾曰："不在这两处。"师曰："争奈盖覆何[2]？"吾曰："莫乱道！"

师向火次，吾问："作么？"师曰："和合[3]。"吾曰："恁么即当头脱去也[4]。"师曰："隔阔[5]来多少时邪？"吾便拂袖而去。

吾一日从外归，师问："甚么处去来？"吾曰："亲近来。"师曰："用簸这两片皮作么[6]？"吾曰："借。"师曰："他有从汝借，无作么生[7]？"吾曰："只为有，所以借。"

【注释】

[1] 卧底是？坐底是：盖的是哪个人呢？卧的，还是坐的？旧译本"躺卧正确，还是坐着正确"，完全弄错了原意。

[2] 争奈盖覆何：怎么下转语呢？盖覆：前面指盖被子。此处指用话头转过来，把前面的翻过去。

[3] 和合：亦名相杂，谓菩萨由后得智，于先所缘一切诸法和合相杂境界，而能观察照了。由此观察，即得转一切烦恼而依菩提也。

[4] 恁么即当头脱去也：这样的话眼前就可脱化而去了。

[5] 隔阔：别离，阻隔，阔别。

[6] 用簸这两片皮作么：还要动这两片嘴皮做什么？《祖堂集》作"更用动两片皮作什么"。意思是，既然你已经去亲近佛了，还要找我说什么呢？

[7] 他有从汝借，无作么生：他有的话，可以借给你，没有怎么办？

【概要】

江西桮（bēi）树和尚，《祖堂集》卷五云，嗣法药山的桮树和尚，与赵州问答"般若以何为体"。

本文记载与道吾的机锋，这位道吾禅师在本书第五章出现，世称"道吾圆智"，本书称之为"宗智"。幼时依涅槃和尚出家，后投药山惟俨门下，得其心印而嗣其法。历访诸山，至潭州（今湖南长沙）道吾山，大振禅风。

故事从桮树和尚躺下即将起床开始，道吾近前给他盖被子，桮树和尚问干吗，道吾说盖被子。桮树和尚于是引发出去，盖的是哪个人呢？卧的，还是坐的？这是将道吾一军，因为色身本空，你盖的是谁呢？道吾也不是一般人，回答都不是。桮树和尚紧追不放说"那我无法知道你要盖什么"，道吾回答："莫乱说！"无的境界境界不是能说出来的，这样道吾又将了桮树和尚一军。

《禅宗颂古联珠通集》卷十三颂曰：

桮树卧起，道吾盖覆。一喝当头，掀翻露布。（圆悟勤）

相逢不相避，个里聊游戏（喝一喝），翻天覆地。（大圆智）

京兆草堂和尚

京兆草堂和尚，自罢参大寂，至海昌和尚处。

昌问："甚么处来？"师曰："道场来。"

昌曰："这里是甚么处？"师曰："贼不打贫人家[1]。"

僧问："未有一法时，此身在甚么处？"师作一圆相，于中书身字。

【注释】

[1] 贼不打贫人家：贼都不打劫的穷人家。比喻空的境界，什么都没有，就会什么都有。

【概要】

京兆草堂和尚参完马祖大寂禅师来到海昌和尚处，海昌问他从哪里来，他说从道场来，而不具体说马祖的道场，意在去除分别心，天下道场是一家。

洞安和尚

有僧辞，师曰："甚么处去？"曰："本无所去。"师曰："善为！阇黎[1]。"曰："不敢。"师曰："到诸方，分明举似[2]。"

僧侍立次，师问："今日是几?"曰："不知。"师曰："我却记得。"曰："今日是几?"师曰："今日昏晦[3]!"

【注释】

[1] 善为阇黎：好走啊！阿阇梨。意思是你有如来境界，就可以做个好导师，若境界不到，还是别做阿阇梨，阿阇梨不是一般人能够做的。阿阇梨前面已经注释。旧译本"好好当阇黎"，不符合原意。

[2] 到诸方，分明举似：无论到哪个地方，你都要清清楚楚地告诉我。举似：告诉，奉告。旧译本"到哪个地方，分明都差不多"，翻译错误。

[3] 今日昏晦：今天是本月的最后一天。农历每月的最后一天叫晦。

【概要】

洞安和尚，据《祖堂集》，是夹山禅师法嗣。有僧人辞别他，他问去哪里？僧人以经文回他"本无所去"。《金刚经》说："如来者，无所从来，亦无所去，故名如来。"如来就是佛，佛就是无所从来，亦无所去，本来就没有生灭的。僧人借用这句话回答洞安和尚，和尚就语义双关地说"善为！导师"，你要有这样的境界，那真是一个好导师，但要是没有这个境界，你还是好自为之，别好为人师，误人子弟。因为阿阇梨不是一般人能够做的。僧人也明白洞安和尚的批评，回答说"不敢"。洞安和尚继续批评他，你要是能够"本无所去"了，那么无论哪个地方你随时都能去，每个地方的情况你都可以清清楚楚地告诉我。

一个僧人站在洞安和尚身边，和尚就问他："今天是几号?"僧人说不知道。洞安和尚就说我却记得，僧人就问是几号，洞安和尚语义双关说："今日昏晦!"一是实指今天是月底最后一天晦日，二是指你身为僧人，是众生的导师，却每天在昏晦中过日子，连哪一天也不记得了，你对得起佛祖吗？如果一个僧人精进修行连日子都不记得了，也有可能，但并非修行的境界，修行的最高境界是"眼观形色内无有，耳听尘事心不知"，虽然眼睛看见一切不落印迹，不被物转，但是心不能昏沉，它如镜子一样清清楚楚可以看见外界一切，如果昏沉了，就不是真正在参禅。所以，一个出家人，怎么可以连哪天都不记得，做一天和尚撞一天钟，昏昏沉沉过日子呢？

京兆兴平和尚

洞山来礼拜，师曰："莫礼老朽。"山曰："礼非老朽。"师曰："非老朽者不受礼。"山曰："他亦不止。"

洞山却问："如何是古佛心?"师曰："即汝心是。"山曰："虽然如此，犹是某甲疑处。"师曰："若恁么，即问取木人去。"

山曰："某甲有一句子，不借诸圣口。"师曰："汝试道看。"山曰："不是某甲。"

山辞，师曰："甚么处去?"山曰："沿流无定止[1]。"师曰："法身沿流? 报身沿流?"山曰："总不作此解。"师乃拊掌[2]。

（保福云："洞山自是一家。"乃别云："觅得几人?"）

【注释】

[1] 沿流无定止：顺着流水去没有定止。宝祐本作"沿流无定止"，沿：同"沿"。查阅《祖堂集》作"沿流无所止"。

[2] 师乃拊掌：兴平和尚鼓掌惊叹。查阅《祖堂集》作"师拍掌讶之"。

【概要】

京兆兴平和尚与洞山禅师的机锋。洞山是大作家，他来礼拜京兆兴平和尚，和尚说"莫礼老朽"，洞山马上一语双关说"我礼的不是老朽"。兴平和尚也心知肚明，洞山指的是本有佛性，于是就反击说"非老朽者不受礼"。佛性既然平等，就不会受礼。洞山则说："他也不会阻止我礼拜。"因为佛为人天之师，则自然可以接受众生的礼拜，礼拜三宝得出世之果，洞山这是从"因"上来说明问题的。

逍遥和尚

鹿西和尚问："念念攀缘，心心永寂[1]。"师曰："昨晚也有人恁么道。"西曰："道个甚么?"师曰："不知。"西曰："请和尚说。"师以拂子蓦口打[2]，西拂袖便出。师召众曰："顶门上著眼[3]。"

【注释】

[1] 念念攀缘，心心永寂：每一念都向外攀缘，那么还能心心永远寂灭吗？依据《宗门统要正续集》作"念念攀缘，心心求寂"，那么意思就是每一念都向外攀缘（心随外境而转），可自己心里却还在时刻追求不生不灭。永寂：即摆脱轮回而入涅槃。这就说明现世修行中人所存在的矛盾。

［2］师以拂子蓦口打：逍遥和尚用拂子迎面打去。蓦口：对口，迎面。

［3］顶门上著眼：脑门上长了法眼。依据《宗门统要正续集》作"师云：'大众且看，直是顶门上具眼也鉴他不破。'"意思是，大家看看，就是脑门上有法眼也看不破他。顶门上著眼，指具有法眼。摩醯首罗天具有三眼。其中，顶门竖立一眼，超于常人两眼，具有以智慧彻照一切事理之特殊眼力，故称顶门眼。后用来比喻卓越之见解。禅林用语中"顶门有眼""顶门具一只眼"，皆作此意。

【概要】

《宗门统要正续集》如此云：

筠州逍遥和尚一日升堂时，鹿西和尚侍立，乃云："念念攀缘，心心求寂。"师云："昨日亦有人这么道。"西云："道什么？"师云："不知。"西云："请和尚道。"师以拂子蓦口打，西拂袖便出。师云："大众且看！直是顶门上具眼也鉴他不破。"

筠州，在江西省高安市或四川省筠连县，这里有个逍遥和尚，有一天上堂开示大众，鹿西和尚站在旁边说："念念攀缘，心心求寂。"逍遥和尚说："昨日也有人这么说。"鹿西云："他说的是什么意思？"逍遥和尚云："不知。"鹿西云："请和尚说出来。"逍遥和尚用拂子迎面打去，鹿西拂袖而出。逍遥和尚说："大家看看！就是脑门上有眼睛也看不破他。"

这是对鹿西和尚的批评，脑门上有眼睛，佛法叫作天眼，是凡人所不具备的第三只眼，连天眼也看不出他是什么人，意思是榆木脑袋，没法救了，所以逍遥和尚才打他。我们回头看看他一开始就说"念念攀缘，心心求寂"，意思是每一念都向外攀缘（心随外境而转），可自己心里还在时刻追求不生不灭，永寂，即摆脱轮回而入涅槃。这可能吗？既想成佛，又不想放弃世间诱惑与利益，就是修到猴年马月也还是一个凡人。可他仍旧执迷不悟，要逍遥和尚解释是不是有可能实现其愿望，逍遥和尚就只能打他了，可他不接受教育，拂袖而出。

福溪和尚

僧问："古镜无瑕时如何？"师良久。僧曰："师意如何？"师曰："山僧耳背。"僧再问，师曰："犹较些子。"

问："如何是自己？"师曰："你问甚么？"曰："岂无方便？"师曰："你适来问甚么？"曰："得恁么颠倒。"师曰："今日合吃山僧手里棒。"

问："缘散归空，空归何所？"师乃召僧，僧应诺，师曰："空在何处？"曰："却请和尚道。"师曰："波斯吃胡椒[1]。"

【注释】

[1] 波斯吃胡椒：胡椒从波斯传入中国，波斯人吃胡椒就太普遍了。此处比喻要知道什么滋味，自己尝尝才知道。如人饮水，冷暖自知。空的境界不能用语言说出，只能自己去体会。

【概要】

有僧人问福溪和尚"古镜没有一点污染的时候怎么样"，这个问题常被禅门问及，其意直指人的本来面目。这个问题实际上慧能大师的偈已经说明了一切："菩提本无树，明镜亦非台，本来无一物，何处惹尘埃？"但是，这是站在最高处来看世界的，有多少人能够站在这样高度看世界呢？很多人都把自己看成站在高处的人，想要一探"菩提本无树"的境界。可不，这位僧人提出问题来了，我想知道"古镜无瑕时如何"。福溪和尚是有慧眼的人，他心知肚明这个僧人是什么角色，故意装聋作哑不予回答。首先他告诉僧人我耳背，听不清楚，当僧人再次重复说了后，他好像很赞叹"犹较些子"，即说的不错，有如此境界追求。僧人又问"什么是自己"，这个"我是谁"的问题本来就不应当问了，因为如果知道了古镜无瑕时如何，还不知道自己是谁吗？福溪和尚只好继续装聋作哑，僧人希望福溪和尚给他一个方便法门，指出一条捷径，而福溪和尚故意装作没听清，僧人很气愤地说"怎么如此颠三倒四"。福溪和尚假装这句话却听清楚了，你说我颠倒，到底是谁颠倒？所以，福溪和尚让僧人吃棒。很多修行的人都好高骛远，视自己为上根之人，而不知道上根之人须从下根修起。还是学神秀"身似菩提树，心如明镜台，时时勤拂拭，勿使惹尘埃"吧！如此踏实修行，不去想"古镜无瑕时如何"的问题，自然有一天就能明白。

洪州水潦和尚

洪州水潦和尚初参马祖。问曰："如何是西来的的意[1]？"祖曰："礼拜着。"师才礼拜，祖乃当胸蹋倒。师大悟，起来抚掌呵呵大笑曰："也大奇，也大奇，百千三昧、无量妙义只向一毫头上，识得根源去[2]。"礼谢而退。

住后，每告众曰："自从一吃马祖蹋，直至如今笑不休。"

有僧作一圆相，以手撮向师身上。师乃三拨，亦作一圆相，却指其僧。僧便礼拜，师打曰："这虚头汉。"

问："如何是沙门行？"师曰："动则影现，觉则冰生。"

问："如何是佛法大意？"师乃拊掌呵呵大笑。凡接机，大约如此。

【注释】

[1] 的的意：真实意旨。的的：指确实、的确、实在、真实。的：指目的、标准、准绳。

[2] 也大奇，也大奇，百千三昧、无量妙义只向一毫头上，识得根源去：太奇怪，太奇怪，百千禅定、无量妙义只从一毫毛尖上，就认识了它们的根源。《楞严经》说"于一毛端现宝王刹，坐微尘里转大法轮"就是这种境界的写照。

【概要】

洪州水潦和尚被马祖一脚踢醒，这不也太奇怪了吗？一般人看不懂。实际上，人的缘分不是攀来的，不求悟却精进修行，到了一定的时候，反而不求自至。洪州水潦和尚即是如此，换作别人，马祖同样一脚，他不一定就开悟了。马祖看到时候已到，就在最后把他的自我执着踢醒，这是马大师的大手笔，非马祖这样的大作家不能为也。

浮杯和尚

凌行婆[1]来礼拜，师与坐吃茶。婆乃问："尽力道不得底句分付阿谁[2]？"师曰："浮杯无剩语[3]。"婆曰："未到浮杯，不妨疑着[4]。"师曰："别有长处，不妨拈出。"婆敛手哭曰："苍天中更添冤苦。"师无语，婆曰："语不知偏正，理不识倒邪，为人即祸生。"

后有僧举似南泉，泉曰："苦哉浮杯！被这老婆摧折一上[5]。"婆后闻笑曰："王老师犹少机关在[6]。"

澄一禅客逢见行婆，便问："怎生是南泉犹少机关在？"婆乃哭曰："可悲可痛。"一罔措，婆曰："会么。"一合掌而立，婆曰："伎死禅和，如麻似粟[7]。"

一举似赵州，州曰："我若见这臭老婆，问教口哑。"一曰："未审和尚怎生问他？"州便打，一曰："为甚么却打某甲？"州曰："似这伎死汉不打更待几时[8]？"连打数棒。

婆闻，却曰："赵州合吃婆手里棒。"后僧举似赵州，州哭曰："可悲可痛。"婆闻此语，合掌叹曰："赵州眼光烁破四天下^[9]！"

州令僧问："如何是赵州眼？"婆乃竖立拳头，僧回，举似赵州。

州作偈曰："当机觌^[10]面提，觌面当机疾。报汝凌行婆，哭声何得失？"婆以偈答曰："哭声师已晓，已晓复谁知。当时摩竭国^[11]，几丧目前机。"

【注释】

[1] 行婆：指信佛修行之老妇。

[2] 尽力道不得底句分付阿谁：尽力也说不出的话吩咐谁？

[3] 浮杯无剩语：我浮杯没有多余的话。

[4] 未到浮杯，不妨疑着：没见着你浮杯，难免怀疑。

[5] 苦哉浮杯！被这老婆摧折一上：苦啊浮杯！被这老太婆摧折一番。

[6] 王老师犹少机关在：王老师指池州南泉之普愿禅师，姓王氏，承马祖之法弘道于南泉，常自称王老师。机关：指师家为令学人得悟，而顺应其根机所设之机法。亦即所谓之公案、话头，或棒喝等。禅门之师家常以古则公案、一喝一棒接化学人，称为机关。

[7] 伎死禅和，如麻似粟：依据《大慧普觉禅师语录》卷十作"猗死禅和，如麻似粟"改。禅和子：谓参禅之人。猗：叹词，常用于句首，表示感叹，相当于"啊"。若作"伎"，则可解释为"伎"的本义，即同党的人，与那些死禅和子同党。全句意为：这死参禅人，如麻似粟那么多。旧译本"这死禅和子，既像麻子又像粟米"，弄错了原意。

[8] 似这伎死汉不打更待几时：《大慧普觉禅师语录》卷十云："似这猗死禅和不打更待何时？"

[9] 赵州眼光烁破四天下：赵州眼光照亮四天下。四天下：须弥山东南西北之四大洲。

[10] 觌（dí）：见，相见。

[11] 摩竭国：即摩竭陀国，佛教圣地。佛陀一生中大部分时间都在摩揭陀国内度过。佛涅槃后，佛教徒的四次结集中，第一次的王舍城结集和第三次的华氏城结集，都在摩揭陀国内举行。有关佛陀生平的胜迹大都在王舍城附近地区，所以摩揭陀一直被视为佛教圣地。

【拓展阅读】

《禅宗颂古联珠通集》卷十三颂曰：

掌内摩尼曾不顾，谁能护惜娘生袴。浮杯不会老婆禅，直至如今遭点污。（径山杲）

电光石火尚犹迟，伎死禅和那得知。转面回头拟寻讨，夕阳已过绿梢西。（径山杲）

眼光烁破四天下，婆子拳头无缝罅。当机觌面事如何，猛虎脊梁谁解跨。（径山杲）

动弦别曲，叶落知秋，拟议不来，休休休休。（中庵空）

行婆能击涂毒鼓，远近闻之皆胆怖。唯有南泉与赵州，同死同生殊不顾。阿呵呵！伎死禅和不奈何！（佛性泰）

年少行藏独倚楼，一家女子百家求。只因不入浮杯网，对镜看看白尽头。（笑翁堪）

潭州龙山和尚（亦云隐山）

潭州龙山和尚问僧："甚么处来？"曰："老宿[1]处来。"师曰："老宿有何言句？"曰："说则千句万句，不说则一字也无。"师曰："怎么则蝇子放卵[2]。"僧礼拜，师便打。

洞山与密师伯经由，见溪流菜叶，洞曰："深山无人，因何有菜随流，莫有道人居否？"乃共议拨草溪行。五七里间，忽见师羸形异貌[3]。放下行李问讯。

师曰："此山无路，阇黎从何处来？"洞曰："无路且置，和尚从何而入？"师曰："我不从云水[4]来。"

洞曰："和尚住此山多少时邪？"师曰："春秋不涉[5]。"洞曰："和尚先住，此山先住？"师曰："不知。"洞曰："为甚么不知？"师曰："我不从人天[6]来。"

洞曰："和尚得何道理，便住此山？"师曰："我见两个泥牛斗入海，直至于今绝消息。"

洞山始具威仪礼拜，便问："如何是主中宾？"师曰："青山覆白云。"曰："如何是宾中主？"师曰："长年不出户。"曰："宾主相去几何？"师曰："长江水上波。"曰："宾主相见，有何言说？"师曰："清风拂白月。"

洞山辞退，师乃述偈曰："三间茅屋从来住，一道神光万境闲。莫把是非来辨我，浮生穿凿不相关。"

因兹烧庵，入深山不见，后人号为"隐山和尚"。

【注释】

[1] 老宿：老成宿德之人。

[2] 恁么则蝇子放卵：如此则是苍蝇下蛋。

[3] 忽见师羸形异貌：忽然看见禅师瘦弱的形体与奇异的外貌。

[4] 云水：为行脚僧之别称，以其求师访道，行脚天下，居无定所，悠然如行云流水般，是以喻之。

[5] 春秋不涉：春夏秋冬不关我事。

[6] 人天：指人界及天界，系六道、十界中之二界，皆为迷妄之界。《法华经·从地踊出品》谓："常乐静处，勤行精进未曾休息，亦不依止人天而住。"

【概要】

出自龙山和尚的著名公案是"泥牛入海"。"泥牛入海"比喻绝踪迹、断消息，即一去不返之意。盖"泥牛"一词，比喻思虑分别之作用。故以"泥牛入海"比喻正与偏、平等与差别之交互掺杂；又以泥牛入于大海之中即全然溶化，失其形状，故亦用以比喻人、物之一去不返，毫无消息。洞山问龙山和尚："和尚得何道理，便住此山？"禅师曰："我见两个泥牛斗入海，直至于今绝消息。"一句话，使洞山禅师就改变了态度，收起前面轻视的神情，端正仪容，向龙山和尚礼拜。

《禅宗颂古联珠通集》卷十三颂曰：

泥牛入海无消息，天上人间何处觅？谓言春去秋复来，步步乘骑得渠力。（保宁勇）

拨草瞻风海上游，海山深处叶随流。相将行到水穷处，果见厖眉（花白眉毛）老比丘。这比丘冷啾啾。清风为线明月为钩，一合乾坤作钓舟，孤峰绝顶垂纶坐，不风流处也风流。（南堂兴）

眼目高低鼻孔横，浅深轻重不多争。蚊虻蚤上挨肩入，鸳鸯牙根借路行。便把长河搅酥酪，敢将粟柄作禾茎。隐山未是潜身处，出没任他乌兔更。（瞎堂远）

襄州居士庞蕴

襄州居士庞蕴者，衡州衡阳县人也。字道玄。世本儒业。少悟尘劳，志求真谛。唐贞元初谒石头，乃问："不与万法[1]为侣者是甚么人？"头以手掩其口，豁然有省。后与丹霞为友。

一日，石头问曰："子见老僧以来，日用事作么生[2]?"士曰："若问日用事，即无开口处。"乃呈偈曰："日用事无别，唯吾自偶谐[3]。头头非取舍，处处没张乖[4]。朱紫谁为号？丘山绝点埃[5]。神通并妙用，运水及搬柴[6]。"头然之，曰："子以缁邪，素邪[7]?"士曰："愿从所慕。"遂不剃染。

后参马祖，问曰："不与万法为侣者[8]是甚么人?"祖曰："待汝一口吸尽西江水，即向汝道。"士于言下顿领玄旨，乃留驻，参承二载。有偈曰："有男不婚，有女不嫁。大家团栾头，共说无生话[9]。"自尔机辩迅捷，诸方向之。

因辞药山，山命十禅客相送至门首。士乃指空中雪曰："好雪！片片不落别处。"有全禅客曰："落在甚处?"士遂与一掌。全曰："也不得草草[10]。"士曰："恁么称禅客？阎罗老子未放你在[11]。"全曰："居士作么生[12]?"士又掌曰："眼见如盲，口说如哑[13]。"

尝游讲肆，随喜《金刚经》[14]，至"无我无人"处致问曰："座主，既无我无人，是谁讲谁听?"主无对。士曰："某甲虽是俗人，粗知信向[15]。"主曰："只如居士意作么生?"士以偈答曰："无我复无人，作么有疏亲。劝君休历座，不似直求真。金刚般若性，外绝一纤尘。我闻并信受，总是假名陈。"主闻偈，欣然仰叹。

居士所至之处，老宿多往复问酬，皆随机应响，非格量轨辙之可拘[16]也。

元和中，北游襄汉，随处而居。有女名"灵照"，常鬻竹漉篱以供朝夕[17]。

士有偈曰："心如境亦如，无实亦无虚。有亦不管，无亦不拘。不是贤圣，了事凡夫。易复易，即此五蕴有真智[18]。十方世界一乘同，无相法身岂有二？若舍烦恼入菩提，不知何方有佛地。护生须是杀，杀尽始安居。会得个中[19]意，铁船水上浮。"

士坐次，问灵照曰："古人道'明明百草头，明明祖师意'，如何会?"照曰："老老大大作这个语话[20]。"士曰："你作么生[21]?"照曰："明明百草头，明明祖师意。"士乃笑。

士因卖漉篱，下桥吃扑[22]，灵照见，亦去爷边倒。士曰："你作甚么？"照曰："见爷倒地，某甲相扶。"

士将入灭，谓灵照曰："视日早晚及午以报[23]。"照遽报："日已中矣，而有蚀也[24]。"士出户观次，灵照即登父座，合掌坐亡。士笑曰："我女锋捷矣[25]。"

于是更延七日，州牧于公顿问疾次，士谓之曰："但愿空诸所有，慎勿实诸所无。好住！世间皆如影响[26]。"言讫，枕于公膝而化。遗命焚弃江湖，缁白伤悼。

谓禅门庞居士，即毗耶净名矣[27]。有诗偈三百余篇传于世。

【注释】

[1] 万法：又称"诸法"。总赅万有事理之语。即色、心一切差别之法。与一般所说的万象、万事、万物等语相当。又称一切法，泛指宇宙间一切事物。在唯识学中，约万法为百法，复束之以五位，名曰"五位百法"。《大乘百法明门论》曰："一切法者，略有五种，一者心法，二者心所有法，三者色法，四者心不相应行法，五者无为法。"一切法可分作有为法和无为法两类，有为法是因缘造作之法，无为法是万法之实性。在五位百法中，前四位九十四法是有为法，第五位是无为法。（出自凌波居士著《唯识名词白话新解》）

[2] 子见老僧以来，日用事作么生：你从见到老僧以来，日常事做些什么？

[3] 日用事无别，唯吾自偶谐：日常的事（穿衣吃饭挑水打柴等）本身毫无分别，只是要与自身修行相和合。谐偶：亦作"谐耦"，和合。

[4] 头头非取舍，处处没张乖：世间万事万物，都没有分别执着，不取不舍，又非不取、非不舍，一切都是那么和谐，随心所欲又不逾矩。张乖：乖张，怪僻。

[5] 朱紫谁为号？丘山绝点埃：唐代官吏，三品衣紫，五品衣朱。朱紫泛指人间富贵。邱山即坟墓。这句的意思是，大富大贵有什么值得称号的？到了坟墓里连一颗尘埃都看不见了。旧校本作"北山绝点埃"有误。

[6] 神通并妙用，运水及搬柴：神通可以在日常生活中妙用，运水搬柴一类的事看似普通实则可以不平凡。

[7] 子以缁邪，素邪：你是出家呢，还是在家呢？缁：黑；素：白。出家众通常披着黑衣，故以缁代称；在家者披着素衣，故又称白衣。旧译本"你愿穿黑呢？还是穿白呢？"有误。

[8] 不与万法为侣者："万法"泛指宇宙间一切事物，见上条注释。不与宇宙

间一切事物共存的人，正是与"万法"打成一片的人。任继愈、杜继文主编《佛教大辞典》："不与万法为侣：禅宗公案。据《景德传灯录》卷八，庞蕴居士曾以此问石头希迁禅师，石头未作回答，却用手封住了对方的嘴。庞居士又以此问马祖道一禅师，马祖的回答是："待汝一口吸尽西江水，即向汝道。"庞居士随即于言下顿悟。石头、马祖等人的意思是，真正独立自由的人（不与万法为侣者），正是处在与一切事物的相互联系之中。"

[9] 大家团栾（luán）头，共说无生话：一大家团聚在一起，共同讨论无生的真谛。团栾：团聚。

[10] 也不得草草：也不能草率打人。

[11] 恁么称禅客？阎罗老子未放你在：这个样子也配称禅客？阎王老子不会放过你的。

[12] 居士作么生：那庞居士又怎么样呢？

[13] 眼见如盲，口说如哑：眼睛看见了却如同瞎子，口里说话了却如同哑巴。

[14] 随喜《金刚经》：随喜听讲《金刚经》。

[15] 某甲虽是俗人，粗知信向：我虽然是俗人，但是略知如何信受奉行。信受奉行，信受如来所说的法和切实奉行如来所说的法。

[16] 非格量轨辙之可拘：不是普通研究模式所能拘束的。格量：推究，衡量。轨辙：车轮轧过的痕迹，比喻已有人走过的道路或已有先例的事情。

[17] 常鬻竹漉（lù）篱（lí）以供朝夕：常常卖竹制品来维持一天生活。漉篱：篱笆柴。

[18] 易复易，即此五蕴有真智：旧校本标点为"易复易即此，五蕴有真智"有误。

[19] 个中：此中，其中。常指真如法界。

[20] 老老大大作这个语话：一大把年纪了，还只能说出这个话。老老大大，对年老者的讥刺语，隐含偌大年纪，犹不明悟之义。讥讽他一大把年纪的老修行，说话也只有这个水平，说不到点子上。

[21] 你作么生：你怎么说？

[22] 士因卖漉篱，下桥吃扑：庞居士因为卖篱笆柴，下桥时摔倒了。吃扑，摔了一跤。扑：跌倒。

[23] 视日早晚及午以报：看着太阳，注意时间，等到中午了就来报告我。

[24] 日已中矣，而有蚀也：太阳已经到正午了，只是有日食呢。

[25] 我女锋捷矣：我女儿机锋真是快啊！

[26] 好住！世间皆如影响：保重！人世间万事皆虚幻不实（庞居士给于公的

遗言，要他看破尘世幻像）。好住：临死者或临行者的嘱别之辞，犹言"保重"。这是唐人弥留之际的习惯语。旧校本未弄清其含义，故标点有误，其标点为"好住世间，皆如影响"，既不明白"好住"的原意，又分裂了"世间皆如影响"的意义。

[27] 谓禅门庞居士，即毗耶净名矣：大家说中国禅门庞居士，就是毗耶离净名居士啊。毗耶：又作毗耶离、毗舍离，中印度的都城。佛屡屡行化于此，教化维摩诘居士，即净名居士，有《维摩诘所说经》。

【概要】

庞蕴（？～808年），字道玄，又称庞居士，中唐时代的禅门居士。与梁代之傅大士并称为"东土维摩"，被誉称为达磨东来开立禅宗之后"白衣居士第一人"。生于湖南衡阳县。初志于儒，贞元初年（785～804年），曾谒石头希迁，豁然有省。后又与丹霞天然相偕往受科举之选，而投宿于汉南旅舍。时，闻江西马祖之道名，乃悟选官不如选佛，遂直奔洪州，随马祖参禅而契悟。丹霞后嗣法石头，剃发出家，庞蕴则终生不变儒形，在家而举扬方外之风。元和初年（806～820年），与女儿灵照北游襄汉（本书作"襄州居士庞蕴"，襄州今属湖北襄阳市），随处而居，或凤岭鹿门，或廛肆闾巷，初住东岩，后居郭西小舍，常制竹漉篱维持生计。

有关庞居士的公案时见于禅家开示拈提中，以作为行者悟道的重要参考。其传世的偈颂以模拟佛经偈语的风格，殷殷嘱咐学佛者修行的依归，在唐朝白话诗派中以其重于说理为一特点。至于他和女儿灵照游戏自在的情节，配合其诗偈中全家习禅的描述，不仅成为后代佛门居士向往的模范，也转而成为戏曲宝卷文学着墨的题材。

居士与马祖初相见时，尝问"不与万法为侣者是什么人？"马祖答"待汝一口吸尽西江水，即向汝道"。居士言下豁然大悟，复呈一偈"十方同一会，各各学无为，此是选佛处，心空及第归"。有《庞居士语录》三卷。上卷收录居士与马祖、石头、药山、齐峰、丹霞、百灵、普济等人之问答机缘；中、下二卷则收诗偈百余首。

传说居士将入灭时，曾令其女灵照出视日早晚及午，女遽报日已中矣，但有蚀也。居士乃出户观之，灵照即登父座合掌坐亡，居士遂更延七日示寂。刺史于頔闻此前往问疾，居士谓曰："但愿空诸所有，慎勿实诸所无，好住！世间皆如影响。"言讫即枕于頔膝而化。

《禅宗颂古联珠通集》卷十四颂曰：

一口吸尽西江水，万古千今无一滴。要知觊理不觊亲，马祖可惜口门窄。（白

云端）

吸尽西江向汝道，马师家风不草草。截流一棹破烟寒，天水同秋清渺渺。（天童觉）

一口吸尽西江水，洛阳牡丹新吐药。簸土扬尘勿处寻，抬眸撞着自家底。（五祖演）

一口吸尽西江水，道头便合自知尾。可怜庞老马大师，相逢对面千万里。（佛鉴懃）

【参考文献】

《佛祖纲目》卷三十二；《居士传》卷十七；《景德传灯录》卷八；《碧岩录》第四十二则；《拈八方珠玉集》卷上；《祖堂集》卷十五；《联灯会要》卷六；阿部肇一著·关世谦译《中国禅宗史》；忽滑谷快天《禅学思想史》上卷。